理论经纬

LI LUN JING WEI

第九辑

主　编　张文潮　吴跃东

副主编　李宇靖　陈斯斯

上海三联书店

目 录 CONTENTS

邵　雍①

开拓创新是延安精神的精髓

（上海师范大学　上海　200234）

【摘　要】延安精神是中国共产党人在民族存亡与复兴的关键时期为争取民族独立和人民解放,在延安极其艰苦的环境下创造出来的一种革命精神。毛泽东本人从来没有完整地论述过延安精神,但在具体的工作文电中有所涉及。但他在延安时期多次提及独立自主这一原则,并有众多的理论建树。独立自主是全方位的,既要独立自主,就要开动脑筋,思考如何自行解决自己面临的难题,说自己话,走自己的路,就要联系实际,勇于开拓创新。因此开拓创新是延安精神的精髓,它指导延安军民艰苦创业,它是中国共产党的宝贵精神财富,也是全体中国人民、整个中华民族的宝贵精神财富。

【关键词】教条主义;延安;毛泽东思想;独立自主;创新

（一）延安精神的理论源头

延安是中国革命的圣地,是抗战的堡垒,民主的模范。1935 年10 月红军长征到达陕北,从 1936 年到 1948 年,曾经是中共中央的所在地,也是人民军队的总后方。毛泽东等老一辈无产阶级革命家曾在此生活、工作了 13 个春秋,不仅领导全党同志、全国人民进行革命战争,迎来了中国新民主主义革命的胜利,而且培育了延安精神。人

---

① 作者简介:邵雍,男,博士,上海师范大学人文与传播学院历史系教授、博士生导师,中共上海市委党史研究室特约评论员,主要研究方向为中国近现代帮会及下层社会史研究。上海市徐汇区桂林路 100 号 200234。

是要有一点精神的。延安精神是中国共产党人在民族存亡与复兴的关键时期为争取民族独立和人民解放,在延安极其艰苦的环境下创造出来的一种革命精神。

精神指人的意识观念、思维活动和一般心理状态,也可指人们的情怀、思想风范等,是一个抽象的哲学范畴。延安精神的内涵十分丰富,学术界对它的表述多种多样,对于其精髓的认定也不尽一致。①但总的来说,延安精神是党中央、毛泽东领导全国人民进行艰苦卓绝的抗日战争和解放战争伟大实践的产物,是中国共产党人的思想境界和精神风貌的集中体现。

延安时期并无"延安精神"的提法。毛泽东本人也从来没有完整地论述过延安精神,但在具体的工作文电中有所涉及。1942年12月,毛泽东指出:"延安县同志们的精神完全是布尔什维克的精神。……延安同志们没有一件事不是实事求是的。……他们完全和群众打成一片,他们有很好的调查研究工作,因而他们就学会了马克思主义的领导群众的艺术,他们完全没有主观主义、宗派主义与党八股。"②1949年10月26日他在给延安和陕甘宁边区同志们的复电中希望:"全国一切革命工作人员永远保持过去十余年间在延安和陕甘宁边区的工作人员中所具有的艰苦奋斗作风。"③

值得注意的是毛泽东在延安时期多次提及独立自主这一原则,探索中国革命自己的道路,并最终成为毛泽东思想的有机组成部分。独立自主是全方位的,不仅在国内的抗日民主统一战线中要独立自主,在国际共产主义运动中也要独立自主,相对而言后者更加重要。既要独立自主,就要开动脑筋,思考如何自行解决自己面临的难题,就要联系实际,开拓创新。因此开拓创新应该是延安精神的精髓。

---

① 上海市延安精神研究会编.《延安精神永放光芒》[M].上海:东方出版中心2011年版。

② 《毛泽东文集》第2卷[M].北京:人民出版社1993年版,第458页。

③ 《毛泽东年谱(1949—1976)》第1卷[M].北京:中央文献出版社2013年版,第29—30页。

马克思主义的经典作家十分强调具体情况具体分析。马克思、恩格斯指出，对于他们理论中一般原理的实际运用，"随时随地都要以当时的历史条件为转移"①。恩格斯后来说："马克思的整个世界观不是教义，而是方法。它提供的不是教条，而是进一步研究的出发点和供这种研究使用的方法。"②列宁也指出："彻底的马克思主义者，根据改变了的条件和各国当地的特点来发展马克思主义的基本原理"③。马克思主义作为普遍真理，必须与各国具体实际和特殊国情相结合，否则只能成为脱离实际的僵死教条。而教条主义、本本主义曾经对我党造成巨大的损失，在延安整风前由于种种原因一直没有受到系统的认真的清算。

1938年10月，毛泽东在《论新阶段》中深刻地指出："没有抽象的马克思主义，只有具体的马克思主义。所谓具体的马克思主义就是通过民族形式的马克思主义，就是把马克思主义应用到中国具体环境的具体斗争中去，而不是抽象地应用它。……离开中国特点来谈马克思主义，只是抽象的空洞的马克思主义。因此，马克思主义的中国化，使之在其每一表现中带着中国的特性，即是说，按照中国的特点去应用它，成为全党亟待了解并亟待解决的问题。"④1943年3月毛泽东在中央学习组讲话时又指出，"不研究中国的特点，而去搬外国的东西，就不能解决中国的问题。""我们要把马、恩、列、斯的方法用到中国来，在中国创造出一些新的东西。"⑤延安时期是马克思主义中国化取得丰硕成果的时期，在中共党史上毛泽东思想就是马克思主义中国化第一个重要成果。在政治思想上的开拓创新简单讲就是要说自己的话，写自己的书，走自己的革命道路。

① 《马克思恩格斯选集》第1卷[M].北京：人民出版社1995年版，第248—249页。

② 《马克思恩格斯选集》第4卷[M].北京：人民出版社1995年版，第742—743页。

③ 《列宁选集》第1卷[M].北京：人民出版社1995年版，第259页。

④ 《中共中央文件选集》第11册[M].北京：中共中央党校出版社1991年版，第658—659页。

⑤ 《毛泽东文集》第2卷[M].北京：人民出版社1996年版，第408页。

（二）毛泽东在延安的理论建树

毛泽东的许多重要著作，如《中国革命战争的战略问题》《实践论》《矛盾论》《论持久战》《新民主主义论》《论联合政府》等都是在延安时期完成的。

1936年12月《中国革命战争的战略问题》总结了土地革命战争中党内在军事问题上的大争论，从军事路线上剖析了以教条主义为特征的"左"倾错误。它是毛泽东军事思想体系形成的重要标志，充满着实事求是的创造精神。毛泽东指出：战争情况的不同，决定着不同的战争指导规律，有时间、地域和性质的差别，应该着眼其特点和着眼其发展，不能呆板地互相移用。"我们不但要研究一般战争的规律，还要研究特殊的革命战争的规律，还要研究更加特殊的中国革命战争的规律。"①

为了克服存在于党内的严重的教条主义思想，1937年7月、8月毛泽东先后写了《实践论》《矛盾论》，站在马克思主义认识论的高度有力批判了曾经长期在党内占统治地位的看轻实践的教条主义、主观主义，坚决反对一切离开具体历史的"左"的或右的错误思想，这也是毛泽东对中国革命经验所作的一次更深刻、更系统的哲学总结。毛泽东指出：教条主义和经验主义，都是违背辩证唯物论的认识论的。教条主义者否认认识开始于实践，否认感性认识的必要性。他们总是从书本出发，忽视对实际情况的具体分析，生吞活剥地引证马克思列宁主义书本中的个别词句去指导革命。经验主义则忽视理论的指导作用。毛泽东强调："马克思列宁主义并没有结束真理，而是在实践中不断地开辟认识真理的道路。"②《矛盾论》一开始就论述了辩证法和形而上学这两种宇宙观的根本对立，接着从分析矛盾的普遍性开始，阐述对立统一规律。该书着重论述了矛盾的特殊性，指出教条主义者不懂得必须研究矛盾的特殊性，"拒绝对于具体事物做任何艰苦的研究工作，他们把一般真理看成是凭空出现的东西，把它变

---

① 《毛泽东选集》第1卷［M］.北京：人民出版社1991年版，第171页。
② 《毛泽东选集》第1卷［M］.北京：人民出版社1991年版，第296页。

成为人们所不能够捉摸的纯粹抽象的公式"①,不用脑筋具体分析事物,不了解用不同的方法去解决不同的矛盾。因此,他们在领导中国革命时不分析和研究中国国情,把共产国际的决议和苏联的经验生搬硬套于中国革命。《矛盾论》还进而论述了关于矛盾诸方面的同一性和斗争性的问题,指出对抗性矛盾和非对抗性矛盾在一定条件下也可以互相转化。《实践论》和《矛盾论》从理论和实践的统一上,论证了马克思列宁主义普遍真理同中国革命实践相结合的重要性,从思想方法论的高度指出党内发生"左"倾和右倾错误的原由,为日后的延安整风,特别是对教条主义的批判作了重要准备。

1938 年五六月间毛泽东作了《论持久战》的长篇讲演,总结全面抗战开始以来十个月的经验,回答了人们最关心而一时又看不清楚的问题。他强调,"武器是战争的重要的因素,但不是决定的因素,决定的因素是人不是物。"②"战争的伟力之最深厚的根源,存在于民众之中。"③无论是"亡国论"还是"速胜论"都是不对的。正确的结论是中国不会亡,"最后胜利是中国的",但中国"不能速胜,抗日战争是持久战。"④《论持久战》科学地预见未来的前途,阐明了党的抗日持久战战略总方针,大大提高了国人坚持抗战的决心与信心。

1940 年,毛泽东发表了著名的《新民主主义论》,在中国第一次旗帜鲜明地提出并系统说明新民主主义的完整理论,这一理论以中国的实际国情为出发点,经过以毛泽东为代表的中国共产党领导集体的长期思考和探索才提出来的,它不仅回答了当前时局中提出的种种问题,而且回答了中国现阶段民主革命和未来建设新中国的一系列根本问题,标志着毛泽东思想的成熟。毛泽东指出,"中国革命的历史过程,必须分两步,其第一步是民主主义的革命,其第二步是社会主义的革命,这是性质不同的两个革命的过程。"⑤

① 《毛泽东选集》第 1 卷[M].北京:人民出版社 1991 年版,第 310 页。
② 《毛泽东选集》第 2 卷[M].北京:人民出版社 1991 年版,第 469 页。
③ 《毛泽东选集》第 2 卷[M].北京:人民出版社 1991 年版,第 511 页。
④ 《毛泽东选集》第 2 卷[M].北京:人民出版社 1991 年版,第 442—443 页。
⑤ 《毛泽东选集》第 2 卷[M].北京:人民出版社 1991 年版,第 665 页。

中国社会的殖民地、半殖民地、半封建性质也就是中国的特殊国情决定了现阶段中国革命的性质,不是无产阶级社会主义的,而只能是新民主主义的革命,就是在无产阶级领导之下的人民大众的反帝反封建的革命。中国的社会必经过这个革命,才能进一步发展到社会主义的社会去。共产国际虽曾提出中国革命的"非资本主义前途",但它的具体含义究竟是什么并没有说清楚。直到这时,毛泽东从理论上很好地解决了这个问题,独立自主地树起了"新民主主义"这面旗帜,不仅对抗日战争中后期产生了重大影响,而且对以后的中国革命和建设起了巨大的指导作用。新民主主义理论是对马克思列宁主义的丰富和发展,对此笔者已有专文论述,在此不赘。①

　　1942 年 2 月至 1945 年 4 月,毛泽东在全党范围内发动了一场长达三年的整风运动。整风运动是一次深刻的马克思主义思想教育运动,本身就是加强党的建设伟大工程的一大创造。在延安整风运动中,毛泽东结合中国革命的实际情况,在批判主观主义、教条主义、本本主义、经验主义等错误倾向的基础上,明确了实事求是的重要性,使之成为延安精神的哲学基础和灵魂,并进而成为党的思想路线。当时共产国际在中国共产党内有着很高的威信,而王明有着共产国际作为后台,共产国际通过王稼祥在六届六中全会上传话,总结十年内战时期的经验要特别谨慎,实际上就是不同意中共在即将召开的七大上自行讨论党的历史问题。② 毛泽东在 1941 年 9 月政治局扩大会议上说,"过去我们的党很长时期为主观主义所统治……苏维埃运动后期的主观主义表现更严重,它的形态更完备,统治时间更长久,结果更悲惨。""这是因为他们自称为'国际路线',穿上马克思主义的外衣,其实是假马克思主义。"他说,"遵义会议上变更了一条政治路线;过去的路线在遵义会议后,在政治上、军事上、组织上都不能起作

---

　　① 邵雍.《毛泽东〈新民主主义论〉与马列主义的理论关联》,《延安精神永放光芒》[M].上海:东方出版中心 2011 年版。
　　②《毛泽东传 1893—1949》[M].北京:人民出版社 1996 年版,第 626 页。

用了,但在思想上主观主义的遗毒仍然存在"①,要开展反对主观主义和宗派主义的斗争。

1943年5月下旬共产国际的解散,使各国共产党更加民族化,也便利了中国共产党能够独立自主地按照中国的实际情况去处理中国革命问题。同年11月13日毛泽东在中央政治局会议上发言,系统地回顾了六届四中全会以来党内斗争的历史,着重批判王明、博古等:"他们顶着国际和马列招牌,欺骗全党,全党要从这个骗局中解放出来。如果没有很好的步骤和方法是很危险的。"又说,经验宗派的人"常常被教条宗派利用'共产国际'、'马恩列斯'的外衣和威逼利诱所蒙蔽,所迷惑。"②1945年4月20日中共六届七中全会原则通过的《关于若干历史问题的决议》,总结了党的历史经验,特别是对六届四中全会至遵义会议期间中央的领导路线问题作出正式结论,使全党的思想在马克思列宁主义的基础上取得了空前的一致。至此延安整风胜利结束。

接着在延安召开的党的七大上,毛泽东作了《论联合政府》的书面报告。报告的中心是阐明中国共产党解决中国问题的纲领和政策。《论联合政府》中把党在民主革命中的一般纲领和具体纲领加以区别,着重阐述党的40条具体纲领,其主要内容是:彻底消灭日本侵略者,不许中途妥协;废止国民党一党专政,建立民主的联合政府;争取人民的自由等。在民主主义的一般纲领方面,强调了要允许资本主义在新民主主义社会得到比较大的发展,以反专制主义为第一。

党的七大把马克思主义的基本原理与中国具体实际相结合的科学理论——毛泽东思想作为党的指导思想,正式写到了党章上。这个非常重要,因为尽管共产国际解散了,但是共产国际的影子、苏共对中国共产党的影响始终没有断。如果不提毛泽东思想,中国共产党很难在全党形成真正的思想统一。可以说,没有开拓创新,不会有延安精神,也不会有毛泽东思想。

---

① 《毛泽东传 1893—1949》[M].北京:人民出版社 1996 年版,第 631 页。
② 《毛泽东传 1893—1949》[M].北京:人民出版社 1996 年版,第 663 页。

（三）开拓创新指导艰苦创业

延安精神就是讲究实际、敢于探索、勇于开拓创新的革命精神。它反对夸夸其谈，无所用心，主张理论联系实际，有的放矢。创新指导创业。两者间相互联系、相互依存、相互渗透，相辅相成。

在政权建设方面有"三三制"原则①与"精兵简政"。陕甘宁边区有自己的政府和参议会，它既不同于以前的苏维埃政府，也不同于国统区的那一套。陕甘宁边区政府被誉为"民主的政府，廉洁的政府"。当年驻延安的美军观察组成员戴维斯报告说："在中国近代史上，共产党政府和军队是第一个……得到积极而广泛的群众支持的。他们之所以得到这种支持，是因为政府和军队真正是人民的。"②陕甘宁边区参议会是抗日民主根据地实行民主政治的主要组织形式，也是中国共产党在全面抗战新形势下实行抗日民族统一战线政策的主要举措之一。与全国性的国民参政会不同，边区参议会是经过边区人民民主普选产生的，有着更广泛的群众基础。1941 年 5 月公布的《陕甘宁边区施政纲领》，将共产党在抗日战争中的政策规范化、体系化、集约化。共产党直接领导下的边区参议会是解放区实行民主政治的窗口，具有全国范围的先进性与示范性。③

在物质生产方面，有以南泥湾为代表的大生产运动，共产党在国内要独立自主，坚持抗日民主统一战线，就必须在各方面（包括生产、生活方面）自力更生。面对国民党的封锁，陕甘宁抗日根据地军民自己动手，丰衣足食，铸就了延安军民的艰苦奋斗的精神。从中央领导人到普通士兵大家披星戴月，开荒种地、纺线织布、养猪烧炭，开展劳动竞赛，凭自己的双手，克服困难，创造人间奇迹。

---

① 即抗日民主政权在工作人员分配上，共产党员、党外进步人士和中间派各占1/3。1941 年 5 月绥德分区 75 名参议员中有 50 个是国民党与无党派公正人士，其他如陇东、鄜县等地的参议会同样有国民党员及无党无派人士与共产党实行民主合作的例子。参见《陕甘宁边区参议会（资料选辑）》[M]. 第 203 页。

② [美]戴维斯.《抓住龙尾——戴维斯在华回忆录》[M]. 北京：商务印书馆1996 年版，第 346 页。

③ 邵雍.《毛泽东与陕甘宁边区参议会》[J]. 中国延安干部学院学报，2017 年第 5 期。

在文艺创作生产方面,有在毛泽东《在延安文艺座谈会上的讲话》指引下深入群众、深入基层、深入敌后抗日根据地,涌现出的一大批群众喜闻乐见的优秀作品。戏剧方面有鲁艺的新歌剧《白毛女》、王大化和李波合演的《兄妹开荒》、马可的《夫妻识字》,中央党校京剧队的《逼上梁山》,延安平剧院的《三打祝家庄》;小说、诗歌方面有赵树理的《小二黑结婚》《李有才板话》,李季的《王贵和李香香》等。

在自然科学研究方面,1940 年 9 月中国共产党创办了第一个开展自然科学教学与研究的专门机构——延安自然科学院。同年在延安成立了陕甘宁边区自然科学研究会,进一步推进自然科学研究。

(四)小结

延安精神是一种具有中国特色的无产阶级革命精神,也是全体中国人民、整个中华民族的宝贵精神财富。有着鲜明的时代性、民族性和传承性。

延安精神体现了中国共产党与时俱进的思想风范。毛泽东思想是在延安时期成熟的,它是延安精神形成的不可或缺的理论要件,也是延安精神付诸实践的理论创新成果,二者相互辉映、浑然一体。虽然当年延安地处西北一隅,位置偏僻、经济贫困、环境恶劣,但在那里的共产党人脚踏黄土地,放眼全中国,胸怀世界,勇立潮头、勇于开拓创新,首先是政治思想上的开拓创新。实事求是,深入实际、调查研究,不尚空谈成为党在延安时期适应新形势、认识新事物、解决新问题、完成新任务的根本思想武器。

以毛泽东为代表的老一辈无产阶级革命家,在培育延安精神的过程中,彻底清算教条主义、本本主义。他们坚持实事求是的思想路线,坚持一切从实际出发、求真务实,开拓创新,坚持深入实际、调查研究,成为马克思主义中国化的科学巨匠。也正是因为坚持了实事求是,把马克思主义基本原理与中国的革命实际相结合,我们党才开拓出了一条中国特色的革命道路,取得了民主革命的最终胜利。

延安精神是与中国人民的民族精神一脉相承的,它是民族精神在特定历史时期的丰富和升华。美国著名记者斯诺曾称延安精神为伟大的"东方魔力",并断言这种力量是"兴国之兆""胜利之本",是非常有见地的。今天我们继承和弘扬延安精神,就是要与时俱进、不断创新,把改革开放进一步推向前进。

■ 麻诗梦①

从马克思的劳动解放视角看"斜杠青年"

（上海师范大学　上海　200234）

【摘　要】"斜杠青年"的产生建立在一定充裕的物质条件和空余时间的基础上；互联网的快速发展为劳动者拓展技能、自主择业、实现"斜杠"提供可能；但另一方面，"斜杠"劳动是数字化资本主义生产关系转型中的要求，"斜杠青年"是劳动者在转型阶段中由专业化向多样性发展需求所做出的积极回应，并没有从根本上改变资本主义生产方式实现劳动解放。那么"斜杠青年"趋向的"自由劳动"劳动解放之间又是什么关系呢？只有厘清马克思所说的"自由"不是悬设的"应当"，而是与创造性的劳动相联系的历史必然才能进一步看到"斜杠"中隐藏的劳动解放，进而才能在现阶段正确看待"斜杠青年"的产生为我们带来的新启示。

【关键词】"斜杠青年"；劳动解放；自由

"斜杠青年"源于英文"Slash"，出自《纽约时报》专栏作家麦瑞克·阿尔伯的书籍《双重职业》，专指一些不再满足"专一职业"的工作生活方式，而是选择能够拥有多重职业和身份的多元生活的年轻

① 作者简介：麻诗梦，女，硕士，上海师范大学哲学与法政学院，主要研究方向为劳动哲学。上海市徐汇区桂林路 100 号 200234。

人。① 自主化、多元化的职业发展方式受到了广大劳动工作者的青睐，更多教育工作者更是将之视为青年学生们全面发展的风向标。笔者认为，"斜杠青年"是专业化的分工领域下依托于互联网支撑通过学习和增加新的技能，打破原有劳动时间、空间格局的限制进行"自由"选择劳动活动的人，但其劳动实质仍没有脱离资本主义的生产关系，是数字化生产生活与资本主义发展相结合的产物，也是对新时期青年劳动工作者的发展要求。因此，对"斜杠青年"不断兴起的现象应给予客观地分析批判，积极引导，而非趋之若鹜。

（一）"斜杠青年"让我们获得劳动解放？

分工是现代生产活动过程中的重要劳动形式，专业化生产大大提高了劳动生产率并推动社会经济快速发展，但对于劳动工作者来说，分工不仅意味着劳动岗位的固定分配，更是在根本上限制了劳动者自由活动的内在需求。随着分工的不断精细化，劳动者能够涉及的领域就越局限，远离除专业活动之外的其他劳动活动，因此"分工使工人越来越片面化和越来越有依赖性"②，"这种劳动不是满足一种需要，而只是满足劳动以外的那些需要的一种手段。"③然而，在与日俱增的物质生活基础上，这种固定化的劳动工作不再满足于劳动者多元发展的内在需求，不甘于被单一的、强制的劳动活动所束缚。同时，生产力和生产关系变化的新条件为劳动者突破枷锁创造了可能，劳动者通过知识、技能的拓展打破了原有固定的职业格局，"斜杠青年"正是劳动专业化向多元化转型时期的代表人物。

一方面，数字化资本主义生产通过全新的信息技术的应用极大地提高了社会生产效率，从而短期内个别劳动者的必要劳动时间减少了，个人的空闲时间较之以往增加，丰富的物质积累与自由的活动时间为"斜杠青年"做出再选择创造了条件。从早期的韩寒、赵薇、特斯拉 CEO 埃隆·马斯克等名人到如今"身兼八职的 80 后女

---

① 旷世典.《"斜杠青年"职业定位新趋势》[N]. 光明日报，2016 年 3 月 11 日。
② 《马克思恩格斯文集》第 1 卷[M]. 北京：人民出版社 2009 年版，第 149 页。
③ 《马克思恩格斯文集》第 1 卷[M]. 北京：人民出版社 2009 年版，第 159 页。

白领","斜杠青年"首先发起于社会的中上层人群,"斜杠"活动的优先选择权掌握在既得利益者手中。同时,信息化生活颠覆了传统个体获取信息资源、沟通交流的方式。知识不再依赖于物质载体(纸质),各类数字化资源的传播和共享为劳动者涉入不同专业领域、学习新的工作技能提供方便,"时间实际上是人的积极存在,它不仅是人的生命的尺度,而且是人的发展的空间"[①]。青年们的"斜杠"转换就是借助互联网打破了原有固定的时空格局,利用时间空间化完成了同一时间内不同职业的到场;又借助空间时间化实现了不同地点的同时办公。只需要通过拟真时间灵活地协调不同领域的不同职能就能完成重新在场,促使"斜杠"的分身之术成为可能。

另一方面,网络信息建构起来的数字化劳动活动既为劳动者自主择业、拓展技能提供有益条件,同时"斜杠"也是数字化资本主义生产关系转型中的必然要求,"斜杠青年"是劳动者在转型阶段中对劳动技能由专业化向多样性发展需求所做出的积极回应。与传统的专业分工和田野工作不同,网络信息技术利用链接、压缩、电子通讯、远程遥控等功能将非线性、离散的客体重新编码整合,从而减少因时空差而导致的资本浪费,提高了资本的利用率。就个体而言,时间就是劳动者的生命,是人的发展空间。科技的聚合推动人的同向发展,"斜杠"是人在知识、技能上的功能性整合,"斜杠青年"就是对多元知识、技术的进一步垄断,在市场上极具竞争力;因而"斜杠"并非纯粹的人的主观兴趣和愿望,更是信息化社会生产方式转变过程中对劳动力的客观要求,并没有摆脱资本利益的束缚。例如,有学者认为现在的"斜杠青年""一般花 80% 的精力在主业上"[②],尚不细究二八分的准确性,但也看出劳动者并非全部源于自身意愿对劳动进行选择,而是根据劳动的需要对自己的"自由时间"重新安排;换言之,劳动者只有选择劳动活动的权利,没有放弃劳动活动的权利,并不等同于

① 《马克思恩格斯全集》第 47 卷[M].北京:人民出版社 1979 年版,第 532 页。
② 邵腾伟、吕秀梅.《从"斜杠青年"谈大学生综合素质培养》[J].教育教学论坛,2017 年第 12 期。

"上午打猎,下午捕鱼,傍晚从事畜牧,晚饭后从事批判"①。所谓"斜杠"是在满足生存需要的前提下对剩余劳动时间的再分配,幸运的是他们有优先选择"斜杠"职业的权利,如同一枚硬币,一面是社会中上层人群的主动选择,另一面是社会中下层人群的被动安排,如兼职的外卖小哥、滴滴司机等,其实质都是劳动者现有的劳动行为无法满足正在改变的生产关系而发生的劳动力转型,是"资本主义生产方式在资本主义方式本身范围的扬弃"②。

(二)"斜杠青年"与劳动解放的潜藏

我们尚不能视"斜杠青年"已实现劳动解放,但马克思说"自我异化的扬弃同自我异化走的是同一条道路"③,同样劳动解放潜藏于异化劳动之中,那么,"斜杠青年"趋向的"自由劳动"与马克思的劳动解放之间又是什么关系呢？劳动解放是指劳动不再作为人的谋生手段,而是人的目的；一方面,劳动者解放了劳动,劳动复归自身,它不再带有"异化"的标签,劳动者不再"像逃避瘟疫那样逃避劳动"④,是人的积极活动；另一方面,劳动解放了劳动者,劳动者可以在劳动过程中肯定并实现自己。在劳动中,劳动者感到舒畅、幸福,他不再仅限于满足人维持生存的需要,通过劳动更是获得了自我成就感、幸福感,实现事实与价值的真正统一。

"动物只生产它自己或它的幼仔所直接需要的东西,动物的生产是片面的,而人的生产是全面的；动物只是在直接的肉体需要的支配下生产,而人甚至不受肉体需要的影响也进行生产,并且只有不受这种需要的影响才进行真正的生产；动物只生产自身,而人再生产整个自然界；动物的产品直接属于它的肉体,而人则自由地面对自己的产品。动物只是按照它所属的那个种的尺度和需要来构造,而人却懂得按照任何一个种的尺度来进行生产,并且懂得处处都把固有的尺

---

① 《马克思恩格斯文集》第1卷[M].北京：人民出版社2009年版,第537页。
② 《马克思恩格斯文集》第1卷[M].北京：人民出版社2009年版,第497页。
③ 《马克思恩格斯文集》第1卷[M].北京：人民出版社2009年版,第182页。
④ 《马克思恩格斯文集》第1卷[M].北京：人民出版社2009年版,第159页。

度运用于对象;因此,人也按照美的规律来构造。"①作为自由和必然、理想与现实、目的与规律张力之间的存在,人类并不像动物那样被动地生存着,"人的生产是全面的""不受肉体需要的影响",好像是马克思理想的蓝图、筹划,因为面对现实的生活,即使是"斜杠青年"我们也无法完全获得他所描述的自由地劳动的真实感,更无法确认劳动解放的真实性。但事实上,这是我们对马克思劳动解放思想的误解,人的劳动自一开始就伴随着自由的价值,"任何一个种的尺度""美的规律"暗示着自由同美不可分,离开美就无法谈论自由,"真正的生产""自由地面对自己的产品"意味着在人类确立自身生存的第一个历史前提即生产物质活动时,价值尺度就作为人的"固有的尺度"隐藏在劳动过程中,动物无法把自己的生命活动当做自己意识的对象,但人却能够不断地在自我超越的创造性活动中追求更有意义的生活,我们不仅不能脱离劳动谈自由,更甚者自由就是劳动活动。这一思想的提出有深厚的历史渊源,是马克思对前人巨擘的继承和发展。

一方面,在国民经济学家亚当·斯密那里,自由已经和劳动相联系,他认为"劳动使人不愉快,使人需要紧张活动,因此将被消除。那么,自由就存在于紧张活动的缺乏和使人不愉快的劳动的消除中。所以自由就被定义为不劳动,劳动则被认为是一种外在的强制"②。首先,劳动活动外在于人而非人的内在需要,劳动是消极的,这里的自由具有免于强制的意思,摆脱劳动统治就是自由,所以这里的自由也是消极的自由。其次,斯密认为强制和阻碍来自个体之间的相互压迫,自由就其个体而言是可能的,但就其总体而言是抽象空洞的,"自由本身没有内容,自由的内容是由能够满足作为结果的自由本身所特有的意志或欲望所赋予的"③,自由是单个人主观

从马克思的劳动解放视角看「斜杠青年」

---

① 《马克思恩格斯文集》第 1 卷[M]. 北京:人民出版社 2009 年版,第 162—163 页。

② [美]卡罗尔·C. 古尔德,王虎学译.《马克思的社会本体论》[M]. 北京:北京师范大学出版社 2018 年版,第 102 页。

③ [美]卡罗尔·C. 古尔德,王虎学译.《马克思的社会本体论》[M]. 北京:北京师范大学出版社 2018 年版,第 103 页。

愿望的实现,正如同现实生活中的"斜杠青年",就其个体而言实现了自由。但马克思所谓的自由立足于现实的个人,不指代单个人或某类群体,是从事社会实践过程中的"关系中的个人",是一个复数,即社会关系中的所有人,因为"人对自身的关系只有通过他对他人的关系,才成为对他来说是对象性的、现实的关系。"①自由的实现发生于"关系中的个人"的真正的劳动活动中,消极的自由只是发生于"异化劳动"的特定历史阶段。对马克思而言,自由是解放的劳动活动本身,是实现自我决定的肯定价值,这一自我决定性继承于另一思想来源。

另一方面,在古代自由从没有作为主流思想被提出,社会是以共同体的形式存在而非我之个人的集合,直至启蒙时代,伴随着资本主义生产方式的扩张和资本主义制度建设的需要,自由思想才成为思想家们关注焦点;关于自由何以可能的问题马克思继承和发展了康德、黑格尔的自由理论。在康德那里,理性为知识划定了界限,在实践的领域意志是自由而积极的活动,但康德为这个自由活动引入了一个以理性为本质的自我决定的条件,自由便成了无穷追求的任务终不可实现,绝对命令成为可能和界限。黑格尔继承了康德自由活动的观点,但打破了自我决定的条件,他认为"实体即主体",每一个实体都是可以实现自由活动的主体。自由包含着逻辑必然性,结果包含于过程中在一开始就被决定了,例如他提出的潜能到现实的种子说;在探讨家庭、市民社会、国家的关系中,国家作为一般性的理念是家庭、市民社会发展的结果。自由是绝对精神的本质的不断展开,人的活动历史也成为绝对精神实现自身的逻辑环节。

马克思"扬弃"了之前思想家们关于劳动和自由关系的思想。首先,马克思肯定了自由是能动的可以自我决定的活动,可以实现其自身;但是这个自我决定的活动不是符合理性本质无穷的"应当",而是基于历史条件的不断实现和不断创造;其次,追求自由的条件和创造不是处于逻辑的理念变化中,也就是说现实世界不是依赖于绝对精

---

① 《马克思恩格斯文集》第 1 卷[M].北京:人民出版社 2009 年版,第 193 页。

神的他者,马克思在此做了个"颠倒",他肯定了黑格尔所说的"目的性是自由活动的特征,但目的的起始和最终指向于现实的感性生活,即人的历史,因为历史不过是追求着自己目的的人的活动而已"①,历史为自由创造条件使之打开可能,"这些可能性的实现导致新的将要实现的可能性的提出"②,"自由不仅存在于就人们可以获得的选择而言的自由选择中,而且存在于为自身(并为他人)创造的新的选择中。"③因此,自由地劳动作为社会发展的价值也成为其必然,而这个必然不是逻辑的必然,是历史发展的必然,而"斜杠青年"正是在这个特定时期内展现出来的自由和必然的矛盾关系。

(三)关于"斜杠青年"的新启示

在数字资本逻辑的运转下,谋求利益最大化仍是劳动者行为活动的目的,劳动是劳动者维持生存所需获取工资的谋生手段,而自由劳动又是人自由而全面发展的本质要求。"斜杠青年"正是尽可能"按照美的规律来构造"他所选择的劳动活动,个体"懂得处处都把固有的尺度运用于对象"在"斜杠"劳动中积极表达出"作为一个完整的人,占有自己的全面的本质"④的理想。因此,"斜杠青年"作为人的价值与物的价值同向增值的新人群对现代劳动者选择从事劳动活动有积极的启示作用:首先,在劳动职业选择过程中重视劳动者自身兴趣爱好的引导;兴趣是劳动者持续活动的积极动力,推动劳动者不断学习创新。其次,灵活运用自由劳动时间,重组的时空格局和灵活的管理制度促使劳动者拥有更多自主支配劳动时间和选择劳动岗位的机会。再次,培养积极的劳动观,在享受劳动活动的过程中实现自我价值;高报酬只是其多项劳动的附加值,而非出发点,若将之视为新时代青年儿童发展目标实则因果倒置。

① 《马克思恩格斯文集》第1卷[M].北京:人民出版社2009年版,第295页。
② [美]卡罗尔·C.古尔德,王虎学译.《马克思的社会本体论》[M].北京:北京师范大学出版社2018年版,第106页。
③ [美]卡罗尔·C.古尔德,王虎学译.《马克思的社会本体论》[M].北京:北京师范大学出版社2018年版,第107页。
④ 《马克思恩格斯文集》第1卷[M].北京:人民出版社2009年版,第189页。

　　"斜杠"不仅是劳动者的自主选择,同时也是数字资本逻辑运转下的时代发展的新要求。互联网平台的搭建改变了传统职业的活动方式,"服务业不涉及生产,交换的大多为个人技能、知识和时间"①,对劳动者技能和创新能力的提高有直接的要求;同时,松散的经济组织管理方式和柔韧的工作时间、地点促使劳动者占有更多闲置时间。只有作为闲置资源的劳动力积极提升自我价值的增值阶段,才能在劳动竞争中占有有利地位。劳动的再生产是生产力发展水平不断提高引起的必然,也是时代对劳动转型的要求。在这种条件要求下,劳动者应积极应对时代发展所需,提升自身的知识和能力。"斜杠青年"的成功案例中发现,充分利用已有的专业优势,根据所得经验扩大专业外延,积极创新,开拓学科交叉领域,从而成为不同行业中的稀缺专家是劳动者转型的可鉴方式,化"增值"为"增殖"。这也正是"斜杠青年"在利润分配中处于优势地位的原因。

　　当然,"斜杠青年"固有的内在矛盾和隐藏危机需要我们在倡导"斜杠"活动的过程中谨慎其弊端。在数字资本逻辑的运行过程中,生产越来越依赖于人所创造的那个机器,但对人的脱离只是对肢体的脱离,对人的头脑和知识的依赖却不断增强。"斜杠青年"倡导的"自我提升",是指劳动者在资本逻辑所规定的范围内对头脑和技能的提升,其目的是延伸和扩展知识范围满足资本增殖的根本需求。因而,"斜杠"劳动是谋生劳动的另一表现形式,随着"斜杠"职业模式的广泛普及,"多元"职业也可能面临同现在"专一"职业相似的困境,失去劳动活力,最终丧失固有的优势地位。而这一次,劳动者不仅失去了多领域的"专业"优势,更是失去了兴趣本身,加深了劳动者精神异化的程度。因此,短期内劳动者的"斜杠"活动终将无法逃离利益驱逐的牢笼,为避免劳动岗位的恶性竞争这要求政府部门在适当的时机做出积极干预;同时,在谋生劳动与自由劳动的选择冲突中,教育工作者应该加强对青少年的职业教育,重视青年劳动者的劳动价

---

① 旷世典.《"斜杠青年"职业定位新趋势》[N].光明日报,2016年3月11日。

值观引导;同时青年工作者也应该正视"斜杠"劳动的积极和消极因素,调解理想和现实的矛盾。只有营造良好的劳动环境,树立正确的劳动价值观,才能使"斜杠青年"朝着人们所期望的方向健康、持续发展。

潘二亮　王秀娟①

浅谈劳动之为人发展和幸福的本真根源

（上海师范大学　上海　200234）

【摘　要】劳动创造人，一方面超越从外在自然世界寻求人之谜的非历史解答，另一方面也超越了从内在心灵世界寻求人之谜的非历史解答，而把人的本质置入劳动外化的社会历史的境遇中去寻求人之谜的具体解答；人因劳动这一主体性活动在满足自身物质需求的同时，也在发展着自己社会的精神需要。人的自由而全面发展，有两个面向，一个是对外，即自然界越来越成为属人的世界，为人发展的对象；另一个面向，即对内精神世界越来越超脱对于物的依赖性，而发展自己的"自由个性"；从现实来看，对于"劳动幸福权"的保障，就是首要的人权保障，这是一切人的幸福生活的最初根源，也是社会主义价值体系建构的"阿基米德"之点。

【关键词】劳动创造人；劳动；劳动幸福权；价值体系

劳动创造人，一方面超越了从外在自然世界寻求人之谜的非历史解答，另一方面也超越了从内在心灵世界寻求人之谜的非历史解

① 作者简介：潘二亮，男，上海师范大学知识与价值科学研究所，助理研究员，主要研究方向为劳动哲学。上海市徐汇区桂林路 100 号 200234。

王秀娟，女，硕士，中国人民解放军陆军炮兵防空兵学院教研保障中心图书馆馆员，主要研究方向为学科教学。安徽省合肥市黄山路 451 号 230031。

答,而把人的本质置入劳动外化的社会历史的境遇中去寻求人之谜的具体解答;人因劳动这一主体性活动在满足自身物质需求的同时,也在发展着自己社会的精神需要,人的自由全面发展,有两个面向,一个对外,即自然界越来越成为属人的世界,为人发展的对象,另一面向,即对内精神世界越来越超脱对于物的依赖性,而发展自己的"自由个性";从现实来看,对于"劳动幸福权"①的保障,就是首要的人权保障,这是一切人的幸福生活的最初根源,也是社会主义价值体系建构的"阿基米德"之点。

(一)劳动创造人

在人类历史文明初始萌发的东西方世界里,关于人从哪里来的说法不尽其一。一般来说,在西方世界里,人们从宗教角度来解释人的由来,人们普遍认为是全知全能全善的唯一的上帝创造了人,根据《圣经·旧约》记载,上帝耶和华用六天时间创造了世界,在第六天上帝创造了人。耶和华上帝按照自己的形象,用地上的尘土造出了一个人,上帝给他起了一个名字,叫亚当。耶和华上帝为了不使亚当寂寞和有个帮手,上帝就取下亚当的一条肋骨,创造了一个女人,取名夏娃。亚当和夏娃就是人类的最初的父母,后来所有的人类都是他们的孩子,也就是上帝的子民。而在东方文明世界里,以中华文明为代表,则普遍地从神话传说的角度,解释人从哪里来。中国先民认为,女神女娲从黄河水中捞出泥巴来制作泥人,这样第一个人类出现了,随后她用树枝蘸上泥巴向地面上甩,无数个小泥点形成了多个人类。但我们知道无论是从宗教角度或是神话角度说明人类的由来,都是一种人类早期对于"身世之谜"的非理性解释,都是试图一劳永逸地解决人的"身份证"问题,虽缺乏科学性,但却具有历史的伦理的合理性。我们知道在人类历史早期,刚从野蛮走向文明世界,人类的生产力极其低下,人类对于自然界的认识能力和改造能力很低,生存

---

① "劳动幸福权",即"劳动人权",由上海师范大学知识与价值科学研究所所长、教授、博士生导师何云峰教授首先提出并给出较为系统的阐述。详见何云峰.《劳动幸福论》[M].上海:上海教育出版社 2018 年版。

和繁衍是人类所面对的头等人生大事，那时人与人之间必须在共同体中以彼此高度依赖性才能继续生存下去。正如马克思所指出："人的依赖关系（起初完全是自然发生的），是最初的社会形式，在这种形式下，人的生产能力只是在狭小的范围内和孤立的点上发展着。"①这时候自然界既是人类的直接的衣食父母，是人信仰的对象，同时又是人类恐惧和畏惧的对象，而从宗教或神话角度解释人的由来，则可以加强共同体的内部团结，以想象的方式解释和抵御自然界的威胁。但随着生产力的发展，人对自然的认识和改造能力不断增强，神话自然就会消失，正如马克思所言："任何神话都是用想象和借助想象以征服自然力，支配自然力，把自然力加以形象化；因而，随着这些自然力实际上被支配，神话也就消失了。"②

　　与以往从"天国"解释人间所不同，马克思恩格斯是从地上改造世界并解释天国的地上根据。马克思恩格斯史无前例地指出，劳动创造了人，并创造了一切物质文明和精神文明，不是上帝或神创造了人，而是人创造了上帝或神这一虚假的观念，并匍匐在上帝或神的面前。正如马克思所说："迄今为止人们总是为自己造出关于自己本身、关于自己是何物或者应当成为何物的种种虚假观念。他们按照自己关于神、关于标准人等等观念来建立自己的关系。他们头脑的产物不受他们支配。他们这些创造者屈从于自己的创造物。他们在幻想、观念、教条和臆想的存在物的枷锁下日益萎靡消沉，我们要把他们从中解放出来。"③这里的"解放"是一种"'革命的''实践批判的'活动"④。马克思恩格斯认为，"意识一开始就是社会的产物，而且只要人们存在着，它就仍然是这种产物"⑤，"'宗教感情'本身是社会的产物"⑥，所以无论多么神秘多么不可理解的理论，我们"都能在

---

① 《马克思恩格斯文集》第 8 卷[M]．北京：人民出版社 2009 年版，第 52 页。
② 《马克思恩格斯文集》第 8 卷[M]．北京：人民出版社 2009 年版，第 35 页。
③ 《马克思恩格斯文集》第 1 卷[M]．北京：人民出版社 2009 年版，第 509 页。
④ 《马克思恩格斯文集》第 1 卷[M]．北京：人民出版社 2009 年版，第 503 页。
⑤ 《马克思恩格斯文集》第 1 卷[M]．北京：人民出版社 2009 年版，第 533 页。
⑥ 《马克思恩格斯文集》第 1 卷[M]．北京：人民出版社 2009 年版，第 505 页。

人的实践中以及对这种实践的理解中得到合理的解决。"①关于宗教世界的世俗本质,只能从"对于这个世俗基础本身应当在自身中、从它的矛盾中去理解,并且在实践中使之发生革命。"②首先,马克思恩格斯指出,劳动生产了物质生活本身,也就是说人类为了不至于死亡必须与自然进行物质和能量交往,必须在否定自然的基础上满足自身的物质需要。自然界不可能直接满足人的需要,必须依靠人自身的努力使得自然为人而改变,这是人类区别于动物的重要特征。动物是直接从自然界获取生存资料,也就是说动物只是被动地适应自然界,而人是积极地能动地按照人的尺度和目的改造自然界。在这一层面,动物与人在生存方式层面就截然分开了,也就是说在生存层面,人就以人的方式而生存,即生产"自然界",而不是直接汲取自然界。正如马克思所指出:"人们为了能够'创造历史',就必须能够生活。但是为了生活,首先就需要吃喝住穿以及其他一些东西。因此第一个历史活动就是生产满足这些需要的资料,即生产物质生活本身。"③其次,由于人的需要并不会始终停留在固定的静止的水平,而是会随着生产力的发展不断更新和提升自己的需要。马克思指出:"已经得到满足的第一需要本身、满足需要的活动和已经获得的为满足需要而用的工具又引起新的需要。"④这里的"生产力"指"共同活动方式",这一"生产力的总和决定着社会状况",同样决定这人的需要的满足程度和层次,因此人的需要虽然是无穷无尽的,但是它的实现又是一定的、历史的,又是建立在以往的生产力总和基础之上的。正是劳动使得人(个体和种族)得以持久的生活下去并在更高层次上满足人的需要。再次,以上两点只是从一个方面,即从人的生存方面来解释劳动创造了人,离开人的生命的持久性在世,那么其他一切都是无从谈起的。人天生是合群的动物,也即人是社会的动物,离开社

① 《马克思恩格斯文集》第 1 卷[M].北京:人民出版社 2009 年版,第 505 页。
② 《马克思恩格斯文集》第 1 卷[M].北京:人民出版社 2009 年版,第 504 页。
③ 《马克思恩格斯文集》第 1 卷[M].北京:人民出版社 2009 年版,第 531 页。
④ 《马克思恩格斯文集》第 1 卷[M].北京:人民出版社 2009 年版,第 531 页。

会是无法存活的。共同体生活不仅使得人的安全得到保障而且给予人的对爱的需要。但在马克思看来,连接人与人之间纽带的最基础的活动即是生产劳动,而这一基础生产劳动的活动,不仅生产着人的物质需要,而且生产着人的社会和语言、意识、精神需要。无论是人的物质需要还是社会和语言、意识、精神等需要都是基于劳动这一感性交往活动的产物。在一开始,社会和语言、精神需要是直接与物质需要连接在一起的,可以说"'精神'从一开始就很倒霉,受到物质的'纠缠',物质在这里表现震动着的空气层、声音,简言之,即语言。语言和意识具有同样长久的历史;语言是一种实践的、既为别人存在因而也为我自身而存在的、现实的意识。语言也跟意识一样,只是由于需要,由于和他人交往的迫切需要才产生的。"①马克思说:"人的本质并不是单个人所固有的抽象物,在其现实性上,人是一切社会关系的总和。"这里的"在其现实性"上,笔者以为即是在劳动这一感性对象性活动上。劳动一方面指向人与自然的关系,人通过劳动不断地生产着属人的自然界,自然向人的生成,自然界是人类的"无机身体",这一"无机身体"并不是与"有机身体"对立的,而是不断地向人类输送着"养料",劳动就是这一"养料"的加工机和运输器,以符合人的目的性诉求的方式;另一方面指向人与人之间的关系,建立在生产劳动基础上人与人之间交往结合,产生了人与人之间的经济的关系、政治的关系、法的关系、道德的关系等社会关系的总和。具体分析这些关系的内容,即是现实的个人的全部本质,人的本质不是抽象的单一的,而是具体的全面的,并且是历史的发展的,人的需要和劳动的永无止境,表明人的本质也是不断"升级换代"的。

劳动创造人,并不是一劳永逸的,而是始终在不断地创造着,不断地外化为人的物质文明和精神文明,"人并没有什么与生俱来的抽象本质,也没有一成不变的永恒人性;人的本质是永远处在制作之中的,它只存在于人不断创造文化的辛勤劳作之中。因此,人性并不是一种实体性的东西,而是人自我塑造的一种过程:真正的人性无非

① 《马克思恩格斯文集》第 1 卷[M].北京:人民出版社 2009 年版,第 533 页。

就是人的无限的创造性活动。"①如果说"劳动创造人"只是一种假设,那么物质文明和精神文明这些劳动成果,就是对这一假设的无可辩驳的指证,人之历史之谜的解答并不在他处,就在人们的日常生活中,而马克思揭示了这一人们"熟知而非真知的领域"。

(二)劳动与人的自由全面发展

劳动创造人,但在其现实性上,这种创造却又是未完成的,人可以说始终是未完成式的,因为人的需要是始终未尽的,每一时代都离不开劳动,因为人一刻也离不开需要,对于需要的渴求,成了推动社会发展和人发展的不竭的内在动力。随着历史的发展,这种需要是以向着人的自由全面发展的方向而加以实现的,也即是人的需要的层次和面向更加复杂和多维。笔者在这里要说明的是,无论是"劳动"概念还是"需要"概念,都是从人的全面发展来理解的,首先它们是一个哲学—人类学概念,其次才是一个感性活动和感性需要的生物学概念,这不是从进化论的角度来阐述,而是在逻辑上来解释。只有把"劳动"和"需要"首先置于哲学—人类学角度,那么对于人的理解才能摆脱单线的时间维度,把人的特质真正突出出来。我们知道人的存在是二重性存在,也就是说人首先是自然存在物;其次,在更重要的意义上,人又是社会的存在物,并且只有在社会意义上理解人才能从根本上理解人的自然存在。这时候"自然存在"也是在社会意义上去理解的存在。这里的"社会"是个复杂的有机体,尤其在资本主义社会中得以高度体现,不言而喻,资本主义社会既表明了人本质展开的丰富性,也同时给予我们人类认识自身提出了更难更高的要求,人的发展和人的危机同时出现。人的本质并不是理智的个人独白,而必然要在人的实际活动中,在人与人的交往中得到现实地呈现和规定,"人之为人的特性就在于他的丰富性、微妙性、多样性和多面性。"②而"劳动"这一感

① [德]卡西尔著,甘阳译.《人论·中译本序》[M].上海:上海译文出版社2018年版,第8页。

② [德]卡西尔著,甘阳译.《人论》[M].上海:上海译文出版社2018年版,第20页。

性对象性活动就是打开人之谜底和全部丰富性、微妙性、多样性和多面性的"钥匙",这里的"劳动"并不是脱离一定历史条件的纯粹活动,而是一刻也离不开地平线的感性活动。如果人是历史的主体,那么人之劳动就是使得这一主体得以真正确立的主体性原则,"劳动"一方面使得人逐渐摆脱对自然界的直接依赖,在自然界深深打上人的烙印,另一方面,人在改造自然的同时也在自我改变,不断改变看待自然的态度,在自己的身上打上深深的自然的烙印。人的自由全面发展,在笔者看来,必然要以人的尺度和自然的尺度的内在统一来加以衡量,人与自然的关系在本质上是人与自身的关系,人与自然的关系的矛盾必然是人与自身的矛盾的直接呈现。正如卡西尔指出:"从人类意识最初萌芽之时起,我们就发现一种对生活的内向观察伴随着并补充着那种外向观察。人类的文化越往后发展,这种内向观察就变得越加显著。"①这句话,笔者理解为,随着人类改造自然界能力不断增强,人看待世界的视角,逐渐从"外"转向"内",转向人类自身去寻求"自然之谜"的解答,也就是历史地看待人与自然的关系,而不是从"神上帝"来看待人与自然的关系,这时候人就在精神上实现了"自治",人成了"万物的真正尺度"。

马克思从实践去解释社会生活,他说:"社会生活在本质上是实践的。"②也就是说,人的本质即是他的"实际生活过程",要想把握人是怎样的,那么我们就必须把握人是怎样活动的,所以人的本质并不是固定的静止的,人是什么全在于他是怎样表现自己的,因此当我们谈论人的自由时,绝不能从人之本性出发,说自由是人的先天规定,我们必须要把人的自由与劳动紧密结合在一起来考虑,从来没有抽象的劳动,因此从来就没有抽象的自由。"自由"本身是什么是不可知,但是"劳动"却是我们每天都可以经验到的,并且是可以通过理智上的努力加以认识和把握的。"劳动创造了人",对于人之本质把握,

---

① [德]卡西尔著,甘阳译.《人论》[M].上海:上海译文出版社2018年版,第6页。

② 《马克思恩格斯全集》第3卷[M].北京:人民出版社1960年版,第5页。

就是对于劳动的把握，可以说劳动蕴藏着人的全部自由和幸福。每个人都想要过上美好的幸福自由的生活，但是离开劳动，这些都是空谈，习近平总书记所言"撸起袖子，加油干"！，其实蕴含着马克思主义的真谛，这句话表明了幸福美好的生活是靠诚实劳动实现的，只有每一个人的诚实劳动，中华民族伟大复兴才能早日实现。

这里的"劳动"并不单是个人的劳动，而是社会的共同的劳动，是人与人之间的感性交往联系，正如鲁品越教授所指出："在对待劳动的看法上，马克思不仅把劳动看成个人的活动，而是看成创造历史的作为总体的社会劳动，个人劳动是社会总体劳动的组成部分，而正是社会总劳动所生产的全社会的产品体系建立了人与人之间的社会联系。"①笔者在这里要谈的是，这种"社会的共同的劳动"在实现人之本质力量方面的重要意义。"劳动"开显了人之理想性现实生成，使得理想的存在变成一种现实的存在，想象中的自由变成现实的自由。虽然，我们现在处在资本主导的社会现实下，建立在异化劳动基础上的人的存在与人的本质仍然是对立的，但是不可否认的是，这种对立较之以往的社会形态，它是进步的，是人之自由的推进，具有历史的合理性。这种自由告别了"人与人之间的直接的依赖关系"，而代之"以物的依赖性为基础的人的独立性"。这里的"物"其实就是"货币"，而"货币"实质是一种"社会权力关系"，这种权力关系必须要通过货币来表现，"他在衣袋里装着自己的社会权力和自己同社会的联系"，同时"个人的产品或货单必须先转化为交换价值的形式，转化为货币，并且通过这种物的形式才能取得和证明自己的社会权力。"②这样人与人之间的关系就表现为物与物的关系，人与人之间关系就是异化的扭曲的关系，是一种支配与被支配的关系。"货币"成为唯一的主人，而我们知道"货币"本身是社会发展的人造物，现在却反而

① 鲁品越.《马克思劳动价值论是与旧劳动价值论根本对立的理论》[J]. 创新，2016年第1期。
② 《马克思恩格斯文集》第8卷[M]. 北京：人民出版社2009年版，第51—52页。

成为人之主子。推翻这种不合理的社会关系,是共产主义革命所要进行的。正如马克思所指出的:"共产主义和所有过去的运动不同的地方在于:它推翻一切旧的生产关系和交往关系的基础,并且第一次自觉地把一切自发形成的前提看做是前人的创造,消除这些前提的自发性,使这些前提受联合起来的个人的支配。"①在共产主义阶段,人的存在与人的本质是内在和外在统一的,人的劳动直接地就是对于人之本质力量的肯定,而不再是忍受异化劳动的折磨获得生存资料的活动,不再是在生产领域把以物的方式生产而在消费领域又是物的方式宣泄压抑的活动,告别了人以非人的方式存在着的阶段。在共产主义社会,劳动成为人的第一需要,劳动是一种幸福的愉悦和精神的满足,而不是一种生存的"不得不"。

(三)保障劳动幸福权是实现其他一切价值诉求的根基

劳动不仅创造了人,而且是人自由全面发展的实在根据,因此保障人们的劳动权就具有人权的地位,进而,我们也就可以知道劳动幸福权的保障就成为首要幸福权利的保障,可以说保障劳动幸福是实现其他一切价值诉求的根基。在我国社会主义社会的背景下,虽然资本主义的雇佣劳动制已经被废除,但是局部的剥削关系仍然存在,正如何云峰教授所指出:"成熟的社会主义实际上是反剥削、反压迫的,但在成熟社会主义实现之前,局部的剥削、有限度的剥削可能还会存在。"②也正因为如此,保障劳动幸福就更加具有现实的积极的重大的意义。"由于社会主义总体上将剥削制度消灭了,只存在局部的有限度的剥削现象,所以社会主义特别强调的是通过劳动获取幸福、积累财富、实现人的价值。"③

在我们社会主义社会初级阶段,尊重劳动已经成为体现社会主义本质的内在要求,广大人民群众成为了国家的主人,主人地位的首

---

① 《马克思恩格斯文集》第 1 卷[M].北京:人民出版社 2009 年版,第 574 页。
② 何云峰、胡建.《马克思论"成熟的社会主义"》[M].合肥:黄山书社 2013 年版,第 1—10 页。
③ 何云峰.《劳动幸福论》[M].上海:上海教育出版社 2018 年版,第 89 页。

要体现就在于对劳动权的切实维护与保障,有别于资本主义社会公开承认私有制和雇佣劳动制的合理存在,我们社会主义社会公开反对私有制和雇佣劳动制的剥削关系的存在,代之以公有制。由于我国仍处于社会主义初级阶段,因此允许部分的局部的剥削关系存在,这是无法逾越的阶段,经过这一阶段,我们必然要过渡到社会主义的高级阶段即共产主义社会,但这仍有很长的路要跋涉。目下,我们首先要在理论上对"劳动幸福"的人权地位予以清晰阐明,因为这是转型时期的中国,在价值失范的现实困境下,需要首先予以给出的"方案",而何云峰教授的《劳动幸福论》一书有详实的论述,这给予我们很大启发和现实指导。何云峰教授从劳动创造人这一逻辑假设出发,并在与西方资本主义社会上帝创造人的比较视域下阐明以劳动创造人为价值根基和最高根据的社会主义价值体系是对资本主义价值体系的根本超越。何云峰从劳动创造人出发首先提出"劳动人权(劳动幸福权)这一核心本体论概念"。他指出:"按照劳动人权(劳动幸福权)理论,所有的劳动主体,都应该是平等的,所有的劳动者都应该永远保有劳动者的身份,劳动是最终的根源。正因为如此,社会主义社会的自由平等同资本主义社会有本质差异。资本主义的天赋人权,更多的是从人的自然性/动物性来说明自由、平等、博爱;而社会主义则从马克思恩格斯主张的劳动幸福权出发,不是从人的自然生物属性说明人的权利、价值观念,而是更多地用尊重劳动来说明,这就决定了它是更高层面的价值体系、价值主张、比资本主义的价值观念更高一个层次是统领性的。简言之,资本主义人权需要天赋人权说明,社会主义则靠劳动来说明。"[1]我国要在根本上超越资本主义社会,长远和根本来看,不仅是社会经济体量的超越,也必然是整个价值系统的质超越,也就是建立在劳动本位基础上的社会主义核心价值体系对于建自资本本位基础上的资本主义价值体系的超越。因此,核心就在于对于劳动及其劳动幸福权的确认和保障,惟其如此,其他的价值诉求才有了正当性和合理根据。何云峰教授指出:"在以

---

① 何云峰.《劳动幸福论》[M].上海:上海教育出版社 2018 年版,第 74 页。

劳动幸福为根基的社会文化价值体系里,一切合理性、公平性和正义性的判断依据都是劳动幸福。离开劳动幸福,社会就无法运转,无法有制度和理性的合理架构。只有这样的社会文化价值体系得到真正建立,社会的公平正义才会有保障。"①

---

① 何云峰.《劳动幸福论》[M].上海:上海教育出版社 2018 年版,第 36 页。

施雪玲①

马克思的教育思想对当代中国教育的指导价值

——以《关于费尔巴哈的提纲》为例

（上海师范大学　上海　200234）

【摘　要】在全球化时代，科技是第一生产力，而科技的发展离不开人才的培养，这要求中国要把教育问题视为重中之重，正如江泽民所说："国运兴衰，系于教育，教育振兴，全民有责"。特别是改革开放以来，教育逐渐成为中国发展现代化事业的一个强有力的支柱，因此，教育改革被提上日程，"科教兴国"的口号被提出。教育改革作为一种实践活动，离不开先进科学思想理论的指导，而马克思思想中所蕴含的教育思想揭示了人是教育的目的，与传统的教育理念形成鲜明对比，这无疑是有利于实现人的全面发展的科学思想。

【关键词】马克思；教育思想；人的本质

习近平同志曾指出："马克思主义经典著作包含着经典作家所汲取的人类探索真理的丰富思想成果，体现着经典作家攀登科学理论高峰的不懈追求和艰辛历程。"②《关于费尔巴哈的提纲》（以下简称

---

① 作者简介：施雪玲，女，上海师范大学知识与价值科学研究所，助理研究员，主要研究方向为社会哲学。上海市徐汇区桂林路 100 号 200234。

② 习近平.《在中央党校春季学期第二批入学学员开学典礼上的讲话》[N]. 人民日报,2011 年 5 月 14 日。

为《提纲》)就被恩格斯高度评价为"包含着新世界观的天才萌芽的第一个文件"。在这本著作中,马克思创造了一种与所有旧唯物主义不同的新世界观,即实践唯物主义。可以说,实践的观点是划分新旧唯物主义的试金石。在《提纲》中,马克思虽然没有针对教育思想进行详细叙说,但其中所展现的实践和认识的关系、人的主观能动性在其自身全面发展中的影响、人的本质等学说,它们都深刻蕴含着教育思想,教育的目的是培养全面发展的人才,而马克思的教育思想则对当今中国的教育具有重要的指导意义。因此,笔者主要从实践和人的本质的角度进行初步阐述和研究。

(一)马克思关于"实践"的观点及其教育意义

马克思说:"人的思维是否具有客观的真理性,这不是一个理论的问题,而是一个实践的问题。"①可以看出,马克思认为实践是认知的来源、目的和归宿。马克思在实践的基础上创立了自己的新世界观,回答了旧唯物主义所不能回答的认识的来源、目的、归宿,认识的主客体之间的关系以及认识的真理性等问题。《提纲》中的第八条写到:"全部社会生活在本质上实践的。凡是把理论引向神秘主义的神秘东西,都能在人的实践中以及对这个实践的理解中得到合理的解决。"②马克思认为,群众在生产和其他活动中创造了自己的历史,因而,人类的社会实践是社会历史的源泉,社会实践是人类存在的根本方式。马克思在《提纲》中创造性地将实践的观点渗透到社会历史领域,实践是社会生活的基础,对人类的生存具有重要的本体论意义,社会生活中的一切现象都要通过实践才能获得正确的认识,由此获得的认识也会伴随实践的变化而变化。

教学活动是学校教育的基本活动方式,是一种独特的认识活动。在这种认识活动中,教育的主体是人,内容是人类社会的文化,目的

---

① 庄友刚.《马克思主义原著选读》[M].苏州:苏州大学出版社 2009 年版,第 16 页。

② 庄友刚.《马克思主义原著选读》[M].苏州:苏州大学出版社 2009 年版,第 17 页。

是人的全面发展，教育的方方面面都是围绕着"人"这一主体展开，而这些方面都必须通过人的实践活动才能实现。马克思认为，每个人自由而全面的发展是未来社会的发展趋势，虽然教育不是实现这一趋势的根本方式，但教育也是不可或缺的，而要想通过教育来促进人的发展是离不开实践的。因为，只有随着实践内容的逐步增多，范围的逐步扩大，方式的逐步改善，人的认识才会逐渐得到补充与完善，进而用愈加科学的认识去发展生产力，推动科学进步。同时，在此基础上，我们将满足人民群众日益增长的物质、精神文化需求，提升人民群众素质，最终实现社会主义的教育目的。总而言之，教育活动的前提和基础是实践，教育思想发展和进步的动力也与之密切相关。通过实践，人类可以将前人的智慧结晶内化为自身的思想和认识，从而科学地认识客观事物，实现对客观事物的改造。

因此，在教育活动中，教育者要积极引导学生参与教学和社会实践。当前的中国教育还是以应试教育为主，多注重书本知识，缺乏必要的社会实践活动，教师在课堂教授中大多照本宣科，师生互动较少，而这些都有碍于人的全面发展。教师应当积极引导学生参与教育教学和社会实践，使学生在主动参与的过程中加强书本内容，并引导学生将书本知识应用于社会生活，使单调的理论知识教学变得妙趣横生，培养学生的学习兴趣，进而提升教学效率。马克思强调人的认识来源于社会实践，在信息化时代，信息的传播速度不断发展，同时，大量虚假、负面的信息充斥在社会中，这种社会环境有碍于学生正确价值观念的形成。在这种形势下，教师通过社会实践可以立足于社会现实，了解社会发展现状和需求，及时完善教育理念和教育方式，并在此过程中升华自己；而学生通过实践则可以检验所学知识的正确与否，从而明辨是非，进一步发展自己。正如马克思在《提纲》中所说："环境的改变和人的活动或自我改变的一致，只能被看作是并合理地理解为革命的实践。"①在马克思看来，现实中人的改变和环境

---

① 庄友刚.《马克思主义原著选读》[M].苏州：苏州大学出版社 2009 年版，第 16 页。

的改变相当于同一事物的两个方面,立足实践,这二者是同一的。因此,人在改造环境的同时改造自己,在教育他人的同时也在完善自身,不断实现自己的全面发展,这就为教育教学提供了良好的启示作用。

(二)马克思关于"人的本质"观点及其教育意义

马克思关于人的本质的观点是其教育思想中的核心,他有别于以往的环境决定论者和教育决定论者,认为"关于环境和教育起改变作用的唯物主义学说忘记了"[①]人们虽然改变了环境,但教育者自己也必须受到教育,他把教育问题的关键因素归结于现实的人。因此,马克思围绕着"人的本质"理论,从人的主体性和人的社会性两方面来展现其教育思想,使其呈现出勃勃的生命力,从而成为中国现代教育问题的一盏指路明灯。

马克思在《关于费尔巴哈的提纲》中的第一条中说明旧唯物主义没有把人当作立足于社会实践的现实的人,把世界理解为动物意识的世界,因此很容易倾向于唯心主义。人只能动物式地、被动式地适应观念,观念主宰世界。不管是旧唯物主义还是唯心主义,都是抽象地理解世界。马克思强调了人的主体性地位,认为人在认识世界和改造世界的过程中要从人的主体性这个角度来把握世界,并且这里的人是现实中的人。

在教育活动中,教育工作者是主体,广大学生是客体,教育活动中的主客体处于一种对立统一的矛盾运动中。在教育过程中,无论教育的主客体所处的环境还是他们本身都是可以通过自身作为主体性的能动的创造来获得期望的改变,从而使教育的主客体有机结合起来。正如马克思所说,"环境是由人来改变的,而教育者本人一定是受教育的",通过人的主体性、能动性的创造,使受教育与科学知识、劳动技能紧密融合,避免教师死教书、学生死读书现象的出现。

马克思说:"费尔巴哈把宗教的本质归结于人的本质。但是,人的本质不是单个人所固有的抽象物,在其现实性上,它是一切社会关

---

① 庄友刚.《马克思主义原著选读》[M].苏州:苏州大学出版社 2009 年版,第 16 页。

系的总和"①,他认为"只有在集体中,个人才能获得全面发展其才能的手段,也就是说,只有在集体中才可能有个人自由"②。人是处于一定社会关系中的人,人无法脱离社会而单独存在、发展。因此,作为一种独特的社会实践活动的教育活动,其所制定的教育目的、教育方针与政策、教育内容等都必须从社会现实的需求出发来考虑。我国目前的社会发展复杂,这使得教育活动也变得复杂多变,这就必然要求教育工作者能够在复杂的社会形势中结合学生发展的特点和规律,加强对学生社会性的培养,使受教育者能更好更快地适应当今的社会文化环境,从而适应社会发展需求。教育者在认识到自己是处于社会中的现实的人后,就会自觉主动地融入社会生活中,并积极参与各种社会实践,将所学知识应用到现实的社会生活中,努力实现人人的全面自由发展。

总之,马克思《关于费尔巴哈的提纲》中包含着丰富的教育思想。在信息化时代,面对复杂多变的教育问题,有必要对《提纲》中马克思的教育思想进行更加深刻的学习和研究,从而借鉴其教育思想对中国教育进行改进和完善。

① 庄友刚.《马克思主义原著选读》[M].苏州:苏州大学出版社 2009 年版,第 17 页。
② 《马克思恩格斯全集》第 3 卷[M].北京:人民出版社 1960 年版,第 84 页。

王艺腾①

浅析马克思幸福观的劳动底色

（上海师范大学 上海 200234）

【摘 要】马克思创立的劳动幸福观是人类思想史上的创举，他扬弃了诸多思想家关于幸福、关于财富、关于劳动生产、关于道德伦理正义的理论和学说，批判了资本主义社会的剥削本质，强调通过劳动获得的幸福才是最本质的、最高形态的幸福，并站在解放劳动的立场上提出了全人类幸福的观点。本文旨在追溯马克思劳动幸福观产生的深刻思想渊源，阐述马克思劳动幸福观的主要内容，并且指出马克思的劳动幸福观区别于一切旧幸福观的鲜明特征。最后，还就如何在新时期发挥马克思劳动幸福观的实践价值提出了看法。

【关键词】马克思；劳动幸福；异化劳动；共产主义

幸福，是人们在生活中对事物的美好感受或快乐体验，是人类发展史上的永恒字眼。可以坦率地说，每个人都渴求幸福，希望过上幸福美满的生活。古往今来，社会的发展和进步正是建立在人们对幸福和理想的不懈追求之上。人类的发展史，也就可以看作是一部人类不断憧憬幸福并实现幸福的奋斗史。古今中外的杰出思想家们几乎都对什么是幸福、如何追求幸福、幸福生活何以可能进行了追问，致力于解开人生旅途中的幸福锁钥，千年思想家马克思更不例外。在某种意义上，马克思正是扬弃了前人关于幸福、财富、劳动生产和

---

① 作者简介：王艺腾，男，硕士，上海师范大学哲学与法政学院，主要研究方向为马克思道德哲学。上海市徐汇区桂林路 100 号 200234。

道德伦理的诸多思想学说,而形成了自己的劳动幸福观。与以往幸福观有着鲜明不同的是,马克思始终站在劳苦大众的立场上,揭露了资本主义社会异化劳动的剥削本质,强调劳动应是"生命的乐趣"和幸福的源泉,进一步提出解放劳动,消灭压迫,实现人的自由而全面发展的观点。本文旨在追溯马克思劳动幸福观产生的思想渊源,阐述其主要内涵,并指出马克思劳动幸福观区别于一切旧幸福观的劳动底色。

（一）马克思之前的西方幸福观

如何看待幸福？这似乎是个难题。不同的人因为立场、观点、角色的不同会有对于幸福的不同态度、看法和理解。马克思之前的西方学者,自古希腊、中世纪到文艺复兴、启蒙运动,从各自的角度依托不同的社会背景和时代状况对幸福的具体内容、实现幸福的途径进行了阐释,代表性的有理性主义、感性主义、神本主义及空想社会主义幸福观。

1. 以"古希腊三贤"为代表的理性主义幸福观

肇始于"古希腊三贤"的理性主义幸福观悠久源长,发展到近代被斯宾诺莎、康德等人所继承和发展。他们格外看重人的理性,褒扬智慧,崇尚美德,贬抑欲望,认为物质享受或情欲满足的生活是不值得过的,进而把幸福寄居于人的灵魂之中,把人类真正的幸福看作为精神上的幸福。在古希腊,苏格拉底开创了从理性出发阐释幸福的先河。他认为,如果一个人拥有良好的美德,那么诸如正义和真理等这些与美好生活相关的事情就都得到了保证;只要人们能够一如既往地践行美德就必然获得幸福的生活。柏拉图在此基础上推进了这一观点,并提出"理念论"。他认为,人类追求的终极目标应当是至善,它雄踞于人类理念中的最高层次。如若这个目标实现了,人就拥有了幸福,但这个目标只有具有高度理性和思考能力的人才能实现。亚里士多德将前两人关于美德和至善的思想作了进一步发挥,肯定幸福是人的终极追求,是心灵与德行在现实活动中的一致。康德强调,人是感性和理性的双重存在。首先,人在自然界中摆脱不了自然法则的支配,必定有追求物质利益的权利和企求经验幸福的需要;但人同时又是理性的存在,拥有自由意志,要大胆地运用理性,自觉践行道德法则,实现建立在道德基础之上的"德福一致"。

2. 以德谟克利特等人为代表的感性主义幸福观

相对于理性主义幸福观,感性主义幸福观非常推崇感官和肉体上的快乐,认为幸福感就是感性生活和物质享受带来的满足,但在这里并不是完全否认人的理性。例如,德谟克利特认为人从自然界之中来,快乐对于人的幸福而言是一种自然需求;但德谟克里特并没有简单停留在感性上认识快乐,而是同时肯定了精神快乐的高级和持久。伊壁鸠鲁认为,对于幸福生活而言,快乐既是一种开始,也是最终旨趣,可以当做最终的善。到了近代,爱尔维修、边沁等人在唯物主义立场上形成了功利主义幸福观。爱尔维修认为,人的自爱或趋利避害、求福避祸是一切行动的准则,为了使肉体需要得到合理的满足,人们才去运用思考或从事劳作。在边沁看来,功利原则是指"当我们对任何一种行为予以赞成或不赞成的时候,我们是看该行为是增多还是减少当事者的幸福"[1],即评价或判断一个人的行为,要看他的所做是否增加了自身的幸福指数。密尔进一步发展了边沁的功利主义幸福观,他认为人们追求幸福不应局限于对物质和名利的追求,还要注重对有益的生活方式、高贵的道德情操和人的全面发展的追求。只有这样,才体现出人不同于动物的高级追求。

3. 以圣·奥古斯丁为代表的神本主义幸福观

幸福观也是基督教神学家们十分关心的话题,他们对幸福的理解往往与宗教神学水乳交融、密不可分。作为中世纪教父哲学的集大成者,奥古斯丁曾受到柏拉图的影响,但是他超越了古希腊理性主义德性幸福论和感性主义快乐幸福论,建立了系统完备的宗教伦理体系,并形成了以"皈依上帝,返归天国"为宗旨的神本主义幸福观。奥古斯丁指出,人类要走向幸福的生活道路,唯有求助真正的宗教,唯有归附于对上帝的信仰。另一位神学家托马斯·阿奎那认为,幸福不可能存在于现实生活中,人类只有在生时甘愿忍受不幸、磨难和

---

[1] 周辅成编.《西方伦理学名著选辑》(下卷)[M].北京:商务印书馆 1987 年版,第 211 页。

痛苦,死后才可以得到幸福,升入"天堂"。总的来说,基督教神学家认为人要体味幸福的快乐,不是对名利、权势的享受,必须在宗教仪式中,在对上帝的沉思和崇拜中。但这种神本主义幸福观到费尔巴哈那里受到了批判。费尔巴哈以人为研究起点,从人本主义出发,指出神学的奥秘实质上在于人学;并在前人的基础上,提出人的直观的感受是一个人幸福的基础和前提,主张把幸福定位于人在现实生活中的追求,这种人本主义幸福观对于个体生命价值进行观照,有助于把人们从宗教、神学的束缚中解放出来。

4. 以托马斯·莫尔为代表的空想社会主义幸福观

人类历史上的 15—16 世纪,是资本主义社会通过圈地运动和殖民掠夺进行资本原始积累的疯狂时期,因此而带来的诸多黑暗、不公和丑恶现象以及无数劳动人民悲苦的生活状况,引发了一大批学者对于幸福生活的思考。空想社会主义的奠基人,托马斯·莫尔在《乌托邦》中认为人的幸福主要是由快乐带来的,幸福无法脱离人的现实生活,尽力满足人的生活需要,是实现真正幸福的重要渠道。他还指出德行、快乐对幸福有着重要的影响,"只是正直高尚的快乐才能构成幸福"[①],幸福是每个人道德行为的最终目标等。随着时间的推进和社会的变革,到了 19 世纪,空想社会主义发展愈益成熟,摇身一变成为马克思主义形成的直接理论来源之一。在这一时期,法国的圣西门、傅立叶与英国的欧文等人对人们的现实生活保持密切的关注,他们看到了资本主义社会愈演愈烈的内在矛盾与激烈冲突,强烈主张建立一种人人平等自由、各尽其能、没有剥削压迫的新社会制度来取代现有制度。此外,他们还提倡人们尽可能使自己能为大多数人和集体组织谋幸福,能对这些人的物质和精神生活带来更好的满足。只有在这样的新社会中,每一个人都能自由地成长与生活,才能有更多的人感受到满足与幸福。

除上述以外,以"金钱至上、利己挥霍,满足私欲、及时行乐"为信

---

① 周辅成编.《西方伦理学名著选辑》(上卷)[M].北京:商务印书馆 1987 年版,第 508 页。

浅析马克思幸福观的劳动底色

条的资产阶级幸福观也引起了马克思的重视。马克思的幸福观在形成的过程中,充分吸取和借鉴了上述幸福学说,也对其展开了批判。比如,马克思幸福观看重物质因素在幸福体验中的重要作用,但也借鉴了理性主义幸福观的合理成分,充分肯定了精神因素在幸福体验中的作用。这就解决了理性主义幸福观单方面强调人的精神追求,漠视人对物质需要的弊病。对于神本主义幸福观,马克思指出"宗教是人民的鸦片"①,"是那些还没有获得自己或是再度丧失了自己的人的自我意识和自我感觉"②。对上帝的依赖和信仰,是人们对现实生活苦难的流露,暗含着人痛苦的生存状态,但这是"颠倒的世界观",人失去了本质的现实性,陷入对神的敬畏和膜拜,并不能让人们获得真正的幸福。对于空想社会主义者看到了资本主义社会制度的问题,而只是从道德上谴责它给人带来的不幸,马克思也进行了扬弃。

(二)马克思劳动幸福观的主要内容

由上可知,马克思幸福观的产生并不是他坐在书斋里、躺在藤椅上、漫步田园中苦思冥想的产物,而是站在前人的肩膀上,根据当时社会经济、科技等现实条件的发展,以唯物史观为指导,批判地改造了旧幸福观的马克思并不像其他思想家有过论述幸福或伦理的专著,但他的幸福观却贯穿于一生,散见于他各个时期的重要著作。值得指出的是,马克思从不是就幸福而谈幸福,而是把幸福放在历史长河中考察,并极力分析引起幸福的物质动因。大体来说,马克思劳动幸福观的酝酿,可以追溯到其中学毕业论文中"为大多数人谋幸福"和博士论文中"幸福靠人自己获得"的最初思考;而《共产党宣言》,可以说是劳动幸福观的划时代宣言;直到《资本论》中"劳动解放"的提出,马克思劳动幸福观得到了进一步的丰富与深化。在这里,我们重点介绍一下马克思劳动幸福观的核心内容。

1. 劳动为幸福提供了物质基础并创造人自身

人类社会的财富从哪里产生?是什么造就了人自身并让人感到

---

① 《马克思恩格斯全集》第1卷[M].北京:人民出版社1956年版,第453页。
② 《马克思恩格斯全集》第1卷[M].北京:人民出版社1956年版,第452页。

幸福？回答好这两个问题，我们要从马克思、恩格斯那里寻求智慧。马克思说，"任何一个民族，如果停止劳动，不用说一年，就是几个星期，也要灭亡，这是每一个小孩都知道的"①道理。恩格斯说，"一个很明显的而以前完全被人忽略的事实，即人们首先必须吃、喝、住、穿，就是说首先必须劳动，然后才能争取统治，从事政治、宗教和哲学等等"②。通过这两段话，我们不难发现马克思、恩格斯都强调了劳动对于整个人类的生活和幸福的意义，即劳动生产先是创造了人类生存繁衍所需的物质财富，再是满足了人类在发展进步中的精神财富，即实现了"两种生产"——人类的劳动在创造物质财富的同时，也在劳动中肯定了自己存在的价值和意义，实现了精神的生产、文化的传承和对自身力量的确认。"劳动创造了人本身"③，这是马克思对于劳动最豪迈的评价。人之所以成为人，从自然界中脱离出来，无疑是因为劳动这个媒介；作为人的类本质和人生存的根本方式，劳动不断实现、丰富并展开着人自己的本质。这正是马克思异于前人的高明之处，他看到现实的人的需要，将视角转向劳动，认为劳动"作为价值的活的源泉存在"④，为人类带来了幸福感。

2. 异化劳动制造劳动痛苦和奴役

马克思曾指出，资本主义社会的异化劳动给人带来莫大的折磨，而这原因就是臭名昭著的资本主义社会的生产资料私有制。马克思多次不遗余力地揭示资本主义社会的异化劳动现象，他说，"工人越是感到自己是人，他就越痛恨自己的工作"⑤，"劳动对工人来说是外在的东西，也就是说，不属于他的本质；因此，他在自己的劳动中不是肯定自己，而是否定自己，不是感到幸福，而是感到不幸，不是自由地发挥自己的体力和智力，而是使自己的肉体受折磨、精神遭摧残"⑥。

① 《马克思恩格斯选集》第 4 卷[M].北京：人民出版社 2012 年版，第 473 页。
② 《马克思恩格斯选集》第 3 卷[M].北京：人民出版社 2012 年版，第 723 页。
③ 《马克思恩格斯选集》第 3 卷[M].北京：人民出版社 2012 年版，第 988 页。
④ 《马克思恩格斯全集》第 30 卷[M].北京：人民出版社 1995 年版，第 253 页。
⑤ 《马克思恩格斯文集》第 1 卷[M].北京：人民出版社 2009 年版，第 432 页。
⑥ 《马克思恩格斯选集》第 1 卷[M].北京：人民出版社 2012 年版，第 53 页。

他还指出,劳动者为有钱人生产创造出了宫殿、美和智慧,但是却给自己生产了棚舍、畸形、愚钝和痴呆。马克思在揭露这些矛盾时,并不是单纯的道德谴责,而在于批判资本主义社会残酷的剥削实质。他认为,劳动者在这种异化、极端的条件下劳作,不仅谈不上幸福,就连自身的命运也要委之于他人;这些不堪忍辱的劳动看似是由劳动者自愿作出的,可是在资本主义社会中,资本家牢牢地掌控着生产资料,劳动者只有将自己作为商品出卖给资本家,这实在是无奈之举。不仅如此,劳动者所得到的可怜工资只够维持他们的生存,如果他们没有可供剥削的剩余价值的时候,资本家就会毫不犹豫地抛弃他们。异化劳动,无疑是导致劳动者不幸的罪魁祸首。

3. 劳动幸福与人的解放密切相关

马克思指出,要实现劳动幸福,应该解放劳动,让劳动者获得自由的劳动——"'劳动的绝对自由'是劳动居民幸福的最好条件"①。而在生产资料私有制占据资本主义生产方式统治地位的情况下,劳动者即使无休止地劳作,也无法改变自身被奴役的命运,也无法转向自由劳动;唯一的办法是解放劳动,推翻生产资料私有制,让全社会劳动者掌握生产资料,占有自由劳动。只有如此,才能让异化劳动给人带来的痛苦降到最低,才能让劳动成为一种享受,才能向马克思设想的共产主义进军。按照马克思的观点,在共产社会中,"劳动已经不仅仅是谋生的手段,而且本身成了生活的第一需要"②。劳动是创造人类幸福的首要手段,当劳动成了人们的第一需要,也就成了人们的第一幸福;它不再是一种谋生方式,而成为劳动者的自我需要和价值追求,成了真正人的劳动。在这过程中,人既完成了劳动生产,也发展了自己的兴趣和爱好,并达到实现人全面发展的最终目的。马克思认为,解放劳动对资本家也有救赎的意义。资本家依靠压榨劳动者生存和享乐,但这并不是说资本家就是幸福的、尊贵的。相反,他们也要承担风险或亏损,也会因为陷入货币拜物教而不能自拔。

---

① 《马克思恩格斯全集》第 16 卷[M].北京:人民出版社 1964 年版,第 491 页。
② 《马克思恩格斯选集》第 3 卷[M].北京:人民出版社 2012 年版,第 365 页。

因此,解放劳动从根本上讲是对全体人的解放。

(三)马克思劳动幸福观的基本特点

1. 始终以批判不合理的社会制度为立足点

我们知道,马克思主义的形成建立在对于资本主义社会制度的痛彻批判之上。同样,马克思的劳动幸福观也具有格外的批判性和革命性。但是,马克思的批判是具有建设性、长远性的批判,目的在批判旧社会中建构新图景,找出一条能够给人带来幸福的光明大道。马克思劳动幸福观的批判性首先体现在他对资本主义的社会制度剥削人的批判,他揭穿了资本家榨取剩余价值的秘密,揭示了资本运作下人是如何与自己的产品、与他人、与自身相异化的事实,还揭示了"在这个社会里劳者不获,获者不劳"①,人被资本所奴役的真相。当然,马克思还看到了随着社会的发展,资产阶级为不遗余力地维护自身的政治统治和经济利益,他们试图通过福利政策或其他待遇缓和矛盾。马克思指出,这样的修修补补不仅无济于事,而且终究不能彻底改变劳动者的悲惨命运。此外,马克思还对资本主义宣扬的享乐主义观、货币拜物教等展开了批判。他认为,这些腐朽歪曲的社会意识无疑是社会的毒瘤,它们无助于指导人们获得幸福的生活,只会导致人们再次陷入不幸的深渊。

2. 始终以无产阶级劳动者为根本出发点

马克思的劳动幸福观是以最广大的劳动人民的幸福为价值追求的幸福观,是为无产阶级和劳动人民争取劳动权力的幸福观,并且追求的是立足于当下的、现世的幸福。需要指出的是,马克思一生心系劳苦大众,为工人群众呐喊,并矢志不渝。如果追溯马克思短暂的一生,我们不难发现从青少年时期,他就立下了为实现人类解放和自我发展的崇高目标,到后来的革命生涯中与战友恩格斯亲密无间,为无产阶级解放所做的一切都表明了他的幸福观的劳动意蕴和人民立场。马克思创立的唯物史观始终认为,人民群众才是实践的主体,才是真正的历史英雄。人民只有作为劳动的主体,只有亲自掌握生产

浅析马克思幸福观的劳动底色

---

① 《马克思恩格斯选集》第1卷[M].北京:人民出版社2012年版,第417页。

资料,占有自由劳动的权力,才能实现人的本质,才能享有获得幸福的可能,才能真正通过劳动实践获得全面发展。此外,马克思还极力反对资产阶级剥削人民的幸福和剥削人民获得幸福的能力。可以说,马克思的劳动幸福观,重新界定了幸福的地位、意义和归属,赋予了幸福新的活力,使劳动将幸福与无产阶级劳动者紧密联在一起。

3. 始终以物质幸福和精神幸福为统一点

马克思认为,物质幸福和精神幸福是引起人们产生幸福感的两种基本的方式,他们并不是一个在天上、一个在人间,而是相辅相成、相互联系。他指出,人的幸福会随着社会发展的不同发展阶段而有多样的表现。但不容否定的是,无论人类社会处在哪一个发展阶段,人作为现实的和理想的存在,不仅需要物质幸福的支撑,也需要精神幸福的满足。马克思认为,物质幸福让人们的物质生活得到满足,它的获得将为人的精神发展打下基础,即摆脱异化、满足谋生需要、从事体面劳作是第一步,使人的才能、意义和价值得到体现才是第二步。马克思认为,实现这两步才是人们所追求的幸福生活的状态,而这些环节的完成少不了自由而平等的劳动环境的保障。马克思还始终反对将物质幸福和精神幸福相割裂,他还告诫人们在生活中,既不能只看到物质幸福,拘泥于物质享乐,也不能异想天开,只追求精神幸福,而是要依照社会的发展阶段、规律和自身的现实情况,投身劳动生产,合理追求幸福。

(四)结语:发挥马克思劳动幸福观的实践价值和教育意义

综上所述,产生于19世纪的马克思劳动幸福观是在立足于前人思想的基础上,观照人的现实处境,对资本主义社会展开批判而形成的科学幸福观。它穿破了层层迷雾,深入人类劳动实践的深处,打上了鲜明的劳动底色;它关注的是最广大劳动人民的疾苦,追求的是全人类的幸福实现,指向实现人的自由全面发展,促使人们获得真正的幸福。最重要的是,马克思科学分析了什么是真正的幸福,如何实现幸福,劳动之于幸福的意义,这对于当代人关于自身和社会生活状态的反思具有重要的指导意义,对于我们重新理解幸福的内涵以及在人生的幸福问题上劳动与享受、个人与集体等关系也具有深切的教育作用。

如今，随着中国特色社会主义的纵深推进，中国进入了新时代。"人民群众对美好生活的向往就是我们的奋斗目标"①成为党和政府的行为指归。在新时代条件下，我们要大力宣传马克思劳动幸福观——要倡导劳动幸福，唱响尊重劳动、推崇劳动、热爱劳动、厉行劳动的赞歌，特别要注重引领青少年群体对劳动幸福的价值追求，让他们懂得"幸福都是奋斗出来的"②；要保障劳动幸福权利，改善劳资关系，完善劳动制度，打造健康和谐的劳动环境；还要展现劳动价值，提高劳动待遇，最大程度上唤起劳动者的积极性和创造性，进而提升劳动者的幸福感与自豪感。总而言之，让崇尚劳动、敬畏劳动、有尊严地劳动的社会氛围有效形成，"将劳动幸福确立为整个社会文化价值系统的基础，并以劳动幸福为基础构筑社会主义精神"③，对于我国社会的进步、对于实现"两个一百年"奋斗目标具有重要的意义。

① 中共中央文献研究室.《十八大以来重要文献选编》上［M］.北京：中央文献出版社 2014 年版,第 471 页。

② 习近平.《习近平主席新年贺词(2014—2018)》［M］.北京：人民出版社 2018 年版,第 3 页。

③ 何云峰.《劳动幸福论》(序言)［M］.上海：上海教育出版社 2018 年版,第 1 页。

朱娜娜①

马克思主义城乡融合理论对于我国城乡关系良性发展的现实指引

（上海师范大学 上海 200234）

【摘 要】城乡关系的良性发展关系着我国社会主义事业的成败，关系着中国最广大人民群众的根本利益，是建设社会主义和谐社会的重要环节。而对于社会大分工下的城乡关系，马克思、恩格斯曾作过细致而深入的研究，最终形成了科学的城乡融合理论，为社会主义社会的城乡发展工作提供了有益的理论依据和科学的思想指导。因此，本文通过对马克思主义城乡融合思想的概括梳理，总结出了四个方面的重要内容，并以这一理论为指导，为我国社会主义城乡关系的良性发展提供一些切实可行的理论导向和现实路径，旨在促进我国城乡关系从对立逐渐走向融合，为构建中国特色社会主义和谐社会打下坚实基础，进而向共产主义更加迈进一步。

【关键词】对立；融合；良性互动；协调发展

城乡关系是我国社会主义现代化建设进程中的重要一环。我国社会目前仍处于社会主义初级阶段，城乡正处于对立状态。如何消除城乡二元对立格局对于我国实现社会主义现代化建设、向共产主义迈进具有至关重要的战略意义。十九大报告强调指出，虽然我国

① 作者简介：朱娜娜，女，硕士，上海师范大学哲学与法政学院，主要研究方向为经济哲学。上海市徐汇区桂林路 100 号 200234。

前仍处于社会主义初级阶段,但是中国特色社会主义已进入新时代,我国社会主要矛盾已经转化为人民日益增长的美好生活需要和不平衡不充分的发展之间的矛盾。发展的不平衡不充分问题不仅表现为东部、中部与西部、沿海与内地之间发展的不平衡,而且表现为城乡之间发展的不平衡。城乡发展的不平衡导致了城乡对立的二元结构。

(一) 城乡对立是阻碍社会主义发展的拦路石

城乡之间的分离与对立并不是短期内形成的,而是社会历史发展的必然产物,有着一定的发展演变过程,马克思恩格斯在《德意志意识形态》中曾明确表示,"一个民族内部的分工,首先引起工商业劳动同农业劳动的分离,从而也引起城乡的分离和城乡利益的对立"[①],并且强调"物质劳动和精神劳动的最大的一次分工,就是城市和乡村的分离"[②]。可见,城乡二元对立格局是随着分工的出现和发展而逐渐形成的,是人类社会发展的必经阶段。

在城乡二元结构下,"三农"发展面临诸多问题:农业农村发展基础薄弱,基础设施建设严重不足,农业发展仍是以家庭联产承包为主,未形成规模,且缺乏科学有效的技术指导,农业科技推广覆盖率低、效率低,相当一部分农村人口,尤其是边远山区人口收入低下、生活贫困,教育、医疗资源匮乏,环境污染,农业结构性矛盾突出,农产品有效供给不足,等等。这些问题不仅严重阻碍着农村社会经济、政治、文化、生态环境的发展,而且制约着农村居民的自由和全面发展。此外,城乡二元对立格局还直接或间接地影响着城市的可持续发展。

我们已经知道,城乡对立是人类社会分工发展的必然结果和必经阶段,并且它给城市和乡村的经济社会发展带来了严重影响。但是,这并不意味着我们对于城乡二元格局束手无策。相反,我们应该在马克思主义科学理论的指导下,积极消除城乡对立,融合城乡关系,统筹城乡发展,加快城乡一体化进程,为发展中国特色社会主义

① 《马克思恩格斯选集》第 1 卷[M].北京:人民出版社 2012 年版,第 147—148 页。

② 《马克思恩格斯选集》第 1 卷[M].北京:人民出版社 2012 年版,第 184 页。

扫清障碍。

（二）马克思主义城乡融合理论——消除城乡二元对立的理论指南

马克思主义城乡融合理论是马克思和恩格斯在深入研究城乡对立的形成根源、弊端以及城乡关系发展演变趋势和经济规律的基础上得出的思想成果,用它来指导我国城乡关系的良性发展不仅是马克思主义中国化的现实需求,而且也是中国特色社会主义发展的必然要求。虽然马克思主义城乡融合理论指出,社会主义的城乡关系必然要经历一个由分离、对立,再到逐渐融合的演变过程,但从城乡分离、对立,再到城乡融合并不是随波逐流、顺其自然就能实现的,而是必须要以马克思主义的科学理论为指导,经过长期的科学发展和不懈努力才能最终实现。

1. 生产力的大发展是实现城乡融合的物质条件

马克思尖锐指出,"城乡之间的对立是个人屈从于分工、屈从于他被迫从事的某种活动的最鲜明的反映,这种屈从把一部分人变为受局限的城市动物,把另一部分人变为受局限的乡村动物,并且每天都重新产生二者利益之间的对立。"①这表明,城乡之间的对立实质上就是物质利益的对立,而这种对立是生产力发展和生产关系变革的必然结果。对于如何消除这一对立,马克思也给出了他的答案:城乡之间对立的消灭取决于物质前提。这就是说,城乡对立的消除必须要在生产力高度发展的基础上才能完成,而生产力的高度发展又会使得城乡关系在更高的物质基础上实现深度融合。简言之,生产力的大发展与经济的协调发展是实现城乡融合的物质基础。因此,必须大力发展生产力,推动城乡经济协调、快速发展,促进城乡融合早日实现。

2. 农业的稳定发展是实现城乡融合的坚强后盾

马克思高度重视人的生存问题。在马克思看来,一切人类生存

---

① 《马克思恩格斯选集》第 1 卷[M].北京:人民出版社 2012 年版,第 184—185 页。

的第一个前提,即一切历史的首要前提,就是必须能够生活,"但是为了生活,首先就需要吃喝住穿以及其他一些东西。因此第一个历史活动就是生产满足这些需要的资料,即生产物质生活本身"①。农业是人类社会生存和发展的前提,能够为城乡人口提供基本生存资料,满足人们的物质生活需求,因此它是社会中最重要的物质生产部门,是国民经济的基础,在经济社会发展中处于基础地位。没有农业的稳定发展,人类就失去了赖以生存的物质生活资料,社会生产力的发展也就无从谈起,更不可能有第二、三产业的繁荣。因此,必须重视农业在保证城乡协调发展、促进城乡一体化、实现城乡融合中的基础性作用。

3. 城市的中心带动作用是实现城乡融合的推动力量

根据马克思的经典论断,城市是人类文明发展到现阶段的必然产物,是人类文明进步的重要里程碑。同时,马克思还认为,城市在城乡经济社会发展中具有中心带动作用。这一重要作用就在于,城市是社会上各种生产要素的集散地,不仅能够为社会发展带来巨大的经济和文化效益,促进科学技术的进步,提高劳动者的素质,而且能够发挥城市的中心辐射作用,带动周边小城镇、农业和农村生产力的快速发展。城市有系统的工业体系、便利的交通、雄厚的资金、先进的技术、科学的管理经验、广阔的市场、更多的就业机会等等,这些要素在城乡经济社会发展中发挥着不可或缺的重要作用。因此,必须充分发挥城市的中心带动作用,利用城市的发展优势,有力带动"三农"发展,促进广大农民科学文化素质的大幅度提升,增加农村人口经济收入,切实提高农民生活水平,大力缩小城乡差距,有效推动城乡由对立逐步走向融合。

4. 城乡互动、产业结合是实现城乡融合的必然要求

前面我们已经讨论过,城乡之间的分离与对立是由物质劳动和精神劳动的大分工所造成的。社会分工的发展不仅促进了城市的产生与发展,而且使城市"战胜"农村、农村屈从于城市。要消除城乡对

---

① 《马克思恩格斯选集》第1卷[M].北京:人民出版社2012年版,第158页。

立的现状,就要改变工业只分布于城市的传统分工格局,调整产业结构和空间布局,将脑力劳动和体力劳动、工业与农业结合起来,发展新型融合式城乡发展模式。正如马克思强调的那样,大工业尽可能平衡地分布于全国,是消灭城乡分离的条件。这就要求我们,必须重新建立城乡之间的广泛而紧密的联系,促进城乡之间、工农之间的良性互动和优势互补,实行产业结合,推动城乡、工农协调发展,消除城乡二元格局,最终实现城乡之间的深度融合。

(三)我国当下消除城乡对立、改变城乡关系的现实路径

1. 坚决打赢脱贫攻坚战,决胜全面建成小康社会

改革开放以来,城市经济发展迅速,城市居民收入水平逐年增加,而农村经济发展则相对缓慢,城乡收入差距越来越大。尽管相比于20世纪,我国农村人均收入有了显著增长,但广大偏远山区、农村仍有很多家庭经济来源少、人均收入低,生活非常贫困,远未达到小康水平。这是城乡对立所带来的消极影响之一。为了消解城乡对立状态,帮助广大农村贫困家庭摆脱贫困,尽快过上小康生活,党中央积极实施了精准扶贫政策,积极实行精准识别、精确帮扶和精确管理,力争不让任何一个贫困户掉队。经过几年来的努力,现如今,精准扶贫工作已经到了攻坚克难阶段。对此,习近平总书记强调,在扶贫的路上,不能落下一个贫困家庭,丢下一个贫困群众,还表示,全面建成小康社会,一个不能少;共同富裕路上,一个不能掉队。十九大报告更是明确提出要决胜全面建成小康社会,特别是要坚决打好脱贫攻坚战。精准扶贫、精准脱贫不仅关系到每一个农村贫困家庭的切实生活,关系到农村经济社会发展和城乡关系的融合,而且关系到社会主义和谐社会建设,必须坚决深入实施下去,做到"脱真贫、真脱贫",坚决打赢脱贫攻坚战,消除社会内部各阶层差别,缩小城乡居民收入差距,不断提高人民生活水平,争取早日全面建成小康社会,让全体人民共享改革发展成果,维护社会的公平正义与稳定和谐。

2. 补齐农业农村短板,打牢农业农村发展基础

全面建成小康社会,农业农村是一大短板。当前,农村各方面基础设施建设普遍十分落后,基层管理不足,医疗卫生等公共服务水平低下;农业科技应用不广,生产规模小,且成本高,耗时耗力;教育、医

疗资源落后;农村居民科学文化水平低,劳动力素质不够高;农村人居环境不断遭到破坏,等等。这些都是农村经济社会发展的短板,不仅严重阻碍着农业农村的发展,增加了农业成本,而且影响着广大村民的日常生活水平。因此,必须大力加强基层组织的科学管理,提升农村基础公共服务水平,为广大农村人民群众提供良好的基础公共服务;加强农村农业基础设施建设,积极将现代科学技术广泛应用于农业,为农业发展提供科技支撑和便利,减轻广大农民的劳动负担,提高农产品生产率;加大教育、医疗、文化等方面的基础设施建设投入,开办农业科学知识和专业技术培训班,提高农村劳动力素质;深入推进美丽乡村建设和农村人居环境治理,着力改善农村人居环境,保护生态环境,等等。因为,短板决定着发展的速度和深度,只有补齐短板,夯实农村发展基础,才能充分激发出农业农村农民的发展潜力,促进农村各方面发展,消除城乡二元对立状态,实现城乡协调发展。

3. 促进城乡产业结构调整,加快城乡一体化进程

一直以来,我国农村产业结构十分单一,以农业为主,生产力落后,经济发展缓慢,而二三产业则主要集中于城市,导致城乡发展不协调,差距越来越大,形成对立状态。马克思恩格斯认为,城乡对立是由分工的发展导致的,那么要改变城乡二元对立格局就必须要改变城乡旧的分工模式。而要解决这种对立状态,就必须"要充分发挥城市的中心作用,逐步形成以城市特别是大、中城市为依托的,不同规模的,开放式、网络型的经济区"①,实行工业反哺农业、农业促进工业的方针,城市带动农村、农村发展影响城市;统筹城乡发展,协调产业结构地域布局,合理调整农村产业结构;大力发展乡村休闲旅游产业,推进农村电商产业发展;积极推动城乡一二三产业融合发展,增强和发挥农村的自我发展能力;大力推行绿色、节能、高效的生产方式,实行农业清洁生产,增强农业农村可持续发展能力;着力推进

---

① 中共中央文献研究室.《改革开放三十年重要文献选编》(上)[M].北京:人民出版社 2008 年版,第 353 页。

秸秆回收利用产业化,实施规模化农业节水工程;倡导节能环保的生活方式,"把城市和农村生活方式的优点结合起来,避免二者的片面性和缺点"①,集中治理农村环境突出问题,加强生态工程建设;促进农村向城市靠拢,协调城乡发展步伐,加快建设中国特色社会主义新农村,努力推进城乡一体化进程。

4. 加大农村改革力度,激活农村发展潜力

想要改变城乡对立关系,改变农村发展现状,就必须深化农村改革,加大改革力度,激活农村的发展潜力。改革不能胡子眉毛一把抓,要有重点、有针对性地进行。我国改革开放现阶段存在的问题主要是供需关系和结构性问题,因此,深化改革开放,不仅要统筹推进城市和农村各项改革,更要加大农村改革力度,深化农业供给侧结构性改革和农村集体产权制度改革;加大财政对"三农"的投入力度,切实落实农业补贴政策;深化农村土地制度改革,建立农业农村发展用地保障机制;加快培育城乡发展新动能,激活农村发展潜力,厚植城乡发展新优势;积极发展多种形式的经营方式,实行规模化、集约化经营,建设现代农业产业园,增加农村就业机会,大力鼓励、支持农民工返乡创业,增强农村、农业对剩余劳动力的吸引力和吸收能力。深化农村改革要争取让农业发展惠及每一个城乡居民,让农村改革惠及每一位村民,让每一位村民都能共享改革发展成果。

5. 强化科技创新驱动力量,引领现代农业快速发展

科学技术是第一生产力。如今无论是在城市,还是在农村,生产力的发展都已经离不开科学技术的支撑。农业是国民经济的基础,为城乡人口和经济社会发展提供最基本的物质资料,没有农业的稳定发展,就不可能有市场经济的稳定发展,更不可能实现城乡关系的融合,因此必须积极改造传统农业,加快发展现代农业。要发展现代农业,就必须完善农业科技创新激励机制,促进农业科技成果研发,以科技创新驱动农业发展;加大农业科技的推广和普及,通过科技手段降低农业生产成本,提高农业生产效率和效益;加大农业科技园区

---

① 《马克思恩格斯选集》第1卷[M].北京:人民出版社2012年版,第305页。

投资建设,开发农村人力资源;推进农业科学化、规模化、集约化生产,建设现代农场等。科技的创新驱动力量必将引领现代农业快速发展,增加农业生产效益,促进农村经济增长,缩小城乡之间的收入差距,推动城乡关系的融合式发展。

6. 大力发展农村基础教育,鼓励引导人才合理流动

恩格斯认为,"第一次大分工,即城市和乡村的分离……破坏了乡村居民的精神发展的基础和城市居民的体力发展的基础"[①],而目前这种城乡二元对立格局将会使农村居民精神发展和体力发展的基础破坏得更加严重。精神和体力的发展是每个城乡居民自由而全面发展必不可少的两个方面。要改变这种不合理的状态,必须加大农村教育、文化投入力度,大力发展农村基础教育和成人继续教育,让农村居民有机会再学习,接触更多新的东西,从旧的思想观念和劳动方式中解放出来,促进农村居民的自由而全面发展;让农村孩子也能享受到丰富的教育资源,接受更高更好更全面的教育,为城乡发展提供高素质人才,为社会进步培养更多的专业人才。然而,现如今人才流动和地区分布严重失衡,主要集中于北上广深为主的一线大城市和东南沿海城市。尽管近几年来人才开始逐渐向中部二三线城市流动,但中西部地区科技人才和管理人才仍然十分缺乏,尤其是西部地区,更为严重。因此,政府应制定相应的人才引进政策和策略,引导人才合理流动,鼓励支持人才向边远山区流动,平衡人才分布,促进小城镇、乡村经济社会快速发展,缩小城乡差距,加强城乡之间的经济联系,促进城乡分工的融合发展,将体力劳动与脑力劳动联系起来,使城市居民和乡村居民都能拥有自由而全面发展的机会,在城乡精神文化融合的基础上加速城乡经济融合。

做好上述工作,是用马克思主义城乡融合思想指导我国城乡关系由对立到实现融合的现实路径和实践要求,也是构建社会主义和谐社会、实现社会主义现代化的关键一步。要实现城乡融合,就必须首先做好农村的各项工作,振兴乡村,同时充分发挥城市的中心作用

① 《马克思恩格斯选集》第3卷[M].北京:人民出版社2012年版,第679页。

和工业的带动作用。只有打赢脱贫攻坚战,全面建成小康社会,才能缩小城乡差距,促进城乡关系和谐发展;只有补齐农业农村发展短板,打牢农村发展基础,才能为农村社会发展创造有利的客观条件,奠定坚实的物质基础;只有积极调整城乡产业结构,加强城乡之间的紧密联系,加快城乡产业融合,才能推进城乡一体化进程,实现城乡融合;只有加大农村改革力度,激活农村发展潜力,才能促进农村和城市经济又好又快发展;只有强化科技创新驱动,引领现代农业加快发展,才能为现代农业注入生机和活力,为国民经济提供坚实的后盾力量;只有大力发展农村基础教育,鼓励、引导人才合理流动,才能为中国特色社会主义事业源源不断地注入新鲜血液,提供强大的生力军,为我国城乡融合提供动力。党的十九大郑重提出实施乡村振兴战略这一崭新的农村发展战略规划,把乡村发展摆在优先位置。这是根据马克思主义指导思想所做出的促进农村经济社会发展、统筹城乡发展、消除城乡二元格局的重大战略,必将引领城乡关系从对立走向大融合,进而为建设社会主义现代化国家、最终实现共产主义奠定坚实的基础。

刘建良①

习近平关于教师队伍建设的重要论述与新时代师范专业人才培养改进策略

（上海师范大学　上海　200234）

【摘　要】习近平关于教师队伍建设的重要论述主要包括强调教师工作的本质是塑造灵魂、塑造生命、塑造人；针对新时代教师特质提出了"四有"好老师的要求；着力提升教师地位。贯彻上述重要论述，新时代的师范专业人才培养策略有：努力按照重要论述的要求培养大国良师；结合新时代师范生的特点开展行之有效的师德教育；坚持教师教育办学特色的各项举措落到实处，以师范专业认证为契机，实现师范专业人才培养质量的不断提升；改革师范类专业人才培养方案，明确新时代师范教育人才培养目标和规格要求；积极探索以实践为导向的教师教育课程内容改革；围绕教师教育特色进一步加强校园文化建设，为改进师范专业人才培养营造良好的氛围。

【关键词】教师；教师队伍；建设

　　党的十八大以来，以习近平为核心的党中央非常关心和重视教育工作，并就"培养什么样的人、如何培养人以及为谁培养人"的问题，做了全面、系统、深入的论述，同时也高度重视"谁来培养人"这一

　　① 作者简介：刘建良，男，博士，上海师范大学马克思主义学院思想政治教育专业，副教授，主要研究方向为中小学德育课程教学论研究。上海市徐汇区桂林路100号 200234。

问题,就教师队伍建设发表了一系列重要讲话。党的十九大报告明确提出要"加强师德师风建设,培养高素质教师队伍,倡导全社会尊师重教"。认真学习习近平总书记关于教师队伍建设的重要论述,是做好新时代师范专业人才培养工作的根本遵循。全面领会和把握其内涵实质,对于改进新时代的师范专业人才培养具有重要意义。

（一）习近平关于教师队伍建设的重要论述

结合习近平总书记关于教师及教师队伍建设的重要论述,当前对教师的素质、能力和工作要求主要包括以下几个方面:

一是强调教师工作的本质是塑造灵魂、塑造生命、塑造人。习近平总书记指出:"一个人遇到好老师是人生的幸运,一个学校拥有好老师是学校的光荣,一个民族源源不断涌现出一批又一批好老师则是民族的希望。国家繁荣、民族振兴、教育发展,需要我们大力培养造就一支师德高尚、业务精湛、结构合理、充满活力的高素质专业化教师队伍,需要涌现一大批好老师。"[1]今天的学生是未来实现中华民族伟大复兴中国梦的主力军,广大教师就是打造"梦之队"的筑梦人。这就把教师队伍建设提高到了中华民族伟大复兴的战略高度。2018年9月在全国教育大会上,习近平总书记指出:"教师是人类灵魂的工程师,是人类文明的传承者,承载着传播知识、传播思想、传播真理,塑造灵魂、塑造生命、塑造新人的时代重任。"[2]进一步明确了新时代教师承担的历史使命和重大责任,突出强调了教师对于学生、学校乃至国家和民族发展所起到的关键性作用,全面升华了对新时代教师工作本质的科学认识。

二是针对新时代教师特质提出了"四有"好老师的要求。其一,做好老师,要有理想信念。好老师心中要有国家和民族,要明确意识到肩负的国家使命和社会责任。其二,做好老师,要有道德情操。教

---

[1]《做党和人民满意的好老师——同北京师范大学师生代表座谈时的讲话》[N].人民日报,2014年9月10日第1版。

[2]《习近平在全国教育大会上强调坚持中国特色社会主义教育发展道路培养德智体美劳全面发展的社会主义建设者和接班人》[N].人民日报,2018年9月11日第1版。

师的职业特性决定了教师必须是道德高尚的人群。合格的老师首先应该是道德上的合格者,好老师首先应该是以德施教、以德立身的楷模。师者为师亦为范,学高为师,德高为范。老师是学生道德修养的镜子。好老师应该取法乎上、见贤思齐,不断提高道德修养,提升人格品质,并把正确的道德观传授给学生。其三,做好老师,要有扎实学识。扎实的知识功底、过硬的教学能力、勤勉的教学态度、科学的教学方法是老师的基本素质,其中知识是根本基础。其四,做好老师,要有仁爱之心。教育是一门"仁而爱人"的事业,爱是教育的灵魂,没有爱就没有教育。好老师应该是仁师,没有爱心的人不可能成为好老师。爱心是学生打开知识之门、启迪心智的开始,爱心能够滋润浇开学生美丽的心灵之花。老师的爱,既包括爱岗位、爱学生,也包括爱一切美好的事物。①

三是着力提升教师地位。习近平总书记高度重视教师队伍建设,如2013年教师节前夕,正在对乌兹别克斯坦进行国事访问的习近平总书记专门向全国广大教师致慰问信,把"教师"视为立教之本、兴教之源。2014年9月9日,习近平总书记到北京师范大学慰问和看望教师,指出"百年大计,教育为本。教育大计,教师为本"。习近平总书记要求:"全社会要大力弘扬尊师重教的良好风尚","使教师成为最受社会尊重的职业","充分信任、紧紧依靠广大教师,支持优秀人才长期从教、终身从教"②。2016年9月9日,习近平总书记到八一学校看望慰问师生,发表重要讲话,强调各级党委和政府要满腔热情关心教师,让广大教师安心从教、热心从教、舒心从教、静心从教,让广大教师在岗位上有幸福感、事业上有成就感、社会上有荣誉感,让教师成为让人羡慕的职业。2018年9月在全国教育大会上,习近平总书记要求:"全党全社会要弘扬尊师重教的社会风尚,努力提高教师政治地位、社会地位、职业地位,让广大教师享有应有的社会

---

① 《做党和人民满意的好老师——同北京师范大学师生代表座谈时的讲话》[N].人民日报2014年9月10日第1版。

② 《习近平向广大教师致慰问信》[N].人民日报,2013年9月10日第1版。

声望,在教书育人岗位上为党和人民事业作出新的更大的贡献。"①
全面提高教师地位,把教师职业提高到最受社会尊重的职业和让人
羡慕的职业,表明了党中央和习近平总书记对教师的高度重视和信
任,但也包含着对教师的要求和期望。

(二)新时代师范专业人才培养改进的基本策略

2018 年中共中央、国务院发布《关于全面深化新时代教师队伍
建设改革的意见》,教育部等五部门印发了《教师教育振兴行动计划
(2018—2022 年)》的通知。上述文件为贯彻党的十九大精神,落实
习近平总书记关于新时代教师及教师队伍建设的有关论述,指明了
方向,提出了要求。习近平总书记 2018 年 9 月在全国教育大会上强
调,要"坚持把教师队伍建设作为基础工作"②,师范院校作为教师职
前培养的主要阵地,必须认真总结师范专业人才培养的经验,剖析存
在的问题与不足,按照新时代教师队伍建设的基本要求,努力改进人
才培养办法,提高人才培养质量。

根据对习近平总书记关于教师队伍建设的有关重要论述的学
习,结合担任思想政治教育系党支部书记和专业负责人的有关工作
经验,笔者认为新时代改进师范专业人才培养主要由以下几个方面
的举措。

认真学习习近平总书记关于教育和教师队伍建设的重要论述,
努力培养大国良师。以上海师范大学为例,作为一所有 60 多年发展
历程的师范大学,新一届党委提出学校以建设教师教育特色鲜明的
高水平大学作为发展目标,体现了很高的政治站位,是不忘初心、牢
记使命的真实体现。2007 年 9 月 6 日习近平总书记(时任上海市委
书记)到校视察工作、慰问教师。在文苑楼一楼展览室,习近平仔细

①《习近平在全国教育大会上强调坚持中国特色社会主义教育发展道路培养德智体美劳全面发展的社会主义建设者和接班人》[N].人民日报,2018 年 9 月 11 日第 1 版。
②《习近平在全国教育大会上强调坚持中国特色社会主义教育发展道路培养德智体美劳全面发展的社会主义建设者和接班人》[N].人民日报,2018 年 9 月 11 日第 1 版。

参观了《上海师范大学教师风采展》，并与贺宝根家属和"贺宝根事迹报告团"成员亲切交谈。他说，贺宝根老师关键时刻将学生生命放在首位，舍己救人、见义勇为，他的感人事迹展示了当代教师敬业爱生的时代风采，是全体教师学习的榜样，也是全社会学习的楷模。希望大家爱岗敬业、严谨笃学、奋发进取、志存高远、厚德载物，努力成为无愧于党和人民的人类灵魂工程师。在上海师大文科图书馆，习近平关切询问学生们的专业学习情况和未来打算。听说不少学生毕业后将选择教师岗位，习近平很高兴。他说，教师教书育人，是最崇高、最有意义的职业，希望大家努力学习，将来成为学生爱戴、人民满意的好教师。这体现了对我校、对教师教育的高度重视，是办好师范专业的一笔宝贵的财富。我们要建设好教师教育特色鲜明的高水平大学，应该重温并时刻牢记习近平总书记视察我校时的讲话精神，全面系统认真学习习近平新时代中国特色社会主义思想尤其是关于教师队伍建设、教师教育等的重要论述，积极贯彻党中央和国务院关于加强教师队伍建设的文件要求，努力培养"有理想信念、有道德情操、有扎实知识、有仁爱之心"的好老师。

第二，结合新时代师范生的特点和加强师德建设的有关要求，开展行之有效的师德教育，努力培养理想信念坚定、富有仁爱之心和崇高师德的未来教师。可以通过开设教师职业道德教育专门课程，将师德教育纳入未来教师培养的全过程。从师范生的师德养成规律出发，教师职业道德教育课程应该包括理论学习、主题教育、实践活动三个板块，将师范生师德养成贯穿于认知、体验、践行之中，探索构建新型的、行之有效的师范生师德养成教育模式。

第三，作为师范院校要坚持教师教育办学特色的各项举措落到实处，以师范专业认证为契机，补齐短板，实现师范专业人才培养质量的不断提升。我们应该以改革开放40周年为契机，全面系统总结改革开放以来师范专业建设与发展的宝贵经验，在近年来教师教育领域取得重大成绩的基础上，把握新时代的学情和人才培养的特点与要求，基于学生核心能力素养的提升，推进教师教育培养模式的变革。这其中一个根本性的问题就是要加强教师教育师资队伍建设，提高教师教育队伍的地位，优化教师教育队伍结构，制定与教师教育工作特点、要求相符合的考核、管理、评价办法。

第四，按照教育部颁布的《中学教育专业认证标准》《小学教育专业认证标准》和《学前教育专业认证标准》的要求，改革师范类专业人才培养方案，进一步明确新时代师范教育人才培养目标和规格要求；强化师范生本体知识和专业能力的培养，积极引导学生将课外社会实践活动、课题研究、学位论文写作与人才培养方向和目标相结合，培养学生良好的人文素养和教育情怀。

第五，要积极探索以实践为导向的教师教育课程内容改革、在UGS模式下专业人才培养如何与基础教育合作共赢等方面形成有效做法。以笔者所在的思想政治教育专业为例，近年来一是立足奉贤，加强与奉贤区教育学院及相关中小学的联系。积极探索与基础教育合作共赢推动师范专业人才培养和基础教育教学改革的有效举措，在课堂教学、教育见习、教育实习、教育研习等环节与市、区教研员及相关基地学校开展紧密合作。我们结合教育见习与奉贤区中学政治学科开展联合教研活动，把系教研活动、学生教育见习与奉贤区中学政治学科教研活动结合起来，组织的几次活动效果良好。二是充分挖掘校友资源和基地学校其他资源，做好人才培养工作。如本学期组织学生到基地学校松江二中开展教育见习，松江二中的校长、政治学科组长等都是我们思政专业的校友，他们高度重视，积极支持。俞金飞校长百忙中为我们的学生做报告，不但介绍校史校情和学校的教学改革，还以学长的身份回顾自己在师大的求学经历，结合自身专业发展给我们思政专业的学生提出了宝贵的学习建议，对学生的影响和触动非常大。三是以请进来的方式开设基础教育名师讲坛，邀请基础教育一线专家来校开设专题讲座，与学生互动交流，让学生领略名师风采，了解教改前沿动态，明确自己努力的方向。

第六，围绕教师教育特色进一步加强校园文化建设，为改进师范专业人才培养营造良好的氛围。众所周知，校园文化是一个学校核心竞争力的体现，在陶冶学生的情操、构筑健康的人格、全面提高学生素质方面发挥着不可替代的作用。要提高师范专业人才培养质量，必须传承师道永恒的精神，营造更加浓厚的教师教育氛围。要针对不同学段师范专业的学生特点,开展相关活动,营造良好的教师教育氛围。如针对大一的师范生,应该侧重通过活动巩固其专业意识,明确合格教师的培养目标和努力方向;对于高年级学生可以通过竞赛突出对其教师综合素养的考察,以赛促学,以赛促教,致力于提升师范生的核心能力素养,同时为师范生的风采展示提供更多的机会和平台,产生更好的朋辈教育和示范效应等。

李晓璐①

"四个全面"研究中几个争鸣问题述评

（上海建桥学院　上海　200120）

【摘　要】习近平总书记提出的"四个全面"引起国内理论和学术界的广泛关注。梳理现阶段的研究成果，发现在"四个全面"是战略布局还是战略思想、"四个全面"间的内在逻辑是什么、"四个全面"如何托举中国梦、"四个全面"与五位一体总布局是什么关系几个问题上存在争鸣和分歧。对这些争鸣问题的综述，有利于推动"四个全面"研究的深入。

【关键词】"四个全面"；争鸣；综述

　　2014年12月，习近平总书记在江苏调研时提出，要"协调推进全面建成小康社会、全面深化改革、全面推进依法治国、全面从严治党，推动改革开放和社会主义现代化建设迈上新台阶"。②"四个全面"提出以后，立即引起国内理论和学术界的广泛关注，但梳理现阶段的研究成果，发现在一些问题上存在争鸣和分歧。本文拟就近期关于"四个全面"研究中几个争鸣问题做出述评，以期推动"四个全面"研究的深入。

　　（一）"四个全面"：战略布局还是战略思想？

　　习近平总书记在省部级主要领导干部学习贯彻十八届四中全会

　　① 作者简介：李晓璐，男，硕士，上海建桥学院辅导员，上海市浦东新区沪城环路1111号上海建桥学院200120。

　　②《习近平在江苏调研时强调：主动把握和积极适应经济发展新常态　推动改革开放和现代化建设迈上新台阶》[N].人民日报,2014年12月15日。

精神全面推进依法治国专题研讨班开班式上发表重要讲话指出："党的十八大以来,党中央从坚持和发展中国特色社会主义全局出发,提出并形成了全面建成小康社会、全面深化改革、全面推进依法治国、全面从严治党的战略布局。这个战略布局,既有战略目标,也有战略举措,每一个'全面'都具有重大战略意义。"①在这里,他第一次把这"四个全面"定位为党中央的"战略布局"。2月25日至3月1日,《人民日报》连续刊发五篇评论员文章《论协调推进"四个全面"》,将"四个全面"表述为当前引领中国发展的战略布局。3月15日,全国人大常委会委员长张德江同志在第十二届全国人民代表大会第三次会议闭幕会上讲话中又把"四个全面"称之为"战略思想"。他指出,"四个全面"的战略布局,集中体现了以习近平同志为总书记的党中央治国理政、开创事业发展新局面的战略思想和战略部署,具有重大统领和指导意义。

　　"四个全面"究竟是战略布局还是战略思想?目前理论学术界认识不一,有人称之为战略思想,亦有人称之为战略布局和战略思想。艾四林在做客人民网强国访谈时谈到,习近平总书记围绕着"四个全面"的基本内涵,及其逻辑关系和重大的意义进行了深入的阐述,实际上已经形成了一个相对完整的思想。所以,"四个全面"不仅仅是重大战略布局,也是一个重要的战略思想。人民日报社评论部编著的《"四个全面"学习读本》出版说明中指出:"'四个全面'既是重大的战略布局,也体现治国理政的重要战略思想,为中国特色社会主义理论体系注入了新的内涵,赋予了新的时代特征。"

　　笔者认为,认识"四个全面"的定位,要从了解战略布局和战略思想的概念入手。所谓战略布局,是指按照战略目标和战略方针的要求,从长远的观念出发为进一步理顺关系,对战略全局发展所必需的各个方面做出总体统筹安排和分配。所谓战略思想,是指就战略系统全局性、长远性发展提出的总谋划和制定与实施战略的观念及思

　　①《习近平在省部级主要领导干部学习贯彻十八届四中全会精神全面推进依法治国专题研讨班开班式上发表重要讲话》[N].人民日报,2015年2月3日。

维方式。从概念上理解,战略布局偏重实践和重大举措,主要就实践形态而言,而战略思想偏重理论和思想,主要就理论形态而论。2015年2月11日,各民主党派中央、全国工商联负责人和无党派人士共迎新春联欢茶话会上,习近平同志指出:"'四个全面'的战略布局是从我国发展现实需要中得出来的,从人民群众的热切期待中得出来的,也是为推动解决我们面临的突出矛盾和问题提出来的。"①这就告诉我们,"四个全面"是立足我国社会主义初级阶段的基本国情,正视和解决当前我国经济社会发展突出矛盾和主要问题而提出的重大战略布局。同时,"四个全面"对中国战略布局的新谋划,科学回答了新形势下如何发展、改革、治国和从严治党等根本性全局性问题,实现了马克思主义与中国实际相结合的理论创新。因而,又是一个重要的战略思想。关于这一点,从习近平同志的讲话中可以得到印证。2015年羊年春节前夕,习近平同志赴陕西看望慰问干部群众时说,党的七大集中概括了党长期奋斗中形成的优良作风,确立了毛泽东思想在全党的指导地位。当前"落实好全面建成小康社会、全面深化改革、全面推进依法治国、全面从严治党的战略布局,要求全党同志以与时俱进、奋发有为的精神状态,不断推进实践创新和理论创新,继续书写马克思主义中国化、时代化的新篇章。"②

(二)"四个全面"间的内在逻辑是什么?

"四个全面"是一个相互联系、相互支撑、相互贯通的有机统一体,彼此之间不是孤立的、简单的排列组合关系,而是有着一定的逻辑和辩证统一关系。宋福范认为,从整体来看,"四个全面"既有目标又有举措。"全面建成小康社会,是实现中华民族伟大复兴的关键一步,是党在2020年必须实现的战略目标。全面深化改革、全面依法

---

① 人民日报社评论部编著.《"四个全面"学习读本》[M].北京:人民出版社2015年版,第22—23页。

② 人民日报社评论部编著.《"四个全面"学习读本》[M].北京:人民出版社2015年版,第23页。

治国、全面从严治党是全面建成小康社会乃至实现中华民族伟大复兴相互关联的三个重大举措。"①运用系统思维来分析,颜晓峰认为"四个全面"是由一个目标系统和三个支撑系统构成的大系统,全面建成小康社会是目标系统,全面深化改革是实现目标的动力系统,全面推进依法治国是实现目标的治理系统,全面从严治党是目标实现的领导系统,动力系统、治理系统、领导系统是支撑系统。② 胡水从社会学角度对"四个全面"进行解读,从而指出从严治党是民心所望和立党之本,是社会运行的保障机制;全面推进依法治国是民之所托和立国之本,是社会运行的控制机制;全面深化改革是民生所系和富国之路,是社会运行的激励和动力机制;全面建成小康社会是民心所向和大势所趋,是社会运行的整合机制。从社会运行论的角度看,"四个全面"是对中国社会运行保障、控制、激励、动力和整合这五大重要机制之间辩证关系的精辟概括。③ 无论运用系统思维还是从社会学角度来分析,以上三种观点实际上都是一致的,即把"四个全面"之间的关系视为一个目标三大举措。田克勤、张泽强持同样的观点,认为一个目标三大举措"总体上揭示了'四个全面'战略思想各组成部分的相互关系,为我们系统阐述和深入探究'四个全面'战略思想的内在逻辑奠定了重要基础。"④将"四个全面"间内在关系概括为一个目标三大举措,是正确的。习近平总书记对此曾有过精辟的概括,他指出:"全面建成小康社会是我们的战略目标,全面深化改革、全面依法治国、全面从严治党是三大战略举措。"⑤这就从总体上界定了"四个全面"相互之间的关系。

新华网点评认为,"四个全面"具有严密的逻辑关系。因为全面

① 宋福范.《用"四个全面"统领党的工作全局》[J]. 中国党政干部论坛,2015年第 4 期。

② 颜晓峰.《深入领会"四个全面"战略布局》[J]. 学习月刊,2015 年第 4 期。

③ 胡水.《对"四个全面"之间关系的社会学解读》[J]. 世纪桥,2015 年第 4 期。

④ 田克勤、张泽强.《准确理解和把握"四个全面"战略思想》[J]. 思想理论教育,2015 年第 4 期。

⑤ 《习近平在省部级主要领导干部学习贯彻十八届四中全会精神全面推进依法治国专题研讨班开班式上发表重要讲话》[N]. 人民日报,2015 年 2 月 3 日。

建成小康社会是中共十八大提出的总目标,而全面深化改革与全面推进依法治国,则"如大鹏之两翼、战车之两轮",共同推动全面建成小康社会奋斗目标顺利实现。用"大鹏之两翼、战车之两轮"一说概括"四个全面"间的关系,笔者认为不妥当。仔细考察这一说法的由来,不难发现,它最初是习近平总书记在提"三个全面"时讲的。他指出,全面深化改革需要法治保障,全面推进依法治国也需要深化改革。全面建成小康社会是党的十八大提出的总目标,而全面深化改革与全面推进依法治国,则如大鹏之两翼、战车之两轮,共同推动全面建成小康社会奋斗目标顺利实现。在这里,他讲的是全面建成小康社会、全面深化改革、全面推进依法治国三者间的关系,没有论及第四个全面即全面从严治党。如果用"大鹏之两翼、战车之两轮"一说概括"四个全面"间的关系,则无法说清楚第四个全面在"四个全面"中到底处于什么地位。

　　光明网时评频道发表薛宝生文章《四个全面开启党执政中国新航程》指出:'四个全面'犹如四轮驱动,强有力地推动着中国经济社会的科学发展、民生状况的大力改善、国家实力的与日增强。"人民网——中国共产党新闻网也发文《习近平用"四轮"驱动托起民族复兴中国梦》说:"'四个全面','四轮'驱动,开辟了治国理政的新境界,奏响了当代中国的最强音。"将"四个全面"之间的关系形象比喻为人们熟知的"四轮驱动",对帮助我们认识问题是有益处的,但由于比喻的双方缺乏本质上的内在联系,所以这种比喻都是有缺陷的,更需要注意的是"四轮驱动"说并没有指明"四个全面"的统一性是什么?

　　(三)"四个全面"如何托举中国梦?

　　习近平同志明确指出:"党的十八大以来,党中央从坚持和发展中国特色社会主义全局出发,提出并形成了全面建成小康社会、全面深化改革、全面依法治国、全面从严治党的战略布局,确立了新形势下党和国家各项工作的战略目标和战略举措,为实现'两个一百年'奋斗目标、实现中华民族伟大复兴的中国梦提供了理论指导和实践指南。"可见,"四个全面"与实现两个百年目标、追求中华民族伟大复兴中国梦有着极强的内在逻辑联系。以此为据,学者们就"四个全面"如何托举中国梦提出了不同的观点。

罗志军认为,"四个全面"的重大战略思想确立了实现"两个一百年"奋斗目标和中华民族伟大复兴中国梦的路线图、任务书,为共筑中国梦提供了科学路径。具体地说,实现中国梦,必须以"四个全面"引领经济发展新常态、国家治理体系和治理能力现代化、精神文明建设和党的建设新的伟大工程。① 韩振峰认为,"四个全面"适应了时代发展和社会进步的内在需要,展现了党中央对加快发展中国特色社会主义整体布局和建设重点的新思路。"四个全面"有机统一于建设富强民主文明和谐的社会主义现代化国家全过程,统一于实现中华民族伟大复兴中国梦的全过程。全面建成小康社会是重要目标,全面深化改革是强大动力,全面依法治国是基本方略,全面从严治党是重要保障。② 景俊海提出,中华民族伟大复兴的中国梦是总书记系列重要讲话的主线,"四个全面"与中国梦有着密切的内在的根本的联系,具体来说,全面建成小康社会是实现中国梦的第一阶梯,全面深化改革是实现中国梦的强大动力,全面推进依法治国是实现中国梦的法治保障,全面从严治党是实现中国梦的根本保证。③ 徐中、倪明胜从宏观分析认为,"四个全面"是引领实现中国梦的战略布局,接着在微观上把四个全面的每一面一一对应于中国梦的实现过程,强调指出,全面建成小康社会是追梦之现实基础;全面深化改革是践梦之动力方法;全面依法治国是护梦之坚实保障;全面从严治党是圆梦之关键所在。④

2012 年 11 月 8 日党的十八大提出了"两个百年"的奋斗目标,即"在中国共产党成立一百年时全面建成小康社会,在新中国成立一百年时建成富强民主文明和谐的社会主义现代化国家"。同年 11 月 29 日,习近平总书记在参观《复兴之路》展览时第一次在官方场合提出

① 罗志军.《实现中国梦的行动指南——学习习近平总书记关于"四个全面"的重大战略思想》[J].求是,2015 年第 4 期。

② 韩振峰.《"四个全面"统一于实现中国梦全过程》[J].党建,2015 年第 2 期。

③ 景俊海.《"四个全面":解读中国梦的四个维度》[J].党建,2015 年第 2 期。

④ 徐中、倪明胜.《"四个全面":引领实现中国梦的战略布局》[N].光明日报,2015 年 6 月 28 日。

了"中国梦"这个概念。他指出:"实现中华民族伟大复兴,就是中华民族近代以来最伟大的梦想。"此后,在十二届全国人大第一次会议闭幕会上的讲话中,他对"中国梦"的内涵作了具体阐述:"实现全面建成小康社会、建成富强民主文明和谐的社会主义现代化国家的奋斗目标,实现中华民族伟大复兴的中国梦,就是要实现国家富强、民族振兴、人民幸福,既深深体现了今天中国人的理想,也深深反映了我们先人们不懈奋斗追求进步的光荣传统。"①

作为对美好未来的自觉向往和追求的一种理想,"中国梦"是需要分阶段、有步骤实现的。全面建成小康社会是中国梦的第一阶段,建成富强民主文明和谐的社会主义现代化国家为中国梦的第二阶段,实现更高水平的现代化,走在世界发达国家的前列为中国梦的实现阶段。可操作的阶段性目标确定后,如果没有有力举措保障,阶段性目标顺利实现也是不可能的。习近平同志指出:"中国已经进入全面建成小康社会的决定性阶段。实现这个目标是实现中华民族伟大复兴中国梦的关键一步。""要把全面依法治国放在'四个全面'的战略布局中来把握,深刻认识全面依法治国同其他三个'全面'的关系,努力做到'四个全面'相辅相成、相互促进、相得益彰。"这就非常清晰地表明,全面建成小康社会是实现中国梦的第一步阶段性目标,全面深化改革、全面依法治国、全面从严治党则是保障实现中国梦的第一步阶段性目标顺利实现的有力举措,是推动实现中华民族伟大复兴的中国梦的动力源泉。援引香港的中国时政评论员刘锐绍的话说,"四个全面"是中国领导人对"中国梦"做出的具体解释,将"中国梦"条理化、具体化。

（四）"四个全面"与五位一体总布局是什么关系?

党的十八大报告强调,建设中国特色社会主义总布局是五位一体,要全面落实经济建设、政治建设、文化建设、社会建设、生态文明建设五位一体总体布局。"四个全面"与建设中国特色社会主义的五

---

① 习近平.《在第十二届全国人民代表大会第一次会议上的讲话》[N].人民日报,2013年3月18日。

位一体总布局究竟是什么关系？对此,李忠杰表示"现在还不是很清楚"。① 宋福范认为,"四个全面"与"五位一体"总布局既相互区别又相互联系,在新的历史起点上把"五位一体"总体布局落到实处,必须从奋斗目标和现实路径两个方面抓好四个相互联系的重要工作,这就是"四个全面"战略布局。② 李君如认为,"中国特色社会主义是经济、政治、文化、社会、生态文明建设'五位一体',我们今天所要全面建成的小康社会也是'五位一体'。在'四个全面'中,由于'全面深化改革'、'全面推进依法治国'、'全面从严治党'是实现'全面建成小康社会'这一战略目标的战略举措,在这个意义上,我们也可以说它们是实现'五位一体'的中国特色社会主义及其阶段性目标的战略举措。"③从时间和内涵两个维度来分析,雷云指出,"五位一体"总布局中的五大建设,将贯穿于整个社会主义历史时代。相对于"五位一体"总布局来说,"四个全面"战略布局是在一个较为短暂历史时段中的战略部署。在实现全面建成小康社会战略目标之后,其他三个"全面"也具有长期性和永恒性,它们只有进行时没有完成时,只是在那时新的历史条件下必将提出新的任务和要求。"五位一体"的方向性质和目标任务涵盖着"四个全面",做到"四个全面"是实现"五位一体"的内在要求,而全面深化改革、全面依法治国、全面从严治党,归根到底也都是为了更好地进行五大建设,它们之间是一种互动的而不是单向的关系。④ 韩振峰提出:"四个全面"战略布局既包含又超越和提升了"五位一体"总体布局,是"五位一体"中的根本、核心和精髓。具体而言,"全面建成小康社会是'五位一体'的实现目标;全面深化改革是实现'五位一体'的强大动力;全面依法治国是实现'五位

「四个全面」研究中几个争鸣问题述评

---

① 李忠杰《"四个全面"战略布局演进脉络与重大意义》[J].人民论坛,2015年第4期。

② 宋福范.《用"四个全面"统领党的工作全局》[J].中国党政干部论坛,2015年第4期。

③ 李君如.《论"四个全面"战略布局——学习习近平总书记系列重要讲话体会之八十一》[J].前线,2015年第4期。

④ 雷云.《关于"四个全面"的几点认识》[N].宁波日报,2015年4月7日。

一体'的基本方略；全面从严治党是实现'五位一体'的政治保证。"①

　　理解"四个全面"与五位一体总布局的关系，需要从十八大精神总源头看。党的十八大不仅提出全面建成小康社会这一目标并从政治、经济、文化、社会、生态文明建设"五位一体"来布局和设计，而且明确提出了全面深化改革的战略任务和全面推进依法治国、从严治党的战略部署。十八大报告指出："必须以更大的政治勇气和智慧，不失时机深化重要领域改革，坚决破除一切妨碍科学发展的思想观念和体制机制弊端，构建系统完备、科学规范、运行有效的制度体系，使各方面制度更加成熟更加定型。"②党的十八届三中全会贯彻落实十八大精神，讨论通过了《关于全面深化改革若干重大问题的决定》，指出全面深化改革不是要推进某一领域的改革，而是要协调推进经济体制、政治体制、文化体制、社会体制、生态文明体制以及党的领导体制和执政方式的改革，着力解决影响全面建成小康社会的各种突出矛盾和问题。从任务要求上看，全面深化改革进一步回应了"全面建成小康社会"的目标。从覆盖领域看，全面深化改革回应了"五位一体"的总布局。党在十八大上提出的全面建成小康社会的新目标、新要求，无论哪一条都离不开社会主义法治来提供保障，离开法治，全面深化改革也无从谈起。正因为这样，党的十八届四中全会通过了《中共中央关于全面推进依法治国若干重大问题的决定》，指明了依法治国是"坚持和发展中国特色社会主义的本质要求和重要保障，是实现国家治理体系和治理能力现代化的必然要求，事关我们党执政兴国，事关人民幸福安康，事关党和国家长治久安"。

　　坚持党要管党、从严治党，是党的十八大作出的一个重要战略部署，也是十八大以来习近平总书记反复强调的一个重大战略思想。十八届三中、四中全会对"加强和改善党对全面深化改革的领导"、

---

　　① 韩振峰.《"新三步走战略"与"四个全面"战略布局》[J]. 唯实，2015 年第 6 期。

　　② 胡锦涛.《坚定不移沿着中国特色社会主义道路前进　为全面建成小康社会而奋斗》[N]. 人民日报，2012 年 11 月 9 日。

"加强和改进党对全面推进依法治国的领导"均进行了专门论述。在党的群众路线教育实践活动总结大会上,习近平总书记进一步提出全面推进从严治党的要求,并对全面推进从严治党作出部署。"办好中国的事情,关键在党。"全面从严治党契合了全面建成小康社会、全面深化改革、全面依法治国对加强党的领导和党的建设的迫切要求。

习近平总书记曾经强调"党的十八大精神,说一千道一万,归结为一点,就是坚持和发展中国特色社会主义"。"全面建成小康社会"是坚持和发展中国特色社会主义的阶段性目标,"四个全面"中后三个全面和五位一体总布局都是为了完成这一阶段性目标的战略部署。从这个角度理解,全面深化改革、全面依法治国、全面从严治党与五位一体总布局是并列关系。全面建成小康社会是经济、政治、文化、社会、生态文明建设五位一体的全面小康,从内容上看,"四个全面"中的第一个全面与五位一体总布局是包含关系。2012 年 11 月17 日,在十八届中共中央政治局第一次集体学习时,习近平总书记在阐发十八大精神时指出:"建设中国特色社会主义,总依据是社会主义初级阶段,总布局是五位一体,总任务是实现社会主义现代化和中华民族伟大复兴。""我们要按照这个总布局,促进现代化建设各方面相协调,促进生产关系与生产力、上层建筑与经济基础相协调。""四个全面"深刻把握了生产力与生产关系、经济基础与上层建筑的矛盾是社会的基本矛盾这一马克思主义基本原理。全面建成小康社会就是进一步解放和发展社会生产力,促进经济持续健康发展;全面深化改革就是要推进体制机制创新,促进生产力发展;全面依法治国就是要建立适应生产力发展要求的治理体系,为生产力的解放和发展打开更为广阔的通途;全面从严治党就是要营造良好的政治生态,加强和巩固发展生产力的领导力量。可见,五位一体总布局内在要求做到"四个全面",而"四个全面"是"五位一体"的保障,从这个意义上说,二者之间是一种互补关系。

周　杰 ①

孟子廉政思想对当代反腐倡廉建设的启示

（北京化工大学　北京　100029）

【摘　要】 十八大以来，以习近平为核心的新一代中央领导集体从党和国家事业发展的战略高度出发，对"四个全面"战略布局下的反腐倡廉工作进行了深入系统的理论和实践探究。反腐倡廉建设成为当代中国改革发展进程中的一项重要议题。孟子的廉政思想蕴含丰富的治国理政智慧，对于当代反腐倡廉建设有着重要启示。系统把握和挖掘孟子廉政思想传统内涵，探索孟子廉政思想对当今反腐倡廉建设的价值，对于当前开展的党风廉政建设有举足轻重的意义。

【关键词】 孟子廉政思想；反腐倡廉；启示

习近平总书记在党的十九大报告中指出："当前，反腐败斗争形势依然严峻复杂，巩固压倒性态势、夺取压倒性胜利的决心必须坚如磐石。"② 习总书记对当前中国的反腐形势做出了判断，并明确提出未来反腐倡廉建设的新目标。反腐倡廉建设成为国家治理与改革过程中的一项重要内容。那么，在新时代，我们该如何进一步加强反腐

① 作者简介：周杰，女，硕士，北京化工大学马克思主义学院，主要研究方向为中国传统文化与思想政治教育关系研究。北京市朝阳区北三环东路 15 号 100029。

② 《决胜全面建成小康社会　夺取新时代中国特色社会主义伟大胜利——在中国共产党第十九次全国代表大会上的报告》[N].人民日报，2017 年 10 月 18 日。

倡廉建设,净化党内政治生态? 习近平总书记指出:"中国优秀传统文化的丰富哲学思想、人文精神、教化思想、道德理念等,可以为人们认识和改造世界提供有益启迪,也可为治国理政提供有益启示⋯⋯我们要结合时代条件继承和发扬。"①孟子是我国优秀传统文化——儒家文化的重要代表人物之一,其思想蕴含着丰富的治国理政智慧。孟子的廉政思想在君民关系上重视以民为本,在人才选拔上强调举贤取廉,在道德修养上注重官员的修身自律,在治国理念上强调德法兼治,这对于我国当前反腐倡廉建设有重要启发意义。借鉴孟子廉政思想精华,一方面有利于推动当代反腐倡廉建设理论与制度创新;另一方面,有利于促进中国优秀传统文化在党建领域的创造性转化与创新型发展。

(一)孟子廉政思想的传统内涵

1. 君民关系上,强调"以民为本"

民本思想是孟子廉政思想的基础。在君民关系处理上,孟子强调"民贵君轻",重视"以民为本"。具体来说,孟子的民本思想主要体现在三个方面:首先,在经济上,孟子强调要"养民",主张"制民之产"。英明仁德的君主应该使百姓有"恒产",这样百姓就会有"恒心"发展生产,就能安居乐业,整个社会也会安定下来。其次,在思想上,孟子注重孝悌忠信之教,强调要教民、化民。孟子说:"善政不如善教之得民也。善政,民畏之;善教,民爱之。善政得民财,善教得民心。"②强调统治者应该对人民进行教化,让人民普遍懂得封建伦理道德,这是实现社会稳定、国家安定的必要举措。最后,为了得到人民的拥护,孟子还强调统治者应"与民同乐"。他认为,人民是国家的根本,君主要想保证国家繁荣昌盛,就必须坚持以民为本,与民同乐,这样才能真正得到民众的拥护和支持。孟子在其民本思想中,将普

① 《决胜全面建成小康社会 夺取新时代中国特色社会主义伟大胜利——在中国共产党第十九次全国代表大会上的报告》[N].人民日报,2017年10月18日。
② 万丽华、蓝旭译注.《孟子》[M].北京:中华书局2016年版,第38—324页。

通民众的地位置于治国理政的首位,将维护民众的基本利益作为统治阶级的责任。他这种朴素的民本思想,在某种意义上与我党群众路线相契合,我们应该积极借鉴其民本思想的有益成分,推动廉政建设更加深入群众。

2. 人才选拔上,倡导"尊贤使能"

举贤思想是孟子廉政思想的关键。尊贤使能,顾名思义,也就是说统治者在选拔人才方面要注重选贤举能,让贤能的人担任治理国家的重要职位。因而孟子强调选拔人才必须"贵德而尊士,贤者在位,能者在职"①。可见,孟子十分强调能人贤士在国家治理中的重要作用。那么统治者该如何选拔人才和使用人才?孟子指出"左右皆曰贤,未可也。诸大夫皆曰贤,未可也。国人皆曰贤,然后察之;见贤焉,然后用之。左右皆曰不可,勿听。诸大夫皆曰不可,勿听。国人皆曰不可,然后察之;见不可焉,然后去之。"②孟子认为,选贤任能,一定要有严格的选拔程序,统治者也应倾听民意,广泛地吸取各阶层的意见,从而真正做到使有才能的人来担任官职。孟子强调选拔人才要遵从民意,从某种程度上说,这已具备某些原始民主遗风。孟子的举贤思想对于当前干部的选拔与任用有重要借鉴意义。

3. 道德修养上,注重官员的修身自律

修身思想是孟子廉政思想的重要内容。孟子在继承孔子德治思想的基础上,提出一整套关于个人修身养性的理论学说。孟子认为,个人道德修养的目标是"养浩然之气"。浩然之气是大义大德造就的人心修养,它"至大至刚",能够充盈天地之间,使人的精神境界得到升华。如何养浩然之气?孟子认为,首先要保持"赤子之心",即人要善于抵制金钱、权力方面的诱惑,保持内心的纯朴,修养内心的仁善。其次,在保持"赤子之心"的基础上,还必须坚守高尚的气节,秉承"大

① 万丽华、蓝旭译注.《孟子》[M].北京:中华书局 2016 年版,第 38—324 页。

② 万丽华、蓝旭译注.《孟子》[M].北京:中华书局 2016 年版,第 38—324 页。

丈夫"人格。孟子说:"富贵不能淫,贫贱不能移,威武不能屈。此之谓大丈夫。"①在孟子看来,君子在富贵的时候要不骄奢淫逸,在贫贱的时候也要坚定自己的心志,在面对权势武力的时候也不能屈服变节,做到这些,方能称之为真正的大丈夫。统治者和官员只有加强自身的修养,完善自身道德人格,形成高尚、正直的个人品德,才能更好地治理国家。孟子强调官员的修身自律,重视官员的道德人格养成,并在此基础上提出一整套道德修养方法,这对于当代廉政建设实际过程中官员的道德人格的养成有重要启发意义,我们应该积极吸取其思想精华,进一步提高党员干部的道德修养,促进当代廉政建设。

4. 权力使用上,强调官员的廉洁奉公

取廉思想是孟子廉政思想的一个重要方面。在权力的使用上,孟子十分强调官员要廉洁奉公,主张官员要严以律己,保持自身的清正廉洁。孟子认为,钱权诱惑是导致官员贪污腐败的一个重要原因。所以孟子认为,对于钱财,"可以取可以无取,取伤廉"②。他认为,官员对于不义之财,可以拿取,也可以不拿取,拿取了就会损伤廉洁的原则,"伤廉"小则身败名裂,大则国亡族灭。由此可以看出,孟子已认识到贪污受贿对于一个国家的深恶荼毒,因此他特别强调,在钱财问题上为官者应该讲究义利原则,不能因为贪图利益而取不义之财,即"非其有而取之非义",强调官员应清廉自守、重义轻利,不能因为蝇头小利而失去心中大义。这些强调廉洁奉公的廉政思想,对防范官吏的腐败有重要的警示作用。当代反腐倡廉建设可吸取孟子廉政思想中的合理成分,加强反腐力度,激浊扬清,弘扬正气,进而改善党内政治生态,提高廉政建设效力。

5. 治国理念上,倡导德法兼治

德法兼治思想是孟子廉政思想的重要补充。在治国理念上,孟

---

① 万丽华,蓝旭译注.《孟子》[M].北京:中华书局 2016 年版,第 38—324 页。

② 万丽华、蓝旭译注.《孟子》[M].北京:中华书局 2016 年版,第 38—324 页。

子强调德法并重。他认为"徒善不足以为政,徒法不能以自行"①。在孟子看来,德治和法治都是治理国家的重要方面,治理国家既不能只奉行仁义道德,也不能只施行严刑峻法,二者应当共同推进,相得益彰。也就是说,统治者治理国家在施行仁政的同时,也应重视法律的规范作用。首先,在德治方面,孟子重视"以德服人",认为"行仁政而王,莫之能御也"。在孟子看来,以德服人,统治者就必须提高自身道德素质,对百姓施行仁政。其次,在法治上,孟子强调在重视以德治国的同时,必须制定人人遵守的规矩法则,人们应按照既定的规则行事,不能违反公共利益。"不以规矩,不能成方圆。"②孟子指出"上无道揆也,下无法守也,朝不信道,工不信度,君子犯义,小人犯刑,国之所存幸也"③,认为如果一个国家上无道义准则,下无法令制度,那么这个国家离灭亡也就不远了。可见,孟子十分强调法令制度对于国家长治久安的重要性。总体来看,法治思想虽不是孟子强调的主要方面,但也是他十分重视的治国理政方法之一。对于孟子德法兼治的政治思想,我们应批判继承。

(二)孟子廉政思想对当代反腐倡廉建设的启示

1. 执政为民,以服务人民为评价标准

古语有言"民为邦本,本固邦宁"。孟子在其民本思想中,不仅将维护民众的基本利益作为统治阶级的责任,而且注重从政治经济思想等不同方面对民众施加影响,提出"民为贵,社稷次之,君为轻"等重要论断,其民本思想对于当今我党廉政建设有重要借鉴意义。

历史唯物主义认为:人民群众是历史的创造者。毛泽东强调:"应该使每个同志明了,共产党人的一切言论行动,必须以合乎最广

---

① 万丽华、蓝旭译注.《孟子》[M]. 北京:中华书局 2016 年版,第 38—324 页。

② 万丽华、蓝旭译注.《孟子》[M]. 北京:中华书局 2016 年版,第 38—324 页。

③ 万丽华、蓝旭译注.《孟子》[M]. 北京:中华书局出版社 2016 年版,第 38—324 页。

大人民群众的最大利益，为最广大人民群众拥护为最高标准。"①习近平总书记在十九大报告中也指出："必须坚持以人民为中心的发展思想，不断促进人的全面发展、全体人民共同富裕。"②这一系列重要论断都强调了"人民"是我们党治国理政的核心价值。

因此，立足当今中国反腐倡廉建设实际，执政党应吸收借鉴传统文化中的民本思想，坚持执政为民，以服务人民为评价标准。首先，党员干部应倾心为民，乐民所乐，让发展成果惠及广大百姓；其次，党员干部也应忧民所忧，着力改善民生，帮助人民群众排忧解难。这样群众同样也会以德报德，发自内心地拥护和支持党员干部的工作，从而实现党群关系的良性互动，在新时期重叙鱼水情谊。

2. 选贤举能，严格干部选拔程序

孟子十分强调能人贤士对于治理国家的重要作用，认为尊贤使能是一个国家政治清明、繁荣昌盛的基础。选拔人才时，把好入口关，选好干部，防止隐患，这是党在用人方面的重中之重。而正是在这一关键问题上，我们党内用人不正之风乃至贪污腐败现象却屡禁不止。总结经验教训，一个重要问题是严格干部选拔程序，并从制度上加以落实和保障。

习近平总书记在党的十九大报告中强调："要坚持党管干部原则，坚持德才兼备、以德为先，任人唯贤，坚持事业为上、公道正派，把好干部标准落到实处。坚持正确选人用人导向，匡正选人用人风气，提拔重用牢固树立'四个意识'和'四个自信'，选优配强各级领导班子。"③这些论述，鲜明地阐释了尊德尚贤在人才选拔中的重要意义，与孟子的人才选拔思想有异曲同工之妙。

因此，应在继承发扬孟子的人才选拔思想基础上，结合我国当前政治实际情况，制定符合国情的人才选拔制度。一方面，要坚持正确

① 《毛泽东选集》第 3 卷［M］. 北京：人民出版社 1991 年版。
② 《决胜全面建成小康社会　夺取新时代中国特色社会主义伟大胜利——在中国共产党第十九次全国代表大会上的报告》［N］. 人民日报，2017 年 10 月 18 日。
③ 《决胜全面建成小康社会　夺取新时代中国特色社会主义伟大胜利——在中国共产党第十九次全国代表大会上的报告》［N］. 人民日报，2017 年 10 月 18 日。

的用人导向,制定正确的人才评价标准,坚持德才兼备、用人所长、任人唯贤;另一方面,要严格干部选拔程序,包括动议、民主推荐、组织考察、民意测评、讨论决定、公示、任命等各个环节的具体做法。在这里,一定要吸取孟子人才选拔思想中重视民意的有益成分,尊重民意,贯彻群众路线,把民主推荐、民意测评作为人才选拔的必要程序。由此,方能推动人才选拔制度趋向完善。

3. 修身养性,注重对党员干部的德性培养

强调人的道德修养,重视人的德性培养是孟子廉政思想的一项重要内容。针对人的道德修为,孟子提出人必须加强自身道德品质意志修炼,塑造"大丈夫"的理想人格。为此,要做到"反求诸己""持志养气",即一方面要注意时刻反省自身,端正内心,改过迁善,反身而诚;另一方面要树立崇高远大的志向,并在任何情况下都要坚守内心准则,做到"富贵不淫,贫贱不移,威武不屈",由此不断完善个人修为,提高个人道德素质,塑造理想道德人格。

"大学之道,在明明德,在亲民,在止于至善"(《大学》),认为弘扬光明的道德是人修身立世、载道济世的基础。习近平总书记在庆祝中国共产党成立 95 周年大会上指出:"以德修身、以德立威、以德服众,是干部成长成才的重要因素。"《论语》有言:"其身正,不令而行;其身不正,虽令不从。"一个领导干部只有自身拥有高尚的道德,才能领导和团结群众。崇高的德性修养能使人心悦诚服,干部官员具备较高的道德修养,就更容易获得人民群众的拥护与爱戴,从而为政治工作的有序开展奠定良好基础。由此可见,加强对官员的德性培养对于当前廉政建设有举足轻重的意义。

因此,应积极吸取孟子道德修养学说中的有益成分,加强对党员干部的德性培养。首先,党员干部要坚持"立德为先",将树立崇高的德行修养作为自己执政前提;其次,党员干部要坚持"修德为重",重视修身养德,自觉陶冶道德情操,提高自身精神境界;最后,党员干部要坚持以"践德为旨归",只有将道德仁义落实到为民实践中,做到"知行合一",个人道德修养过程才算真正完成。所以,党员干部要把"做官"与"做人"统一起来,把"立言"与"立行"统一起来。唯其如此,做人做事才会有强大的人格魅力和道德感召力。

4. 廉洁自律,加强对干部权力的制约与监督

孟子十分强调为政者的廉洁自律,他认为官员保持自身的清正廉洁对于防止腐败滋生具有重要作用。"廉洁奉公"也是中华优秀传统文化对为政者的基本要求。对于当今中国,干部保持自身廉洁,防止权力滥用,这无疑也是防止腐败滋生的一个重要方面。我们可以积极借鉴传统治国智慧,净化当代政治生态。

习近平总书记在党的十九大报告中系统阐释了新时代党建的总要求,并针对党的纪律问题、腐败问题、权力监督等问题,提出一系列纲领性意见。习总书记在中央政法工作会议上也强调公正廉洁不仅是对政法干部的基本要求,更是对整个干部队伍的殷切嘱托。坚持秉公用权、依法用权、廉洁用权,这是执政用权应有的圭臬,也是领导干部应当铭记于心的箴言。在新时代,全面从严治党,加强党的先进性、纯洁性建设是党建领域的重中之重。

因此,在当代反腐倡廉建设中,应积极借鉴孟子"廉洁自律"思想,从内部和外部两个方面构筑廉政体系。首先,从内部来看,党员干部自身应做到严格自律、公私分明、廉洁奉公。只有正本清源,大公无私,领导干部才能树立自己的权威;其次,从外部来看,要加强对领导干部权力的制约与监督,把权力关进制度的笼子里,用制度监督、规范、约束、制衡权力。一方面强化党内监督制度的执行,另一方面要赋予公众监督权力的权利。如此,双管齐下,内外发力,从而提高党风廉政建设效果。

5. 德法兼用,实现廉政建设法制化

德法兼用是孟子廉政思想的一个重要方面。孟子认为,统治者要想真正治理好一个国家,仅仅重视道德培养或是仅仅重视法律约束都是不完整的,必须做到德法兼用才能达到想要的效果。他的这一思想对当代中国廉政建设有一定启发意义。

习近平总书记在中共中央政治局第三十七次集体学习会议上指出:"法律是成文的道德,道德是内心的法律。"强调"要发挥领导干部在依法治国和以德治国中的关键作用。领导干部既应该做全面依法治国的重要组织者、推动者,也应该做道德建设的积极倡导者、示范

者"①。这一系列关于德法兼用的思想为当前党内廉政建设指明了方向。

因此,在当代反腐倡廉建设实际过程中,我们可以批判继承孟子德法兼用的思想,在重视领导队伍德性培养的同时,坚持以依法治国为主,要注重从法治层面来强化反腐倡廉的制度体系。具体来说,首先,要不断完善反腐倡廉方面的法律制度,逐步建立起一套完备的法律体系,并以国家强制力保障实施;其次,要注重廉政建设方面的国家法规与党内规章制度的协调配合,发挥制度合力;最后要更加注重发挥程序的作用,用法律程序来制约和监督权力运行。

综上所述,孟子的廉政思想对当代中国反腐倡廉建设有重要启迪与借鉴意义,我们应坚持"取其精华,弃其糟粕;批判继承,古为今用"的方针,借鉴孟子廉政思想中的有益成分,创新党风廉政建设工作,不断增强反腐倡廉建设的科学性、完备性、严密性、有效性,提高党的建设质量。

---

① 习近平.《习近平谈治国理政》第2卷[M].北京:人民出版社2017年版,第177页。

于 歌①

浅析习近平新时代战略步骤

（上海师范大学 上海 200234）

【摘 要】十九大报告指出，我国已经进入了新时代，我国的社会主要矛盾也发生了变化。同时，国际上也经历着激烈的变革。为了应对国际国内形势的变化，习近平总书记为我国的社会主义建设进行了新的规划，提出了新时代的新蓝图，那就是从二〇二〇年到本世纪中叶可以分两个阶段来安排。第一个阶段，从二〇二〇年到二〇三五年，在全面建成小康社会的基础上，再奋斗十五年，基本实现社会主义现代化。第二个阶段，从二〇三五年到本世纪中叶，在基本实现现代化的基础上，再奋斗十五年，把我国建成富强民主文明和谐美丽的社会主义现代化强国。本文主要从提出背景、马克思主义经典作家的蓝图规划、两个阶段理论和实现路径四个方面进行展开。

【关键词】新时代；新蓝图；阶段理论

（一）提出背景

1. 国际背景

习近平主席于 2017 年 9 月 3 日在二十国集团（G20）工商峰会上作了主旨演讲，准确把脉世界经济，开出标本兼治、综合施策的药方。他认为，当前，世界经济在深度调整中曲折复苏，正处于新旧增长动能转换的关键时期。上一轮科技和产业革命提供的动能面临消退，

① 作者简介：于歌，女，硕士，上海师范大学马克思主义学院，主要研究方向为马克思主义发展史。上海市徐汇区桂林路 100 号 200234。

新一轮增长动能尚在孕育。当前世界经济出现向好势头,这是近年来最好的经济形势。同时,世界经济中的深层次问题尚未解决,仍然面临诸多不稳定不确定因素。国际新旧秩序处于变更期间,一超多强的局面逐渐被打破,全世界都在寻求合作和发展,这给中国提供了一个极好的机遇。中国作为世界上最大的发展中国家,作为全球第二大经济体和第一大贸易国,在承办了多起国际会议之后,应该承担起自己的大国责任,携同世界人民一起,构建一个更加有利于世界经济发展的新秩序,并为世界问题提出中国方案、贡献中国智慧、提供成功范例。而要想在推动世界新秩序的合理有序公正中发挥重要乃至引领作用,就需要我国自身在国际中拥有话语权,国家实力决定话语权的大小。为此,我国需要抓紧时间进行社会主义建设,在尊重客观规律的前提下,集中全国全社会的力量,尽快实现中华民族伟大复兴的中国梦,使中国有实力在新旧秩序交替的关键时期发挥作用。

2. 国内背景

十九大报告指出,改革开放之后,我们党对我国社会主义现代化建设作出战略安排,提出"三步走"战略目标。解决人民温饱问题、人民生活总体上达到小康水平这两个目标已提前实现。在这个基础上,我们党提出,到建党一百年时建成经济更加发展、民主更加健全、科教更加进步、文化更加繁荣、社会更加和谐、人民生活更加股实的小康社会,然后再奋斗三十年,到中华人民共和国成立一百年时,基本实现现代化,把我国建成社会主义现代化国家。从十九大到二十大,是"两个一百年"奋斗目标的历史交汇期。我们既要全面建成小康社会、实现第一个百年奋斗目标,又要乘势而上开启全面建设社会主义现代化国家新征程,向第二个百年奋斗目标进军。这是我国奋斗目标的一个总体布局,而在即将到来的二〇二〇年实现全面建成小康社会的目标之后到本世纪中叶的三十年,缺少一个更为详细一点的战略安排。这说明在过去为了实现已经制定的社会主义建设战略,我国人民在党和国家的带领下进行了艰苦卓绝的努力,并如期甚至提前完成了发展任务。在此基础上,对今后三十年的发展制定一个清晰而明确的目标和提出具体的战略安排就显得尤为重要。因此,习近平新时代中国特色社会主义思想中的新蓝图板块恰如及时雨,是全国人民十分期盼的必不可少的重要部分。

(二) 习近平的战略步骤的思想来源

1. 马克思的社会主义阶段理论

马克思在《政治经济学批判(序言)》中阐述了自己的社会形态理论。他说:大体说来,亚细亚的、古代的、封建的和现代资产阶级的生产方式可以看作是经济的社会形态演进的几个时代。加上未来的社会主义和共产主义社会,这样,马克思就把人类社会发展划分为五种社会形态。在马克思看来,人类社会是从低级阶段向高级阶段依次演进的,从一个低级阶段到更为高级阶段的质变,都是在社会生产力充分发展的基础上才能被更高的社会形态所代替。一切依次更替的历史状态都只是人类社会由低级到高级的无穷发展进程中的暂时阶段。因为无论哪一个社会形态,在它所能容纳的全部生产力发挥出来以前,是决不会灭亡的;而新的更高的生产关系,在它的物质存在条件在旧社会的胎胞里成熟以前,是决不会出现的。这是马克思主义理论中最著名的"两个绝不会",它表明了马克思对于社会形态变更的理解。但是这不意味着马克思的这种理论是束缚实践发展的依据,由于各个国家和民族在历史背景、具体国情方面的不同,有可能在发展过程中跳过某个阶段。马克思主义的理论不是死板的教条,一切都要根据实践情况灵活运用。比如列宁的"一国胜利论"和苏联建立社会主义国家的实践,就是在理论上和实践上对马克思主义阶段理论的继承和创新。

2. 列宁的社会阶段理论

列宁在1921年春改行新经济政策之后形成了"初级形式的社会主义"的基本思想。除去特殊的"战时共产主义"这个时期,列宁把社会主义社会的发展分为这样三个时期:存在商品经济和多种所有制成分的粮食税阶段,即"初级形式的社会主义"阶段;第二阶段即正常的社会主义产品交换阶段,在这一阶段,商品交换被工农之间的直接的产品交换所取代,但小农在居民中仍占优势;第三阶段即成熟的或发达的社会主义阶段(列宁在这里直接称它为共产主义的阶段,其实是指共产主义的低级阶段即社会主义阶段),在这一阶段,社会主义已具备了成熟的、完备的形态,小农经济已被社会化了的大生产所改造。这就是列宁对于社会主义必然要经历一系列过渡阶段的大致构想。

3. 毛泽东的社会阶段理论

1960 年代初期,毛泽东在读苏联《政治经济学(教科书)》后指出:"社会主义社会,共产主义社会不是凝固不变的,社会主义可能分为两个阶段,第一阶段是不发达的社会主义,第二阶段是比较发达的社会主义,后一个阶段可能比前一个阶段需要更长的时间。经过后一个阶段,到了物质产品、精神财富极为丰富和人们共产主义觉悟极大的提高的时候,就可以进入共产主义了。"从毛泽东的论述中,我们可以清晰地看到他实际上已对中国现代化建设提出了"两步走"的战略设想:第一步,用 15 年时间,在完成从新民主主义社会向社会主义社会过渡的同时,初步实现国家的社会主义工业化,为建设强大的社会主义国家奠定基础。第二步,再用 50 年到 75 年的时间建成社会主义现代化强国。

4. 邓小平的社会阶段理论

1987 年 10 月党的十三大提出的中国经济建设分三步走的总体战略部署:第一步目标,1981 年到 1990 年实现国民生产总值比 1980年翻一番,解决人民的温饱问题,这在二十世纪八十年代末已基本实现;第二步目标,1991 年到二十世纪末国民生产总值再增长一倍,人民生活达到小康水平;第三步目标,到二十一世纪中叶人民生活比较富裕,基本实现现代化,人均国民生产总值达到中等发达国家水平,人民过上比较富裕的生活。

（三）两个阶段理论

综合分析国际国内形势和我国发展条件,从二○二○年到本世纪中叶可以分两个阶段来安排。第一个阶段,从二○二○年到二○三五年,在全面建成小康社会的基础上,再奋斗十五年,基本实现社会主义现代化。第二个阶段,从二○三五年到本世纪中叶,在基本实现现代化的基础上,再奋斗十五年,把我国建成富强、民主、文明、和谐、美丽的社会主义现代化强国。

第一个阶段实现之时,即基本实现社会主义现代化的主要目标要求是:在经济建设方面,我国经济实力、科技实力将大幅跃升,跻身创新型国家前列。我国经济将保持中高速增长、产业迈向中高端水平，经济发展实现由数量和规模扩张向质量和效益提升的根本转变。社会主义市场经济体制将更加完善，全面开放新格局加快构建，经济活力明显增强。形成若干世界级先进制造业集群，全要素生产率明显提升，基本建成现代化经济体系。发展空间格局得到优化，以城市群为主体、大中小城市和小城镇协调发展的城镇化格局基本形成，基础设施体系更加完备，城市品质明显提升。科技创新能力持续增强，在2020年建成创新型国家之后，到2035年跃升至创新型国家前列。在政治建设方面，人民平等参与、平等发展权利得到充分保障，法治国家、法治政府、法治社会基本建成，各方面制度更加完善，国家治理体系和治理能力现代化基本实现；党的领导、人民当家作主、依法治国达到高度有机统一。人民民主更加充分发展，人民代表大会和人民政协制度更加完善，民主选举、民主协商、民主决策、民主管理、民主监督得到有效落实，人权得到充分保障，人民积极性、主动性、创造性进一步发挥。政府公信力和执行力大为增强，人民满意的服务型政府基本建成。依法治国得到全面落实，科学立法、严格执法、公正司法、全民守法的局面基本形成。在文化建设方面，社会文明程度达到新的高度，国家文化软实力显著增强，中华文化影响更加广泛深入。中国梦和社会主义核心价值观深入人心，爱国主义、集体主义、社会主义思想广泛弘扬，全体人民的文化自信、文化自觉和文化凝聚力不断提高。重视社会公德、职业道德、家庭美德、个人品德的社会风尚基本养成，人民思想道德素质、科学文化素质、健康素质明显提高。公共文化服务体系、现代文化产业体系和市场体系基本建成，中外文化交流更加广泛，中华文化走出去达到新水平。在民生和社会建设方面，人民生活更为宽裕，中等收入群体比例明显提高，城乡区域发展差距和居民生活水平差距显著缩小，基本公共服务均等化基本实现，全体人民共同富裕迈出坚实步伐。实现幼有所育、学有所教、劳有所得、病有所医、老有所养、住有所居、弱有所扶的美好愿景，实现更高质量和更充分就业。我国迈进高收入国家行列，人口预期寿命和国民受教育程度达到世界先进水平。现代社会治理格局基本形成，社会充满活力又和谐有序。政府治理和社会调节、居民自治良性互动,公平正义充分彰显,人民获得感、幸福感、安全感更加充实、更有保障、更可持续。在生态文明建设方面,生态环境根本好转,美丽中国目标基本实现。清洁低碳、安全高效的能源体系和绿色低碳循环发展的经济体系基本建立,生态文明制度更加健全。绿色发展的生产方式和生活方式基本形成,能源、水等资源利用效率达到国际先进水平。大气、水、土壤等环境状况明显改观,生态安全屏障体系基本建立,生产空间安全高效、生活空间舒适宜居、生态空间山青水碧的国土开发格局形成,森林、河湖、湿地、草原、海洋等自然生态系统质量和稳定性明显改善。我国碳排放总量将在 2030 年左右达到峰值后呈现下降态势,在应对全球气候变化和促进绿色发展中发挥重要作用。

第二个阶段实现之时,展望那时的中国,通过坚持不懈推进"五位一体"建设,我国物质文明、政治文明、精神文明、社会文明、生态文明将全面提升,实现国家治理体系和治理能力现代化,成为综合国力和国际影响力领先的国家,全体人民共同富裕基本实现,我国人民将享有更加幸福安康的生活,中华民族将以更加昂扬的姿态屹立于世界民族之林。一是我国将拥有高度的物质文明,社会生产力水平大幅提高,核心竞争力名列世界前茅,经济总量和市场规模超越其他国家,建成富强的社会主义现代化强国。二是我国将拥有高度的政治文明,形成又有集中又有民主、又有纪律又有自由、又有统一意志又有个人心情舒畅生动活泼的政治局面,依法治国和以德治国有机结合,建成民主的社会主义现代化强国。三是我国将拥有高度的精神文明,践行社会主义核心价值观成为全社会自觉行动,国民素质显著提高,中国精神、中国价值、中国力量成为中国发展的重要影响力和推动力,建成文明的社会主义现代化强国。四是我国将拥有高度的社会文明,城乡居民将普遍拥有较高的收入、富裕的生活、健全的基本公共服务,享有更加幸福安康的生活,全体人民共同富裕基本实现,公平正义普遍彰显,社会充满活力而又规范有序,建成和谐的社会主义现代化强国。五是我国将拥有高度的生态文明,天蓝、地绿、水清的优美生态环境成为普遍常态,开创人与自然和谐共生新境界,建成美丽的社会主义现代化强国。到那时,我国作为具有 5000 多年文明历史的古国,将焕发出前所未有的生机活力,实现国家治理体系和治理能力现代化,成为综合国力和国际影响力领先的国家,对构建人类命运共同体、推动世界和平与发展将作出更大贡献,中华民族将以更加昂扬的姿态屹立于世界民族之林,实现中华民族伟大复兴的中国梦。

这一次的国家发展规划也主要集中在第一个百年目标即全面建成小康社会完成之后,对于从目前到本世纪中叶的详细规划,这是在之前的计划中所没有进行详细描述的一个阶段。由此可以看出,由于国内外形势的变化,我国把发展目标定到了更高的位置,我们有能力、有信心完成更高的目标。邓小平同志计划我国将在本世纪中叶实现社会主义现代化,但是基于我国目前的发展质量和速度,国家决定将其提前十五年实现,在实现的基础上再奋斗十五年,于本世纪中叶实现一个新的目标,那就是富强民主文明和谐美丽的社会主义现代化国家,即全国各族人民的最大公约数——中国梦。这次的两个阶段理论不仅仅是对国家的发展进行更为详细的规划,也是巩固了之前提出的中国梦的伟大梦想。

除此之外,在十九大报告中还出现了两处在具体领域的奋斗目标和规划。第一处是在论述关于坚决打赢脱贫攻坚战问题时提到,"确保到二〇二〇年我国现行标准下农村贫困人口实现脱贫,贫困县全部摘帽,解决区域性整体贫困,做到脱真贫、真脱贫。"第二处是在谈到坚持走中国特色强军之路,全面推进国防和军队现代化问题时提出要"适应世界新军事革命发展趋势和国家安全需求,提高建设质量和效益,确保到二〇二〇年基本实现机械化,信息化建设取得重大进展,战略能力有大的提升。同国家现代化进程相一致,全面推进军事理论现代化、军队组织形态现代化、军事人员现代化、武器装备现代化,力争到二〇三五年基本实现国防和军队现代化,到本世纪中叶把人民军队全面建成世界一流军队。"

打赢脱贫攻坚战是目前我国最紧迫的任务。中央经济工作会议指出,今后三年要重点抓好决胜全面建成小康社会的防范化解重大风险、精准脱贫、污染防治三大攻坚战。党的十九大也明确表示,到2020 年我国现行标准下农村贫困人口实现脱贫,贫困县全部摘帽,解决区域性整体贫困。我国计划在二〇二〇年实现全面小康社会的建成，即第一个百年目标的完成，在完成全面小康的基础上才能有计划地将目前习近平总书记提出的两个阶段理论由理论变为现实。习近平总书记指出，全面建成小康社会，最艰巨的任务是脱贫攻坚，最突出的短板在于农村的几千万贫困人口。党的十八大以来，以习近平同志为核心的党中央高度重视扶贫开发工作，将其摆在治国理政的突出位置，并作为全面建成小康社会的底线任务纳入"五位一体"总体布局和"四个全面"战略布局，全面实施精准扶贫精准脱贫方略。中央定的扶贫标准是 2017 年贫困人口的人均纯收入达到 3300 元，且吃穿不愁，保障其义务教育、基本医疗和住房，即"两不愁、三保障"。不过，各地实际情况有很大差异。扶贫政策要求，建档立卡贫困户人均住房面积不超过 25 平方米，但有的地方给的人均面积远超这个标准。目前，全国还有约 3000 万人未脱贫，与过去的贫困人口不一样，这些属于最难脱贫的人口，是"最难啃的硬骨头"。有的难脱贫并不是没有能力脱贫，而是当地的文化、风俗习惯决定了很多人脱贫动力不足。因此，如何通过引进先进文化和一些制度，促进贫困人口主动脱贫，成为下一步完成脱贫任务的关键所在。2019 年要进一步打好精准脱贫攻坚战，要保证现行标准下的脱贫质量，既不降低标准，也不吊高胃口，瞄准特定贫困群众精准帮扶，向深度贫困地区聚焦发力，激发贫困人口内生动力，加强考核监督。扶贫要与扶志、扶智结合，同时为打赢脱贫攻坚战提供制度保障，利用多种方式如产业扶贫、易地扶贫搬迁、劳务输出扶贫、交通扶贫、水利扶贫、教育扶贫、健康扶贫、金融扶贫、农村危房改造、土地增减挂钩指标、资产收益扶贫等，对很多老大难问题采取针对性措施。坚持精准扶贫精准脱贫基本方略，着力创新完善解决"四个问题"的制度体系。一是完善贫困识别制度，切实解决好"扶持谁"的问题，精准识别出剩下的三千万贫困人口，做到有的放矢的扶贫。二是增强基层力量强化驻村帮扶，切实解决好"谁来扶"的最后一公里问题。三是强化分类施策对症施策，切实解决好"怎么扶"的问题。发展生产和转移就业脱贫一批，支持有劳动能力的贫困人口通过自身劳动开创美好生活；易地搬迁脱贫一批，支持生存环境恶劣地区的贫困人口通过有组织有计划搬迁，建设新家园;生态补偿脱贫一批,结合重点生态区建设为贫困人口提供护林员等生态岗位就业机会;发展教育脱贫一批,加大贫困地区教育投入力度,防止因学致贫和因贫辍学;社会保障兜底一批,对贫困人口中完全或部分丧失劳动能力的人进行兜底保障;加强医疗保险和医疗救助,防止因病致贫返贫。四是建立脱贫认定机制,切实解决好"怎么退"的问题。建立贫困退出机制,明确规定贫困县和贫困人口退出的标准、程序和后续政策,各地制定脱贫滚动规划和年度计划,实施贫困县和贫困村有序退出。尤其要注意的是脱贫攻坚是要做到真脱贫、脱真贫,防止出现返贫现象。正如习总书记所说:"行百里者半九十。中华民族伟大复兴,绝不是轻轻松松、敲锣打鼓就能实现的。全党必须准备付出更为艰巨、更为艰苦的努力。"同样的,脱贫攻坚也不是轻轻松松就能完成的,它不是文件上显示农民收入的冰冷数字,而是关乎百姓生活的实际问题,解决好脱贫问题不仅仅是实现第一个百年目标的需要,更是为了为人民解决实际问题,谋求更美好的生活。

我国的军队建设目标是与经济建设相匹配的,要到二〇二〇年基本实现机械化,二〇三五年基本实现国防和军队现代化,到本世纪中叶把人民军队全面建成世界一流军队。军队建设正站在新的历史起点上。面对国家安全环境的深刻变化,面对强国强军的时代要求,必须全面贯彻新时代党的强军思想,贯彻新形势下军事战略方针,建设强大的现代化陆军、海军、空军、火箭军和战略支援部队,打造坚强高效的战区联合作战指挥机构,构建中国特色现代作战体系,担当起党和人民赋予的新时代使命任务。

(四)实现路径

1. 坚定不移地以马克思主义伟大思想武装人民头脑、指导社会实践

十月革命一声炮响,给中国送来了马克思列宁主义。在众多主义充斥的旧中国,一批有胆识有智慧的青年人找到了马克思主义这个拯救中国的良方。在之后的革命实践中,历史一次次向我们证明了马克思主义的真理性以及结合本国实际的重要性。二十世纪苏联社会主义国家的建立使马克思主义由理论变为现实,在遭遇了苏联

解体后,马克思主义一再被诟病为现实条件下的乌托邦。然而经过中国几十年的发展,将马克思主义的真理结合中国实际,创立了中国化的马克思理论即中国特色社会主义理论体系。中国的发展向世界证明马克思主义理论的真理性以及应该以怎样的态度正确对待马克思主义理论的普遍真理。马克思主义不是教条,应该将其与本国的具体实践相结合,实现普遍性和特殊性的统一。马克思及其继承者们使马克思主义一直保持着勃勃生机,指导着中国革命和社会主义建设的成功进行,反过来,中国革命和社会主义建设的成功印证了马克思主义理论的穿越百年的正确性。因此,在步入新时代的今天,我们更要坚定马克思主义理论在我党我国的指导地位,为两个阶段的成功实现提供思想理论保证。

2. 坚持党的领导

在马克思主义的思想指导下,需要马克思主义政党来领导国家和人民的社会主义建设。中国特色社会主义最本质的特征是中国共产党领导,中国特色社会主义制度的最大优势是中国共产党领导,党是最高政治领导力量。中国共产党从1921年成立至今,伴随着国家革命和建设的实践,经历了从稚嫩到成熟,带领中国人民完成了新民主主义革命和社会主义革命,建立了中华人民共和国使中国人民当家做主站了起来。之后更是带领人民走出了一条中国特色社会主义道路。现在高速发展的今天再去回顾历史,我们愈发能感受到共产党这一路走来的艰辛,也更深切地体会到只有共产党才能救中国,才能发展中国,才能发展社会主义。

3. 遵循我国新时代的总体布局和战略布局

习近平总书记在党的十九大报告中明确指出:新时代中国特色社会主义思想"明确中国特色社会主义事业总体布局是'五位一体'、战略布局是'四个全面',强调坚定道路自信、理论自信、制度自信、文化自信"。在中国特色社会主义新时代,立足我国发展新的历史方位,面对我国社会主要矛盾的转化,要实现全面建成社会主义现代化强国和中华民族伟大复兴这一坚持和发展中国特色社会主义的总目标、总任务,必须根据中国特色社会主义的发展规律和实现奋斗目标的客观需要,确立和坚持科学合理的总体布局和战略布局,全面而有力地推进新时代中国特色社会主义各项事业。

4. 切实实施好十三五规划

五年规划,是中国国民经济计划的重要部分,属长期计划。主要是对国家重大建设项目、生产力分布和国民经济重要比例关系等作出规划,为国民经济发展远景规定目标和方向。它是实现我国社会主义现代化目标和建成富强民主文明和谐美丽的社会主义现代化强国路上的阶梯。中华人民共和国国民经济和社会发展第十三个五年规划纲要,简称"十三五"规划。十三五规划纲要依据《中共中央关于制定国民经济和社会发展第十三个五年规划的建议》编制,主要阐明国家战略意图,明确政府工作重点,引导市场主体行为,是 2016—2020 年中国经济社会发展的宏伟蓝图,是各族人民共同的行动纲领,是政府履行经济调节、市场监管、社会管理和公共服务职责的重要依据。社会主义现代化强国的目标作为两个阶段理论的最终目标,是建立在全面建成小康社会的基础上才能实施的,因此二〇二〇年实现全面小康是目前必须要完成的艰巨任务,是两个阶段实施的基础。

李　亮①

试论典型警示案例在公民廉洁教育中的价值

（上海师范大学　上海　200234）

【摘　要】选择典型警示性案例对公民进行廉洁教育不仅可以使受教育者塑造道德人格、升华道德行为，而且对于受教育者主观世界的改造、信仰价值的重建具有重要作用，同时通过剖析典型案例中所反映出来的问题、情况，提出富有建设性和创造性的解决方案、对策，有利于提高创新思维能力，增强预防和惩治腐败犯罪措施的针对性和可操作性。

【关键词】典型警示案例；公民；廉洁教育

廉洁教育，是现阶段我们国家政治生活中的一项重要工作，也与每个公民的切身利益密切相关。适当选择典型警示性案例，挖掘其重要价值，对公民进行廉洁教育，有利于提高公民廉洁教育的有效性。

（一）塑造道德人格，升华道德行为

所谓道德人格危机"是指个体道德人格异化、扭曲的表征，它既是一个过程，又是一个结果。从过程上看，它是由偶然的非道德行为

① 作者简介：李亮，男，博士，上海师范大学马克思主义学院教授，主要研究方向为中国共产党的基本理论与政策研究。上海市徐汇区桂林路100号 200234。

转化为强化的、有系统的、经常的反社会系统行为。从结果上看,则是个人道德意识发生裂变所导致的无视、蔑视或敌视道德规范。"①随着社会的全面转型,人们的思想观念、价值取向、行为选择、生活方式等发生了剧烈变化,国人的道德人格也受到了强烈冲击,出现了前所未有的困境。道德人格危机在腐败典型案例中表现的尤为突出:

第一,道德人格的物化。所谓"人格的物化",是指人与人之间的关系主要表现为物与物之间的关系。生产关系的物化决定了"人格的物化",它是人格在资本主义社会中的一种特殊表现形式,表明的是人的地位的下降,物的地位的提升。在生产力发展的形式下,人们的生产关系包着黄金的外皮,物欲目的支配着人。良心、名誉作为一种人格价值,体现一种人类尊严的精神价值,被异化为商品的价值,用金钱来衡量。正如马克思所说:"有些东西本身并不是商品,例如良心、名誉等等,但是也可以被他们的所有者出卖以换取金钱,并通过它们的价格,取得商品形式。"②人们为了攫取金钱,不惜牺牲自己的良心、名誉,人变得微不足道,金钱才是一切。"人格的物化"是马克思在批判资本主义过程中提出来的。在社会主义市场经济条件下,人与人之间的关系在一定程度还需要物来联系,因此道德人格的物化现象仍然存在。

第二,道德羞耻感的丧失。道德耻感是人之为人的重要表现,是人区别于动物的一个重要标志,是维护人的道德底线的内在保证。道德耻感本质上是一种强大的自律力量,保证人脱离动物界的超越性存在,是道德人格存在的重要保证。但是在社会转型时期,由于价值观念和道德标准的错位,某些领域、某些人却出现了美丑错位、荣辱颠倒,有些人甚至丧失了起码的道德耻感。这样,本来还是遮遮掩掩、羞羞答答的事情,现在干得心安理得、自在大方。不少人行恶而不觉恶,现丑而不觉丑,贪欲膨胀,自律无存。一些人发展成为践踏法纪的"五毒俱全"的横行无忌者, 些人成为"吃喝拿要坑"毫不脸

① 曾钊新、李建华等.《道德心理学》[M].长沙:中南大学出版社 2002 年版,第 407 页。

② 《马克思恩格斯选集》第 2 卷[M].北京:人民出版社 1995 年版,第 194 页。

红的特殊群体。

第三,道德人格分裂。在现实社会中,由于道德关系的复杂化、多元化,以及道德环境的变动,人们的思想观念、行为方式经常发生变动,使得个体的道德人格因时因地而异,具有两个甚至更多的人格,从而出现较大的人格反差,这种极端的情况就是道德人格分裂。道德人格是道德精神世界的整合,道德人格的分裂意味着道德精神世界的分崩离析,因而,人格的分裂是一种巨大的精神痛苦,道德人格的分裂会使人生丧失追求的价值目标,没有奋斗的方向,整个道德生活没有一个支撑点,道德价值的大厦被夷为平地。道德人格分裂在反面典型案例中主要表现为双重道德人格。这种道德人格往往是善与恶两种力量同时表现在一个社会个体上,有时善发挥作用,有时恶发挥作用,有时是天使,有时是魔鬼,是自我的混乱与自我的分裂,是某种人格畸形的表现。

第四,心理失衡。改革开放以来,我国社会发生了深刻变化,经济成分和利益主体、社会生活方式、就业形式等都发生了翻天覆地的变化,同时又由于我国正处于转型时期,社会主义市场经济制度还不甚完善、分配制度不甚合理,个人、部门、地区差异仍然较大,当一部分人看到富商巨贾高档轿车、星级宾馆、挥金如土时便产生心理失衡。

在廉洁教育实践中,通过对先进典型模范行为的剖析、阐释、宣传,使其获得广泛的肯定性评价,与整个社会的道德价值追求相统一,从而可以使更多教育客体的道德行为得到升华。《公民道德建设实施纲要》曾指出:"建国以来特别是改革开放和社会主义现代化建设中涌现出来的先进集体、先进人物,是实践社会主义道德的榜样。要广泛开展向先进典型学习的活动,善于发现和运用先进典型,树立可亲、可敬、可信、可学的道德楷模,让广大群众学有榜样、赶有目标、见贤思齐,从先进典型的感人事迹和优秀品质中受到鼓舞、汲取力量,使先进典型的高尚情操成为社会的共同财富。"[1]利用正面典型

---

① 中共中央文献研究室编.《十五大以来重要文献选编》下册[M].北京:人民出版社 2003 年版,第 1980 页。

案例进行公民廉洁教育的过程,可看作是"以道德行为引领道德行为"的过程,即通过对先进典型案例所承载道德理想、道德信念的阐述,然后将其中最具说服力、感染力、影响力的道德"因子"内化为受教育者自身的道德体系的一部分,从而达到"以德引德"的教育,以期更进一步在实际行动中达到道德行为的升华。

反面典型警示案例本身承载丰富的道德、伦理资源,是道德教育的重要载体。针对不同的教育对象,运用反面的典型案例,剖析其所承载的"道德"因子,使教育对象分清是非荣辱,明辨善恶美丑,同样能起到道德意识、观念上的教化,行为上升华的功用,从而更好地实现公民廉洁教育。

(二)超越自我,重建信仰价值

信仰是人类个体最为普通和重要的精神活动,作为一种精神现象,它是人类个体的最高意识形式。信仰依托于个体的心灵深处而存在,但它却能外化为个体的世界观、人生观、价值观、行为方式等。信仰使人的整个精神活动以最高信念为核心,形成了一个完整的精神导向,并调动各种精神因素为它服务。

改革开放以后,在更为复杂的国际国内形势下,特别是随着我国社会主义市场经济的初步建立,经济成分、组织形式、就业方式、利益关系、分配方式、生活方式出现了多样性,与此相伴随,思想观念和价值取向也出现了多样性。在此背景中,一部分党员、干部和群众不同程度地存在着信仰模糊、信念动摇、信心不足、信任下降等现象,现实表现为思想混乱、精神空虚,容易被错误思潮和歪理邪说所迷惑、困扰、俘虏。1980 年 2 月,胡耀邦在剧本创作座谈会上的讲话中指出,"现在有一种说法:我们的国家出现了危机,一个叫信仰危机,一个叫信心危机,一个叫信任危机。"①这是"文革"以后,中央领导人较早直言"信仰危机"问题。2000 年 6 月,江泽民同志在中央思想政治工作会议上的讲话中指出:"东欧剧变、苏联解体,是世界社会主义遭受

---

① 中共中央文献研究室编.《三中全会以来重要文献选编》上册[M]. 北京:人民出版社 1982 年版,第 354 页。

的巨大挫折。为什么苏联这样一个发展了七十多年的社会主义国家还会解体呢？一些善良的人们产生了疑问和困惑，对世界社会主义的前途也存在这样那样的忧虑，甚至在我们一些党员、干部中也程度不同地产生了'信仰危机'。这是客观存在，我们不承认、不正视不行。"①2009 年 9 月召开的党的十七届四中全会通过的《关于加强和改进新形势下党的建设若干重大问题的决定》指出，党内也存在不少不适应新形势新任务要求、不符合党的性质和宗旨的问题，其中主要问题之一是：一些党员、干部忽视理论学习、学用脱节，理想信念动摇，对马克思主义信仰不坚定，对中国特色社会主义缺乏信心。信仰危机由此可见一斑。

理想、信仰是行动的指针，指针发生偏离，必定误入歧途。没有信仰就没有敬畏，没有敬畏就恣意妄为，就会把权力当成谋取私利的工具。犯罪分子的蜕化变质，无一不是抛弃理想信念的结果。许多腐败犯罪的事例和数字一再表明，除个别人性格和经历方面的特殊缺陷外，绝大多数职务犯罪人员都经历过各种思潮相互激荡开始的演变轨迹：理论迷惑——思想迷乱——理想迷茫——精神垮塌——思维失衡——道德失范——违纪违法——职务犯罪。很多正在服刑的职务犯罪者都把理想信仰的精神支柱垮塌，列为走上违法犯罪道路的首要原因。

"信仰是人生的'主心骨'，是人的全部价值意识的定向形式。所以个体不能没有信仰，没有信仰的生命个体就等于没有灵魂。而信仰的偏差，则会造成人生道路和社会发展的方向性的错误。"②在对公民进行廉洁教育的过程中，结合对典型腐败案例中错误思想观念、错误信仰的深刻剖析，使得受教育者正确区分文化观念中的先进与落后、科学与迷信、健康与腐朽，从而彻底与错误思潮、信仰划清界限，不断提高自己辨别正确与错误的思想认识水平，并自觉抵制错误的东西，在改造主观世界的同时，不断超越自我，重建信仰价值。

---

① 江泽民.《论"三个代表"》[M].北京：中央文献出版社 2001 年版，第 55 页。
② 李德顺.《论信仰》[J].前线，2000 年第 2 期。

(三) 增强问题意识，提高创新思维能力

所谓问题，就是对尚待解决或弄不明白的事情产生的疑点。问题意识是人们对未知事物产生兴趣或质疑的自觉的心理反映。通俗地说，问题意识即学习者在认知活动中遇到的一些难以解决的、疑惑的实际问题或理论问题时，产生的一种怀疑、困惑和探究的心理状态。这种心理状态驱使个体积极思维。因此，问题意识在思维活动和认知活动中占有重要地位。苏联著名心理学家捷普洛夫说道："思维永远是由问题开始的。"苏格拉底也曾说过：问题是接生婆，它能帮助新思维的诞生。现代思维科学研究表明，问题和思维是紧密联系在一起的，问题是思维的起点和载体，是创新思维的动力和源泉。因此，强烈的问题意识是思维的动力，能促使人们去发现问题，解决问题，直至作出创新。波兰天文学家哥白尼对"地心说"提出质疑，才最终提出了著名的"日心说"。牛顿发现万有引力定律正是源自于那个经典的问题："苹果为什么从树上掉到地上，而不是自己飞向天空？"爱因斯坦曾指出："提出一个问题往往比解决一个问题更重要。因为解决问题也许仅仅是一个数学上或实验上的技能而已，而提出新的问题，新的可能性，从新的角度去看待旧的问题，却需要有创造性的想象力，而且标志着科学的真正进步。"[①]正是问题意识激发出的创新思维，直接推动了自然科学的发展与进步。但要注意的是，问题意识激发创新思维不仅仅限于自然科学领域，在社会科学领域乃至整个社会历史的发展中也同样发挥着重要作用。没有对黑格尔辩证法和费尔巴哈唯物主义以及古典经济学的质疑，就不会有马克思主义哲学和马克思主义政治经济学的诞生；没有对资本主义存在的合理性提出怀疑，就不会有科学社会主义的诞生；没有对照搬十月革命经验的质疑，就不会有农村包围城市武装夺取政权的革命道路；没有对"两个凡是"的质疑，就没有对"什么是社会主义、怎样建设社会主义"命题的历史思考，就不会有充满活力的改革开放，更不会有中

---

① 爱因斯坦，英费尔德.《物理学的进化》[M].上海：上海科技出版社 1962年版，第 66 页。

国特色社会主义在当代中国的创新与发展。

　　针对典型腐败案例中所反映出来的典型问题进行专门的探讨，认真研究典型案例中所反映出来的问题、情况，剖析这些问题、情况发生发展和变化的原因、规律，针对不同时期、阶段典型个案发生原因的分析，提出富有建设性和创造性的解决方案、对策，有利于提高创新思维能力，从而更好地开展反腐倡廉工作。

　　近年来典型腐败案件所反映出来的"裸官"腐败的问题非常严重。所谓"裸官"腐败是指党员领导干部中的一些腐败分子独身在国内做官，其配偶及子女则在国外留学或经商，并转移其非法所得的资产，一旦问题暴露，即行潜逃。针对"裸官"腐败这一问题，党的十七届四中全会及十七届中央纪委第四次、第五次全会明确提出把领导干部住房、投资、配偶子女从业等情况列入领导干部报告个人有关事项的内容，加强对配偶子女均已移居国（境）外的公职人员管理。2012 年 1 月 4 日，中共广东省委十届十一次全会通过《中共广东省委关于加强市县领导班子建设若干问题的决定》。其中一条规定引人注目："对配偶、子女均已移居国（境）外的，原则上不得担任党政正职和重要敏感岗位的领导职务。"广受公众诟病的"裸官"现象得到了高层在反腐制度建设层面的回应，正是源于敢于面对这一新问题，不回避，并且采取积极的态度，才直接推动了反腐制度建设的重大进步。

韩新华①

新时代高校推进"两学一做"常态化制度化的难题与疏解

（温州大学　浙江　325035）

【摘　要】研究高校如何推进"两学一做"学习教育常态化制度化,对于扎根中国大地办大学,有着重要的理论与实践意义。治党有"为人民服务"之魂,历史有"坚持党性"之根,文化有"红色基因"之脉,实践有"依靠人民"之力。"两学一做"学习教育常态化把好的东西定格在日常,制度化把党建理念持之以恒。当前,高校一是依靠线性推进、织成党建网络,营造"两学一做"常态化制度化环境;二是坚持问题导向、完善工作机制,夯实"两学一做"常态化制度化工程;三是巩固强基工程、优化党建生态,整合"两学一做"常态化制度化力量,取得很多探索经验。同时,高校推进"两学一做"学习教育常态化制度化过程中,"组织绩效"兑现失灵、"被新的党建话语掩盖"的风险、"真学真做真改"难等问题依然存在。对于高校如何推进"两学一做"学习教育常态化制度化,笔者建议设计"两学一做"常态化制度化的定期监督机制,健全整理"两学一做"资料更新发布机制,完善"两学一做"融入"三会一课"的可行机制,引导党员干部从初心深处践行"两学一做"。

【关键词】"两学一做";治党内涵;教育强国;制度建议

① 作者简介:韩新华,女,硕士,温州大学思政辅导员,主要研究方向为思想政治教育。浙江温州瓯海区温州大学潮初学区352035。

2017年党中央推进"两学一做"学习教育常态化制度化,既是新时代坚持思想建党、组织建党、制度治党紧密结合的有力抓手,也是新时代不断加强党的长期执政能力的有效途径。高等教育领域党的建设是新时代全面从严治党的重要组成部分,直接面对着"培养什么样的人、如何培养人以及为谁培养人"这一根本性问题。2018年5月2日,习近平总书记在北大座谈会上的讲话指出,"我国社会主义教育就是要培养社会主义建设者和接班人",而培养新时代党和国家需要的人才,首先就必须巩固党在高校的领导地位,坚持社会主义办学方向。教育部2018年工作要点也明确指出"把2018年作为教育系统党建质量年""推进'两学一做'学习教育常态化制度化"。研究高校如何推进"两学一做"学习教育常态化制度化,以及如何用党章党规和习近平总书记系列重要讲话精神武装高校党组织和教师党员,并以"教师党员的先进性带动教师队伍的先进性",对于扎根中国大地办大学,有着重要的理论与实践意义。

（一）"两学一做"的治党内涵与常态化制度化的意义

2016年,中共中央在全体党员中开展的"学党章党规、学系列讲话,做合格党员"学习教育,取得了显著成效。2017年,中共中央办公厅印发《关于推进"两学一做"学习教育常态化制度化的意见》,指出把好的党建做法常态化制度化。研究"两学一做"学习教育,有必要理清"两学一做"学习教育的治党内涵,以及推进"两学一做"学习教育常态化制度化的意义。

1. "两学一做"学习教育的治党内涵

"两学一做"学习教育,不仅是全面从严治党的重要路径,更是新时代教育强国战略的重要引领与支撑。理解"两学一做"学习教育的治党内涵,可以从治党之魂、历史之根、文化之脉、实践之力的维度进行考量。

（1）"两学一做"的治党之魂——"为人民服务"

"两学一做"既是新时期全面从严治党的客观要求,也是中国共产党性质和宗旨所决定的治党良策。"两学一做"的治党内涵,首先体现在为人民服务。从革命战争时期的"不拿群众一针一线",到中华人民共和国成立初期巩固人民民主政权的"一五计划",再到改革开放新时期的"发展成果由人民共享",中国共产党在追求共产主义的理想中,一直践行"为人民服务"的政治理念。在推进"四个全面"战略的新时期,中共中央通过"两学一做"学习教育,既要求"关键少数"的领导干部高标准地带头践行党章党规要求,又要求"核心基础"的广大党员在学习党章党规和系列讲话中争做"合格党员""吃苦在前,享受在后"。中国共产党一方面通过全面从严治党,让党组织和党员干部坚定政治底线,保持先进性和纯洁性,夯实党在人民群众心中"为人民服务"的政治形象;另一方面要通过"两学一做"学习教育,让党员干部践行"为人民服务"的政治信仰,把共产党人的先锋形象树起来。对于新时代高校而言,就是通过党建工作畅通沟通渠道和改进民主决策机制,推动党组织更好地服务师生、服务学校发展,从点滴实际出发,办好人民满意的教育。

(2)"两学一做"的历史之根——"坚持党性"

"两学一做"并非无源之水、无根之木,其根在于共产党人的"坚持党性"。党性是一个政党固有的本质属性。决定一名党员如何的就是党性。中国共产党的党性体现在先进性和纯洁性上。1921年,中国共产党成立并通过《中国共产党第一个纲领》,在其第三、第四条中明确指出"中国共产党彻底断绝同黄色知识分子阶层及其他类似党派的一切联系",并规定要成为中国共产党党员,"必须与企图反对本党纲领的党派和集团断绝一切联系"①。这个一大的"党纲",也就是一大的"党章"。随着革命实践的发展,中国共产党的党章不断修订完善,进一步明确了中国共产党人先进性和纯洁性的"党性要求"。"两学一做"学习教育,从其内容上要求学习"党章党规"来看,是有历史根源的,这个根就是"坚持党性"。虽然随着实践发展会对中国共产党党章内容不断地修订和完善,但是中国共产党人"坚持党性"的原则不会变,中国共产党人为民务实清廉的目标不会变,中国共产党人永葆党的先进性和纯洁性的品格不会变。

---

① 王华华.《党员义务在党章中的提出与完善》[J].新湘评论,2017年第8期,第37页。

（3）"两学一做"的文化之脉——"红色基因"

"两学一做"学习教育的推进,离不开特定的政治文化环境,而特定的政治文化环境需要特定的文化脉络。中国共产党人的文化脉络就是代代相传的红色文化和红色基因。中国共产党人"红色基因"的勘定和传承,需要每一位共产党员做到红色信仰牢牢记、红色故事人人讲、红色基因代代传、红色事迹个个有。"两学一做"学习教育恰好承载了全面从严治党的现实要求和传承共产党人"红色基因"的功能需求。习近平指出,"中国共产党有着丰富的红色资源",要"把红色资源利用好、把红色传统发扬好、把红色基因传承好","传承红色基因,不忘初心继续前进"①。从革命战争年代到中华人民共和国成立初期再到改革开放,中国共产党人在为人民服务的道路上,培育了丰富的红色精神内涵,比如"红船精神""井冈山精神""长征精神""西柏坡精神""改革先锋精神"等。"两学一做"学习教育以"做合格党员"为要求,实际上是蕴涵"红色基因"实践内容的行动纲领。"社会主义是干出来的""奋斗成就伟业,实干才能兴邦",如何在全面从严治党新时期做一名传承"红色基因"的合格党员,这就要求我们把握"两学一做"知行合一的维度,一方面创新性地学习党章党规和系列讲话精神,懂政治、懂规矩、懂道德、懂奉献、懂底线、识大局,另一方面把领悟到的"两学"精髓,贯彻到为人民服务的各项事业中去,践行共产党人"不忘初心"的政治承诺,做一个有信念、有纪律、有品行、有作为的共产党员。

（4）"两学一做"的力量之源——"依靠人民"

"两学一做"学习教育的实践有着重要的力量来源,这个力量主要来自于人民。中国共产党的执政是历史的选择,也是人民的选择,而这个选择的过程就是中国共产党贯彻群众路线的过程。② 从瑞金苏维埃政权到陕甘宁边区局部执政再到全国执政,中国共产党一直

---

① 习近平.《在庆祝中国共产党成立 95 周年大会上的讲话》[J]. 党的文献,2016 年第 4 期,第 3—10 页。

② 贺新春.《略论"两学一做"的内在逻辑》[J]. 思想理论教育导刊,2016 年第 11 期,第 99—101 页。

把群众路线视为党的生命线,把党的正确主张转化为群众的自觉行动,一切为了群众,一切依靠群众,从群众中来,到群众中去,实事求是地解决群众的问题,为人民群众服务,结成了中国共产党和人民群众的血肉联系。1956年,邓小平在《关于修改党的章程的报告》中讲到,"群众路线是我们党的组织工作中的根本问题,是党章中的根本问题,是需要在党内反复进行教育的"①。新的历史时期,中国共产党开展"两学一做"学习教育,一方面能推进各级领导干部和广大党员更好地把握党的政治规矩,能够依规办事;另一方面促进各级领导干部和广大党员更好地把握党的政策动态,夯实为人民服务。

2."两学一做"常态化制度化的意义

推进"两学一做"学习教育常态化制度化,有助于构筑党建工作累积创新的自我演化生态,把好的东西传承下去,它既是思想建党、组织建党、制度治党的有力抓手,也是全面从严治党新时期不断加强党的思想政治建设的有效途径。

(1)常态化把"两学一做"的好东西定格在日常

党的建设是一项复杂的工程,而复杂的工程务必将"好的准则""好的精神""好的理念"常态化,持之以恒地贯彻下去,才能把党建设好。"两学一做",治党有"为人民服务"之魂,历史有"坚持党性"之根,文化有"红色基因"之脉,实践有"依靠人民"之力。这意味着"两学一做"学习教育是当前全面从严治党的好抓手,将"两学一做"学习教育常态化就是要将这个好东西定格在党员和干部的工作日常。"两学一做"常态化,既有助于组织党员领导干部定期开展集体学习,丰富领导干部在民主生活会、党委中心组的日常学习内容,又有助于团结普通党员开展党务学习,丰富普通党员的"三会一课"、党支部学习内容。"两学一做"常态化,有助于建立及时发现和解决问题的有效机制,推动领导干部和普通党员依靠自身力量修正错误、改进提高,促使基层党组织和党员干部强化学习,激发基层党支部的积极性、主动性和创造性,改进基层党组织存在的弱化、虚化、边缘化等

① 《邓小平文选》第1卷[M].北京:人民出版社1994年版,第216页。

问题。

（2）制度化将"两学一做"的党建理念持之以恒

"艰难困苦，玉汝于成"，搞好党的建设从来不是一件易事。邓小平认为，"制度好可以使坏人无法任意横行，制度不好可以使好人无法做好事，甚至走向反面。"①"两学一做"学习教育，有很多好的东西，比如学习党章党规、学习系列讲话、做合格党员等，都是很好的管党治党理念。"两学一做"制度化有助于思想建党，"两学一做"富含丰富的思想建党内容，将其制度化，注重把思想政治工作落到支部，把从严教育管理党员落到支部，把群众工作落到支部，更利于从思想上建党。②"两学一做"制度化有助于组织建党，有利于中国共产党各级党组织在组织建设层面推进组织建党，并将党为民务实清廉的政治理念付诸实践，创造为人民服务的新成绩。"两学一做"制度化有助于制度治党，避免党员干部借助于党组织赋予的权力进行"政治寻租"③，更有利于巩固党的先进性和纯洁性。

（二）高校推进"两学一做"常态化制度化的现状

十九大报告开启了建设社会主义现代化强国的新征程。教育兴则国家兴，教育强则国家强。教育强国既是强国战略的重要组成部分，又是强国战略的重要基础和支撑。据《2016 年全国教育事业发展统计公报》显示，2016 年我国高等教育毛入学率已达 42.7%，接近普及化水平。我国已经建成世界上最大规模的高等教育体系，办学方向和质量直接关乎中华民族的命运。建设中国特色社会主义现代化强国一定要坚持党的领导。教育强国战略同样要坚持党的领导，坚持正确的政治方向。中央提出"推进'两学一做'学习教育常态化制度化"以来，高等教育系统根据中央、教育部政策精神，结合学校实际和地方政策要求与导向，有序落实"两学一做"学习教育常态化制

---

① 《邓小平文选》第 2 卷［M］.北京：人民出版社 1994 年版，第 332、348 页。

② 于咏华.《共产党人政治本色教育的根本之道——基于"两学一做"学习教育的哲学思考》［J］.学习论坛，2016 年第 32 卷第 11 期，第 56—60 页。

③ 赵建春.《"两学一做"中"关键少数"的四种思维》［J］.毛泽东思想研究，2016 年第 33 卷第 5 期，第 129—134 页。

度化工作,虽然在整体上巩固了党建成绩,但是也在党建细节和与时俱进方面存在着一些问题。

1. 高校推进"两学一做"常态化制度化的探索

(1)依靠线性推进、织成党建网络,营造"两学一做"常态化制度化环境

高校在推进"两学一做"学习教育常态化制度化过程中,一方面以线性推进为基础,从校党委班子到学校职能部门,线性推进中央"两学一做"学习教育常态化制度化要求,强调联系实际把思政教育作为首要任务,把作风建设作为重要内容,坚持用党章党规规范党组织和党员行为,用习近平总书记系列重要讲话精神武装头脑、指导实践、推动工作,形成"两学一做"学习教育"知行合一"的常态化制度化运作;另一方面,高校在线性推进"两学一做"学习教育常态化制度化的基础上,从"单线性"向二级学院、独立学院、附属机构等单位依次铺开,每个单位由多个党支部组成,党支部又由多个"党小组"组成,这样逐步"织成网络",确保"两学一做"学习教育活动横向到边、纵向到底,将"两学一做"学习教育内容融入日常、抓在经常,促使"两学一做"学习教育的常态化,营造了"两学一做"学习教育常态化制度化的党内政治生活环境。

(2)坚持问题导向、完善工作机制,夯实"两学一做"常态化制度化工程

学习党章党规和系列讲话,既是每一级党组织加强党建的长期任务,也是每个共产党人做合格党员的终生课题。高校推进"两学一做"学习教育常态化制度化过程中,坚持问题导向、完善工作机制,在真学、真做、真改上深化拓展,扎实有力地推动了学校的发展。比如,有的高校借"两学一做"学习教育推动调研工作走进学院、走进师生,将走访、慰问、工会活动等与"两学一做"相结合,提炼经验、反思不足,不断增强党自我净化、自我完善、自我革新、自我提高的能力;有的高校突出"两学一做"学习教育的问题导向机制,引导学校尤其是地方高校的办学向应用型转型,不断深化产教融合、校企合作,积极将社会资源转化为教育资源;有的高校围绕地方党建工作成立党建学院,开展党建活动、培养党建人才;有的高校搭乘国家"一带一路"教育行动计划的东风,通过设立分校、招收留学生等推进国际化办

学,弘扬中国传统文化,为党建工作引入新课题,为中华民族的制度自信、理论自信、道路自信还有文化自信提供强有力的支撑。

（3）巩固强基工程、优化党建生态,整合"两学一做"常态化制度化力量

学校各级党组织是确保党的教育路线方针政策和决策部署贯彻落实的基础。① 推进"两学一做"学习教育常态化制度化的实施,是严肃党内政治生活和净化党内政治生态的重要利器。常态化把"两学一做"学习教育的好东西定格在日常,制度化将"两学一做"学习教育的党建理念持之以恒,两者有机融合,缺一不可。一是将"两学一做"学习教育常态化制度化落实在基层。中国共产党章程第五章第二十九条规定,"企业、农村、机关、学校、科研院所、街道社区、社会组织、人民解放军连队和其他基层单位,凡是有正式党员三人以上的,都应当成立党的基层组织",且"根据工作需要和党员人数,经上级党组织批准,分别设立党的基层委员会、总支部委员会、支部委员会"。这意味着中国共产党的基层组织既是庞大的整体,又是较为具体的个体,包括基层党支部等。高校在推进"两学一做"学习教育常态化制度化过程中,以党支部为依托,以高校辅导员队伍为一线抓手,有的高校推进学区制改革,把学生党建与学生的学习、生活在同一个空间整合,探索创新党内教育和组织生活的有效方法,夯实强基工程。二是选培先进典型,宣传践行优秀党员先进事迹。改革开放以来,高校涌现了不少优秀共产党员和先进典型,比如吉林大学黄大年教授、复旦大学钟扬教授等,再比如全国高校辅导员优秀人物评选也涌现出很多基层党员先进事迹,通过选培先进典型,宣传践行优秀党员先进事迹,引导高校广大基层党员和干部见贤思齐,激励基层党员和干部参与巩固强基工程,优化党建生态。

2. 高校推进"两学一做"学习教育常态化制度化的不足

党的建设工程,从来不是一蹴而就的。理论和实际结合过程中,

① 刘志彧.《以习近平新时代中国特色社会主义思想为指引实现学校内涵式发展》[J].内蒙古民族大学学报(社会科学版),2017年第43卷第6期,第1—5页。

既可能朝着人们期望的目标前进，也可能演化出新的问题。高校党员干部以知识分子为主，在专业背景、理论素养、成长环境等方面有明显的群体特征，同时也存在多样化的个体差异，这就导致了高校在落实"两学一做"学习教育常态化制度化的工作，出现很多新的问题。

（1）"组织绩效"兑现失灵问题依然存在

所谓"组织绩效"兑现，是指在一定时期内，组织运作过程中对内所制定的"考核指标"和对外所宣称的"服务目标"，能够在"双方守规"时达到预期的"共赢效果"或"诉求满足"。"两学一做"是学"党章党规"，也就意味着首先要能从组织层面"守规矩"、兑现"守规"绩效。就党的建设而言，自上而下的"组织命令"层层节制地推进与自下而上的"下级需求"层层上报的反馈，构成了党的建设的有机架构。机制运行下总会有"意外""跑偏"等问题出现在人们眼前，结合调研的实际来看，"组织绩效"兑现失灵就是其中之一。

"组织绩效"兑现失灵的问题，可以用"三个动作"来反映。一是规定动作。来自于中央和上级党委的"政策命令"，一般称其为"规定动作"。能够用"开会"或"讲话"形式贯彻的，尽量用此形式贯彻，这就容易使得"党的建设"流于形式化。二是自选动作。在完成"规定动作"前提下，高校党组织还会实施一些"自选动作"，来配合本单位实际工作的开展和党务的有效运行。而自选动作的运行，需要单位和党组织的"组织绩效"兑现，比如上一年度"绩效考核"能否有效兑现等。"组织绩效"兑现失灵，意味着类似"两学一做"学习教育常态化制度化党建工作，也会被"自选屏蔽"或"自选搁置"。三是创新动作。"创新动作"是基层党组织和党支部在完成"规定动作"前提下，依靠"自选动作"的实施情况，而有所心得，可以实施一些党组织建设的"创新动作"。党建"创新动作"的实施，依赖于党组织建设一个"诚信"的"组织绩效"兑现环境，既要从体系内兑现"赏罚分明"的考核，也要兑现体系外对人民群众的郑重承诺。

（2）"被新的党建话语掩盖"的风险依然存在

解放思想、实事求是、与时俱进是中国共产党党建理念不断创新的实践方式。中国共产党的党建话语体系在不断地创新，既有的党建理念在承担着"被新的党建话语掩盖"的风险。"两学一做"学习教育,有着较为稳定的话语体系。比如学习"党章党规"就是相对稳定的内容。但从另一个角度来看,学习"党章党规"作为一项"做合格党员"的长期内容,仍可能面临"被新的党建话语掩盖"的风险,甚至在党建的日常中被"遗忘"。主要表现为:

一是部分党员干部学习热情或接受能力不足。高校党员干部是学习接受能力相对较高的群体,但同时也是部分党员干部学习热情不高的一个重要原因,比如很多高校教师忙于科研实验或者醉心于学术思辨,对党的学习教育活动热情不高。这是摆在高校"两学一做"学习教育常态化制度化过程中的现实难题。特别是新的"党建话语"出来后,这部分党员干部,很容易在下一轮的学习任务中将"两学一做"学习教育内容被"新的党建话语掩盖"。二是工作和党务"兼顾难"的问题。高校各级党委(党组)容易采取"以开会落实开会""以文件落实文件"的形式落实"两学一做"学习教育,而使得党的学习和党建工作出现"表面化形式化"问题。三是部分党支部存在党员干部教育欠规范问题,使得"两学一做"学习教育一旦"常态化"就不再"被常提",一旦"制度化"就被"束之高阁",从而导致党建工作"被新的党建话语掩盖"的风险。

（3）"真学真做真改"难的问题仍然存在

"一分部署,九分落实"。"两学一做"学习教育常态化制度化是党中央推进全面从严治党的"关键一招"。从中央到地方,自上而下的部署"两学一做"学习教育过程中,各个层面都有可能涌现"落实不到位"的地方。高校层面的具体表现为:

一是在"学"上仍欠火候。"两学一做"学习教育看似简单,实则内容非常丰富。高校在引导党员干部深入学习党章党规过程中,要以党章为统领,还要把党内政治生活准则、廉洁自律准则和党内监督条例、问责条例、纪律处分条例等列入学习内容,要让广大党员干部深刻领会习近平系列讲话精神,又要让他们在"四个全面"战略布局和部署"五位一体"总体布局的体系中,加深对教育使命的理解,加深对科研、教学、行政管理等具体工作的意义的理解。二是在"做"上仍有折扣。目前,师风师德问题、同学室友"同室操戈"的问题、学术不端问题等不断挑战社会的神经,让党员队伍中知识分子群体的修养不断受到社会质疑,造成很大的负面影响。三是在"改"上仍存不足。"理想"和"现实"之间总会有差距的存在。"两学一做"学习教育,天然地要求广大党员干部学做结合,边学边查边改。高校工作中慵懒散拖、效率低下,部分党员整改不严谨、不精细等问题仍然有很大改进空间。

(三)高校推进"两学一做"常态化制度化的建议

扎根中国大地办大学,必须坚持社会主义办学方向,扎根于实现中华民族伟大复兴的共同理想。大学的人才培养、科学研究、社会服务、文化传承、国际合作等功能都要围绕培养肩负民族复兴的一代新人这一使命展开。我们需要什么样的人才,就要建设什么样的大学。反过来,建设什么样的大学,也决定了培养什么样的人才。培养与国家同呼吸共命运的爱国者、奋斗者、求真者、实干者,大学要始终坚持社会主义办学方向,将社会主义核心价值观贯穿始终,要始终将为新时代现代化建设服务作为大学的根本任务,做社会发展、文明进步的推动者。高校推进"两学一做"学习教育常态化制度化的党建实践,既是对党史负责的一部分,也是推动中国共产党党建创新的独特探索,更是建设教育强国、服务人类命运共同体的重要保障。以中国共产党先进性和纯洁性的党建规律为指导,结合高校推进"两学一做"学习教育常态化制度化过程中的成绩及不足,笔者认为高校完善"两学一做"学习教育常态化制度化,可从如下几方面入手:

领导干部、教师党员要以身则、率先垂范,引领各级党组织和党员干部真学真做真改,从而潜移默化地对学生传输正能量。高校要设立定期监督机制,以对下级党组织形成直接约束力,同时各级党组织也要形成自我督查机制。具体从以下几方面入手:一是完善"两学一做"学习教育常态化制度化清单制度。通过调研了解经济社会发展对高等教育的需求、了解人民群众对高等教育的要求、了解师生对高等教育的要求,为办好人民满意的教育完善服务清单。二是建立由党委书记牵头、以学期检查为考核方式的"两学一做"督查机制。好的制度,关键在落实。① 根据高校工作时间特点,确立按照学

---

① 陈殿林、田慧萍.《深入开展"两学一做"推动全面从严治党》[J]. 红旗文稿,2016年第9期,第32—34页。

期进行检查考核的方式较为合适。三是建构对内保持纯洁性、对外践行先进性的"两学一做"政治生态。

1. 健全整理"两学一做"资料更新发布机制

鉴于"两学一做"学习教育内容的丰富性和发展性特点,各级党组织和党员干部都会有学习"党章党规"和"系列讲话"的特殊性。高校应结合党建实际,由组织部牵头健全"党章党规"和"系列讲话"资料更新发布机制,以更好地推进高校各级党组织和党支部的学习教育活动。调研中,我们发现基于政策文本的学习小册子,受到广大党员的好评,更便于随时学习与索引。党的十八大以来,中央高度重视党内法规体系建设,依据《中央党内法规制定工作五年规划纲要(2013—2017)》,从制定中央八项规定到修订《中国共产党巡视工作条例》,从修订《中国共产党纪律处分条例》到出台《中国共产党问责条例》,再从《中国共产党廉洁自律准则》到《关于新形势下党内政治生活的若干准则》,5 年间出台或修订的党内法规迄今为止达到 78部,包含党章 1 部、准则 2 部、条例 14 部、规则 5 部、规定 26 部、办法24 部、细则 6 部。党纪党规建设的不断完善,标志着党的十八大以来党内法规体系基本建成,制度的"笼子"不断扎紧扎密扎牢,为全面从严治党提供了制度保障。[①] 但是,对于高校广大的党员和干部而言,即便有快速便捷的互联网,要弄清楚这 78 部有名有姓的党内法规却相当不容易。因此,高校在推进"两学一做"学习教育常态化制度化过程中,有必要结合高校实际,从各单位直接购书下发党章党规文本转变到校级层面定期整理更新"党章党规"学习资料,以方便党员干部更好地开展学习教育活动。

2. 完善"两学一做"融入"三会一课"的可行机制

"两学一做"学习教育常态化制度化的运作,既需要内化于心的"自律"学习,也需要外在培育的"他律"引导,让"两学一做"学习教育有机融于"三会一课"更利于常态化制度化。"三会一课"是指每个党

---

① 王华华.《中国共产党长期执政中"制度治党"的政治优势及实践路径》[J].广西社会科学,2017 年第 3 期,第 7—12 页。

员在过有组织的政治生活时,需要定期参加从组织层面召开的支部党员大会、支部委员会、党小组会,并按时上好党课。在机制设计上,一是设置由各支部书记负责的"两学一做"学习教育常态化督导机制。支部书记督学过程中,可以通过"三会一课"制度,定期组织党员学习"两学一做"资料,及时了解党的方针政策、时事政治和科学文化知识,不断提高党员的政治觉悟和工作水平。二是健全支委会和党小组会落实"两学一做"学习教育制度化的职责分担机制。通过明确"三会一课"的主题和具体方式,使得学习党章党规和系列讲话形式多样、氛围庄重。三是完善"两学一做"融入"三会一课"政治生活的日常制度。高校要结合发展形势和任务要求,做到"两学一做"学习教育的具体化、精准化、差异化,既给高校基层党组织和党支部留出探索空间,又给高校广大党员干部留有内化"两学一做"学习教育的时间,确保"两学一做"学习教育常态化制度化过程不空不虚不偏。

3. 引导党员干部从初心深处践行"两学一做"

"两学一做"不能仅仅流于纸面、流于口头,而要进入党员心里、落在党员的行动上。践行"两学一做"学习教育,推进全面从严治党,最怕的莫过于管党治党过程中,制度不被干部信仰、党员都有"抵触制度"心理,以至于中国共产党出台和修订的制度"形同虚设、流于形式",执行中失之于宽、失之于松、失之于软。[①] 具体到高校层面,就是要落实立德树人的根本任务,发挥高校的科技创新力,服务区域经济社会发展,服务国家战略。一是要潜心治学,致力于科研创新和高质量研究成果的产出。二是主动服务国家战略和经济社会发展。高校通过产出一批"国家急需、世界一流"的科研成果,以及积极实现科研成果的转化,最大程度地服务国家战略需求。[②] 三是引导党员干部从初心深处践行"两学一做"学习教育,把"红船精神"等红色基因贯穿人才培养始终。

① 宁吉喆.《把"两学一做"学习教育抓紧抓好、抓出实效》[J]. 人民论坛,2017 年第 6 期,第 6—9 页。

② 姜朝晖.《"两学一做"助力中国高等教育转型发展》[J]. 重庆高教研究,2017 年第 5 卷第 3 期,第 121—127 页。

丁光勋①

试析上海地区"医养结合"养老服务的瓶颈和短板以及供给侧改革的路径探索

（上海师范大学　上海　200234）

【摘　要】针对人口老龄化、加快建设社会养老服务体系、发展养老服务产业等任务要求，当前上海在"医养结合"养老模式方面还存在一些瓶颈和短板。本文通过探索"医养结合"养老服务供给侧改革的路径，旨在推动上海地区的养老服务全面协调可持续发展。

【关键词】"医养结合"养老模式；养老服务供给侧改革；医疗资源整合

随着上海地区老龄化程度的不断加剧，老年人对医疗护理的需求与日俱增，走"医养结合"之路成为我国养老模式的必然选择。目前，我国在"医养结合"养老模式方面还存在一些瓶颈和短板，上海同样面临这方面的问题。党的十八大三中、四中、五中全会以及"十三五"规划纲要都对应对人口老龄化、加快建设社会养老服务体系、发展养老服务产业等提出了明确的要求。我们分析"医养结合"养老服务的瓶颈与短板，探索"医养结合"养老服务供给侧改革的路径，旨在推动上海地区的养老服务全面协调可持续发展，让老年人享受到更

　①　作者简介：丁光勋，男，上海师大退管理论研究中心副主任，教授。主要研究方向为历史学、档案学和中国文化史的教学与研究。上海市徐汇区桂林路100 号 200234。

多普惠便利的养老服务，从而提高他们生活和生命的质量。

（一）"医养结合"养老模式的涵义

中医专家郑锦认为：中国需要培育具有自己特色的养老方式。"为老服务"不仅关注疾病治疗，更要关注健康养生、心理保健、社会适应能力等各个方面，"养老并非养病，而是养护生命"。"医养结合"是将现代医护技术与养老服务结合，满足城市老年人的特殊需要，提高老年人的生活质量，这已经成为发展中国特色养老事业的必由之路。

"医养结合"养老模式涉及服务主体、服务客体、服务内容、服务方式和管理机制五个方面。服务主体，是指"医养结合"养老服务的提供方。具体内容包括各类养老院、护理院、各级医院、社区服务中心和社区居家养老服务中心等。

服务客体，是指"医养结合"养老服务的对象。为健康、基本健康、患有慢性疾病需要护理或生活不能自理的老年人服务。服务的重点对象是那些患有慢性病、残障、大病康复期、绝症晚期的失能老人。

服务内容，是指"医养结合"养老服务的项目。"医养结合"养老服务机构不仅仅为老年人提供日常生活照料、精神慰藉和社会参与，更重要的是为老年人提供预防、保健、治疗、康复、护理和临终关怀等方面的医疗护理服务。

服务方式，即"医养结合"养老服务机构或在养老社区增设医疗机构、医疗机构内设养老机构、或养老机构与医疗机构联合为老年人提供养老服务的三种方式。

管理机构，即对"医养结合"养老机构的管理和给予相关政策制度上支持的机构。具体包括"医养结合"养老机构服务的管辖部门、养老服务政策制定与落实的机构等。

（二）上海"医养结合"养老服务的瓶颈与短板

东方网 2015 年 7 月 4 日消息：据《劳动报》报道，"十二五"期间上海每年新增 5000 张养老床位，本市各类养老床位达到 14.5 万张，接近老年人口数的 4%，全市规划新增养老床位 2.5 万张，中心城区各区养老床位建设占比不得小于 2.5%，郊区不得小于 3.5%。这些养老床位属于"基本养老服务"范畴,优先满足那些困难老年群体的生活照料、长期护理、医疗康复等基本服务。同时,根据区域老年人口的规模,要求每个区至少拥有一家 400 张床位以上规模,用以收住失能老人,并且提供以长期生活照护为主的公办养老机构,其中收住失智老年人的床位不得少于 100 张。"十二五"期间,上海地区在积极推动老龄事业的发展,应对老龄化工作方面取得了显著的成效,但在推进养老事业全面协调可持续发展,特别是"医养结合"的养老服务,在服务、管理和供需方面还存在着瓶颈与短板。

1. 退休老人的养老金难以支付养老机构的费用

由于我国养老产业还处在早期发展阶段,目前没有形成规模性经营。以养老地产为例,现在面临开发成本高、融资渠道少、开发商资金不足的难题。中国人民大学人力资源开发研究中心主任孙博认为:养老行业的前景毋庸置疑,但从另一方面来讲,我国养老产业目前存在着"叫好不叫座"的窘境。

据调查:位于上海浦江镇星堡养老社区,属于一家公寓式中美合资养老机构。它设施齐全,环境优美,服务周到,它能提供从正常自理到临终关怀老年人的一站式照料养老服务(CCRC)。然而,要入住浦江镇星堡养老社区,先要缴纳一笔昂贵的入籍费。如:两室两厅的 A 户型,建筑面积 121 平米,要缴人民币 180 万元;一室户的 C 户型,建筑面积 80 平米,要缴人民币 110 万元;朝向西北或东南的 40 平米的小户型,也要缴纳人民币 61 万元,目前还没有房源。当老年人办完入籍手续后入住,每人每月还得支付 4000—6000 元不等的护理费。如果夫妇两人同时入住,每月要支付 10000 多元,普通老年人是很难入住该养老社区的。

为什么浦江镇星堡养老社区老年人难以入住? 这同上海市老年人的消费能力有直接的关系。上海地区的老年人的消费能力,多数是以养老金做支撑的。但"我国目前基本养老金结余只有 3.4 亿元,仅占我国 GDP 的 6%。与此相对应的是我国养老金待遇较低,目前替代率水平在 45% 左右,长期来看,受制于人口深度老龄化,现行养老金体系如果要保持收支平衡,养老金替代率还可能进一步下降"。

数据调查显示,2015 年上海养老金待领取额每人平均为 3280

元/月。从目前养老机构收费来看,北上广等一线中等条件的养老院,对于生活能自理的老人每月平均收费在 3000 元,二线城市一般接近 2000 元,如果是失能、失智老人,他们要支付的费用还要上浮50%—100%。也就是说,普通老年人的养老金收入难以支付养老机构的费用。

笔者曾电话咨询过徐汇区某家公办养老机构,他们的回答是:本区内年满 60 岁以上的老年人才可入住。目前没有床位,入住老年人先登记,等有床位再打电话通知他。每月的护理费用在 3000—4000 元,能自理的老年人养老院不太欢迎。

一边是合资或私立养老机构,配备有先进的医疗、康复、理疗设施和专业的医护团队,为老年人提供方便周到的服务,却门可罗雀,望而却步;一边是由政府设立的公立养老院,人满为患,排队待住。要想早点入住,还得找人批条子。为什么有床位的地方老年人去不了,而没有床位的地方老年人却要苦苦等待? 相比较而言,中外合资或私立养老院收费比较高,特别是在养老保险保障尚未全覆盖的情况下,选择性价比较高的公立养老机构对上海老年人来说也是一种无奈。

2. 养老服务缺少基础性通用标准

据上海老龄委预测,"十三五"期间上海老龄化将进一步深化,从中长期变动来看,人口高龄化将不断加深。预计 2010 至 2025 年的15 年间,上海户籍 60 岁及以上老年人口年均增长 18.5 万人,2025至 2050 年新增的老年人口都将进入高龄,上海进入急速高龄化阶段。面对未来庞大的老龄化人群,上海养老服务机构显得准备不足,特别是在基础性通用标准建设方面还不够完善。例如:

(1)上海养老服务标准不够完善。目前,上海的养老服务机构虽然各家都有自己设立的管理办法或标准,它们主要取自于《老年人社会福利机构基本规范》《养老机构管理办法》和《养老机构基本规范》等,但这些规范性文件均属于建议性意见,缺乏科学的数据,难以成为各类养老院、社区养老服务中心和养护院对特殊服务人群特定的标准,也难以对他们的实践进行指导。中国养老研究中心主任、华东师范大学教授林拓认为:我国对养老服务缺乏明确的标准服务体系和规范,养老服务质量、服务资质、多方面的标准都不够完善。

(2)上海养老机构为老人服务的项目不齐全。在上海郊区的一些养老院里,收费相比市中心养老机构要便宜,日常也有护士、护工值守,但在这里住久了的老人,总觉得养老院里不能满足老年人多方面的需求。从目前公办的养老院、福利院和敬老院来看,基本处于计划经济时代救助式运行模式,软硬件设施比较落后,所能提供的社会化养老服务专业水平比较低,服务内容仅仅能满足老年人吃、住等简单的生活照料服务,很难主动为老年人提供医疗养护、精神慰藉、文化休闲等全方位的养老服务。

上海的养老服务机构缺少基础性通用标准,主要还是因为我国的养老政策体系不健全,"碎片化"特征明显,不能满足知识水平、生活水平不断增长的老年人的需求。许多养老机构的服务大多停留在"吃、住、管"的层面,很少从技术层面考虑科学管理,养老服务机构内的工作人员大多凭经验进行服务,并没有注重服务的科学操作流程。

3. "医养结合"养老机构中存在诸多短板

上海"十二五"以来,以"居家为基础、社区为依托、机构为支撑"的"9073"养老格局进一步完善,但目前上海的养老机构大多数还是以"养"为主的服务模式,缺少同医疗资源的结合。上海地区的一些养老机构在工作机制、体制机制等还存在许多短板,同老年朋友过上幸福晚年的期盼差距较大。例如:

(1)养老机构的医疗服务水平偏低。"医养结合"养老机构内医疗服务水平越专业,就越能满足老年人的需求,这样的养老机构就越有发展潜力。在现有的"医养结合"养老机构中,多数是自行内设的医疗部门,或是在低层次的医疗机构内设的养老机构,医疗专业水平总体偏低,不能满足失能、失智、患慢性病老人治病医疗的需求。有的养老机构医疗软硬件配备也不足,有的或因医护人员本身医技水平不高,未能将已有的医疗资源有效地利用起来服务于老年人。

(2)养老机构中专业护理人员严重不足。在调研中,"医养结合"养老机构普遍反映专业的护理人员不足。尤其是在条件相对差的养老机构中,护理人员多数是没有受过专业培训的中年妇女,她们仅仅是在医院做过护工,有一定的护理经验。她们工资低,工作量大,流动性很大,使得养老机构经常出现护理人员短缺的现象。即便是在医院养老专护病房中,护理人员的人数也显得偏少,她们也因工资低而产生怨气。

(3)养老服务机构功能定位不清楚。在上海的"医养结合"养老机构中,比较明显的问题是对本机构的功能定位不清楚。在有的养老机构中,缺乏医疗养护的条件,但同时要承担健康老人、患病老人、大病康复或失能老人入住,对入住人员的养老保障服务功能无法划分清楚。

如:有一些失能、患病或大病康复的老人入住养老机构后,当他们的身体状况得到改善,按理应转移至居家或社区养老,减少养老机构入住的压力。但是,在不少养老机构中,一些老年人,不愿意离开养老院,他们担心离开后无法找到合适的养老场所。养老机构也怕老人迁出后,出现床位闲置,也愿意接受这些滞留的老人。这样就影响了那些大病康复期、慢性病、易复发病患者等失能、半失能老人的入住照护,阻碍了"医养结合"养老机构同社区养老机构之间的衔接,制约了养老市场的发展。

(4)养老机构要接受上级行政主管部门的多重管理。"医养结合"养老机构在运行中最大的困难是业务主管部门交叉重叠管理,责任无法明晰。根据《社会福利机构管理暂行办法》,对养老机构而言,民政部门是它们的审批单位,但审批前养老机构必须要经卫生和消防部门的审批核准。"医养结合"养老机构,卫生部门对其医疗资质进行认证时,有的按照养老机构管理标准认定、有的按照医院管理标准进行审核,造成"医养结合"养老机构在政府管理部门归属上的混乱,甚至出现政府部门在利益分割、突发事件处理、日常管理方面互相推诿或意见不合,养老机构夹在中间,要为管理部门的利益冲突成本买单。

(三)上海"医养结合"养老服务供给侧改革的路径探索

习近平总书记在中央政治局第三十二次集体学习时强调:要完善养老和医疗保险制度,落实支持养老服务业的发展、促进医疗卫生和养老服务融合发展的政策措施。要建立老年人状况统计调查和发布制度、相关保险和福利及救助衔接的长期照护保障制度、老年人监护制度、养老机构分类管理制度,制定家庭养老支持政策……促进各种政策制度衔接,增强政策合力。有效应对我国人口老龄化,要立足当前、着眼长远,加强顶层设计,完善生育、就业、养老等重大政策和制度,做到及时应对、科学应对、综合应对。

"十三五"期间,上海要为本市老年人提供更加普惠便利的养老服务,更加积极主动应对老龄化,加快完善社会养老服务体系,形成以居家为基础、社区为依托、机构为支撑、"医养结合"的养老服务格局,在努力实现基本养老服务的基础上,探索养老服务供给侧改革的路径。

1. 全面推广老年照护统一需求评估体系

2015年,上海在徐汇、闵行、杨浦、普陀和浦东新区等部分街镇试点老年照护需求统一评估体系,取得了比较好的效果,在此基础上,今年要全面推广,改变市中心养老床位一床难求的现象。今后,所有新增的养老服务设施,所能提供的基本养老服务,只要老年人提出申请,都要经过统一需求评估,根据照护的等级,匹配相应的服务类型。彻底改变长期以来"排队+条子"进入养老机构的模式。

全面推广老年照护统一需求评估体系,一方面可以不断完善统一需求评估的标准,加快培养专业评估机构和有资质的评估人员,确保评估客观、公正、科学;另一方面,依托统一需求评估,不断扩展与统一需求评估等级相对应的服务计划和服务项目,健全与服务项目相对应的支付制度,进一步完善梯度化政策体系。推广老年照护统一需求评估体系,遵行养老服务标准,安全规范的服务原则、规定护理和康复服务及医疗保健服务的要求、订立评价指标和评价方法等,用以改革上海地区长期照护服务供给体制。今后,凡是经过老年照护统一需求评估,符合相关条件的老人,都可以享受到上海的基本养老服务。对于基本养老服务的对象,财政补贴政策也将进一步完善。

2. 尽快构建"医养结合"支付保障体系

支付问题是"医养结合"养老的一个难题。我国老年人养老金收入总体偏低,因受制于"支付不起"的因素,导致"医养结合"养老的有效需求无法实现。一方面,因"医养结合"机构入住量减少直接导致床位闲置,降低了养老资源的配置效率;另一方面,"医养结合"养老特征渐趋弱化,而其功能趋于"大同化",甚至转变成"混合型或复合型养老机构"。

直接影响支付能力的原因是缺少用于老年人的长期护理保险费用。当前,基本医疗保障体系中并没有针对老年人健康特点的保障支付费用。城镇的基本医疗保险能为住院病人提供较高的保障,其中诊疗费、床位费、护理费和药费等大部分均由医疗保险系统支付。在护理服务付费方面,医保支付只覆盖了老年护理院,养老机构和居家养老的护理费用尚未覆盖。

由于"医养结合"养老机构支付保障体系的缺失,直接影响"医养结合"养老服务模式的可持续运营,直接影响医保支付方式与各梯度服务实现有序对接,上海地区应尽快完善养老和医疗保险制度,落实支持养老服务业的发展、出台促进医疗卫生和养老服务融合发展的政策措施。建立老年人状况统计调查和发布制度、相关保险和福利及救助衔接的长期照护保障制度、老年人监护制度、养老机构分类管理制度,制定家庭养老支持政策。

3. 借鉴国外有益的经验,早日颁行长期护理保险政策

老年人对长期康复护理和基础医疗的需求较为普遍,我国当前医疗保障的重点已经从疾病救治向基础健康保健转变,为老年人提供较为完整的疾病预防、诊疗、慢性病检测以及康复护理等服务。推进社保支付政策的配套创新,可以在养老机构内设立医疗机构,先行先试,把符合基本医疗保险条件的养老机构,纳入医保定点单位,满足养老健康服务的需求。

西方发达国家普遍实行了老年人长期护理保险制度。2000年时,日本率先建立了"介护保险"制度,即养老护理保险制度。涵盖了40岁以上的全体国民强制参加养老护理保险,将医疗和养老紧密衔接在一起,形成了较为完善的"医养结合"的社会福利休系。美国养老机构的功能也实现了向医护型转变,其服务对象是失能、半失能老人以及55岁以上需要医护服务的社区老年人。参与机构必须提供初级保健、诊疗、护理、日常照料等在内的综合性服务。在支付制度方面,经费以"按人计价"的方式支付给受托机构。受托单位在固定额度下,达到一定服务量后,自行统筹承担财务亏损风险。

理论经纬　第九辑
120

当前我国社会保险费率已经很高，单独设立一个长期护理保险的难度较大，这将会加重单位和个人负担。比较现实的做法是在基本医疗保险体系中划出一定比例作为长期护理保险基金，并整合现有零散的养老服务补贴费用，逐步推进长期护理保障制度。老年长期护理保险资金可多渠道筹集，即可采用责任分担投保资助型社会保险模式、或者政府通过财政预算拨款，向全体国民提供免费或低收费的老年长期护理服务；或是采取完全市场化的商业保险模式，满足多层次的康复护理需求。

4. 尽快建立健全"医养结合"基础性通用标准

中国养老研究中心主任、华东师范大学教授林柘团队根据国际发达国家的经验，他们已经完成了涉及我国养老业的一系列相关标准的研制。其内容包括：

一是我国养老服务基础性的通用标准。它包括服务标准化的工作指南、服务分类标准、服务术语标准等。二是人力资源管理标准。包括从业人员资质要求、人员的聘用要求、人员的教育和培训标准。三是养老服务业服务水平标准。从功能性、安全性、时间性、舒适性、经济性、文明性等方面，对社会养老服务应达到的水平和要求进行规范。建立健全"医养结合"的基础通用标准，有利于各类养老服务机构的规范管理。

5. 创新金融服务项目，支持养老服务业的发展

积极应对人口老龄化，加快发展养老服务业，是全面建成小康社会的一项紧迫的任务，也是推进"医养结合"养老服务供给侧改革的重要内容。为进一步创新金融产品和服务，促进养老服务业的发展，支持供给侧结构性改革，人民银行、民政部、银监会、证监会、保监会联合印发了《关于金融支持养老服务业加快发展的指导意见》（以下简称《意见》）。

根据《意见》精神，笔者认为：上海地区要创新适合养老服务特点的信贷产品和服务，完善养老服务信贷管理机制，鼓励银行业金融机构专门制定养老服务信贷政策，建立适合行业特点的授信审批、信用评级、客户准入和利率定价制度，提供差异化信贷支持。加快创新贷款方式，在风险可控的情况下，可以向投资企业或个人作为承贷主

体发放贷款。具体实施的方法是：

一是对建设周期长、现金流稳定的养老服务项目，鼓励银行业金融机构适当延长贷款期限，灵活采取循环贷款、年审制、分期分段式多种还款方式。拓宽养老服务业贷款抵押担保范围，鼓励银行业金融机构探索以养老服务机构有偿取得土地使用权，产品明晰的房产等固定资产为抵押，提供信贷支持。

二是政府应支持拓宽有利于养老服务业发展的多元化融资渠道，推动符合条件的养老服务企业上市融资，支持不同类型的发展阶段的养老服务企业、项目通过债券市场融资，支持银行、证券等金融机构创新适合政府和社会资本合作（PPP）模式建设或发展养老机构的融资机制。上海要创新金融服务项目，让养老服务业步入发展的春天。

6. 复制推广成功的经验，惠及上海地区的老年人

近期，上海市民政局、上海市老龄工作委员会落实《上海市人民政府关于加快发展养老服务业推进社会养老服务体系建设实施意见》（沪府发〔2014〕28 号），挖掘出一批养老服务成功的案例，推广优秀养老服务模式，推动上海"医养结合"养老服务供给侧创新，促进养老行业的发展活动。其中不乏有许多"医养结合"成功的案例。在此，笔者略举几例说明之。

案例之一："以大带小"连锁运营——破解养老微型机构可持续难题。位于上海浦兴社区有家长者照护之家，建筑面积 340 平方米，户外康复训练花园 130 平方米，内设床位 14 张，主要面向长岛花苑小区及周边小区的中度失能失智长者，提供喘息式、24 小时托养服务、家庭照料者培训等服务。另有证大家园养老院距离长者照护之家约有 2.5 公里，提供养老机构服务。

街道将大小两个养老机构委托给福苑进行一体化管理。福苑创新"以大带小"设施连锁运营模式，长者照护之家与养老院共享后勤、管理、专技人员等资源，进行集约式管理，降低了运营成本，服务的特色和亮点明显，并做到财务收支平衡，有效破解了社区嵌入式微型机构可持续发展的难题。开业以来入住率达到 90%，入住对象平均年龄 88.2 岁，最高年龄 96 岁，失智长者占比 60%，安全事故为 0，服务

满意率达到 100%。

案例之二：社区"医养结合"——专业康护走进万家。福寿康将医疗卫生和养老服务有机结合起来，是有效破解养老难题的关键举措。福寿康把专业"康复护理"方式带进千万家，将"提前预防"和"病后康复"的费用纳入医保体系，从而有效提高了老年人的健康生活质量。

福寿康的专业康护以老年人为本，以社区卫生中心为载体，为居家养老的老年人提供医疗服务支撑，使社区老年人得到连续、适宜、规范、便捷的基本医疗服务、临床专科护理。居家康护人员上门为高龄老人提供服务的项目包括喂食、面部清洁、口腔护理、失禁护理等，护理费用都能纳入老人医疗护理保障计划，纳入医保支付。

福寿康能让老人在自己家中以及社区接受生活照料服务，既适应了老年人的生活习惯和心理特征，又满足了他们日常生活需求，有助于他们安享晚年。福寿康将专业康护与养老服务有机整合，丰富和完善了老年人的养老需求，顺应了深度老龄化条件下居家照护需求，还将覆盖更多有需求的老年人。目前，该项目已经在静安、黄浦、浦东、虹口、普陀、长宁、杨浦和徐汇等区域开设了服务站点。

案例之三：政府政策扶持，酒店转变成养老院。位于杭州西子湖畔万松岭路的缘外缘颐养中心，一年前还是一家经济酒店，如今已经成为拥有 201 张床位的养老机构。专门为失能、失智和健康老人提供服务。杭州缘外缘颐养中心由原来的酒店转变为养老院，院长助理表示，这与当前人们养老观念的转变有很大关系。

据了解，该养老机构每月每张床位的价格人民币 2000—3000元，加上护理费、餐饮费，总价在 4500 元左右。为了鼓励社会力量加入兴办养老机构的行列，杭州上城区在省市两级政府扶持基础上，出台了专项扶持政策来解决辖区内老人养老问题。

上述三件成功案例，其中两件是上海市民政局、上海市老龄工作委员会挖掘推荐的，一件是上海邻近地区杭州市的养老新举措，值得我们各区县养老机构学习，各区县可以根据各自的情况复制推广。他们的经验，至少有以下几点值得肯定：

一是福苑养老服务中心创新"医养结合"养老模式，有效破解了社区嵌入式微型养老机构可持续发展的难题,为微型养老企业可持续发展树立了标杆。

二是福寿康养老服务中心创建社区养老院,将医疗卫生和养老服务有机结合起来,是有效破解养老难题的关键举措。把专业"康复护理"方式带进千万家,并将"提前预防"和"病后康复"费用纳入医保体系,为构建"医养结合"支付保险体系做出了有益的尝试。

三是抓住人们观念的转变,政府给予政策扶持,吸引社会力量加入养老行列,"酒店转变成养老院",杭州缘外缘颐养中心,解决了老年人入住养老院难和入住贵的难题,丰富了建立城市"医养结合"养老的方式。

四是上海市民政局、上海市老龄工作委员会挖掘出一批养老服务成功的案例,都是上海地区的优秀养老服务模式,内容涉及养老服务的多个方面,为探索上海地区"医养结合"养老供给侧改革提供了新鲜经验。

(四) 结束语

当前,我国推出的"医养结合"养老服务模式,还存在许多不足和短板,需要探索供给侧结构改革的路径,构建一套切实可行的"医养结合"养老服务方案。"医养结合"是养老服务理念的创新和实践,上海地区养老机构中的医疗服务人员,应在"医""养""护"三个方面,为老年人提供日常生活照料和医疗康复优质的服务。西方发达国家在养老服务和医疗服务领域中的实践经验已经相当成熟,特别是在家庭医生制度、长期照护制度方面值得我们借鉴。

面对我国"未富先老"和"未备先老"的现实状况,上海的医疗服务资源和养老服务资源仍然有限,为减少不必要的资源浪费,上海的养老服务体系改革的重点应放在实现医疗资源的整合,让有限的"医养资源"得到充分利用,以便让更多的老年人能够分享。因此,我们探索和研究上海地区"医养结合"养老服务存在的短板以及供给侧结构改革的路径,旨在整合养老资源与医疗资源,以利"医养结合"养老模式全面实施,让更多的上海老年人能够分享"医养结合"供给侧改革的成果。

"医养结合"是养老领域内的一项系统工程,需要上海政府各部门加强顶层设计,完善重大政策制度创新,及时科学综合应对人口深度老龄化趋势的到来。各区的民政部门和医疗部门,要因地施策、综合施策,破解就医难和养老难。要创新金融服务项目,支持养老服务企业的投入。加快养老服务业建设、推进社会养老服务体系建设,还需要政策与经费、医疗部门与养老机构之间的协同。

方金奇①

党内政治文化引领校园文化建设研究

（华东师范大学　上海　200241）

【摘　要】学校不仅是保存、传播先进文化的重要场所，也是传承、创造文化的重要阵地，同时还肩负着培养社会主义建设者和接班人的重要使命。为什么要以党内政治文化引领校园文化建设，如何以党内政治文化引领校园文化建设，不仅关系到"立德树人"的教育使命，也关系到"建设社会主义文化强国"的政治使命。社会主义办学方向和党的先进性都决定了必须以党内政治文化引领校园文化建设。以党内政治文化引领校园文化建设，就是要高扬马克思主义的理论旗帜，吸取中华优秀传统文化的深厚智慧，传承革命文化的精神品格，把握社会主义先进文化的前进方向。

【关键词】党内政治文化；引领；校园文化；文化建设

随着我党带领中国人民实现从"站起来"到"富起来""强起来"的巨大飞跃，文化作为综合国力中的"软实力"的地位也日益凸显。习近平在十九大报告中明确提出，"没有高度的文化自信，没有文化的繁荣兴盛，就没有中华民族伟大复兴。要坚持中国特色社会主义文

① 作者简介：方金奇，男，博士，华东师范大学党委宣传部，主要研究方向为中国传统文化与学生德育研究。上海市东川路 500 号华东师范大学党委宣传部 200241。

本文是上海市"阳光计划"项目"新时代高校文化育人质量提升路径研究"（17YG38）的阶段性成果。

化发展道路,激发全民族文化创新创造活力,建设社会主义文化强国。"①高校作为科学研究、文化传承创新的重镇,同时担负着培养社会主义建设者和接班人的重要使命,如何建设先进的校园文化,以文化人、以文育人,不仅关系到"立德树人"的教育使命,也关系到"建设社会主义文化强国"的政治使命。

(一)校园文化建设的研究现状

马克思主义文化观认为,文化是人类实践的结果,对人具有激励、引导、凝聚、塑造、陶冶功能,其目的是实现人的全面发展。校园文化是学校师生员工在校园内从事教学、科研、管理等实践中形成的精神成果的总和。客观来说,只要有师生员工及校园这种主客体存在,就有校园文化。但现代意义上的作为学界自觉探究的校园文化,始于1932年美国学者华勒(Waller),他在《教育社会学》一书中,首次使用"学校文化"一词,并将"学校文化"作为社会文化的一部分,之后逐渐为各个国家所重视和研究。

在我国,这种对校园文化的自觉研究与实践,始于20世纪80年代中期。1986年,上海交通大学在第十二届学代会上第一次正式提出"校园文化建设",华东师范大学率先举办"校园文化建设月"活动,之后,上海交通大学、复旦大学推出"校园文化艺术节",引起各高校和媒体的关注,同时得到了地方政府部门和中央相关部门的重视和支持,如1986年共青团上海市委学校部召开了"校园文化理论研讨会"。同年11月,团中央和全国学联肯定了校园文化建设的意义,后又得到中宣部和教育部的大力支持,把校园文化建设写进了正式的文件中。

关于校园文化的理论探讨与建设思考,从整体来看,可以分成三个阶段。第一个阶段是起步阶段,时段为20世纪80年代中期—1990年,可搜索到的文章(以知网主站检索为准)有56篇,基本集中在校园文化基本理论的探讨,如内涵、特征与功能等,没有专著出现。具有标志性意义的是沈辉1986年10月在《青年研究》上发表了第一

---

① 习近平.《在中国共产党第十九次全国代表大会上的报告》[N]. 人民日报,2017年10月28日。

篇探讨校园文化的论文《校园文化浅析》。1987 年 4 月,《报刊文摘》上刊登了华东师范大学名誉校长、著名教育家刘佛年教授的《刘佛年谈校园文化建设》一文,有力地指导了校园文化的理论研究。关于校园文化建设的实践思考,主要是集中在改革开放后,各种思潮如商品经济、全盘西化、资产阶级自由化等的涌入给大学生思想带来的碰撞与冲突。但这一阶段从整体上来看,无论是从文章内容还是文章数量上看,都尚处于探索阶段。第二阶段是发展阶段,时段为 20 世纪 90 年代。文章逐渐深入到校园文化的本质、意义、发展趋向等深层次内容,并与建设路径、机制等结合起来,从宏观理论层面进入到微观操作层面。而且,从哲学、美学、德育、文化素质教育等不同学科、不同角度探讨文化建设,以及对起步阶段出现的问题如浮躁之风、和平演变等进行反思。第三阶段是深化阶段,时段为 21 世纪以后。对校园文化的探讨呈现系统化特征。从校园文化的内涵来看,有两要素说、三要素、四要素、五要素和多要素说;从功能来看,注重从德、智、体、美、创新、社会化等角度挖掘,显得日益丰满。这一时期还有一明显的特征是关于网络文化建设的思考。此阶段尚未出现有关直接论述"党内政治文化"与校园文化的文章。

　　"党内政治文化"是习近平总书记在 2016 年中国共产党的十八届六中全会上提出的,习近平同志明确地指出了这一概念的内涵:"我们的党内政治文化,是以马克思主义为指导、以中华优秀传统文化为基础、以革命文化为源头、以社会主义先进文化为主体、充分体现中国共产党党性的文化。"①著名学者李忠杰认为:"通常所说的文化,是指精神层面的文化,而政治文化就是精神文化的一个重要类别和重要方面。它是社会的政治关系、政治过程、政治制度、政治活动等在人们精神领域的反映,是一定的社会主体对于政治问题的认识、态度和价值取向,主要由政治心理、政治思想和政治态度等构成。"②

　　① 习近平.《在党的十八届六中全会第二次全体会议上的讲话(节选)》[J]. 求是,2017 年第 1 期。
　　② 李忠杰.《建设先进的党内政治文化》[J]. 人民日报,2017 年 1 月 25 日。

"党内政治文化"的提出，可以说充分体现了中国共产党对文化的高度自觉与充分自信。以党内政治文化引领校园文化建设，预示着校园文化建设的新阶段，它与加强"文化自信""建设社会主义文化强国"是一脉相承的。

（二）党内政治文化引领校园文化建设的根本原因

尽管"党内政治文化引领校园文化"的提法尚新，但实际上，从国家出台的有关文件中，可知这一提法渊源有自。为贯彻落实《中共中央国务院关于进一步加强和改进大学生思想政治教育的意见》（中发【2004】16 号）精神，教育部、共青团中央出台了《关于加强和改进高等学校校园文化建设的意见》（教社政【2004】16 号），其中明确了"高等学校校园文化建设的总体要求是：以邓小平理论和"三个代表"重要思想为指导，坚持社会主义先进文化的发展方向，遵循文化发展规律，借鉴吸收人类文明有益成果……使高等学校成为发展中国特色社会主义先进文化的重要基地、示范区和辐射源。"2017 年 12 月，中共教育部党组出台了《高校思想政治工作质量提升工程实施纲要》（教党【2017】62 号），提出切实构建"十大"育人体系，其中"文化育人质量提升体系"就强调了"深入开展中华优秀传统文化、革命文化、社会主义先进文化教育，推动中国特色社会主义文化繁荣兴盛，牢牢掌握高校意识形态工作领导权，践行和弘扬社会主义核心价值观"。可见，以"党内政治文化引领校园文化建设"其实是更为凝练、更为集中、更为明确的提法。

1. 党内政治文化引领校园文化建设是由社会主义办学方向决定的

之所以需要以党内政治文化引领校园文化建设，实际上是由社会主义办学方向决定的。大学作为社会组织，无法脱离其政治属性。有什么样的社会制度，就会形成什么样的大学制度，这也是中世纪教会大学与现代西方大学不同的根本原因。我国是中国共产党领导的社会主义国家，社会主义制度是我国的根本制度，这意味着中国大学与西方大学有着本质区别，而实行党委领导下的校长负责制。

大学不仅是知识传授的场所，也是塑造、培养价值观的熔炉，任何大学均有其意识形态属性，所谓"价值中立"的大学是不存在的。

中国共产党的宗旨是"全心全意为人民服务",因此我们坚持社会主义办学方向即是"为人民服务",其目标是"办好人民满意的教育"。最大限度地体现人民性,是我们大学的优势与根基所在。坚持社会主义办学方向,意味着教育不是"少数人"的特权,《中华人民共和国教育法》总则第九条即规定"公民不分民族、种族、性别、职业、财产状况、宗教信仰等,依法享有平等的受教育机会。"这使得我国成为当今世界教育规模最大的国家。如今,正从教育大国迈向教育强国,但不变的是坚持社会主义办学方向。

2. 党内政治文化引领校园文化建设是由党的先进性决定的

正如李忠杰指出的:"所谓先进的党、革命的党,必然也是在思想文化上进步的党。只有在先进文化的指导下,在代表先进文化的情况下,这个党才能在社会政治生活中发挥进步作用。相反,如果一个党的思想体系、价值观念、思维方式都处于非常落后的状态,甚至已经腐朽、没落,那它就绝不可能对社会历史进步起推动作用。"①中国共产党带领中国人民经过艰苦卓绝的努力,实现从"站起来"到"富起来""强起来"的巨大历史飞跃,举世瞩目,其先进性早已是不证自明的事实。

当然,文化是历史积淀的结果,中国共产党之所以代表中国先进文化的前进方向,形成的党内政治文化之所以能成为中国先进文化的核心组成部分,并非凭空产生,也并非一朝一夕、一蹴而就的,而是共产党在长期的革命、建设、改革的历史实践中,不断吸取教训、总结经验而形成的,它既是历史选择的必然结果,又是共产党集体智慧的结晶。校园文化作为社会主义先进文化的重要组成部分,必然需要代表着前进方向的党内政治文化引领,才能从根本上解决"为谁培养人""培养什么样的人"的问题。

(三)党内政治文化引领校园文化建设的实践途径

如何以党内政治文化引领校园文化建设?习近平总书记在党的十八届六中全会上提出的关于"党内政治文化"的论断,实际上已经

---

① 李忠杰.《建设先进的党内政治文化》[J]. 人民日报,2017年1月25日。

给如何引领校园文化建设指明了方向,主要包括以下四个方面:

1. 高扬马克思主义的理论旗帜

"党内政治文化"是以马克思主义为指导的。《中国共产党党章》也明确规定,中国共产党以马克思主义为自己的行动指南。因此,校园文化建设首先要高扬马克思主义理论旗帜。

马克思主义是被实践证明了的指导中国革命、建设和改革实践的科学思想武器。只有坚持以马克思主义为指导,才能不断推进中国特色社会主义,实现中华民族的伟大复兴。马克思主义是中国共产党人的政治信仰,是精神上的"钙",有了它,才能在实际行动中表现为为理想奋斗、为正义献身,才能抵御各种诱惑、经受各种考验,全心全意为人民服务。我们党自 1921 年成立起,就将马克思主义作为自己的信仰,坚持以马克思主义为指导,就是坚持我们党的"初心"。

在校园文化建设中,高扬马克思主义理论旗帜,就是要引导学生真正领会、运用马克思主义理论,真正树立起社会主义、共产主义的理想信念。崇高的理想信念是党内政治文化先进性的体现,从五四时期的先进知识分子到以习近平同志为核心的党中央领导集体,无不具有浓厚的理想主义情怀。要成长为真正的马克思主义者,就必须在"学懂、弄通、做实"上下功夫,"真懂""真用""真信"马克思主义。目前,学校关于政治理论学习,无论是学生还是教师,多流于形式和表面,忽略了马克思主义经典著作的研读,对马克思主义理论一知半解或所知甚少,对马克思主义的深刻性、科学性并未有真正的把握,不能"内化于心,外化于行",在实际生活中表现为理想信念淡化,导致自由主义、佛系思想、丧文化等流行;一些学生的入党动机不纯,呈现功利性、虚荣性倾向。

当今世界,经济全球化不断深入,网络的影响无处不在,多种思潮激荡、多元文化并存将是我们处于社会转型期面临的巨大挑战。高校党委只有站在实现中华民族伟大复兴的全局和战略高度,认真研究文化育人规划,才能培养好中国特色社会主义事业合格建设者和可靠接班人。

2. 吸取中华优秀传统文化的深厚智慧

我党以马克思主义理论作为思想武器,但在革命时期就已经领悟到必须与中国的具体实际相结合,邓小平说过:"马克思主义理论从来不是教条,而是行动的指南。它要求人们根据它的基本原则和基本方法,不断结合变化着的实际,探索解决新问题的答案,从而也发展马克思主义理论本身。"①马克思主义中国化意味着"本土化",意味着与中华传统文化的结合。

中华传统文化中"天下为公、大同世界"的理想,"以民为本、仁者爱人"的思想,"天下兴亡、匹夫有责"的担当精神,"先国而后家、公而忘私"的奉献意识,"求同存异、和而不同"的政治智慧,等等无不体现在党内政治文化中。正如习近平总书记所说:"中国共产党人不是历史虚无主义者,也不是文化虚无主义者。……只有坚持从历史走向未来,从延续民族文化血脉中开拓前进,我们才能做好今天的事业。"②实践证明,中华传统文化源远流长、博大精深,具有强大的包容力和生命力,始终是推动中华民族实现伟大复兴的强大精神力量。

当然,中华传统文化毕竟是在旧时代的产物,需要与时俱进,"去伪存真,去粗取精",需要"创造性转化与创新性发展"。高校是知识分子集中的高地,在校园文化建设中应当坚持科学的态度,"不忘本来,吸收外来,面向未来",扬弃继承、转化创新,传承、发展、传播助推现代社会发展的中华优秀传统文化。围绕立德树人根本任务,不断挖掘中华优秀传统文化价值内涵,把中华优秀传统文化融入思想道德教育、文化知识教育、社会实践教育等各环节,自觉传承中华文脉,增强学生的国家认同、民族认同和文化认同。

目前,有些学校存在着传统文化的负面影响,如给领导孩子单独设置座位、任命"正副部长级"学生干部、学生称呼学长未喊"主席"被学生批评、教师以指导学生为由施以猥亵等等,都是封建特权意识的表现,是背离中国共产党党性的腐朽文化,必须祛除。党员,特别是

① 中共中央文献研究室.《邓小平文选》(第三卷)[M].北京:人民出版社1993年版,第 35 页。

② 习近平.《在纪念孔子诞辰 2565 周年国际学术研讨会暨国际儒学联合会第五届会员大会开幕式上的讲话》[N].新华社,2014 年 9 月 24 日。

党员领导干部必须以身作则，率先垂范，树立"一切为了学生""以学生为本"的思想，弘扬公而忘私、礼义廉耻、崇德向上的人文精神。

3. 传承革命文化的精神品格

革命是中国近代历史发展的主线，革命文化是党内政治文化的直接源头。中国共产党建立后，无数革命者抛头颅、洒热血，为共产主义远大理想献出了自己的生命。共产党人在长期的革命历史中孕育出红船精神、井冈山精神、长征精神、延安精神、西柏坡精神等红色基因和优良传统，体现了党内政治文化的先进性和纯洁性。

校园文化建设必须充分汲取革命文化的精神元素，革命文化中那种不怕牺牲、敢为人先的大无畏精神，艰苦奋斗、百折不挠的坚强意志，廉洁奉公、一心为民的理想情操，等等，既是党内政治文化的精神本色，也是中华民族的精神财富。通过讲述先烈故事、举办纪念活动、建设红色基地等方式，传承红色基因。对学校中出现的奢靡之风、享乐主义、颓丧之风等要加以引导，对"佛系青年""精致的利己主义者"等要加强教育。习近平总书记强调："光荣传统不能丢，丢了就丢了魂；红色基因不能变，变了就变了质。"①

4. 把握社会主义先进文化的前进方向

从历史发展的脉络来看，社会主义先进文化形成于社会主义改造完成、社会主义基本制度确立以后，是党内政治文化的主体，突出表现为以爱国主义为核心的民族精神和以改革创新为核心的时代精神。文化的核心在于价值观，社会主义先进文化的核心在于社会主义核心价值观。"社会主义核心价值观既是对中华优秀传统文化的继承与发展，也是我们全党全社会价值共识的最大交集，适应了中国特色社会主义发展的要求。"②

校园文化作为社会主义先进文化的重要组成部分，必需牢牢把

---

① 习近平.《在党的十八届六中全会第二次全体会议上的讲话（节选）》[J].求是，2017 年第 1 期。

② 段光鹏.《深入把握加强党内政治文化建设的五大基本要求》[J]. 领导之友（理论版），2017 年第 5 期。

握社会主义先进文化的前进方向，以社会主义核心价值观引领师生，培育以爱国主义为核心的民族精神和以改革创新为核心的时代精神。目前，学校在这方面仍然还有很多工作要做。社会主义核心价值体系研究课题组曾于 2010 年对上海 10 所高校进行了调查，发现"对于社会主义核心价值体系的内容，'很了解或有一定了解'的占 35.9%，'听说过但是记不完整'的占 39.2%，还有 24.9%的同学回答'不知道'"①，可见，对核心价值观的宣传教育并不十分理想。近年来，学校多次出现学术论文造假、学位论文代写，甚至出现教师辱骂机场工作人员、学生发表辱华言论等事件，说明学校在社会主义核心价值观教育、建设社会主义先进文化方面还有待进一步落实。

（四）结语

文化是人创造的，同时又影响、塑造人。文化要葆有先进性，就必须有文化自觉与文化创造。我们党积淀的党内政治文化，之所以具有先进性，就是因为我们党始终注重思想自觉与实践创造。党的十八大以来，以习近平同志为核心的党中央更加注重加强党内政治文化建设，先后开展了党的群众路线教育实践活动、"三严三实"专题教育和"两学一做"学习教育活动，目的就在于不断进行文化反思，提高思想觉悟，增进文化自信。

学校担负着传承发展人类文明、培育祖国未来的重要使命，只有以党内政治文化引领校园文化建设，以先进的校园文化引领人、鼓舞人、感染人，才能抵制各种错误思潮对学生的影响和渗透，带领师生创造具有中国特色、中国风格、中国气派的文明成果，从而为实现中华民族伟大复兴的中国梦，建设社会主义文化强国而努力奋斗。

党内政治文化引领校园文化建设研究

---

① 杨国荣.《社会主义核心价值体系》(研究系列之一)[M].上海：中西书局出版社 2012 年版，第 69 页。

李吉莹　何云峰①

失落与回归：公共管理视角下公共领域的变迁之路

（上海师范大学　上海　200234）

【摘　要】公共管理最初是为了解决公共事务,具有极强的公共性,但公共性自公共管理产生伊始就被淹没在统治行政的权力关系之中。政府作为"代理人"的角色也超出了规定的范围,权力行使者不再对权力的委托者负责,公共利益被挤压。本文通过梳理公共管理范式变迁中民主和效率的博弈状态,来分析公共领域的发展。在科层制时期,公共管理追求的是效率至上,但是过度关注效率,导致民主缺位,公共领域也是艰难存在。新公共管理范式的价值追求就是效率优位,而不关心民主,公共领域处于徘徊前进状态。新公共服务范式是回归民主的典范,与此同时,公共领域也得到了极大的发展,是公共领域的回归时期。究竟如何回到公共领域的初衷,重新激发人们的公共精神,如何更好地捍卫人们的权益,依然是公共管理要关注和解决的问题。

【关键词】公共领域;公共管理范式;民主;效率

---

①　作者简介:李吉莹,女,硕士,上海师范大学,主要研究方向为城市与社会治理。上海市徐汇区桂林路 100 号 200234。

何云峰,男,博士,上海师范大学知识与价值科学研究所所长、教授、博士生导师,主要研究方向为马克思主义哲学、社会管理及教育心理学。上海市徐汇区桂林路 100 号 200234。

在公共领域的发展变化的当中，作为公共管理所追求的"民主"和"效率"一直处于博弈之中，不同的价值追求带给这个国家不同的治理方式；不同的决策标准，同时也带给民众不同的政治参与感。行政体系面临的最大挑战在于对公共精神的忽视。

公共精神是公共管理氛围中的魅力所在，但是现在的公共管理也正缺乏这种精神，一方面是培育这样公民精神氛围的环境未形成，还有就是公民对于公共事务、公共利益的漠视和冷淡，甚至还停留在自我利益的狭隘思考范围之中。如今公共组织的大量出现，也是公共利益得到保障和捍卫的重要载体之一。特别是在公共领域的发展当中，公民的参与和商讨都集中于此平台。公共组织的发展作为公共领域发展壮大的平台之一，对于民主的要求要远远高于对于效率的追求。

在公共管理范式的发展变迁当中，民主和效率一直都是公共管理追求价值的矛盾焦点所在，但是从行政的缘起，从政府的权力源头，从公共领域提出的初衷来看，民主和效率等价值观念应是协调统一、相辅相成的。民主和效率无法仅凭一己之力立身于行政发展。因为离开了民主的效率，最终会走向集权、专制，以及错误的决策和重大的公共利益损害；离开了效率的民主，会导致办事拖沓、机构臃肿的政府机构，和人民对无作为政府的抱怨不止。为此，埃莉诺·奥斯特罗姆修建了公共事务的治理之道；文森特·奥斯特罗姆尝试了民主行政的逻辑。陈敦源从台湾地区政治现实出发，提出了公共行政与民主政治的制度性调和之路：民主治理。效率在早期的行政发展当中被奉为最高价值标准，但是随着社会问题和公共管理中不断涌现出新的问题，为了破解这些因过度追求效率而发生异化的问题，很多学者从不同的研究背景，提出了行政价值只有在民主的前提下，公共权力的行使才会得到人们的遵从与认同，公共部门才能履行社会职能，从而谈及管理效率的问题。以人类进步为衡量坐标，民主与效率统一其中。

（一）公共领域的引入

关于公共领域的概念可以追溯至古罗马时期，在中世纪，"公"和"私"最初是罗马法中规定的范畴。"公共领域由 offentlichkeit（开放、公开)一词音译而来,英文为 public sphere。"①公共领域指社会生活的一个领域,这个领域向所有公民开放,作为私人的人们来到一起,形成了公众,他们自由地集合、表达意见,在这些对话中形成公共意见。② 其中提到了公众、公民场所、公众舆论三个要素,符合"谁、在哪里、做什么"的逻辑,因此公共领域的主体是公众,活动的区域就是公民场所,在这个场所内公民所做的事情就是公众舆论,舆论的结果就是形成符合公众意愿的公共意见,作为公共领域的活动准则,用来指导公民的生产和生活。公共领域,即介于公民社会与国家之间的一块中间地带,在这个空间中,有关一般利益问题的批判性的公共讨论能够得到体制化的保障,形成所谓的公共意见,以监督国家权力并影响国家的公共政策。

在公共领域广泛的概念意义之下,国家与社会的距离得到明确划分,并且国家难以涉入广袤的公民社会领域中,公民的参与依然饱受公共权力的限制,整个公共管理组织及其行为活动依然按照其先天禀赋的公共性而成为其他领域高不可攀的场所而存在,但从现代社会的视角上看就会发现,现代公共领域的定义早已发生了改变,公共领域逐渐向着公民参与的互动空间演进。现代公共管理的展开空间是公共领域。公共领域是适应现代市场经济、民主政治和多元文化发展要求的批判性社会空间,是保证现代公共管理在竞争有序的社会氛围中顺利实现公共服务和公共物品有效供给的基本场域。③

公共领域的核心理念是公共性,本质特征是政治自由,基本行动方式是言语交谈,核心要素是公共意见。"公共意见主要通过对国家权力的批评来监督国家权力,这种批判必须建立在公众理性的基础上。"④公民的批判是纠正公共领域存在偏差和问题的一种重要的方

---

① ［德］尤尔根·哈贝马斯,曹卫东等译.《公共领域的结构转型》[M].上海:学林出版社 1999 年版,第 4 页。

② ［德］尤尔根·哈贝马斯,汪晖译.《公共领域》[M].见汪晖、陈燕谷.《文化与公共性》[M].北京:生活·读书·新知三联书店 1998 年版,第 125 页。

③ 韩升.《论公共管理的内在批判性:一种政治哲学的视角》[J].上海行政学院学报,2015 年第 5 期。

④ ［德］尤尔根·哈贝马斯,汪晖译.《公共领域》[M].见汪晖、陈燕谷.《文化与公共性》[M].北京:生活·读书·新知三联书店 1998 年版,第 126 页。

式,也是维护公众共同利益的一种有效方式,国家在发展中也需要这种监督角色的存在。

公共领域是介于国家与社会之间进行调节的一个领域,它涉及公共性的原则,这种公共性使得公众能够对国家活动实施民主控制。[①] 参与到公共领域的主体、活动方式,还是形成的结果与民主的含义、形式和结果相契合的,是符合现代社会对于民主价值的定义和要求的。

公共领域的价值和意义如何体现?公共领域的主要功能不在于直接解决问题,而在于对国家政治系统形成一种有效的批判监督机制。作为一种建立于社会基础之上的政治权力组织,它既可以确保个人和集团的既得利益,也能够剥夺人们所获得的一切权利。公共领域通过信号功能,加上问题化过程,用来"监督政治系统并对问题进行处理"[②]。公共领域通过形成独立的公共舆论或公共意见对政治权力进行社会监督和批评。

(二)公共领域与公共管理的关系

公共管理与公共领域之间的关系,可以看作是政府与社会的关系。公共管理的对象是整个社会,而要对社会进行管理,需要与这个领域中的各种社会群体、组织和团体进行沟通和合作,因此公共管理与公共领域息息相关,二者通过政府对社会实施的各种手段和工具连接起来。

政府在公共管理范式变迁中所体现的民主与效率的选择,正是决定了公共领域的发展演变过程。公共管理与公共领域大发展是相互依存的,无论政府对社会管理的方式是强硬或放任,是干预或放松,都体现了在特定的时期、特定的环境之下政府不同价值取向的选择和运用。因此,要想改善政府的公共管理活动中所运用的手段和

---

① [德]尤尔根·哈贝马斯,汪晖译.《公共领域》[M].见汪晖、陈燕谷.《文化与公共性》[M].北京:生活·读书·新知三联书店 1998 年版,第 126 页。

② [德]哈贝马斯,童世骏译.《在事实和规范之间》[M].上海:上海三联书店 2003 年版,第 446 页。

工具,需要观察公共领域的发育程度如何。通过追溯过去公共管理范式的变迁,也能够为未来的公共管理活动予以启示。

从公共领域的发展变化可以探析公共管理范式变迁和价值追求路径。是因为公共领域中总是存在着各种矛盾,矛盾不断推动公共管理模式的转变。私人领域与公共领域之间的关系问题将永远不能通过诉诸哲学法庭和高尚的义务而得以解决。私人领域里,我们体验自主、自我创造以及我们不期而遇的涵义丰富的任何东西。公共领域里,我们遭遇到正义疑惑、政治对话现实以及实践努力的影响。①

公共管理的活动涉及多个方面,但其涉足的领域越多,则对公共领域的干涉就会越大,私人领域以及私人活动一旦都成为公共管理需要指导和干预的对象,公共空间以及社会参与度都会遭致不同程度的损害,公共管理所体现的政治对话、公民参与以及对价值的博弈都需要基于公共领域的场所就难以表达。

公共管理活动越是体现对民主的追求,公民诉求则更可能成为一国政治活动中价值目标的核心原则,从而使得公共领域越发彰显活力并实现广泛的参与度。公共管理活动自古以来就通过对民主与效率的体现来达成和实现对公共领域的干预,通过共同生活并创立的代表公民行使权力的公共部门,及其对社会各项事务进行的管理活动,则不可避免地使每个人与生俱来的权利通过少数人的代表而得以实现,而要在少数人参与并分析决策的环境下体现多数人的民主,就必然将面临着对效率的干扰。同样,在对各方意见及利益进行权衡的行动过程,就是对民主与效率的博弈的部分体现,因此,人类共同生活的领域成为了制约其活动和限制其表达诉求的根源,要在社会及政治领域体现民主与效率,就须通过追溯公共管理活动的变迁进行探析。

(三) 公共管理范式变迁中的公共领域

1. 科层制时期公共领域的艰难存在

自威尔逊主张政治与行政两者分离,早期的行政学家们以"政

---

① [美]J. S. 朱恩,孟凡民译.《私人领域与公共领域之间的辩证:关于公共福祉的重新争论》[J].北京行政学院学报,2005 年第 6 期。

治—行政"二分法为依据,认为"政治"专职于"决策",这是政治家所应该关心的,而"行政"主要致力于"执行",而政府的职责就是高效率的执行决策。就如同古德诺对政府功能的分类,主要包括国家意志的表达功能和执行功能。于是在威尔逊的认知当中把政府的民主责任分离出去,行政效率就成为他关注的唯一价值。他又提出"行政研究首先要发现政府能恰当而成功地做什么事情,以及如何以最高的效率和最低的成本来做这些恰当的事情"①。为了达到完成事务的高效率,马克斯·韦伯提出的科层制成为众人的推崇。于是就把科层制模式当作一种实现行政效率最理想的类型。"追求效率"几乎就成为行政学家的"意识形态"。在这种理论背景之下,效率成为传统公共管理的主旋律,同时期每一个赞成提高行政效率的研究者都为科层制的影响和发展助一臂之力,以至于传统公共管理在追求效率的道路上执着前行。

（1）效率至上、民主缺位

传统公共管理时期,威尔逊解释了行政科学产生的原因,以及为何要关注效率。"行政科学将力求使政府少走弯路,使政府专心处理公务减少闲杂事务,加强和纯洁政府的组织机构,为政府的尽职尽责带来美誉。"②

政治与行政的分离,就是主张政府成为一个纯粹的行政机构,这个机构的目标和评判这个机构的标准就是执行中的效率如何。文官制度的设置进一步促进"政治"与"行政"职能的分离。"文官制度为公共行政职业的专门化,为按管理理论提高行政效率奠定了制度基础,使公共行政工作成为一门专门职业独立于政治领域。文官地位的确立使行政真正成为一门职业,达到选贤任能、提高行政效率的目的。"③

受企业管理的影响,很多适用于工厂和企业中致力于提高效率

① Woodrow Wilson. "The study of Administration". *Classics of Public Administration*[M]. Oak Illinois：Moore Publishing Company1978 年版,第 3 页。

② Wilson W. "The Study of Administration". *Political Science Quarterly* [J]. 1887 年第 2 期。

③ 王友云、朱宇华.《公共行政的价值变迁及未来追求》[J]. 领导科学,2016 年第 11 期。

的手段也影响着政府的管理活动。"工业家要为如何进行有效管理的大企业创造一个必要的结构。"企业在商品的生产中极其强调效率,强调如何在最少的时间内生产出更多的产品。于是需要一套能够规范工人行为和操作的准则,包括泰勒提出的科学管理的原理等。"路易斯·布兰戴斯(Louis D. Brandeis)是泰勒的忠实拥护者,他于1910年提出'科学管理'"①。为了提高劳动生产率,泰勒主张以科学的方法取代凭经验的工作方法。泰勒的理论侧重于提高工厂中劳动生产率问题,提出科学管理的目的在于提高每一单位劳动力的产量。为了提高效率,这些理论在企业和工厂当中运用较多,对同时期的公共管理也带来了一定的影响。"科学管理的原则与价值取向试图通过科学化、技术化的管理来实现政府目标。"②而正是受到科学管理学派的影响,行政学开始强调以效率原则作为最高标准,并且关注公共管理的一般或普遍原则的探索。

马克斯·韦伯探究如何使大型组织发挥效率,认为"官僚制组织在纯技术层面上始终优越于任何其他形式的组织。它精确、迅速、明晰、连续性、统一性、严格的隶属关系"③。这些特征可以使科层制在行政中达到最佳状态,所以他认为科层制是最有效的一种组织结构,可以通过专业化的分工、按规办事的运行机制和层级节制的权力体系等,凸显出管理主义的色彩,为有效的公共管理提供了组织框架。以及他所推崇的行政官员的非人格化、价值中立、对权威的绝对服从、职业专业化、遵守纪律等均充满了效率至上的印记。

这个时期科层制成为行政效率的代名词。效率的频繁出现,反映出了这个时期公共管理的价值追求,它们希望更快速的事务处理,它们急需改变政府以往的拖沓形象,带来一种全新的气象,给经济发

---

① 〔英〕林德尔·厄威克,孙耀君等译.《管理备要》[G].北京:中国社会科学出版社1994年版,第59页。

② 丁煌、张亚勤.《公共性:西方行政学发展的重要价值趋向学海》[J].学海,2007年第4期。

③ 〔德〕马克斯·韦伯,阎克文译.《马克斯·韦伯社会学文集》[G].北京:人民出版社2010年版,第203页。

展提供更有效率的保障。在早期公共学者看来,"只有政府机构有效率地运作,民主才能得到最好的保持"①。在政治—行政二分法提出之后,"行政变成了实践民主的工具,它唯一追求的就是效率。它在多大程度上是高效率的,它就在多大程度上实现了它对于政治的价值"②。作为一种使用工具,行政不需要包含价值因素。也只有当它自身不包含着任何价值因素的时候,才能对于政治具有充分的价值。但是效率作为一种价值,正是行政所追求的,无论是主导行政精神的理性,还是采用科学的手段改善行政的操作方式,都是以效率为中心追求目标,都是以效率为最终的落脚点的。这样的价值追求忽视了"民主"的声音。"相对于结构、控制和效率的关注,对民主的职责的关注虽然并非没有,但是处后排的位置。"③将行政领域定位为技术性的管理过程,导致民主价值没有受到足够的重视。

（2）公共领域的艰难存在

在奉科层制为圭臬的政府机构,是不存在"对话、协商"等体现民众参与和民众意识的决策方式的。民众无法参与公共事务的商讨和决定,于是公共领域没有存在的土壤和环境,想要发挥作用更是困难重重。而且科层制的集权主义、单一中心主导、精英治理、等级森严、封闭性等特性与当代民主政治的自由、平等、参与、宽容等价值理念相去甚远。政治和行政的彻底分离、工具理性和价值理性的彻底分离,必然导致效率和民主的悖逆。这种悖逆直接关系到了公共领域的发展与否。一方面是效率乘着高速列车奔腾而去,另一方面是民主在后方艰难起步,作为吸纳民众观点、承载为公共机构行为纠偏、培育公民精神启蒙的公共领域只能在民主价值不被重视的现实情境下蛰伏。

① ［美］罗伯特·B.登哈特,扶松茂等译.《公共组织理论》[M].北京：中国人民大学出版社 2003 年版,第 72 页。

② 张康之.《对政治与行政二分原则的审查》[J].国家行政学院学报,2001年第 4 期。

③ ［美］罗伯特·B.登哈特,项龙等译.《公共组织理论》[M].北京：华夏出版社 2002 年版,第 62 页。

　　虽然价值中立有利于提高办事效率和保证公正高效,但却缺乏对民众需求的了解和回应,是政府单方面的做决定,并不把民众和第三者机构划入决策的影响主体当中,所以这样的政策价值并不能代表民众的意愿。没有公共性的效率对于公众而言,并没有效用,有时甚至是一场灾难。公共领域失去了本该被重视的地位,因此在建言献策、监督问责等方面的功能基本上丧失。

　　公共领域作为介于国家和私人领域的中间地带,它在国家与社会之间架起理性的沟通桥梁,产生了具有政治价值的公共性。但是公众很难参与到官僚组织的决策过程中,公众的想法、建议和意愿也无法送达至政府的决策机构当中,而最终的决策结果只能是官僚机构的自利行为的汇总,而且过程的不透明极易导致决策实质的不民主。如此来说,科层制的管理是排斥公众的。

　　与此同时,官僚的非民选特性,也会导致行政机构政治责任的缺失。基于政治与行政两分,国家的公务人员分为政务官和事务官。事务官为保持价值中立,不经选举而由任命产生,其主要职责是执行上级的命令和任务,因此是一种"对上负责"的责任体制,却不直接对民众负责,因此国家通过公共领域获得公民的政治见解的渠道被阻塞。

　　2. 新公共管理时期公共领域的徘徊前进

　　20世纪70年代的石油危机爆发,加之福利国家的负担过重,使各国政府陷入财政紧张、机构臃肿、政策失效等挑战。官僚体制的弊端也在不断暴露,"传统的公共管理模式正在失去作用。政府开始从私营部门引入管理人员和管理技术"①。因为效率至上由于科层制行政理论的缺陷存在,使得问题越来越多,"对理性的过分推崇导致对人性的忽视。他们如同一台没有感情的机器,造成非人格化与人性之间的内在冲突"②。人都是有情感、有需求、有选择的个体,对效

---

　　① [澳]欧文·E. 休斯,张成福译.《新公共管理导论》[M]. 北京:中国人民大学出版社1998年版,第70页。

　　② 周义程.《西方公共行政学的行政范式与价值取向变迁》[J]. 齐齐哈尔大学学报(哲学社会科学版),2003年第1期。

率的过分推崇,只能让人越来越像机器一样运转,这是不符合人性发展的,长此以往只能导致效率的倒退。第二,将政治与行政绝对分离,如古德诺所认为政治是公共政策的制定,行政是公共政策的执行,这与现实不相吻合的。在政策制定过程中常常要听取行政人员的意见和建议,这样他们可以在一定程度上参与政策制度。否则因为各个部门各自为政的隔阂现象,不仅会因为重复劳动降低工作的效率,而且也会因为信息的不对称、不流通导致决策偏离实际,造成更严重的后果。第三,对效率的过分推崇导致对民主、公平等价值的忽略。科层制不仅与追求效率的初衷相背离,也无法有效回应服务对象的需求。

(1) 效率优位、民主流失

在这种背景下,公共领域发生了价值危机,原有的管理方法不能适应时代发展的要求,迫切需要有一门新的理论来指导国家公共管理活动,因此政府开始尝试用新的理论来指导公共管理的发展,于是新公共管理理论提上日程。"对责任与高绩效感兴趣的公共管理者开始重新建构他们的官僚机构,重新定义组织任务,以及在决策中进行分权。"[1]

克里斯托弗·胡德(Christopher Hood)认为新公共管理绩效需要的明确的标准和测量。这需要确立目标并设定绩效标准。新公共管理的一个重要的价值目标就是"效率",因此设定的目标必定是符合价值追求的。其次,"格外重视产出控制。根据所测量的绩效将资源分配到各个领域,更加重视目标而非过程"[2]。这点与传统公共管理模式有所不同。传统公共管理关注过程,提倡追求过程上的效率,而新公共管理则是注重结果的完成程度。到了20世纪90年代,美国学者奥斯本(Osborne)和盖布勒(Gaebler)的《重塑政府》问世,介

---

① [美]罗伯特·B.登哈特,扶松茂等译.《公共组织理论》[M].北京:中国人民大学出版社2003年版,第156页。

② [澳]欧文·E.休斯,张成福译.《新公共管理导论》[M].北京:中国人民大学出版社1998年版,第72页。

业家理论也为同时期的美国政府改革提供了理论依据。克林顿政府就是以此为依据，削减政府开支，以此来降低赤字。政府受顾客驱使，其宗旨是满足顾客的需要，政府应像企业一样具备顾客意识。顾客的需求是政府的最重要的工作重心和努力方向，政府为何如此"讨好"顾客，就是由于将"企业家政府理论"作为指导。新公共管理理论影响下的政府治理带有浓重的经济学色彩，无论是将人定义为"经济人"，还是服务过程中的"顾客导向"，这些都是提高服务效率和质量的一种方式，是政府改革的一种有益的尝试。

传统公共管理对效率的追捧，造成了对民主意识的忽略，新公共管理在关于对民众声音的回应，提出了"顾客导向"，是回归民主的一种新的尝试，"这对于提高公共管理人员的服务意识是有积极意义的"[1]。以顾客的需要为指导，行政人员可以针对性地提供顾客需要的服务。"只有顾客民主才是公共服务中民主价值的理想实现形式，因为顾客驱使的制度使选择提供者的决定不受政治影响"[2]。政府像企业一样兜售自己的商品和服务，当顾客选中自己中意的，自愿地向政府购买，相较于传统公共管理，新公共管理理论在一定程度上保证了人们的自由选择权。

新公共管理中的市场模式阻碍了实质性民主的回归，限制了公民有效影响政策和行政的可能。将公民看作顾客，在一定程度上纵容了不公平、不平等现象的扩大。伯格曼指出当公民被视为顾客时，顾客其实是在一种虚弱的民主形式中活动。"以纯粹市场交易关系来理解公共组织间、公民间以及公民与政府间关系，有悖于公共的要求。"[3]由于人们的经济状况、社会地位、资源占有情况、智力水平等因素的影响，每个人在选择服务时面临着诸多困境，或许是经济水平

---

① [美]查尔斯·J.福克斯、休·T.米勒，楚艳红等译.《后现代公共行政——话语指南》[M].北京：中国人民大学出版社 2003 年版，第 52 页。

② [美]戴维·奥斯本、特德·盖布勒，周敦仁等译.《改革政府：企业家精神如何改革着公共部门》[M].上海：上海译文出版社 2006 年版，第 132 页。

③ 郁建兴、冯涛.《寻求效率与公共性的平衡——从公共行政学发展史来看》[J].思想战线.2010 年第 1 期。

限制，一些民众便不能享受到某些服务和待遇，少数人的声音容易被忽略。"虽然市场机制讲求公平，但仍无法保证公平。"①这种以顾客选择的方式来提供服务实质是将权力的天平向一部分人倾斜，将会导致更大范围、更深程度的不公平现象。这也将会距离实质民主越来越远。20 世纪七八十年代的管理改革方案被关于效率和经济价值所支配，而诸如公平、正义和参与等价值，不是被剔除出议程，就是被视为迈向高产之路的绊脚石。②

（2）公共领域的徘徊前进

在新公共管理时期，政府发现私人领域众多的管理方法可以使用到政府管理当中，此时政府视公民为"顾客"，在提供公共服务方面，以效率为主要价值取向的同时，考虑到民主的角色，但是民主的发展仍处于初级阶段。"政府事实上就是个博弈参与者，在大多数情况下是非常重要的参与者。"③维护人民的权利和利益，是政府机构应该时刻信守的承诺，但是以效率为导向的公共管理依然限制了公共领域的发展壮大。

新公共管理范式提出要改变自身角色定位，不要继续"划桨"，不再拘泥于具体而繁杂的事务，而是去"掌舵"，但是有学者提出，"当我们急于掌舵时，也许我们正在淡忘谁拥有这条船"④。政府应时刻清醒自己的角色，不可越俎代庖，更不可反客为主。政府实现治理的同时，就是在探索一种"政社"和谐状态。良好的政社关系，给予公共领域发展的空间，公共领域便可以慢慢起步。公共领域既能缩小国家与社会的间距，又能促进国家与社会的良性互动。这也是拉近政府和人民之间距离，消除隔阂的尝试方式。如同"公共领域是调节国家

① ［美］查尔斯·沃尔夫，谢旭译.《市场或政府——权衡两种不完善的选择》［M］.北京：中国发展出版社 1994 年版，第 136 页。

② Christopher P.《*Managementism and the Public Services*：*The Anglo-American Experience*》［M］. Oxford. UK：Basil Blackwell1990 年版，第 138 页。

③ ［美］罗伯特·B. 登哈特·珍妮特·V. 登哈特，刘俊生译.《新公共服务：服务而非掌舵》［J］. 中国行政管理，2002 年第 10 期。

④ Denhardt J V, Dendhardt R B, 刘俊生译.《*The New Public Service*：*Service*，*not Steering*》［M］. Armonk. NY：M E.Sharpe2003 年版，第 23 页。

与社会之间的一个领域，它涉及的公共性是在与君主的秘密政治的斗争中获得的。这种公共性使得公众能够对国家活动实施民主控制"①。我们可以利用公共领域实现人民的权益，也可以防止国家的暴政，这是一个缓冲带，是和谐的、稳定的社会发展所必需的一个领域。但这个时期的公共领域艰难起步，受制于政府对于社会的控制程度和政府权力的下放程度，公共领域依然不能成为公民积极活动和表达声音的场所。

3. 新公共服务时期公共领域的回归

（1）回归民主

新公共服务理论是在对新公共管理理论反思和批判的基础上建立起来的。新公共管理运动经历了三十多年的发展，虽取得了一定的成效，但也遇到了越来越多的困境。公共物品和公共服务可以通过多元组织来提供，而不仅仅是政府。多元性的结构和组织在各自擅长的领域发挥价值，来满足民众多样性、多元化、差异性的服务需求，这是单一权力中心的体制难以顾及到的。与此同时，公民参与公共过程的呼声也日益高涨，民间组织日益壮大，学术界对"平等、民主、公共利益"也高度关注，新公共管理理论无法满足现实的要求。基于此，美国著名公共行政学家罗伯特·B. 登哈特提出了新公共服务理论。新公共服务理论是关于公共管理在以公民为中心的治理系统中所扮演的角色的一套理念。新公共服务理论主张"对话"、服务公民、追求公共利益、重视公民权和人的价值。

新公共服务理论认为"公共利益是目的而非副产品"②。政府官员致力于建立集体的、共享的公共利益观念。提出副产品之说，也是受到新公共管理理论的影响，企业家政府理论是将服务视为市场上流动的商品，根据公民的需要而选择相应的商品，新公共服务提出主

①［德］哈贝马斯，曹卫东等译.《公共领域的结构转型》[M].上海：学林出版社 1999 年版，第 126 页。

②［美］珍妮特·V. 登哈特、罗伯特·B. 登哈特，丁煌译.《新公共服务：服务，而不是掌舵》[M].北京：中国人民大学出版社，2004，第 40 页。

要目的是追求公共利益,是摒弃了将服务视为商品的看法,而是作为永恒的价值追求目标。同时政府也有责任确保提供服务的秩序的方案完全符合公正和公平的规范,确保公共利益居于主导地位。

"思想上要具有战略性,在行动上要具有民主性。"①为实现新公共服务所追求的价值目标需要提前规划,规定角色和责任以及行动步骤。然后再将这一规划交给政府官员去执行。行动上具有民主性是要鼓励公民参与。公民参与可以激发公民自豪感、公民责任感参与意愿。因此需要让人们逐步认识到政府的功能和角色,让官民关系逐步融洽和协调,进而形成一种良性的互动。同时在这个过程中继续激发公民的自主性与创造性,不仅政府是公共服务的提供者,让公民自己也逐渐成为公共服务的提供者,实现一种多元参与的服务环境。

"公民权和公共服务比企业家精神更重要。"②新公共管理理论采取企业家的行为方式和思维方式,导致一种十分狭隘的目的观,最大限度地提高生产率和满足顾客的需求成为他们极力追求的目标。而新公共服务理论认为为社会做有意义的贡献的公务员和公民更能够促进公共利益。

在新公共服务范式中,公民已然成为社会的主人,参与政府管理,民主的价值重新得到重视。同时公共领域中对民主实现的途径呈现多元化的特征,而效率不再是其关注的重点,而是蕴于其整个范式的框架体系之内。通过广泛的参与群体和多样的参与形式,增强了公共领域的灵活应变能力。组织间的明确分工以及平等身份特征的认同为协商和对话提供了可靠的依托条件,这不仅是公共管理在公共领域的实践中对时代变迁的回应,同时也是以民主的形式实现公民的价值和权利。

---

① [美]珍妮特·V.登哈特、罗伯特·B.登哈特,丁煌译.《新公共服务:服务,而不是掌舵》[M].北京:中国人民大学出版社 2004 年版,第 41 页。
② [美]珍妮特·V.登哈特、罗伯特·B.登哈特,丁煌译.《新公共服务:服务,而不是掌舵》[M].北京:中国人民大学出版社 2004 年版,第 41 页。

（2）公共领域的回归

公共性是公共领域的核心理念；政治自由是公共领域的本质特征；言语交谈是公共领域的基本行动方式。在新公共服务范式当中，我们可以清晰地看到公共领域的存在。在这个领域当中，民众有更大的自主性和更高的热情去参与公共生活，与此同时，民众也在新公共服务范式当中找到了民主的价值所在。"在公共领域中，展现的任何东西都可见、可闻、具有最广泛的公共性。"①公共领域的提出，为公民参与公共生活，进行公共利益决策提供了一个理论依据和活动场所。

相对于科层制行政，民主制行政以公共精神为价值取向，强调对公民需求的回应，意味着一个"哥白尼革命式"的转折点。公共领域中建立起来的各种自治性组织，在推进整个社会的民主进程方面发挥着重要的作用。因为公共领域一旦摧毁，人的生存条件便没有了，更如何去维护民主的实现？"人的三种最基本的活动：劳动、工作和行动，分别对应生命的世人的三种基本条件"②。其中"行动则是不需要借助任何中介而直接在人与人之间展开的活动。一切人的条件都与群体性的政治相关。在古希腊罗马社会，这种公开的、共同的行动形式就是政治活动"③。"行动"体现了作为人的一个重要条件，也是参与公共生活的一个重要要素，是民众融入到公共领域当中的实践表现，是公共领域发展的价值所在。

（四）结语

随着公共管理方式、层级、程序的逐渐转变，也给公共领域的成长提供了空间和机遇，公共领域就借此机会出现在人们视野当中，并发挥越来越重要的作用。与此同时，公共领域中建立起来的各种自

---

① ［美］汉娜·阿伦特，竺乾威译.《人的条件》［M］.上海：上海人民出版社1999 年版，第 38 页。

② ［美］汉娜·阿伦特，竺乾威译.《人的条件》［M］.上海：上海人民出版社1999 年版，第 1 页。

③ ［美］汉娜·阿伦特，竺乾威译.《人的条件》［M］.上海：上海人民出版社1999 年版，第 3 页。

治性组织作为公民社会的基层组织，在推进整个社会的民主进程方面扮演着重要角色。

公共管理范式的演变，每个时期对于民主价值的重视程度不同，对应的公共领域发育程度也相对应的不同。

在传统公共管理范式时期，公共管理以理性为核心的价值取向，导致这个时期行政追求高效率，而对民主视而不见。公共领域的发展受到公共管理的限制，民众的声音被掩盖，多样化的需求被压抑，因此公共领域处于艰难存活阶段。

到了新公共管理范式时期，政府视公民为"顾客"，在提供公共服务方面，以效率为主要价值取向的同时，考虑到民主的角色，但是民主的发展仍处于初级阶段。这个时期的公共领域也是在社会发展的过程中逐渐艰难地起步，但是受制于政府对于社会的控制程度和政府权力的下放程度，公共领域依然不能成为公民积极活动和表达声音的场所。

到了新公共服务时期，民主和效率的价值观念地位被重新定位，无论是政府认识程度的提高，还是公民权利意识的再次苏醒，民主被提上"日程"，相伴随的是公共领域在这个时期逐渐的壮大，越来越成为一个有影响力的政府与个人间的中间地带。

曹云飞　潘文岚①

浅析生态文明建设中环境法律体系的构建

（上海师范大学　上海　200234）

【摘　要】随着环境问题日益突出与改革开放的深入以及经济全球化,我国政府对环境问题的关注度日益提高,不断以各种环境政策、环境法律法规平衡经济发展与环境保护之间的利益关系,在环境政策制定过程中,既要体现环境保护为我国的基本国策,也要关注社会的经济组织对各种环境政策的承受度,从经济发展与环境保护相协调角度出发构建我国现阶段的环境政策。经济发展不能以牺牲环境为代价,要制止边治理、边破坏,实现边发展、边治理,只有不断强化环境法律体系,通过法治、经济杠杆和行政手段进行综合治理,才能早日实现生态文明。

【关键词】生态文明;生态保护;环境政策;环境法律体系

环境政策与环境法律体系既是中国社会主义生态文明建设的重要组成部分,也是实现中国特色社会主义生态文明的重要的制度保证。改革开放以来,伴随经济发展导致的环境问题愈演愈烈,加之全

①　作者简介:曹云飞,女,硕士,上海师范大学马克思主义学院,讲师。上海市徐汇区桂林路 100 号 200234。
潘文岚,女,博士,上海师范大学马克思主义学院,副教授。上海市徐汇区桂林路 100 号 200234。

球环境问题引发的生态文明运动,促使我国政府日益重视与关注环境问题。我国的环境保护政策也随之发展变化着,从 20 世纪 70 年代初环境保护政策形成雏形,到 20 世纪 70 年代末—90 年代初的政策奠基,直至上世纪 90 年代初至今的迅速发展与政策拓展,我国逐渐形成了一系列符合中国特色社会主义建设的环境政策与环境治理模式。

(一)政府是环境法律体系强有力的构建者与推动者

中国环境政策从起步至今始终由政府主导、政府发起并由政府推动,表明我国政府对环境问题是有认识、有作为,并始终将生态问题、环境治理当作政府行政的一个组成部分,显示出政府对环境保护重要性的领悟。因此,我国政府始终是我国环境政策的制定者、落实者乃至推动者。从工业化初期形成的环境保护"三大政策"形成,到工业化中期工业污染防治实行"三个转变"到工业化转型期形成"一个中心、两个抓手、三条途径"的落实,无不体现着政府对环境问题的干预,以及对环境政策总方略的宏观把握。在经历了 20 世纪 70 年代——大连湾污染事件、北京集市鱼污染事件、松花江流域汞污染等重大污染事件之后,尤其是参加了联合国人类环境会议,我国政府随即发布了《工业"三废"排放试行标准》、主持召开了全国第一次环境保护大会,确立了环境保护"32 字方针",开始着手制定中国的环境政策,充分表明:我国政府对环境问题的反应、处理是及时的、积极的。但行政对环境问题的干预和环境治理的推动适应于计划经济体制,随着我国改革开放,市场经济的建立,行政对环境治理的促进作用相对弱化,加之行政推动环境治理致使中国环境政策实行耗费较多的财政资源,一方面使得有限的财政经费无法继续支付,另一方面,环境治理无法达到令人满意的效果,因此,环境政策转向综合治理势在必行。

(二)始终坚持经济发展与环境保护并举

长期以来,发展经济始终是政府工作的重中之重,在"发展是硬道理"思想指导下,发展成为政府工作的首要任务,使"先发展后治理"成为一种默认的现实。随着环境问题日益突出与改革开放的深入以及经济全球化,我国政府对环境问题的关注度日益提高,不断以各种环境政策、环境法律法规平衡经济发展与环境保护之间的利益关系。在环境政策制定过程中,既要体现环境保护为我国的基本国策,也要关注社会的经济组织对各种环境政策的承受度,从经济发展与环境保护相协调角度出发构建我国现阶段的环境政策。因此,我国的环境政策始体现着科学发展观及"五位一体"总布局的深刻内涵——构建经济发展、环境友好的和谐社会,即经济发展不能以牺牲环境为代价,而环境保护优先也是无法在现阶段实现的。要制止边治理、边破坏,实现边发展、边治理,只有不断强化环境法律体系,通过法治、经济杠杆和行政手段进行综合治理。

(三)一贯主张环境治理与生态保护并重

我国的环境治理从工业"三废"治理开始起步,重点在于控制,环境治理投资逐年增长。以世界银行观点:当环境治理成本占 GDP 的比重达到 1%—1.5%时即可控制环境污染恶化,如果比例达到 2%—3%则可改善环境质量。[①] 而我国在 2008 年环境治理投资已经占当年 GDP 的 1.49%,达到控制环境污染恶化的指标。然而,我国环境问题依然严峻,使得环境治理投资效果的绩效评估显得尤为重要。近年来,我国的生态政策实现了历史性突破。2000 年,国务院颁布了《全国生态环境保护纲要》:"坚持保护优先、预防为主、防治结合,彻底扭转一些地区边建设边破坏的被动局面"[②]。2006 年,国家"十一五"规划纲要明确要求对 22 个重要生态功能区实行优先保护,适度开发,指出生态功能区对保障国家生态安全有重要意义,促进我国生态保护与建设、自然资源有序开发和产业合理布局。2008 年我国发布了《全国生态功能区划》,将我国陆地生态系统划分为 3 个生态大区:东部季风生态大区、西部干旱生态大区和青藏高寒生态大区。再依据《生态功能区划暂行规程》,将全国生态功能区划分为:

---

① 温宗国.《当代中国的环境政策:形成、特点与趋势》[M].北京:中国环境科学出版社 2010 年版,第 24 页。

② 国务院.《全国生态环境保护纲要》[R].中华人民共和国环境保护部网站.http://www.zhb.gov.cn/ztbd/rdzl/2010sdn/zcfg/201001/t20100113_184239.htm。

生态调节、产品提供与人居保障 3 个等级。共"划出了 216 个生态功能区,确定了 50 个对保障国家生态安全具有重要意义的区域。同年9 月《全国生态脆弱区保护规划纲要》划分出 8 大生态脆弱区,明确了下一阶段生态脆弱区的重点建设和优先领域"①。与此同时,全国各种类型、不同级别的自然保护区不断增加,"截止到 2008 年底数量达到 2538 个,约占国土面积的 15.13%;已批准的国家级生态示范区 387 个、11 个国家级生态市县(区)和 629 个全国环境优美乡镇"②。

(四)强调法律、经济等手段的综合运用

我国环境治理的实践充分证明:保护生态、治理环境,仅仅依靠行政手段远远不够,必须建立一系列的法律法规来确保环境政策的实现,同时,要重视经济、技术对保护生态和环境治理的重要作用。联合国《21 世纪议程》指出:"在使环境与发展的政策转化为行动的过程中,国家的法律和规章是最重要的工具,它不仅通过'命令和控制'手段予以执行,而且还是经济计划和市场工具的一个框架。"③我国在《21 世纪议程——中国 21 世纪人口、环境与发展白皮书》中进一步强调:"与可持续发展有关的立法是可持续发展战略和政策定型化、法制化的途径,与可持续发展有关的立法的实施是把可持续发展战略付诸实现的重要保障。在今后的可持续发展战略和重大行动中,有关法律和法规的实施占重要地位"④。

1. 我国的环境法律体系

环境法律体系,是指由环境与资源法律规范所组成的相互衔接、协调统一的有机整体。按照不同层次环境与资源法规范的立法权限,环境法律体系通常从纵向上被划分为:宪法中关于环境保护的

---

① 温宗国.《当代中国的环境政策:形成、特点与趋势》[M].北京:中国环境科学出版社 2010 年版,第 27 页。

② 温宗国.《当代中国的环境政策:形成、特点与趋势》[M].北京:中国环境科学出版社 2010 年版,第 27 页。

③ 联合国.《21 世纪议程》[M].北京:中国环境科学出版社 1993 年版,第 61页。

④ 国家计委等.《中国 21 世纪议程——中国 21 世纪人口、环境与发展白皮书》[R].北京:中国环境科学出版社 1994 年版,第 12 页。

规范,环境基本法,单行法律,行政法规和部门规章,地方环境与资源法规和规章几大门类;同时,其他部门法中有关环境与资源的法律规范、我国参加的国际法中的环境法规范也通常被归入其中。①

改革开放政策实施之后,党和政府就极其重视环境立法,并成立了《环境保护法(试行)》起草领导小组和工作小组。1979 年,《环境保护法(试行)》正式实施,它标志中国的环境保护走向规范化。之后,国家相继制定了《水法》《水污染防治法》《大气污染防治法》《海洋环境保护法》《森林法》《草原法》《野生动物保护法》等重要的环境资源法律,制定、修订了《土地管理法》等环境资源法律。1989 年 12 月 26 日,国家在总结《环境保护法(试行)》实施的经验以及教训基础上,颁布实施了《环境保护法》。该法的颁布标志着我国环境资源法律体系构建朝着体系化的方向发展。随后,国家制定了《水土保持法》《环境噪声污染防治法》《固体废物污染环境防治法》《农业法》等环境资源法律,修订了《水污染防治法》等环境资源法律。自 1997 年起,我国先后制定了《环境影响评价法》《防沙治沙法》《节约能源法》《放射性污染防治法》《清洁生产促进法》《可再生能源法》《风景名胜区条例》等法律法规,修订了《海洋环境保护法》《野生动物保护法》《固体废物污染防治法》《水法》《森林法》《草原法》《土地管理法》等法律,同时还颁布了《国务院关于落实科学发展观加强环境保护的决定》《中国应对气候变化国家方案》《国务院办公厅关于开展资源节约活动的通知》《节能减排综合性工作方案》《国务院关于加快发展循环经济的若干意见》等政策性文件。这些立法与文件同 1997 年之前制定的、与环境相关的立法一起,共同组成了有中国特色的环境法律体系。

中国环境法体系包括现行有效法律 26 部,行政法规 50 余部,地方性法规、部门规章和政府规章 660 余项,国家标准 800 多项②,同

① 黄锡生、史玉成.《中国环境法律体系的架构与完善》[J].当代法学,2014 年第 1 期,第 120 页。

② 国务院新闻办公室.《中国的法治建设白皮书》[R].2008 年 8 月 28 日。

时,国务院发布了《自然保护区条例》等 28 件行政法规,国家环保局制定了 375 项环境标准,各省、区、市颁布了 900 余件地方性环境法规,初步形成了由宪法环境保护规定、环境保护基本法、环境资源单行法、环境标准、其他部门法中关于环境资源保护的法律法规的中国环境保护法律体系,此外,我国缔结或参加的有关环境资源保护的国际条约也成为我国环境法律体系的有机组成部分。在世界 500 多个与环境有关的国际公约和协定中,中国已经缔约或签署的国际环境公约有 48 项,以发展中国家身份实现其在国家环境事务中的目标并承担其应有的责任。

在中国特色社会主义法律体系中,环境法律占全部法律的 10%左右,环境行政法规占全部行政法规的 7%左右,环境法律体系已经成为中国特色社会主义法律体系中一个门类相对齐全、结构较为完整的法律部门。

除国家层面的法律、法规和规章之外,各地还结合实际制定了地方性环境法规和规章,其中既有综合性环境立法,也有专门和单行的环境立法。这些地方立法既弥补了国家立法之不足,又通过地方的实践和试点,推动国家层面环境立法的整体创新。总体看,中国改革开放 40 年的进程中,环境法是发展最快的法律之一。①

2. 我国的环境经济政策

随着改革开放与经济全球化的影响,经济手段也逐渐进入环境治理领域并被广泛地应用,并成为我国的环境经济政策的重要组成部分。虽然属于起步阶段,但已经成为我国对环境保护产生重大影响的举措。当前我国已经在执行的环境经济政策主要有:投资鼓励政策投资禁止和限制政策、财政和税收政策、促进循环经济发展政策、资源综合利用政策、排污收费政策以及排污权交易、绿色国民经济核算试点等。

目前,我国已经采用或正在尝试的环境经济手段涉及到 7 个方

---

① 黄锡生、史玉成.《中国环境法律体系的架构与完善》[J].当代法学,2014年第 1 期,第 125 页。

面[①]：（1）明晰产权，排污申报登记与排污许可证；（2）创建市场，可交易的消耗臭氧层物质商场配额制度、排污许可证交易、大气排污权交易、二氧化硫排污交易、废物交换市场、环境保险；（3）税收手段，城镇土地使用税、耕地占用税、城乡维护建设税、资源税、矿产资源税、综合利用税收优惠、减征税等；（4）收费制度，二氧化硫收费、总量排污收费（试点）、排污收费、污水排污收费、污水处理费、水资源费、生态环境补偿费、土地损失补偿费、矿产资源补偿费；（5）财政手段，城乡环保投资、育林费、林业基金、行业造林专项资金造林和育林优惠贷款、综合利用利润留成环保投资、企业更新改造环保投资、资源价格、信贷刺激；（6）责任制度，法律责任（违章费以及其他责任）、环境资源损害责任、"三同时"制度保证金；（7）债券与押金，废物回收押金、退款制度。

　　1978 年，我国首次实行"排放污染物收费制度"，2003 年 7 月实施《排污费征收使用管理条例》，并在总体上实行"排污收费、超标处罚"制度，该项制度成为我国迄今为止所有环境经济政策中涉及面最广、影响最大的一项环境经济制度。此外，我国还实施了污水处理费、生活垃圾处理费、水资源费，以及与林业、矿产资源相关的生态补偿费、矿产资源税等。同时还引进和创建了新的政策，如今，至少在十多个城市进行过排污权交易实践和探索，排污涉及的污染物有大气污染物、水污染物及生产配额等。[②] 1994 年，国家环保局在 16 个省市大气污染排污许可证试点基础上试点实施了 SO_2 排污交易政策；2002 年 7 月，国家环保局又选择 7 个省市开展"二氧化硫排放总量控制及排污交易试点"等。我国环境经济政策是伴随着市场经济建立而发展起来的，虽然发展较快，体系趋于完善，但由于缺乏良好的环境资源市场，环境经济政策要更好地发挥作用还有很长的路要走。下表为环境政策在我国使用的状况[③]：

---

　　① 王金南.《中国环境政策改革与创新》[M].北京：中国环境科学出版社 2008 年版，第 17 页。

　　② 王金南.《中国环境政策改革与创新》[M].北京：中国环境科学出版社 2008 年版，第 16 页。

　　③ 李克国.《中国的环境经济政策》[J].生态经济，2000 年第 11 期，第 41 页。

环境经济政策在中国的应用现状

环境经济政策类型	实施部门	开始时间	实施范围
资源税	税收部门	1986	全国
差别税收	税收部门	1984	全国
环保投资渠道	计划、财政、环保、金融	1984	全国
生态环境补偿费	矿产、环保、财政、环保	1989	广西、福建、江苏等地
财政补贴	财政、环保	1982	全国
运用信贷手段保护环境	环保、金融	1995	全国
环境资源核算	计划、环保、财政	不详	不详
污水排污费	环保	1991	全国
二氧化硫排污费	环保	1992	"两控区"
超标排污费	环保	1982	全国
排污许可证交易	环保	1987	实施总量控制的地区
废物回收押金制度	物资部门	不详	全国
污染责任保险	金融、环保	1991.1	大连、沈阳
生活污水处理费	城建、环保	1994	上海、淮河流域的城市等
污染赔款、罚款	环保	1979.9	全国

虽然我国的环境经济政策种类较多,但真正在全国范围内实施并发挥显著效果的政策仍然有限。同时还缺乏一些重要政策,如区域生态补偿机制、环境税、排污权交易等①,因此,环境经济政策创新要以加强资源环境产权制度探索和价格形成机制改革为着力点,重点从经济学的外部性以及外部性对资源配置的影响,以及外部性内

---

① 李静云.《我国环境经济政策现状与发展建议》[J]. 中国环保产业,2006年第2期,第16—19页。

部化手段等,来探讨如何利用经济手段去解决我国长期以来"资源低价""环境廉价"的不合理现象。

综上所述,我国由政府主导下的环境政策与环境保护与经济发展相伴随,改革开放以来,经济飞速发展给环境带来极大压力的同时,也给我国的环境政策带来巨大的挑战,在不断发展的环境问题、生态危机面前,如何制定有效的环境政策是对政府一种巨大的考验。从本质上看,中国特色社会主义生态文明必须建立在完善的环境法律体系之上,建立在确实有效的环境政策之上。从世界范围内看,仅仅依靠政府决策与行政手段是难以彻底实现环境治理并消除生态危机的,只有不断激发民众的环保意识,强化民众自觉的环保行为及环境监督,不断营造社会的生态文化氛围,使环境保护深入民心。当全民环保到来之时,就是中国社会主义生态文明的实现之日。

于伟伟①

高校基层党建工作品牌化建设的探索与实践

（上海对外经贸大学　上海　201620）

【摘　要】基层党建工作品牌化建设作为助推和加强高校党的建设的积极尝试，被更多地引入到高校党建实践中，发挥了重要的理论内化和实践创新的作用，其模式、方法、体制机制的探索和实践有力地成为党建内涵化建设的重要一环。高校基层党建工作品牌是以高校党建工作领域为主创，以引领和服务师生为重点，高校党员和师生认可的具有影响力的党建工作载体。组织设置存在僵固化、基层党组织的活动形式化、队伍管理宽松、自身素质不高等是当前高校基层党建工作薄弱环节。通过价值构建、品牌建设的局限性问题、品牌实践等研究逻辑的搭建，从品牌设计、品牌塑造、品牌推广、品牌提升四个维度探索高校基层党建工作品牌化建设的路径。

【关键词】高校；基层党建；品牌化

2016年12月，习近平总书记在全国高校思想政治工作会议上指出："要加强高校党的基层组织建设，创新体制机制，改进工作方式，提高党的基层组织做思想政治工作能力。"基层党建工作品牌化建设作为助推和加强高校党的建设的积极尝试，被更多地引入到高校党

---

① 作者简介：于伟伟，男，硕士，上海对外经贸大学党委教师工作部，助教。上海市松江区文翔路1900号上海对外经贸大学201620。

实践中,发挥了重要的理论内化和实践创新的作用,其模式、方法、体制机制的探索和实践有力地成为党建内涵化建设的重要一环。高校党建工作品牌化建设是高校服务、教学、科研、实践四位一体育人的整合,是推进高校思政工作的重要方式,是推动高校党建工作创新发展、提升高校党建工作科学化的有效途径。

(一)高校基层党建工作品牌内涵

"品牌"一词来源于经济学领域,是产品所有权的标识,一个名称、标记、符号或设计元素的综合,本质是用来区别不同品质的概念。"品牌化"是对系类产品和类型产品的标准化,其管理技术和管理思维是现代管理的重要维度。从内涵维度和项目化运行耦合看,"党建工作品牌化"可概括为:在遵循基层党建建设规律的前提下,运用品牌管理的理念和手段,通过项目化运营的方式,探索符合时代特征的并且形成体系化的体制机制,形成具有自身功能标识性的项目。党建工作品牌化要依据十八大对基层党建的工作指示,形成科学的指导方向,依据一定的工作方式和方法开展党建工作品牌化的运行,实现科学的育人功能。因此,"高校基层党建工作品牌"可界定为:以高校党建工作领域为主创,以引领和服务师生为重点,高校党员和师生认可的具有影响力的党建工作载体。高校党建工作的内在必须体现创新性、主题鲜明性、实践性、凝聚性、覆盖参与性的五个原则的统一,充分发挥引领和示范作用。

高校基层党建工作品牌按其种类划分为四种:一是党建工作组织方式类,一般包括以党组织和个人为主形式的创建;二是党建工作内容类,如理论武装路线品牌;三是校际、校地共建品牌;四是不同阶段的工作重心来看,如创优争先品牌等。这些种类都是高校内在质量和外在特征的综合体现。

(二)高校基层党建工作的薄弱环节分析

1. 组织设置存在僵固化

目前高校基层党组织的设置主要遵循两项原则:一是根据党员人数设定,二是根据实际工作需要设定。高校基层党组织的设置主要按照行政隶属的关系,学生的主要按照班级和年级,教师教工的是按照二级学院、系为单位,这些都是依附于行政系统管理层面的呈现。高校的内部管理体制发生深刻变化,学生以班级和年级为集体的单位的形式也在扩大,学生社团、学生宿舍、学生虚拟群体等成为大学生重要的活动场所。高校的专业研究所、学科团队等学术组织的组合,跨学校、跨院系等形式的交融都相应而生。那么教师在这些组织中如何更好地发挥党员的作用也是需要关注的。同时高校毕业生流动党员的管理和其自身方式也是存在难题,如何在流动党员中建立党组织、发挥党组织的作用需要进一步考量。

2. 基层党组织的活动形式化

党组织的活动是党内开展教育的重要载体,在加强思想教育工作中有着重要的作用。但现实中却存在党组织活动时间被挤压、可有可无的情况,基层党组织受业务工作等影响,很难保证党员的全员参加,造成党建工作和中心工作冲突。党组织活动形式单一,缺乏吸引力,不少党员反映活动内容枯燥,活动组织效果不佳。高校的青年教师尤其觉得活动缺乏吸引力,有些青年教师不愿意入党,也不愿意参加思想政治类的学习。基层党支部的活动脱离了青年教师的实际工作和生活,减弱了党组织活动的实效性。

3. 队伍管理宽松、自身素质不高

队伍管理主要指的是基层党组织书记,指的是院校党委(党总支书记)和基层党支部书记。存在兼职化现象严重,没有精力投入支部建设,缺乏长效系统性,较重的科研和教学占据了大量的时间。队伍结构和专业化水平不高,党建工作接续后继乏人,素质不齐,缺乏较硬的政治素质水平,缺乏党建理论知识,缺乏职业化的保障和专业化的保障。队伍本身流动性较大,差别待遇、活动组织难度大等都是造成现实的原因。

4. 基础保障制度体系不全

基层党组织建设是一项系统的工程,必然涉及到人、财、物的整合和配置,现实情况中,高校基层党建存在经费保障不到位等情况,很多活动和项目的开展受到限制,党建的抓手受到桎梏。此外物理空间、场地、制度支持等都在一定程度上没有保障到位。

（三）高校基层党建工作品牌化建设的价值构建

1. 高校基层党建工作品牌化建设是提升高校党建工作科学化水平的要求

习近平在《加强和改进新形势下党的建设》的文件中指出，"要以科学方法推进党的建设，最根本的是既要继承和发展党在长期实践中积累的党的建设成功方法，又要积极探索运用现代科学方法，包括探索运用信息网络技术，探索运用现代管理学、组织学、心理学等现代科学方法，借鉴外国执政党建设的有益方法，不断提高党建工作方法"[①]。将品牌管理的理念引入到高校党建当中，是提升党建科学化水平的新举措。首先提升了高校党建的质量，高校党建质量的水平体现在育人的水平上，质量是品牌的本质，也是党建的价值导向所在。其次进一步改善党建的形象，塑造党建工作的亲和力和社会的影响力及公众凝聚力，形成可识别的品牌印象。

2. 高校基层党建工作品牌化建设是开展理想信念教育的客观需求

高校党建工作品牌化建设与大学生理想信念教育以马克思列宁主义、毛泽东思想、邓小平理论、三个代表重要思想、科学发展观和习近平新时代中国特色社会主义新思想为指导，两者在本质属性和社会主义建设者的培养目标上是一致的。高校基层党建品牌化过程中运用品牌经营的理念，融合理想信念教育的优势优点，给理想信念教育注入新的活力，将思想政治教育的内容内嵌到品牌的项目当中，补足党员和师生的精神钙质，解决好世界观、人生观、价值观这个"总开关"问题，塑造良好的精神支柱和精神来源。

3. 高校基层党建工作品牌化建设是增强党建工作活力和发展的内在要求

高校党建工作是一项系统的工程，涉及学校的教学、科研、社会服务等各方面，并且需不断地加强跟社会的链接，增强社会的影响力

---

① 习近平.《加强和改进新形势下党的建设的纲领性文献》[N]. 人民日报，2009 年 10 月 9 日 01 版。

和凝聚力,吸引社会资源的纳入和承建。需要结合学校特色,发挥品牌的导向、辐射作用,统筹协调,形成资源的合力,彰显党建品牌的品牌效应。进一步推动高校党建工作的创新,在品牌创建的过程中,用思路创新推进工作创新。

(四) 高校基层党建工作品牌化建设的局限性问题

1. 顶层设计缺失或不足,思想高度不高,内容和实践深度浅

高校是一个整体的循环系统,在这一个育人体系中,高校的各项资源投入到教学、科研、管理等各项业务当中,基层党建的资源相对较少,一些高校形成了片面重视教学、科研、管理等,而忽视了基层党建的重要性。思想的不重视导致基层党建工作缺乏顶层的设计,在一定程度上影响党建工作和其他方面工作的衔接,致使党建工作的思想度不高,内容和实践深度浅的问题。形式化、表面化的现象多少存在,很多必要的东西都是走走样子,过过场面,这就加重了党建工作跟教学、科研以及管理工作的脱节,基层党建工作也失去活力和动力,党建品牌成为了形式主义。党建工作品牌要从思想政治教育层面给与教学、科研、管理等引领,同时也要围绕这些土壤进行深耕,达到相辅相成的依靠关系。

2. 主体理论认识不清晰,缺乏深层的内在认知

高校基层党建品牌建设中的品牌来源于商业经济,存在相似性。容易造成以下一些认知:一是将党建品牌项目化后,与一些常规工作内容相混淆,限制了党建品牌的内涵化建设和深层次挖掘;二是偏见的将党建品牌过分符号化或者象征化,忽视了党建品牌的精神文化价值;三是将基层党建品牌过分倚重为只是品牌的宣传层面的开展。由此可能导致产生一系列问题:品牌过度宣传而缺乏实际落细落实;品牌概念维度单一,一个品牌只是对应到一个活动;缺乏对基层党建品牌本身内涵的构建等。

3. 长效机制构建乏力,品牌活动的传承延续不够

高校基层党建工作品牌建设是一个长效的系统的工程,是需要时间的积淀和谋划的,品牌建设要坚持长期性和长效性。但限于固有思维的模式,认为党建品牌创建是一项短期的阶段性的任务和活动,缺乏对品牌管理的研究和打磨,更是缺乏对基层党建品牌的系统

性、长期性的规划，缺乏持久的意见、目标以及健全的宣传、培育和保障等机制。

在基层党建品牌化进一步创建和开展的过程中，要进一步确实明晰：党建品牌创建和企业品牌创建之间的关系，两者不可以随意相互拿来直接运用；基层党建工作往往是党建项目的某一个具体的模块，但不能代替全部，应该正确处理好局部和全局的概念，形成党建工作品牌带动全局的作用。基层党建工作品牌是一个系统化的过程，不是一时兴起，也不是政绩和面子工程，需要精细的打磨后，形成长效的机制。

（五）高校基层党建工作品牌化建设的实践和路径

1. 高校基层党建工作品牌化建设的实践——我校"党员政治生日"主题活动和"悦读经典"项目的经验

"党员政治生日"主题活动是我校统计与信息学院进行党性教育的传统活动，是基层党建工作的一项重要品牌。充分结合了年度党建工作重点，紧扣十九大召开这一重大事件，围绕"两学一做"学习教育常态化制度化这一主线，贯彻落实全国和上海市高校思想政治工作会议的精神和要求，在支部组织生活中，把"迎接十九大"、经常性党员教育与党员政治生日相融合，在继承传统的基础上赋予了"党员政治生日"新的时代内涵。帮助学生党员与青年骨干坚定理想信念，牢固树立"四个意识"，成为勤学、修德、明辨、笃实的先锋模范。"喜迎十九大，学'习'进行时"主题党员政治生日活动成功入选"市教卫工作党委系统基层党建工作特色项目展示"，并荣获市教卫工作党委系统十佳主题党日案例。

"悦读经典"项目是工商管理学院党委在 2016 至 2017 年间持续开展"党史讲坛之悦读经典"主题教育实践活动，旗帜鲜明地在青年学生中培养具有共产主义远大理想和中国特色社会主义共同理想的坚定信仰者。为深入学习贯彻习近平新时代中国特色社会主义思想，深化中国特色社会主义和中国梦宣传教育，积极培育和践行社会主义核心价值观，充分发挥高校文化传承创新的重要功能。2017 年 11 月 20 日，上海教卫党建网以"上海对外经贸大学工商管理学院：悦读经典，忠实实践"为题对我院"党史讲坛之悦读经典"主题教育实践活动进行了宣传报道;2018 年 5 月,获上海市教卫党委系统优秀基层党建特色项目荣誉称号;2018 年 6 月,获得学校 2017 年度基层党建特色项目二等奖。

（1）顶层设计：强调责任到人制和动态长效管理

基层党建工作品牌化的重要保障之一就是要强有力的组织领导。学院党委负责项目的统筹规划、整体布局、项目成型调研、动态管理、总结评估等各项工作,采取项目品牌运行机制。在学院党委的支持下,调研借力于品牌营销专业课教师,从品牌定位设计到成型,进行充分调研,做好项目资源的整合、申报、实施、收集反馈等。管理形成精细化管理体系,明确好每一环节的责任,充分发挥每一个责任人的作用,并且在管理过程中,形成长效的可借鉴的复制模式,便于优化。

（2）核心围绕：注重内容优化,提升体制机制创新

高校基层党建品牌化要始终围绕党的中心工作开展,服务于人才培育和经济建设。比如在内容的设计当中,重视层次的设计。在经典著作和典型人物素材收集前期,学院党委依托学院学生党员,根据学院学生党员数量、年级和专业特点等实际情况,初步精选了部分以马克思主义经典著作、中共党史、革命史为核心内容的经典著作书单;在这之后,工商管理学院党委通过与马克思主义学院相关专家教授多次商议最后确定了"悦读经典"书单目录和学院党建公众号推送的典型人物素材。阅读书目包括《反对本本主义》《论十大关系》《论持久战》《解放思想,实事求是,团结一致向前看》和《关于费尔巴哈的提纲》等。统计与信息学院党委紧跟时代的发展,不断更新内容,在以往的基础上进行创新,形成资源的统筹合力,不断深化建设的着力点和推广点,注重传承和内涵的创新性提升。

（3）典型示范：形式多样,全员覆盖,运用白媒体技术、教育成果显性化

工商管理学院的"悦读经典"主题教育实践活动通过学习、研究、分享和展示经典著作理论引导学院各支部党员全面了解了我党全面发展的历程。要求学院全体学生党员和入党积极分子全程参与,做到教育全覆盖,党史学习氛围与文化全覆盖。其次,"旗帜文化"引领

积极进步者。尤其是在"讲经典"环节,学院试点对两个年级的四个团支部开展了品读活动,邀请团支部中对党史有兴趣的同学共同开展小组讨论。所有读书笔记已汇编成读书笔记集,并已成为年度教育成果录作为 2018 年学院党校活动的重点参考资料。读书笔记集也已印制成册供学院全体学生广泛借阅。以管院党员公众号为主要自媒体宣传平台开展"品经典"宣传教育活动。"党员政治生日"主题活动在 8 年的积累中,也不断注重运用自媒体技术进行传播,并且进一步通过传统媒体进行宣传,扩大影响力和其可示范效应。

2. 高校基层党建工作品牌的类型

笔者进一步调研了上海政法学院外国语学院以及获得了教委第一届优秀组织生活案例的称号。上海政法学院外国语学院加强品牌化内涵建设,依托实际资源,夯实基础,形成资源的统筹。主要建设两大基层党建品牌:一是党建校地融合的品牌项目。以党员志愿服务和大学生实践活动为载体,外国语学院以"发挥外语专业特长,开展区校共建"为主题,先后与夏阳街道党工委和朱家角镇党工委开展了一系列共建活动。探索一种高校与地方党组织联建共建的党建工作新模式,促进党建活动多样化、常态化。二是党员政治生活项目。推进"两学一做"学习教育常态化制度化,激励党员在学院发展中更好地发挥示范引领作用,外国语学院党总支外语联合党支部围绕"不忘初心,岗位建功,今天我和党一起过生日"这一主题开展党建工作品牌。通过这两个项目建设,进一步深化和创设载体形成基层党建工作内涵化建设。

高校基层党建工作的一些项目和品牌来源于平时优秀的组织生活,经过组织生活案例项目的长期建设、凝练、沉淀和内涵化,在一定程度上可以转化成基层党建工作的品牌后加以推广和开展,继而进一步扩大和影响和效应,形成良性的推广效应加以互动。从教委第一届优秀组织生活案例的内容主题来看,主要集中在以下几个方面:一是志愿服务为主题的志愿服务类的项目。此类项目搭建志愿服务平台,依托志愿服务者开展种类广泛的志愿服务工作,践行志愿服务文化和行动,比如复旦大学外文学院本科生党支部开展的为"星星的孩子"撑起一片天空的项目,支部开展了以"关爱自闭症儿童"为主题的系列活动。并通过学习、调研、实践、应用、感悟五个工作维度开展组织生活,即翻译一本教材、展开一次调研、完成一次支教、进行一次宣传、举办一次交流会,实现了在学习型、创新型、服务型的"三型"党支部建设的探索,深化了党员对自我学习的要求和服务社会的认识,提升了党员的责任意识。二是育人型的党建基层的项目,通过开展经典著作文化阅读、专题讲座和党建系列讲堂等开展的基层党建项目。三是实践型的党建基层项目,比如红色场地和场馆的走访、用红色文化的器物感染人、熏陶人和培育人,形成理论学习基地和实践中心。四是内化党性修养类党建基层项目,比如党员政治生日系列活动等。

3. 高校基层党建工作品牌化建设的路径

品牌化建设是一项系统的工程性的体系,党建项目品牌化借鉴了品牌运营的发展经验,品牌经营的脉络化运营体现在党建品牌的过程当中。"品牌设计谋划—品牌塑造—品牌推广—品牌提升"是加强基层党建工作品牌化工作的一般逻辑主线,但是不同于商业品牌,有着自己特有的路径。

(1)品牌设计:调研定位,科学谋划党建品牌

在创建高校教师基层党建品牌工作中,必须着眼于高校改革发展大局,围绕培养人才、教学科研和社会服务这个高校的中心任务,科学准确进行品牌设计。应该做到:一是明确品牌定位。在广泛征询意见和建议的基础上,结合自身的特色和优势,开展全面的诊断和调研,采取综合性的信息采集方式,完善服务对象的沟通路径,为党建项目品牌的定位提供良好的基础。二是做好品牌形象设计。品牌名称要展示出服务重点和内涵化,品牌的标识性要体现出鲜明的特点。三是品牌的整体规划,品牌是一个战略性的探索过程,党建品牌要做到合理规划和有效布局,应该结合高等教育的教育规律和人才培养的特点出发来确定品牌发展战略,使党建品牌内涵逐步丰富,体系日趋完整,服务日益进步,影响力逐渐提升。

(2)品牌塑造:资源整合,联动培育党建项目品牌

整合校内外各项资源,形成资源的大融合,将品牌工作与高校核心业务工作相勾连。同时深化品牌的塑造,主要从以下方面做到:

一是加大领导组织力度，开展有力的保障。基层党组织领导班子要重视党建品牌建设，落实责任具体人，明确各项工作职责，将基层党建品牌建设纳入到基层党建工作当中。二是要加强全程监督，采取全过程可视化落实，对党建品牌进行跟踪，定时或不定时检查，及时发现和解决创建过程当中的问题，推进品牌建设稳定的开展。三是坚守考评标准，通过定量和定性方式相结合、师生评议等方式进行考核，建立良好的评价反馈机制，确保品牌的内在质量。

（3）品牌推广：着力品牌形象、品牌宣传和品牌活动

高校基层党建品牌不仅仅要精心培育，还要加强宣传，增强影响力和校园以及社会效应。一是注重品牌形象的塑造。比如塑造党建品牌形象代言人，这传递着品牌的价值理念和人文的关怀，高校可以选择一些受师生欢迎的德高望重的教师党员作为代言人，发挥其情感链接作用。二是开展多种形式的品牌宣传，营造良好的校园文化软环境。运用新媒体、校园海报、书籍、宣传品等各种形式进行熏陶。三是开展品牌活动。通过报告讲座、知识竞赛、演讲比赛、校际活动等推广党建品牌，加强不同党建品牌的评比评选。

（4）品牌提升：构建党建品牌的核心文化价值体系

当一个党建品牌有了一定的影响力和效应的时候，需要对其进行深层次的挖掘和升华，提炼党建品牌文化，发挥核心文化价值的育人价值。党建品牌内涵的文化可以激发广大师生的荣誉感和价值自豪感，对内成为师生的一种明确的示范，外部展示出充满鲜明的活力和发展，要建立起独特的特色文化体系。在建设过程中，应当不断延伸和定位文化，进行党建文化品牌的整合和创新。在高校基层党建的积累过程中，形成师生对党建品牌的精神认同，使品牌效应最大化，逐步培育群众对党建品牌的信仰和忠诚度。

杨子萍①

强化新时代马克思主义基本原理概论课意识形态功能研究

（上海师范大学　上海　200234）

【摘　要】新时代马克思主义基本原理概论课的意识形态功能，归根结底是解决培养什么样的人、为谁培养人、怎样培养人的问题，即在新时代如何培养好青年一代的马克思主义者和中国特色社会主义接班人的问题。发挥好这一功能，便能够在大学生的世界观、历史观、人生观和价值观上起到主导和领航的作用，从而树起高扬的灯塔，为大学生指明正确的政治方向，让他们在迷雾中辨清方向；点亮价值的星空，为他们提供正确的价值导向，让他们闪烁起奋斗的光芒；布好思想观念的方阵，筑高"防火墙"，使大学生具有抵御和应对各种各样的诱惑和挑战的力量；打造先进文化之船，满载正确的理想信念，使大学生向着梦想起航。目前，美国等西方发达资本主义国家和平演变争夺青年"第四代、第五代"战略仍在实施中，我国意识形态领域出现了许多乱象，各种混淆视听的观点杂陈，作为意识形态教育前台的马克思主义基本原理概论课面临着新任务，强化其意识形态功能显得至关重要。新时代面临新挑战，我们尤其不能忽视思想的力量、忽视意识形态的作用。强化马克思主义基本原理概论课的意

① 作者简介：杨子萍，女，硕士，上海师范大学马克思主义学院副教授，主要研究方向为马克思主义发展史。上海市徐汇区桂林路 100 号 200234。

识形态功能,必须做到强化阵地建设、强化队伍建设,强化网络引领,使意识形态主导权牢牢掌握在我们手中。

【关键词】马克思主义基本原理概论课;强化意识形态功能;习近平

(一) 新时代马克思主义基本原理概论课的意识形态功能

新时代马克思主义基本原理概论课承接的新任务,就是要强化其意识形态功能,即在传播知识、思想和真理的同时,更重要的是塑造学生的灵魂、人生,培养中国特色社会主义新人。马克思主义基本原理概论课是高校面向全体学生进行马克思主义基本理论教育的课程,在高校思想政治理论课中处于核心地位。它具有两个显著的功能:理论认识功能和意识形态功能。马克思主义是科学的理论,马克思主义基本原理概论课教学,首先要对学生进行马克思主义理论教育。这一课程,是把马克思主义哲学、马克思主义政治经济学和科学社会主义三个组成部分作为一个整体,对当代青年大学生进行马克思主义的思想理论教育。教师通过着重讲授马克思主义的基本概念、基本知识、基本原理,帮助学生从整体上掌握自然界、人类社会和思维发展的一般规律;掌握资本主义生产方式运行的基本规律以及从资本主义转化为社会主义,最后发展到未来的共产主义的必然趋势这一学说和理论体系。科学理论知识的掌握是马克思主义基本原理概论课的教学目的之一,也是它的理论教育功能。

意识形态功能是马克思主义基本原理概论课的自有功能。马克思主义作为我国主流意识形态的核心,它本身的意识形态性,决定了马克思主义基本原理概论课的意识形态功能。马克思主义是关于无产阶级和全人类解放的学说,是为无产阶级提供认识世界和改造世界的理论武器的,是无产阶级的意识形态。在阶级社会中,意识形态具有阶级性,集中体现一定阶级的利益和要求。"抛弃仅仅停留于词句之争的皮相之见,穿透文本背后对马克思意识形态概念进行深入的历史唯物主义解读,就不难看出,无论马克思意识形态概念怎样的漂移不定或变动不居,其中的'变中的不变'的精神实质,是'阶级意识'"。① 正如马克思和恩格斯在《德意志意识形态》中所说的："思想、观念、意识的产生最初是与人们的物质活动，与人们的物质交往交织在一起的。观念、思维、人们的精神交往在这里还是人们物质关系的直接产物。"②马克思主义基本原理概论课有着鲜明的政治理想、政治立场和意识形态评价功能。马克思主义基本原理概论课教学本身，也必须坚持马克思主义的指导，坚持为建设社会主义服务，为中国特色社会主义培养建设者和接班人，这是马克思主义基本原理概论课教学首要的功能定位。这一定位决定了我们的马克思主义基本原理概论课教学并不是在一般意义上泛泛地介绍马克思主义者的思想，而是在马克思主义明确的政治理想和鲜明的政治立场的感召下，用马克思主义的立场、观点和方法武装学生的头脑，激励他们积极投身于中国特色社会主义的建设之中。

马克思主义既是世界观又是方法论，是世界观与方法论的高度统一。它揭示了人类社会发展的客观规律，指导我们去正确认识社会主义发展的历史进程，正确认识资本主义发展的历史进程，从而认识到资本主义必然灭亡、社会主义必然胜利是不可避免的历史趋势。马克思主义是科学的理论，又是工人阶级的意识形态。它为无产阶级认识世界和改造世界提供科学的认识工具，为人们确立正确的政治方向和革命的人生观提供理论基础，也为无产阶级改造世界变革世界提供了方法论指导。

马克思主义在实践基础上实现了科学性与意识形态性的高度统一。马克思主义具有科学性，它坚持真理修正错误，力求按照世界的本来面目如实地全面地认识世界，并透过现象深入地揭示客观事物的本质和规律，自觉接受实践的检验，并在实践中不断丰富和发展；马克思主义又是我国意识形态的核心，也是中国特色社会主义的理论基础，其存在地位、话语权、创新与发展直接关系到国家意识形态

---

① 张志丹.《阶级意识，马克思意识形态概念的精神实质》[J].社会科学，2015 年第 11 期。

②《马克思恩格斯文集》第 1 卷[M].北京：人民出版社 2009 年版，第 524 页。

理论形成和政策实施的理论化、系统化,是我国在新时代进行各项改革以及制定路线方针政策的理论支撑。作为意识形态指导思想的马克思主义,承载着国家命运、民族复兴的价值理想和政治责任,这正是马克思主义基本原理概论课具有社会主义意识形态功能的内在原因。马克思主义基本原理概论课教学的社会主义意识形态功能,还由马克思主义基本原理概论课教学本身的特点和任务所决定。教学本质上是一种社会实践活动,是教师与学生之间情感、信息的交流过程。马克思主义认为,实践是人们有目的有计划地征服自然和改造自然的活动。作为传播和阐释无产阶级的意识形态的实践活动,马克思主义基本原理概论课的教学不同于直接的劳动生产实践,而是一种精神生产实践,它肩负着明确的历史使命,那就是要引导学生掌握马克思主义最根本的世界观和方法论、最鲜明的政治立场、最重要的理论品质、最崇高的社会理想。坚持马克思主义的基本立场、基本观点和基本方法,就是要坚持辩证唯物主义和历史唯物主义的世界观和方法论,坚持实现最广大人民的根本利益的政治立场,坚持一切从实际出发,实事求是,在实践中检验真理和发展真理,并把握和顺应人类社会发展的客观规律,走历史必由之路,从而在根本上理解和执行新时代中国特色社会主义思想中包含的新理念、新举措、新方略。不断推进中国特色社会主义事业的发展,用实际行动,为实现共产主义社会崇高理想而奋斗。显而易见,马克思主义基本原理概论课的教学有着鲜明的意识形态指向,因而也就应该具有明确的社会主义意识形态功能。

马克思主义的世界观与方法论的高度统一,科学性与意识形态性的高度统一,决定了马克思主义基本原理概论课理论认识功能和意识形态功能的高度统一。马克思主义基本原理概论课理论认识功能和意识形态功能的统一是辩证的统一。理论认识功能是意识形态功能的基础,意识形态功能是理论认识功能的目的和归宿。归根结底,讲述马克思主义基本原理,主要是通过理论逻辑和历史规律的揭示,以及世界观和历史观的升华来帮助青年学生选择、确立正确的世界观、人生观和价值观,培养青年一代马克思主义者、中国特色社会主义合格建设者和接班人。

马克思主义基本原理概论课的意识形态功能具体体现在它的教育功能上。要求我们在讲授马克思主义基本原理概论课时,必须始终把马克思主义的科学性和革命性、理论性和现实性统一起来。在教学中,发挥马克思主义基本原理概论课的意识形态功能。主要表现在四个方面:

一是为学生树起高扬的灯塔,为大学生的个体发展提供正确的政治方向;让他们在迷雾中辨清方向。从马克思主义的世界观和方法论相统一的角度出发,紧密围绕"四个全面"战略布局,围绕新时代我国社会主要矛盾的变化,加深理解我国进入新时代的特点,提高贯彻和执行党的路线方针政策的自觉性。要针对大学生在不同时期的思想状况和存在的问题,进行有分析有说服力的论证。要把立场、观点、方法的教育结合起来,着重解决学生的政治立场、政治理想和政治方向,提高他们明辨是非的能力;注意解决学生的思想问题,有针对性地对学生进行科学思维方法的教育和训练,从而使他们的政治信念和人生理想,更具有扎实的思想基础。

把马克思主义的基本原理与科学社会主义的实践结合起来,从正反两个方面的历史经验中阐述马克思主义的本质特征和发展规律,阐述马克思主义一脉相承的科学体系,进一步加深对当代中国马克思主义的理解。让学生懂得,新时代中国特色社会主义就是科学社会主义在当代中国的最新生态,是我们前进的灯塔,中国共产党就是新时代新型无产阶级政党的代表,是领导我们前进的核心,坚持党对一切工作的统一领导是我们实现中华民族伟大复兴的坚强保证。在当代中国,只有坚持中国特色社会主义制度,才能实现人民对美好生活的梦想。

二是为学生点亮价值星空,为大学生的个体发展提供正确的价值导向,让他们闪烁起奋斗的光芒,坚持社会主义核心价值体系。社会主义核心价值体系是社会主义意识形态的本质体现,是中国共产党的指导思想和社会主义国家意识形态的核心内容。社会主义核心价值体系是中华民族奋发向上的精神力量与团结奋斗的精神纽带,"它是由社会主义基本价值思想、价值理想、价值精神和价值观念构成的完整的价值体系"①,为中国特色社会主义的建设提供了思想基础和精神支撑,是马克思主义基本原理概论课教学中应该遵循的基本的价值取向和德性操守。为此,在马克思主义基本原理概论课教学中,在讲述马克思主义基本原理的同时,必须奏响主旋律,旗帜鲜明地大力宣传社会主义核心价值观,让学生懂得,只有将个人的发展与社会的发展相结合,个人努力的方向与社会发展方向统一起来,用自己的知识和才能为国家做出应有的贡献,我们的价值才能真正得到实现。不努力奋斗的人,就没有价值可言,从而激发起学生积极向上,攻坚克难,勇于奋斗的热情。

三是为学生布好观念的方阵,筑高防火墙,以抵御和应对各种各样的诱惑和挑战。把马克思主义原理经典论述联系中国特色社会主义理论体系和新时代中国特色社会主义思想,旗帜鲜明地坚持和巩固马克思主义在意识形态领域的指导地位,不能有任何动摇和犹豫。同时,要积极防止西方发达国家利用各种便利手段加紧对我国进行的意识形态渗透以及非马克思主义意识形态在新时期的扩张,要主动消解"意识形态终结或淡化"的思潮对大学生思想政治教育形成的冲击。全球化信息化条件下,各种思想加速"流动",频繁"流动"。在这种"潮流"下,新自由主义、民主社会主义顺"流"而来,历史虚无主义趁"流"而生。社会上某些"公知"利用流畅的信息网络诋毁中国,攻击马克思主义,污蔑毛泽东思想,抹黑中国特色社会主义,否定中国共产党的领导。这是想把中国拉向改旗易帜的邪路。还有的人宣扬"左"倾思想,用改革开放前的历史否定改革开放后的历史。这是想把中国拉向封闭僵化的老路。这样,用科学的理论武装学生,布好思想观念的方阵很重要。所以,要在思想上"杀毒",筑高思想上的"防火墙"。同时要加强对马克思主义立场观点方法的学习和研究,站稳立场,坚定信念,还要向马克思主义理论教育先进个人和群体学习,积极传播和践行马克思主义,练好思想内功,做到百毒不侵。

① 吴胜锋.《马克思意识形态概念辨析——基于〈德意志意识形态〉文本的解读》[J].马克思主义研究,2016年第6期,第127—128页。

四是打造先进文化之船，引导大学生树立正确的理想信念，让他们的梦想起航。要把坚定的理想信念放在首位，把信仰马克思主义作为教学的基本要求。正确理想信念是教书育人、播种未来的指路明灯。教师要始终同党和人民站在一起，自觉做马克思主义和中国特色社会主义的坚定信仰者、忠实实践者、自觉捍卫者，坚决把党的教育方针贯彻到教学工作全过程。教师要掌握意识形态领域斗争态势，增强阵地意识，把意识形态工作看作是高校理论武装教学的"一项极端重要的工作"①，一刻也不能放松和削弱。

（二）新时代强化马克思主义基本原理概论课意识形态功能的重要性

1. 坚持马克思主义的党性原则非常重要

马克思主义的党性原则就是辩证唯物主义和历史唯物主义的立场观点，就是科学社会主义的思想原则。马克思主义基本原理概论课归根结底是为中国特色社会主义事业培养建设者和接班人的课程，其理论功能是为意识形态功能服务的，加强马克思主义的党性原则教育，就是要强化马克思主义基本原理概论课意识形态功能。一段时间以来，人们似乎在淡化、虚化意识形态，有意回避马克思主义基本原理概论课的意识形态功能，考虑到 90 后 95 后甚至 00 后学生的接受度，有些教学改革，偏离了课程的主旨，片面迎合并顺应一些社会思潮，教师的课堂用语也在不断转变。但是，万变不离其宗，我们所讲授的马克思主义的立场、观点和方法是不变的，以此为指导，去认识世界分析社会的方向是不变的。用马克思主义指导中国社会科学，甚至自然科学研究，也是涉及到旗帜道路和方向的问题。所以在新时代的课堂上，我们任何时候都不能忽略马克思主义的思想性，都不能偏离马克思主义的精神实质，强化意识形态功能、铸造思想灵魂至关重要。

2. 坚定马克思主义信仰非常重要

在中国共产党成立 95 周年纪念大会上，习近平总书记明确指出，无论是处于顺境还是逆境，我们党从未动摇对马克思主义的信

---

① 习近平.《习近平谈治国理政》[M].北京：外文出版社 2014 年版。

仰。新时代中国特色社会主义经济发展,必须要有马克思主义意识形态的有力支撑和坚强的引领,其中建设者信仰的力量是巨大的。马克思主义的共产主义信仰是我国大学生唯一正确的政治信仰,马克思主义是业已被实践证明了的,迄今为止人类历史上最伟大、最富有活力、最拥有广阔前景的科学,它为我们总结了人类社会发展的客观规律,为我们指明了与一切宗教信仰完全不同的具有现实性的崇高信仰。马克思主义是我国建国和治国的根本理念,它在社会主义革命和建设过程中,充分显示了正确性和创造性,我们必须坚持,否则会失去政权存在的理论与实践根基。马克思主义基本原理概论课对大学生信仰的形成和引导起着关键的作用。我在一次问卷调查中获知,在对共产主义信仰培养方面,85%以上的大学生认为马克思主义基本原理概论课教师起关键作用,正面积极舆论宣传起到基础性作用。

目前,青年大学生的信仰呈现诸多问题,大学生马克思主义信仰面临两个矛盾,意识形态多样化与坚持马克思主义信仰一元化之间的矛盾;日常生活中公民对意识形态的漠然与公民社会价值判断之间的矛盾。由于这两个矛盾的存在,大学生在信仰价值追求上体现出三个本位,即追求权力官本位,追求物质钱本位以及追求超越性的神本位,试图在宗教信仰中寻求慰藉。大学生共产主义信仰呈现出模糊化状态,不清楚所要信仰的共产主义的真正实质,在科学信仰前彷徨不定,举步不前,马克思主义信仰在大学生中间遭受着危机。习近平总书记在全国宣传思想工作会议上强调,"经济建设是党的中心工作,意识形态工作是党的一项极端重要的工作"。他指出宣传思想工作就是要"巩固马克思主义在意识形态领域的指导地位,巩固全党全国人民团结奋斗的共同思想基础"。所以,在新时代,强化马克思主义基本原理概论课的意识形态功能,教育学生坚定对马克思主义的共产主义信仰、对中国特色社会主义的信念非常重要。

3. 巩固马克思主义意识形态话语权非常重要

国际社会意识形态斗争日趋激烈。"世界上只有两种强大的力量,即刀枪和思想;从长远看,刀枪总是被思想战胜的",拿破仑的警世恒言强调了意识形态在国际关系、治国理政方面的巨大能量。当前世界各种思潮各种文化交流、交融、交锋更加频繁更加复杂,围绕意识形态争夺话语权问题日益突出。当前中国和西方国家的意识形态分歧并未消除，西方国家针对中国的意识形态领域的渗透和颠覆活动也从未停息，运用意识形态话语权的争夺和转换来达到对青年一代的洗脑和争夺，体现了西方敌对势力手段更加隐蔽和新颖的意识形态斗争新特征。这一切表明，在新时代加强思想宣传工作、加强意识形态教育、维护国家安全的任务紧迫而艰巨，这是关乎到战略性和全局性意义的重要事情，强化马克思主义基本原理概论课意识形态功能，抢夺巩固马克思主义话语权刻不容缓。

（三）新时代马克思主义基本原理概论课的庄严使命与面临的挑战

马克思主义基本原理概论课承担着意识形态教育的光荣使命。该课程是党和国家在大学生群体中进行系统学习马克思主义理论的主渠道，进行社会主义意识形态传播教育的主阵地，是教育大学生形成马克思主义信仰和社会主义理想信念的重要手段。充分发挥马克思主义基本原理概论课的作用，让广大学生通过学习和感悟，牢固树立马克思主义理想、信念和价值观，筑牢共同的思想基础，是党的教育方针的基本要求，是中国特色社会主义高等教育的本质属性。

然而，新时代马克思主义原理概论课面临着新的挑战。习近平在全国宣传工作会议上指出当今世界"正处于大发展大变革大调整时期"，政治、经济、文化、社会、军事等领域正在发生广泛而深刻的变化，"世界多极化、经济全球化、社会信息化、文化多样化深入发展"；当今中国，"中国特色社会主义进入新时代，我国社会主要矛盾已经转化为人民日益增长的美好生活需要和不平衡不充分的发展之间的矛盾"①。这些变化给马克思主义基本原理概论课的意识形态宣传教育带来了许多新情况、新要求、新问题。伴随着网络的发展，人们的价值观愈发多元多变，独立性、选择性、差异性增强的复杂局面给马克思主义的意识形态教育，带来严峻的挑战和考验。"文化思潮多元化"和"指导思想一元化"之间的矛盾成为当代中国必须面对的重

---

① 《党的十九大报告辅导读本》[M].北京：人民出版社 2017 年版，第 4 页。

大课题,不可否认马克思主义在意识形态领域的主导地位也面临着挑战。随着信息技术的快速发展,新媒体已经成为意识形态领域各种势力博弈的主阵地,对青年一代意识形态教育渗透的争夺,俨然已经成为思想政治斗争的焦点。

首先,当代中国正在经历着前所未有的时代巨变,经济结构与利益格局的深刻改变,社会矛盾和社会问题的不断显现,以及随着我国对外开放格局的不断拓展和现代信息技术的剧烈变革所引发的价值多元化、文化多样化的趋势也愈发明显,因此社会成员难免会呈现出思想多变的特点。这种现状投射到大学生的现实境遇之中,使得马克思主义信仰和中国特色社会主义理想信念不断受到剧烈的冲击,在某些层面,传统的是非荣辱判定标准和社会主义核心价值体系出现错位,这让处于"三观"形成时期的大学生备感困惑和迷茫。特别是现实生活中巨大的贫富差距,"富二代""官二代"等阶层固化趋势、"就业难、买房难、看病难"等灰色图景,更是让大学生心理承受巨大压力,让他们感受到理想和现实之间的巨大落差。如此等等都严重影响大学生对中国特色社会主义意识形态的正确认知,弱化了意识形态宣传教育的效果。

第二,新媒体的兴起和广泛使用让意识形态教育的机遇和挑战并存,微博、微信等新媒体技术让信息更加公开、传播速度更快、传播范围更广。随着这些新技术新工具的不断普及,其功能与价值也在不断延伸和扩展,已经不再是单一的信息传递工具,而是被赋予更多的角色和价值。中国拥有世界上最大的网民群体,以手机为终端、以网络为支撑的新媒体工具在大学生群体中广泛使用,当代大学生几乎都是"手机一族""网络一族",乐于也善于通过微博、微信传递信息和发表见解,各种消息、言论、观点、评论因新媒体的公开性和便捷性得以迅速传播和扩散,与此同时大学生对于社会问题、政治问题的关注度也大大增加。互联网是把双刃剑,网络信息固然海量但真假难辨、云泥混杂、难以管控,如果缺少有效的监管和合理的引导,那么极易成为非理性思想甚至反动言论思想的集散地,也给一些别有用心的组织或个人以可乘之机。由此可见,马克思主义基本原理概论课的意识形态功能任重而道远。

第三,敌对势力利用各种渠道和手段,有计划有目的地针对大学生群体进行意识形态渗透。西方敌对势力兜售和推行所谓"普世价值""宪政民主""新自由主义"等错误思潮,对马克思主义指导思想进行诋毁,对中国共产党和我国社会主义建设改革的历史进行歪曲,对我国在全面深化改革过程当中出现的一些问题矛盾进行片面夸大和扭曲,利用西方国家在学术领域的话语权对我国教育事业的评判标准、一些学科的教学方针、教材内容等进行导向性干扰。与此同时,西方敌对势力也在继续运用宗教这个传统的对华渗透的载体,利用各种渠道进行以宗教信仰自由为幌子的渗透活动。近年来随着国际恐怖主义势力的崛起和蔓延,以伊斯兰国为代表的极端势力也加紧对我国进行极端思想的宣传渗透活动。以上所述各种势力企图通过有目的有计划有组织的活动,控制和占领我国的思想阵地,力图动摇大学生的国家认同、民族认同、文化认同,淡化大学生的马克思主义信仰和中国特色社会主义理想信念,瓦解党和人民团结奋斗的共同思想基础。敌对势力的这些卑劣行径和手段直接冲击着大学生对于马克思主义基本原理概论课的认同,对此,每一名高校的马克思主义基本原理概论课教师必须保持清醒的认识。

总之,新时代随着国内外环境的不断变化,我国意识形态建设所面临的形势越来越复杂,矛盾越来越尖锐。强化马克思主义作为统一思想、凝聚共识、引领思潮、推动发展的精神力量,对全民尤其是青年一代进行意识形态教育已经成为党和国家以及中华民族前途命运的根本性战略。强化马克思主义基本原理概论课的意识形态功能,培养有知识、有文化、有能力的大学生作为国家未来的新型建设者和接班人,是我们的光荣使命和责任。

(四)强化马克思主义基本原理概论课意识形态功能的途径

当前,如何强化马克思主义基本原理概论课意识形态功能、加强意识形态教育,巩固马克思主义在意识形态的指导地位,增强主流意识形态的凝聚力、吸引力和感染力,如何适应新形势创新马克思主义基本原理概论课教学内容和教学方法,如何加强对新媒体的管理、引导和利用,已经成为新时代强化马克思主义基本原理概论课意识形态功能的重大课题。强化马克思主义基本原理概论课意识形态功能就要在强化阵地建设,强化队伍建设和加强网络意识形态引导上下功夫。

1. 强化阵地建设,是强化马克思主义基本原理概论课意识形态功能的基础

"阵地是意识形态工作的基本依托"。高校思想政治理论课是维护国家意识形态安全的重要阵地,阵地建设的强弱直接关系国家意识形态工作的成败。"这是一个需要理论而且一定能够产生理论的时代,这是一个需要思想而且一定能够产生思想的时代。"马克思主义基本原理概论课教师"应该立时代之潮头、通古今之变化、发思想之先声,积极为党和人民述学立论、建言献策,担负起历史赋予的光荣使命。"

要牢固树立阵地意识,坚持用马克思主义占领舆论阵地,敢于发声亮剑,一方面,"唱响主旋律,壮大正能量,做大做强主流思想舆论";另一方面,在事关大是大非和政治原则问题上,旗帜鲜明地驳斥各种错误观点,帮助青年学生划清是非界线、澄清模糊认识。通过正面教育与反面批驳相结合,奏响社会主义意识形态的最强音,掌握高校意识形态教育的主动权;要积极提升学科自信,胸怀大局、把握大势、着眼大事,瞄准意识形态领域前沿,聚焦建设社会主义文化强国、提升国家文化软实力、构建具有中国特色的社会主义意识形态话语体系等一系列重大理论问题,展开教学研究。

加强马克思主义基本原理概论课教学"三进""三融入",是强化高校意识形态功能主阵地建设的重要手段。进一步加强马克思主义基本原理概论课教学,把课程教学与当今的社会发展结合起来,与新时代我国重大的理论和实践结合起来,目标指向将知识体系转化为信仰体系。推进党中央的最新精神进课堂、进教材、进头脑。同时还要进行教学"三融入":一是要将习近平新时代中国特色社会主义思想融入到马克思主义基本原理概论课教学之中;二是要将党提出的治国理政的新理念新思想新战略、党的十九大精神融入到马克思主义基本原理概论课教学之中;三是教学要融入中国梦教育,阐释国家富强、民族振兴、人民幸福的基本内涵,让学生深刻理解国家梦、民族梦与个人梦三者之间的关系,将个人的发展和命运与国家和民族的

发展和命运统一起来,围绕坚持中国道路、弘扬中国精神、凝聚中国力量,引导学生增强"四个自信",成为有责任有担当的社会主义建设者。

要推进马克思主义基本原理概论课教学的改革创新。要通过推进马克思主义基本原理概论课教学改革创新,提高马克思主义基本原理概论课教学的效能,增强马克思主义基本原理概论课的说服力和感染力,发挥其强化意识形态功能的主阵地和主渠道作用。要推进马克思主义基本原理概论课教学方式改革,充分激发学生学习的积极性和主动性,坚持教学方式和方法贴近学生实际,符合马克思主义基本原理概论课教学规律和大学生的学习特点。要推进"课题"式教学,使教师在教学中研究,学生在研究中学习。在"课题"教学中,坚持理论联系实际,用马克思主义基本原理概论课的相关知识点研究分析社会热点问题,启发学生思考。要积极改进马克思主义基本原理概论课的考试方法,综合考核学生对所学内容的理解和实际表现,以便全面、客观反映大学生的马克思主义理论素养和道德品质和思想状况。

要加强马克思主义基本原理概论课的实践课教学。马克思主义基本原理概论课实践课教学对于在教学中坚持理论联系实际和强化课程的意识形态功能具有重要意义。一是要通过马克思主义基本原理概论课实践教学,使大学生走出校门,走向社会,在建设中国特色社会主义的伟大实践中领悟马克思主义基本原理概论课的教学内容,提高其观察分析社会现象的能力和思想政治素质。二是在实践教学中深入社会主义核心价值观教育。社会主义核心价值观是社会主义意识形态的核心,是区别于其他社会意识形态的鲜明标志。强化马克思主义基本原理概论课意识形态功能的阵地建设,就必须加强社会主义核心价值观教育。习近平总书记在中共中央政治局第十三次集体学习时指出:"一种价值观要真正发挥作用,必须融入社会生活,让人们在实践中感知它、领悟它。要注意把我们所提倡的与人们日常生活紧密联系起来,在落细、落小、落实上下功夫。"在实践教学中,加强社会主义核心价值观教育,首先要围绕加强社会主义核心价值观教育开展调查研究。通过开展调查研究,关注学生的利益诉求和价值愿望,为增强社会主义核心价值观教育的实效性提供基本前提。要通过开展调查研究,了解学生在社会主义核心价值观教育方面存在的问题,以便提出相关对策。其次,加强理想信念教育。邓小平曾经指出:"为什么我们过去能在非常困难的情况下奋斗出来,战胜千难万险使革命胜利呢? 就是因为我们有理想,有马克思主义信念,有共产主义信念。我们干的是社会主义事业,最终目的是实现共产主义。"①实践教学中加强社会主义核心价值观教育,要坚持以理想信念教育为核心,通过参观革命圣地等系列活动,在学生心中牢固树立共产主义远大理想和中国特色社会主义共同理想,铸牢其精神支柱。

2. 强化队伍建设,是强化马克思主义基本原理概论课意识形态功能的保障

强化队伍建设主要是强化教师队伍建设。马克思主义基本原理概论课教师是主力军,是马克思主义意识形态学习、教育、研究、宣传队伍中的中坚力量。强化队伍建设,就要夯实教师的理论基础和信仰基础。打造理论扎实、信仰坚定、忠诚使命、勇于担当的高素质教师队伍。首先,马克思主义基本原理概论课教师必须要做到真学、真懂,要系统学习马克思主义经典原著、马克思主义中国化的系列理论成果,掌握马克思主义基本立场、基本理论和基本观点,扎扎实实、原原本本学好学精是前提。其次,是真信、真用。要理论联系实际,从纵向的世界近代史和中国近现代历史发展、横向的当今世界发展格局和维度去思考和检验马克思主义,真正信服马克思主义的真理性。马克思主义基本原理概论课教师只有自己先做到深学深悟,牢固树立忠诚的马克思主义信仰,才有资格从事马克思主义基本原理概论课的教学和研究,才能够有效地触动学生感化学生,才能不断提高教学艺术和教学能力。

3. 强化网络引导,让学生在互联网上汲取最大的正能量

以微信、微博、QQ 为代表的新媒体技术在当代大学生群体当中

---

① 邓小平.《邓小平文选》第 3 卷[M].北京:人民出版社 1993 年版,第 110 页。

已经得到广泛的普及,并且深刻地影响着大学生的生活方式和精神世界,与此同时对国家意识形态安全的挑战也越来越大。如何让互联网这个"最大变量"释放最大的正能量,成为凝聚共识的助手,而不是搅乱社会的推手是摆在我们教师面前的重大任务。一方面马克思主义基本原理概论课教师要利用好现代信息技术和主流媒体把课堂主渠道和课后辅渠道、线下教育和线上教育、实时互动和追踪反馈结合起来,与学生拉近距离,沟通情感,答疑解惑,循循善诱、潜移默化地引导学生、激励学生;另一方面,互联网早已成为思想舆论交锋争鸣的前沿阵地,也是敌对势力渗透意识形态、兜售错误思潮、散播谣言蜚语、煽动不满情绪的重要渠道,因此马克思主义基本原理概论课教师要有足够的政治敏锐性和社会责任感,坚持底线思维,强化阵地意识,自觉担当网络舆论卫士,和敌对势力进行针锋相对的舆论斗争。第三,面对网络世界,在事关大是大非和政治原则问题上,教师要旗帜鲜明地引导学生明确底线、划清界限,澄清模糊认识,积极主动开展舆论斗争;让学生有意识地汲取互联网上的正能量,抵制负能量,对于那些错误的价值取向如拜金主义、享乐主义、极端个人主义等,以及世界观、人生观、价值观扭曲的社会现象,要理直气壮地引导学生进行大张旗鼓的批判和否定,让学生的思想和情绪向着正确健康的方向发展。

李宇靖①

新媒体融入高校意识形态教育的路径研究

（上海师范大学　上海　200234）

【摘　要】互联网技术的迅猛发展，从典型错误思潮凸显、主要斗争方式转变、移动智能数据涌动等方面为高校意识形态工作带来机遇和挑战。新媒体融入意识形态教育也成为高校应对当前意识形态领域中环境再变迁、技术再革新、群体再定位等问题的必然选择。为做好面向青年大学生的主流意识形态教育工作，高校必须从树立理念、建立机制、创新形式等环节探索新媒体融入高校意识形态教育的实践路径。

【关键词】网络意识形态；新媒体；高校意识形态教育

2013年8月19日到20日，在全国宣传思想工作会议上，习近平总书记强调，"宣传思想工作一定要把围绕中心、服务大局作为基本职责，胸怀大局、把握大势、着眼大事，找准工作切入点和着力点，做到因势而谋、应势而动、顺势而为。"②其中，"互联网是意识形态工作的主战场、最前沿。"③改革开放40年来，特别是党的十八大以来，面

---

① 作者简介：李宇靖，男，博士，上海师范大学宣传部理论宣传科科长，主要研究方向为高校思想政治理论研究。上海市徐汇区桂林路100号 200234。
② 《习近平谈治国理政》[M].外文出版社2014年版，第153页。
③ 《习近平新时代中国特色社会主义思想三十讲》[M].北京：学习出版社2018年版，第220页。

对错综复杂的国际环境和艰巨繁重的国内改革发展稳定任务，习近平总书记对网络意识形态工作所面临的新形势新任务作出了宏观思考和战略布局，提出了许多新思想新观点。十九大之后，围绕环境变迁、技术革新、群体定位所带来的"再转型"，深刻分析和把握新时期高校意识形态领域出现的新变化，更好发挥新媒体在大学生意识形态教育中的正面和积极作用，是高校应对、适应和调整自身意识形态工作的应有之意。

（一）当前高校意识形态工作所面临的新形势新情况

1. *典型错误思潮凸显：历史虚无主义的幽灵*

总体上来讲，当前我国意识形态工作的形势与全国的经济社会发展形势是一致的，既迎来黄金发展期又身处问题凸显期。一方面，我国意识形态工作平稳有序推进，宣传思想工作方式不断改进，理论武装工作效果卓著，理论创新硕果累累，文化体制改革初见成效；另一方面，意识形态领域所承受的冲击从未放缓，各种典型错误思潮时不时甚嚣尘上、粉墨登场作秀，包括宣扬西方宪政民主，企图否定当代领导，否定中国特色社会主义政治制度；宣扬"普世价值"，企图动摇党执政的思想理论基础；宣扬公民社会，企图瓦解党执政的社会基础；宣扬新自由主义，企图改变中国基本经济制度；宣扬西方新闻观，挑战中国党管媒体原则和新闻出版管理制度；宣扬历史虚无主义，企图否定中国共产党历史和新中国历史；质疑改革开放，质疑中国特色社会主义的社会主义性质。

其中，历史虚无主义的倾向尤其需要引起高校警觉。一段时期以来，一股以否定中国共产党、否定社会主义核心价值体系为终极目标的历史虚无主义思潮，有愈演愈烈之势。极少数媒体从否定毛泽东开始，到全盘否定刘少奇、周恩来、邓小平在内的党的第一代领导核心，进而否定中国共产党领导的社会主义制度，已经到了无以复加的地步。习总书记在8·19讲话当中，对意识形态工作提出了很多的要求，在讲到苏共垮台的时候，他认为苏共垮台有一个重要的原因，就是当时苏联出现了一股历史虚无主义的历史思潮，出现了否定列宁、否定十月革命、否定社会主义的这种历史虚无主义思潮，这对苏联的垮国、苏共的这种瓦解，起到了一种推波助澜的作用。"国内外各种敌对势力,总是企图让我们党改旗易帜、改名换姓,其要害就是企图让我们丢掉对马克思主义的信仰,丢掉对社会主义、共产主义的信仰。"①

自马克思主义和共产主义思潮诞生以来,东西方之间长达100余年的意识形态斗争日趋白热化,以美国为首的西方阵营,采用遏制政策、和平演变、"颜色革命"等方式,以贷款、贸易、科技、文化等各种手段诱压社会主义国家,通过电台、电影、教育和学术交流等各种形式,进行思想渗透,促使全面西化,并最终推翻社会主义国家政权、推翻社会主义阵营。随着互联网的兴起,西方敌对势力又试图抢占互联网阵地,依靠网络新媒体对我国进行无处不在的意识形态攻击。我们的青年大学生大都出生并成长在新世纪,限于知识水平、人生经历和社会阅历的不足,面对各种纷繁复杂的思潮和社会理论,很多时候处于一知半解状态,分不清是非曲直,缺乏判断力。各类敌对势力和多元意识形态派别热衷以我国高校为目标,利用新媒体影响青年大学生群体,高校主流意识形态教育所面临的挑战十分严峻。因此,高校必须加强主流意识形态教育,提高广大青年大学生的网络风险防控意识,避免在西方思潮影响下,被较浓的感情色彩和理想化情绪所掌控,成为敌对势力利用的对象。

2. 主要斗争方式转变:网络国家安全的交锋

笔者参与的一项2017年11月至12月对上海交通大学、同济大学、华东理工大学、上海财经大学、上海海事大学、上海中医药大学、上海第二工业大学、上海应用技术大学、上海师范大学、上海旅游高等专科学校等10所上海高校开展的"大学生国家安全观教育现状调查"显示,网络已经成为大学生获取知识的主要途径。网络时代的到来让大学生接受信息、传播信息的渠道更加便捷,同时也给国家安全带来了威胁。网络上各种信息鱼龙混杂,各种敌对势力往往通过互联网、手机短信等途径传播涉及国家安全的敏感信息。因此,如何利用好互联网和新媒体加强大学生意识形态教育,提高大学生国家安

---

① 《习近平谈治国理政》第2卷[M].北京:外文出版社2017年版,第327页。

全意识已经成为一个亟须解决的问题。

在当前的信息化时代,随着互联网技术的普及和新媒体技术的发展,任何微小的国家安全问题都可能在一夜之间转化为世界范围的大事件。十八大以来,以习近平同志为核心的党中央在治国理政中提出了一系列新理念新思想新战略,在国家安全方面,习总书记提出了新的国家安全观。2014年11月,习近平总书记向首届世界互联网大会致贺词指出,"当今时代,以信息技术为核心的新一轮科技革命正在孕育兴起,互联网日益成为创新驱动发展的先导力量,深刻改变着人们的生产生活,有力推动着社会发展。互联网真正让世界变成了地球村,让国际社会越来越成为你中有我、我中有你的命运共同体。同时,互联网发展对国家主权、安全、发展利益提出了新的挑战,迫切需要国际社会认真应对、谋求共治、实现共赢。"①

西方政要曾说"有了互联网,对付中国就有了办法"。美国政府智囊团有一个说法,过去搞垮苏联就用了两个化:西化和分化。现在要搞垮中国,这两化就远远不够用了,至少还要加四化:"淡化"中国人特别是领导干部的政治兴趣和信仰;"腐化"党的领导干部;"丑化"中国,唱衰中共;"融化",让马列主义在多元的意识形态包围和冲击下融化。据调查,美国"八大金刚"(思科、IBM、谷歌、高通、Inter、苹果、甲骨文、微软)的产品,已深度渗透至我国电信、金融、能源等关键信息基础设施。思科占据了中国电信163骨干网络的73%份额,把持了所有核心节点;占据了金融行业的70%份额。西方敌对势力通过微博、微信等新媒体培养了一批所谓的"意见领袖"、网络大V。这些"意见领袖"通过历史虚无主义、戏说等手法抹黑共产党和社会主义,造成恶劣影响。个别高校教师利用其在网络上的影响力,鼓吹西方宪政、多党制、新自由主义和"新闻自由"等,在党的十八届四中

<hr />

① 《习近平致首届世界互联网大会贺词全文》[EB/OL]. 人民网: http://politics. people. com. cn/n/2014/1119/c1024-26054227. html,更新日期:2014年11月19日。

全会后公然反对依法治国必须坚持党的领导,公然为"颜色革命"辩护,通过微博在社会上制造意识形态混乱。在当前信息化时代网络普及的条件下,网络意识形态安全问题更加凸显,抓好高校大学生意识形态教育工作,做好意识形态斗争,确保意识形态安全,是关系到党和国家命运和前途的重大问题。

　　3. 移动智能数据涌动:强势信息文化的入侵

　　新媒体的开放性和共享性使信息获取变得更为便捷,多种社会思潮和价值观念在网络空间涌动,在丰富信息资源获取渠道的同时,网络空间意识形态传播的复杂与价值观念的多元为错误价值观念和反动思想言论的传播提供了便利条件。"当今社会正处于知识、信息大爆炸、科技飞速发展、全球经济一体化的时代,青年学生心理发展随之呈现出复杂性、丰富性、时代性和多样性特点。"[①]对于00后的大学生而言,互联网已经成为他们日常生活的一部分,从麦克卢汉对"地球村"的预言到新媒体对20世纪乃至21世纪人类生活观念所带来的深刻变革,青年学生面对来自东方与西方、传统与现代、官方与民间、主流与非主流等维度的价值碰撞,既缺乏现实社会的体验,又强烈渴望挣脱权威们的家长式灌输来形成个人的独立价值判断。网络的虚拟角色给这种矛盾性滋生了土壤,催生了各色"网络青年社群",大学生们利用自身的网络话语体系来构架与老师、家长和社会的"藩篱"和"盲区"。

　　国内外各色错误思想和不良信息随着大数据载体不断"抢滩"这些"网络青年社群",利用网络平台大肆宣扬西方的所谓民主自由、宪政、"普世价值""新闻自由",虚拟美化国民党统治的民国时期,用历史虚无主义的手段夸大捏造我党和中华人民共和国历史上的失误,以隐晦地攻击党和社会主义。正如美国对中国的和平演变的《十条诫令》中所描述的,"时常制造一些无风三尺浪的无事之事,让他们的人民公开讨论。这样就在他们的潜意识中种下了分裂的种子。"

---

　　① 北京师范大学价值与文化中心.《我国青年学生价值观特点和社会心理状况》[N].中国教育报,2004年12月7日第3版。

西方国家凭借技术优势和媒体掌控优势，必然把我国高校作为它们"强势信息文化"的输出地，输出一些冲击我国主流意识形态的错误社会思潮。由于网络信息的虚拟化和不可视性，导致虚假信息、匿名信息的传播也就多了起来，网络上各种信息鱼龙混杂，真假难辨，大学生由于缺乏良好的辨别能力和安全意识，很容易被有心人所误导和利用，威胁中国国家安全。少数学生被网红、直播、网游等虚拟平台的"成功"假象所误导，幻想奢侈民主化等新的社会思潮和生活方式，或被骗网络汇款，或参与不良"校园贷"，或沉迷网络游戏，在变形、扭曲和错位的历史教育影响下，个人价值观受到冲击，理性价值判断能力下降，短期体现为学习动力不足，长期将造成缺乏生涯规划和生活目标，无法将个人发展和国家发展有机统一起来。

（二）新媒体融入高校意识形态教育的重要性迫切性

1. 新媒体为高校意识形态教育创造了有利条件：环境再变迁

根据第 42 次《中国互联网络发展状况统计报告》显示，截至 2018 年 6 月，我国网民规模为 8.02 亿，上半年新增网民 2968 万人，较 2017 年末增加 3.8%，互联网普及率达 57.7%。我国手机网民规模达 7.88 亿，上半年新增手机网民 3509 万人，较 2017 年末增加 4.7%，网民中使用手机上网人群的占比达 98.3%。中国网民中学生群体最多，占比达 24.8%。①

当前，在中美贸易摩擦事件的影响下，国内外形势错综复杂，各种社会问题与矛盾日渐凸显，高校的意识形态问题更加紧密地与现实社会问题交织在一起，意识形态斗争日益体现在高校青年学生的现实生活、网络空间、话语体系和情感人心的争夺中，高校意识形态领域面临更多新挑战。针对媒体格局、舆论生态、受众对象、传播技术等方面发生的深刻变化，习近平总书记强调："互联网已经成为舆论斗争的主战场。在互联网这个战场上，我们能否顶得住、打得赢，

① 《第 42 次中国互联网络发展状况统计报告》[EB/OL]. 中共中央网络安全和信息化委员会办公室网站：http://www.cac.gov.cn/2018-08/20/c_1123296882.htm，更新日期：2018 年 08 月 20 日。

直接关系我国意识形态安全和政权安全。要增强阵地意识,敢于发声、敢于亮剑,尽快掌握网络舆论场上的主动权,不能被边缘化了。"①

任何一种思想教育活动都必须在一定的环境中进行,大学生主流意识形态教育也不例外,高校作为意识形态工作前沿阵地,肩负着学习研究宣传马克思主义,培育和弘扬社会主义核心价值观,为实现中华民族伟大复兴的中国梦提供人才保障和智力支持的重要任务,进一步做好并加强大学生意识形态教育责无旁贷。面对不断革新的新媒体时代冲击、日益扩大的网络化信息传播规模,以及以多元化与一体化交织相融为特点的国际舆论宣传和文化思想观念在网络空间的激烈碰撞,高校如何更好发挥新媒体在引导正面舆论中的积极作用,在新媒体环境下开展有针对性的主流网络意识形态教育任重道远。

2. 新媒体为高校意识形态教育提供了新的载体:技术再革新

高校是社会领域的重要组成部分,大学生主流意识形态教育是教育工作的重中之重,直接关系能否培养出社会主义合格建设者和可靠接班人的重任,直接关系到社会主义事业的兴衰成败,因此,党和政府历来比较重视大学生的主流意识形态教育。为了使新媒体环境下更好地开展主流意识形态教育工作,2015 年,中共中央办公厅、国务院办公厅印发的《关于进一步加强和改进新形势下高校宣传思想工作的意见》中明确指出:"要着力加强高校宣传思想阵地管理",强调"要加强校园网络安全管理,加强高校校园网站联盟建设,加强高校网络信息管理系统建设","要构建高校宣传思想工作大格局,各级党委和政府要从战略和全局的高度,充分认识加强和改进高校宣传思想工作的极端重要性和现实紧迫性,把这项工作始终摆在重要位置,切实加强领导。"②

---

① 闻言.《坚定文化自信,建设社会主义文化强国——学习〈习近平关于社会主义文化建设论述摘编〉》[N].人民日报,2017 年 10 月 16 日第 7 版。

② 中共中央办公厅,国务院办公厅.《关于进一步加强和改进新形势下高校宣传思想工作的意见》[EB/OL].中央政府门户网站:http://www.gov.cn/xinwen/2015-01/19/content_2806397.htm,更新日期:2015 年 1 月 19 日。

新媒体以其独有的优势,如传播媒介多样化、传播方式生动化、传播范围广泛化、传播内容海量化、信息速度即时化等,公众从中获益颇多。进入新时期,围绕网络新媒体的技术再革新飞驰蹄疾,包括信息技术、人工智能、大数据等新技术日新月异。应对新技术的变化,我们高校必须采取适应学生的手段开展网络意识形态领域的工作。一方面,新媒体技术再革新拓宽了大学生获取知识信息的渠道,促进了思想教育、教学科研、服务管理等工作的效率,网络应用的深入和互动社区的兴起改变了大学生传统的学习生活思维习惯;另一方面,网络科技的迅猛发展同时也进一步加剧了东西方意识形态斗争的交锋和多元文化思想观念的碰撞,形成对传统教育模式、原有教育权威、现行言行规范的挑战,高校维护安全稳定及舆论引导工作任务更为艰巨,网络意识形态教育工作形势依然严峻。

机遇与挑战并存。这些新的变化,也有利于倒逼高校在开展意识形态领域的宣传教育过程中,在强调主流意识形态的阶级、国家和民族话语权的同时,宣传模式上开始逐步从传统传播方式转向既注重传统方式,更注重网络化新媒体等方式,从单向灌输转向双向反馈,从强制规范转向沟通劝诫;表达形式上不断创新方式方法和平台载体,善用大学生喜闻乐见的形式特别是年轻人乐于接受的话语,努力增强教育的针对性和实效性,更加注重普通适用性。这与十八大以来党中央通过构建与时俱进的新媒体对外话语体系,来提升我国对外传播的影响力和对外话语的号召力,藉此推动中国理念得以更加有效地体现、中国主张得以更加自信地表达,向全世界展现一个更为清晰、更为多彩、美丽、生动的中国的努力是相一致的。

3. 新媒体可以促进高校意识形态教育互动性及主体性的发挥:群体再定位

2018 年 5 月 2 日,习近平总书记在北大发表重要讲话,勉励广大青年"爱国、励志、求真、力行"。2018 年 8 月 21 日,习近平总书记在全国宣传思想工作会议上强调,要始终坚持党对意识形态工作的领导权,建设具有强大凝聚力和引领力的社会主义意识形态。2018 年 9 月 10 日,习近平总书记在全国教育大会上强调,培养什么人,是教育的首要问题。我国是中国共产党领导的社会主义国家,这就决定

新媒体融入高校意识形态教育的路径研究

了我们的教育必须把培养社会主义建设者和接班人作为根本任务，培养一代又一代拥护中国共产党领导和我国社会主义制度、立志为中国特色社会主义奋斗终身的有用人才。

总的来看，当前我国高校意识形态领域总体上表现出稳中向好的趋势。高校青年学生对中国特色社会主义，尤其是改革开放四十年来取得的伟大成就高度认可，对中国共产党执政能力与治国理政水平高度认可。高校青年学生辨别是非的能力进一步增强，对中国发展的历史逻辑和特殊国情有了进一步认识，进一步坚定了中国特色社会主义道路自信、理论自信、制度自信和文化自信与实现中华民族伟大复兴中国梦的信心。

形势越是乐观，我们越是要提高警惕。随着信息化时代在全社会的普及，高校基本上实现了网络进校园，网络进课堂，网络进学生宿舍。各种新媒体扮演的角色越来越重要，早已成为民众尤其是高校师生进行教与学活动必不可少的载体。新媒体深刻地影响了教师与学生各方面的认知。教师们运用新媒体使自己的教学工作更加形象、更简单易懂，教学理念也更容易得到推广。新媒体帮助大学生极大地开阔了视野，使其获得了很多与学习和生活有关的资讯，校园文化也因此变得精彩纷呈。对大学生而言，信息化带来的信息不对称现象消减，学生群体的多元化、多样化日益明显，学生个性化、主体性日益增强，对意识形态领域的工作提出了更高要求和需求，老师要上好课，做好思想教育引导工作，就要知得多、见得广、想得深、说得明。就教师群体而言，面对大量具有多元价值观和不同文化背景的教师群体，学校如何提升教师的育德意识和育德能力培养，也是一个重大课题。

（三）新媒体融入高校意识形态教育的实践路径

1. 树立运用新媒体开展意识形态教育的理念

（1）提高受教育者主体地位，发挥教育者运用新媒体的积极性

就学生群体而言，要引导大学生不断增强主体意识，明确自身对于维护国家安全的重要性；努力提升理论水平，学习掌握和反思国家安全的系统知识；积极参与社会实践，亲身体验国家安全建设的形势和要求，自觉履行维护意识形态安全的义务。就教师而言，要加快建

设专业化教师队伍,组成网络队伍,开展网上舆论引导和思想疏导,回应学生关切,解答学生疑惑;立足课堂教学,打造有血有肉、理论与实际紧密结合、具有强烈实效性的第一课堂,创新和丰富思想政治理论课中意识形态安全教学的形式和内容;加强对教师群体在意识形态方面的考核,真正落实师德师风问题"一票否决制",调动起该群体重视意识形态问题的积极性和主动性。

(2)充分利用现代化信息技术,提高开展意识形态教育的效率

要加强师生网络安全文明教育,切实把社会主义核心价值观融入师生网络生活,推动学校网络文化、网络文明、网络诚信建设,引导师生成为网络文明的实践者、参与者和建设者。加强对师生网民遵纪守法、网络媒介素养、网络安全等方面教育,做好相关法律法规的学习宣传和贯彻实施,引导师生依法上网,明确网络行为底线、网络违法违规高压线。

(3)尊重个体差异,把握互联网发展规律和思想文化发展规律

要树立互联网思维,遵循互联网发展规律,增强网络文化自信,以引导和服务师生为中心,创新网络思想政治工作的理念、机制、载体和内容,大力推动思想政治工作传统优势与信息技术相融合,加强"易班"、网络思政工作室等各类网络宣传思想平台的建设,构建立体式、网格化、品牌化网络思政教育新格局,让思想政治工作真正活起来。

2. 建立运用新媒体开展意识形态教育的机制

(1)加强新媒体管理的制度体系建设

要建立集体领导、分工明确、执行有力的网络意识形态责任体系。按照属地管理、分级负责和谁主管谁负责的原则,各级党组织对网络意识形态工作负主体责任。各级党组织书记是第一责任人,要旗帜鲜明地站在网络意识形态工作第一线,带头抓网络意识形态工作。各级党组织分管领导是直接责任人,协助书记抓好统筹协调指导工作。各级党组织班子其他成员根据工作分工,按照"一岗双责"要求,抓好分管工作的网络意识形态管理,对职责范围内的网络意识形态工作负领导责任。

(2)加强新媒体管理的机构部门建设

要健全党委统一领导、党政齐抓共管、相关职能部门分工负责、

二级单位层层落实的网络意识形态工作格局。条件成熟的高校要加强新媒体专门管理机构的建设,成立可以跨部门的网络安全和信息化领导小组,统筹领导网络意识形态工作,学校主要领导任组长,分管意识形态工作、信息化工作、安全稳定工作的校领导任副组长,领导小组成员单位应包括相关职能部门等。其主要职能一方面是做好网络舆情监督管理工作,加强师生思想动态调研和涉及学校的网络舆情信息搜集、分析、研判、报送工作,做好重大专项、重大突发事件舆情监测、预警、报告和处置;另一方面是加强学校校园网信息系统的安全管理,推进学校信息系统安全等级保护定级、备案及测评工作,加强各类校园网信息系统的运行和使用责任制。

（3）加强新媒体管理的三支队伍建设

要建强网宣、网管和网评队伍,重点培育一批有专长、懂技术、擅研究、有影响力的网络评论专家、宣传干部、辅导员和学生骨干团队,提高网上议题设置能力和舆论引导水平,壮大网络舆论引导力量。搭建队伍交流平台,定期开展分层分类业务培训。加强对领导干部网络意识形态工作的教育培训、监督管理,增强责任意识,提高政治鉴别力。

3. 创新运用新媒体开展意识形态教育的形式

（1）搭建红色主题教育网站、基层党建网等新媒体意识形态教育平台

要加强对网络的运营和管理,确保网络传播信息的准确性及积极向上,为大学生意识形态教育营造绿色的网络环境。通过借助技术手段,对网络信息及其来源进行严格过滤和筛选,净化网络空间,全面防止各种网络威胁对大学生造成影响。在做好网络信息安全防护的同时,结合国家安全教育日等相关纪念日,引导大学生通过网络自觉了解和学习意识形态安全常识。通过红色主题教育网站、基层党建网等新媒体意识形态教育平台,推送《国家安全法》《反间谍法》中的法律法规和相关知识,使大学生充分认识到当前国家意识形态安全的形势,提高政治敏感度,自觉履行维护国家安全的义务和责任,寓有形的教育于无形之中,营造维护国家安全的良好氛围。

（2）丰富时事热点专题讨论、先进模范人物网络宣传评选等新

媒体意识形态教育内容

要坚持发挥网络新媒体的价值引领作用,强化阵地建设和内容策划,坚持线下工作和线上传播整合协同,组织开展马克思主义中国化最新成果、社会主义核心价值观的网络传播,加强网上宣传思想文化阵地建设,唱响主旋律,提振精气神。选树榜样,组织开展弘扬师德师风的优秀教师和倡导优良学风的优秀学生的网上主题宣传活动,发展积极向上的网络文化,把握正确的网络舆论导向,充分利用网络进行正向引领,发挥好网络的育人功能。

（3）善用微博、微信公众号等新媒体意识形态教育载体

要注重对校内微信公众号和微博账号的管理。要打破官方管理微信公众号的范畴,对涉及使用学校形象标识、发布学校公共信息的师生个人微信号进行备案,并明确了基层党委的监管责任。对管理有漏洞、内容长期不更新的微博、微信号采取约谈或退出措施。组织实施舆情专报工作,针对舆论热点和师生关心的问题,及时开展研判,化解矛盾和争端,做好工作预案。

杜 鹃①

浅论当代文化中的时尚与道德

（上海三联书店 上海 200030）

【摘 要】抛开其多变的外在形式，时尚具有与道德一样的文化要素的特征。当代时尚具有巨大的物质力量和精神力量，它的非理性思维方式和个人主义价值取向对道德造成了很大的冲击，带来了情感主义的道德观。同时，时尚与道德在文化结构中是互动的。当前这种互动的不平衡突出表明道德创新的迫切性。

【关键词】时尚；道德；文化；情感主义

"文化"的定义有很多，这往往是因为讨论的主题和视域不同而导致的。作为与政治、经济等领域不同的一个领域的"文化"指的是"文化艺术"等较为精神性的一个社会领域。丹尼尔·贝尔立足于文化的功能定义，认为文化就是为人类生命过程提供解释系统、帮助他们对付生存困境的一种努力。它来源于所有人类面对的生存环境，怎样应付死亡，怎样理解悲剧和英雄性格，怎样处理爱情，学会同情，平衡本能与约束等等。这些都是古老的、一再困惑人类的难题。但文化所涉及的问题还要广泛得多。从其构成来看，文化就是泰勒所认为的"包括知识、信仰、意识、道德、法律、习俗以及包括作为社会成

---

① 作者简介：杜鹃，女，硕士，上海三联书店编辑。上海市徐汇区漕溪北路331号 200030。

员的个人而获得的任何能力、习惯在内的一种综合体"①。而社会学家和人类学家对文化的定义则是:"一个群体或社会所共有的价值体系和意义体系,包括使这些价值观和意义体系具体化的物质实体"②。本文将要讨论的文化就是上述意义上的文化,它不是指与自然相对所有打上人类印记的东西,而是具有一定物质形式的价值体系和评价体系,因而是一种中观层面上的文化。它不仅仅包括科学、艺术、技术等诸如此类的知识,而且包括人类在社会生活中逐渐形成的社会习俗、法律、道德、时尚等的社会规范、整合体系。正是在这样的"文化"界定下,我们把时尚与道德置于其中进行讨论。

(一)

对于时尚,我们也有一个讨论的角度和视域问题。通常情况下,时尚被看作在一定地点或一定时间流行的服饰、礼仪、日常用语、家居、饮食习惯、行为方式等各种我们可见到的社会现象。因为时尚的传播、普及和发展所依靠的主要手段是流行,流行与时尚实际上是同一事物的不可分割的两个方面。作为社会心理现象,时尚被社会心理学定义为一种分散的集群行为,是指"一个时期内相当多的人对特定的趣味、语言、思想和行动等各种模型或标本的随从和追求"③。时尚的出现来源于这样的心理机制:社会较高阶层的人通过新奇甚至怪异的事物表现出他们与其他阶层的不同;而其他阶层的人则要求同于高阶层的人,而通过模仿追逐各种新奇甚至怪异的事物。这也就是说时尚是人的一种心理需要。帕雷金曾经说过,时尚是对个人尊严感觉不到满足时的一种补偿手段。在心理学的认识基础上,齐奥尔格·西美尔认为时尚是一种社会需要的产物。他说:"时尚是既定模式的模仿,它满足了社会调适的需要;它把个人引向每个人都在行进的道路,它提供一种把个人行为变成样板的普遍性规则,但同

---

① 泰勒.《原始文化》,转引自《文化辞典》[M]北京:中央民族学院出版社1988年版,第109页。

② 戴维·波普诺.《社会学》[M].沈阳:辽宁人民出版社1987年版,第97页。

③ 周晓虹.《社会时尚的理论探讨》[J].浙江学刊,1995年第3期,第62页。

时它又满足了对差异性、变化、个性化的要求。……凭借时尚总是具有等级性这样一个事实,社会较高阶层的时尚把他们自己和较低阶层区分开来,而当较低阶层开始模仿较高阶层的时尚时,较高阶层就会抛弃这种时尚,重新制造新的时尚。"①但在社会学和文化人类学的视野下,时尚不仅仅是行为模型、事物的样式和及其普及演变过程,而且体现着价值观、社会规则的文化内涵。美国社会学家 H. 布卢默认为,时尚是一种流行的或接受的风格,常常被认为是高等的做法,并且在某些领域具有比较高等的价值。日本学者藤竹晓也认为:"时尚不仅仅是某种思潮、行为方式渗透与社会过程,而且,通过这种渗透过程,时尚队伍的扩大,还包括不断地改变人们的价值判断过程。"②总而言之,时尚作为文化现象,流行的事物和行为模型是其载体,是一种物质文化;而其后所体现的价值、规范体系则是精神文化。

与时尚一样,道德在任何时代都是人类文化的一个重要组成部分。道德现象是人类社会特有的涉及"追求善"的现象。道德现象产生在历史上伴随着人意识到自身面临的持久挑战应运而生:如何协调对立的欲望、需求和力量,而使之处于一种有利于人和谐发展的适当张力中。所以,道德现象反映了人自觉运用理性把握自己及其创造物,并在理性自觉中掌握和体现那些把人确立为人,引导人去发展自身高级属性的生活规则。在规范意义上,道德与法律一样,并且较之于法律更早地产生于人类解决冲突、追求和谐发展、追求完善的努力。确切地说,道德是以善恶为标准,依靠社会舆论、传统习惯和人们的内心信念维系的,调整人与人(包括个人与集体、社会)、人与自然、人与自我生命体等的关系的原则规范、心理意识和行为活动的总和。其对于善恶的看法,集中体现一种文化的价值取向。爱因斯坦说:"一切人类的价值的基础是道德"。道德具有非常强烈的民族文

---

① 齐奥尔格·西美尔.《时尚的哲学》[M].北京:文化艺术出版社 2001 年版,第 72 页。

② 转引自周晓虹.《现代社会心理学——多维视野中的社会研究》[M].上海:世纪出版集团 1997 年版,第 413 页。

化性质,是一个民族自身文化的主要内涵。一个民族的文化的形成,是这个人种种族与其自然生存环境的共生现象,道德则是这个民族与其自然社会对象相互作用与和谐相处的一种知识形式和生活行为规范,所以,一个民族的"道德"往往就是这个民族的人种性质与文化的综合表达,实际上就是一个民族在自己历史过程中所孕育出来的世界观、人生哲学和言行的习惯。

（二）

　　时尚与道德作为文化的要素有很大的不同,这是导致一般情况下人们无法把二者联系在一起的原因所在。时尚与道德的不同点表现在很多方面(见下表)。首先,就它们在文化结构中的位置来说,道德较之于时尚居于更深层的位置。道德是一个民族、共同体的文化传统长时间积淀的结果,有其自己的客观发生发展规律;而时尚处于文化的表层,是变动不居的。道德具有更强烈的历史性和继承性,而时尚具有更强烈的时代性。其次,就二者的文化学习特性来说,时尚要强于道德。时尚更易于受到其他文化的影响,能更快地从其他文化中学习。再次,就二者的社会规范整合能力来说,道德就有长久的、渐进的、隐藏的规范整合能力,而时尚则相反。在一定的时期内,时尚有强大的威力,但不能延续很长的时间。最后,就二者的心理机制或思维方式来说,时尚常常是非理性的,来自于人的一种自然的心理机制和欲望,而道德是理性的,往往需要对自然欲望的克服。

	道　　德	时　　尚
文化结构中的位置	底层	表层
文化学习特性	较弱	较强
文化规范整合的能力	较强、所需时间长	较弱、所需时间短
文化的心理机制	理性	非理性
主要的文化特征	包含着传统的价值取向较强的历史性和民族性	表现文化的变化发展的趋势较强的时代性和变化性

　　但是,道德与时尚作为文化的要素还具有共同性,可以放在一起进行比较分析。李亦园先生把文化分为三个层次。第一个层次是人

克服自然并藉以获得生存所需而产生的物质文化。第二个层次是社群文化或伦理文化，是为了与他人相处所创造出来的。第三个层次是精神文化或表现文化，是为了克服自我心理而产生的。时尚与道德的文化内涵主要的是第二层次、第三层次的文化。时尚"一方面使既定的社会圈子和其他圈子相互分离，另一方面，它使一个既定的社会圈子更加紧密"①，道德为人们的行为活动提供了评价标准和规范体系，因而二者都是社群文化或伦理文化。时尚可以去除人们的自卑心理，建立尊严的感觉，道德可以提升人之为人的本质，因而二者都是精神文化或表现文化。但在一定社会文化内部，时尚与道德的同质性和差异性必然会导致二者的联系和矛盾。一方面，时尚的文化学习功能、时代性和变化性会不断地冲击传统道德，甚至影响文化整体。另一方面，道德的规范功能、历史性和民族性会为时尚设置一些"禁区"，保持文化的稳定性。时尚的冲击力和道德的限制力构成了二者之间的互动。

（三）

时尚总是存在的，作为一个普遍概念它永远也不会改变，但在个别意义上的时尚是多变的。每个时代都有这一时代特有的时尚，每一代人都有自己的时尚。但在特定的时代流行何种时尚却是各种因素共同作用的结果。20世纪50、60年代，戴军帽、穿军装在我国是一种时尚，这与当时的"革命热情"和领袖崇拜是联系在一起的。这种时尚具有一种强大的力量，渲染着革命的文化氛围，同时也非常清楚地反映着当时的"革命文化"。改革开放以后，人们的生活水平提高了，人们除了工作学习以外有了相对闲暇的时间；大众传播媒介（尤其是电子媒介）大大发展了；国外文化价值观念凭借各种形式和途径进入了中国。时尚也有了完全不同的物质载体和特征，表现出了完全不同的文化内涵。似乎时尚也与国际"接轨"了。当代的时尚以空前巨大的强势力量影响着我们生活的方方面面，像空气一样无处不

① 齐奥尔格·西美尔.《时尚的哲学》[M].北京:文化艺术出版社 2001 年版，第 92 页。

在。我们的道德生活也不能幸免,因为时尚的力量已经强大到足以影响整个社会的文化了。所以,一旦我们抛开时尚藉以表现自身的转瞬即逝的外在变化形式,就可以洞见其背后的文化内涵。

时尚往往是非理性的,时尚在当代社会的空前兴盛本身就说明我们所处的时代是一个理性被淡化、"跟着感觉走"的时代。在当代社会,一些新奇的、反常的、极端的事物都可能会纳入时尚的领域。从养猫、狗到养孔雀、蜥蜴、刺猬再到电子宠物,从开叉旗袍到肚兜装再到运动装,从街头的珍珠奶茶到快餐店里的薯条、炸鸡、可乐再到酒吧里的卡布奇诺咖啡,随便什么东西都可以"时尚"。在我们的日常用语中时尚似乎可以与任何一个名词搭配,例如时尚生活,时尚英语,时尚服饰,时尚手机,时尚杂志,时尚人物,时尚风情物语,时尚休闲,时尚减肥,等等。时尚也因此而让人不可把握。但是,时尚很难把宗教信仰、科学兴趣等作为自己的题材,因为这些领域要求人们理性地服从客观原则。时尚的制造者和推动者——企业、偶像、大众媒体等——也不断强化着人们的非理性的倾向。法国著名记者阿尔贝·杜鲁瓦曾这样描述我们这个时代:"名流、媒体、读者,三者的共舞激起了最荒诞的狂欢节,名人效应和现代传媒的结合带来的是一个非理性的时代。"而在名流、媒体、读者三者之间,时尚无疑是一个重要的联系纽带和对话主题。在铺天盖地的时尚大潮中,人们的理智逻辑被挤到了一边,不去思考所见所为"是什么""是为什么"的问题。甚至思考的时间也没有了,闲暇的时间只是忙于追逐时尚,尽力把感情张扬到极致。时尚所包含的非理性思维方式在人们的消费观念上表现得再明显不过了。被时尚引导的消费根本没有长远的目的性可言,不过是刺激性的消费和摆阔性的奢侈消费。这样的消费需要就是丹尼尔·贝尔所说的欲求(needs),用以表明个人地位、体现优越感,永远不会达到满足。

时尚的追随者通过"求同于人"的模仿是想要提高个人的地位,弥补个人在某些方面的劣势。时尚的领潮者通过"树异于人"是为了彰显个人的地位和优势,使个人与他人区别开来。当代的时尚特别强调它与流行的区别,因为它不仅仅是单纯地对流行事物的模仿,人云亦云,而是更加重视个人的个性表达和忠实于自己的生活感觉。

因此,时尚在本质上包含着个人主义的价值取向。这与时尚带来的非理性思维方式是相一致的。非理性的时尚强调个人主观的感受,强调个人观点的绝对性,任性的为所欲为,别人可以不喜欢我的选择,但却不可以干涉。通过时尚现代人似乎是疯狂地寻找"自我"、追求个性解放和自我的表达。宫敬才先生认为个人主义有不同的发展轨迹,包括积累式的个人主义,消费式个人主义,颓废式的个人主义,反思式的个人主义四个发展阶段。① 按照这种划分,当前时尚在我国表现出来的个人主义应当是消费式个人主义。这种个人主义思想产生和盛行于产业革命的中后期一直到美国20世纪30年代的新政实施。消费式个人主义在我国的出现和发展是市场经济发展的必然结果。伴随大量科学技术和管理技术因素渗入经济运行过程,劳动生产率的提高速度昔日难以想象,原有的供求均衡状态被彻底打破,供总大于求,为了适应裂变式供给的急剧发展,如何刺激需求以适应供给的迫切需要,让个人尽快消费,多多消费,便成了整个社会生活正常运转的枢纽所在。这样,能挣会花、不挣而赊账和贷款消费不得不成为社会生活的时尚。这一时尚在政府支持、传媒鼓励和广告诱惑的多重推动下,沉淀为整个社会生活的基调,并在不知不觉中影响了社会文化。

(四)

时尚带来的非理性思维方式和个人主义价值取向对道德冲击的主要结果就是:情感主义的道德观盛行。根据麦金太尔的看法,"所有评价性的判断,尤其是所有的道德判断,就其在本性上,它们是道德的或是评价性的而言,都不过是爱好、态度或感情的表述","情感主义论断的核心部分是:宣称客观的和非个人的道德标准存在的任何主张,都没有也不能得到任何正当合理的论证,因此,也就没有这样一类标准"②。这就是说,情感主义道德的实质在于,(1)社会生活

---

① 宫敬才.《诠解个人主义》[J].《哲学门》,第二期。
② 麦金太尔.《德性之后[M].北京:中国社会科学出版社1995年版,第16页,第25页。

中的道德判断的运用,是纯主观的和情感性的;(2)个人的道德立场、道德原则和道德价值的选择,是一种没有客观依据的主观选择。客观的道德标准只能来自于人的理性或信仰,时尚的非理性思维方式往往都与理性和信仰相对立。当时尚泛滥无孔不入的时候,人的行为主要的就是爱好、主观态度和感情的产物,理性便受到挤压,信仰也不再像原来那样坚定了。同时,个人主义的价值取向一旦与非理性思维方式结合在一起,就会进一步强化人们的情感主义倾向。因为,个人主义要通过表现自我强调个人的尊严和地位,而现在这种自我表现只是个人的主观感受、态度、情感的表现了。

在当前的社会现实中,情感主义的道德观就是道德言辞和道德的判断的运用主要是个人好感和个人好恶的表达。具体地说,这主要表现在以下三个方面:第一,传统集体主义道德原则在人们的道德生活的地位中受到了极大的挑战。传统集体主义原则强调集体利益的绝对优先和个人的自我牺牲。现代人对此不能全盘接受,更重视个人观点。这样,非集体主义的道德原则,如功利主义、个人主义、利己主义的道德原则,在我们的道德生活中开始"大有市场"。第二,传统的道德权威被打破。传统上的道德权威是通过政治的力量确立起来的,与此联系的是"英雄式道德"。但情感主义的道德观深受大众媒体的影响,不再像以前那样认同传统的道德权威。消费主义的道德和贝尔所谓的"娱乐道德"(fun morality)也随之产生。第三,非道德主义的现象大量存在。现实生活中,有些人故意将某些道德规范加以违反、嘲笑和奚落;将违反道德的言语和举动做得故意张扬,以引人注目;对符合道德的现象故意加以嘲弄和羞辱,以表明自己与道德的势不两立;在文学作品中,充满着对道德的挑战,高雅的文人与街头的小痞子一样表现出对道德的不屑,等等。在这种情况下,违反或蹂躏道德,似乎成为一种潇洒的生活方式和人生境界,因而孙立平先生将这种非道德主义的现象称为"蹂躏道德现象"。情感主义的道德观在我们的社会中绝不限于表现在以上的三个方面,其存在和发展也不能简单地归结为"道德爬坡"或"道德滑坡"。当代社会的时尚对道德的发展是利还是弊需要我们深入地进行分析。

（五）

如前所述,时尚与道德作为文化要素处于互动的状态之中。时尚的变化不断地构成对道德限制的突破,促使道德自身随着社会环境的变化而变化;道德的规范又时时评判时尚,将其纳入规范的领域。一般而言,时尚与道德的互动如果处于平衡的状态下,时尚的求新求异就会在道德认可的范围里进行,不会对道德造成影响力,而道德会维持它原有的标准和规范。但这种平衡只能是一种理想的状态,否则社会的道德就不会发展。当前,在经济改革、新技术革命和西方文化价值观念的影响下,人们的社会生活正从传统型向现代型转变。这种生活方式的变化,不论是经济生活、文化生活方式的变化,还是家庭婚姻生活方式或恋爱生活方式的变化,往往都是通过时尚的形式表现出来。因而时尚的冲击力就在方方面面表现出来,造成时尚与道德互动的极大不平衡。某种行为或观念一旦成为时尚,似乎就置身于道德之外,不受道德价值观念的规约了。同时,社会生活好像形成了"道德真空"——道德失去了它的规范功能,出现了危机。

当前时尚与道德互动的不平衡导致了两种现象,即"不道德的时尚"和"不时尚的道德"。所谓"不道德的时尚",是指某些时尚的行为和观念与当前的道德不一致,为道德所谴责和禁止。时尚本身在多数情况下是道德中性的(amoral),比如染彩发、穿高跟鞋,并不涉及道德的善恶。但也有些时尚行为如包二奶,更主要的是时尚包涵的观念如个人主义的价值观,按照当前的道德标准就会被认为是不道德的。所谓"不时尚的道德",是指当前的道德在社会生活中被淡化,道德行为不像时尚那样被人们追随和赞许。例如,雷锋在我们这样的时代就不一定能像当年那样掀起学习的热潮。应当注意到的是,"不道德的时尚"和"不时尚的道德"其实都包含两个方面的问题,一方面涉及时尚行为和观念的事实如何的问题,另一方面涉及当前道德的价值取向如何的问题。因此,时尚不道德和道德不时尚实质上是同一个问题的两个方面,正是时尚与道德的不一致使道德不能时尚起来。对于这个问题,我们就不能仅仅就时尚与道德而论时尚与道德,应当从促进整个社会的发展和文化的进步的角度来看待。如果当前的道德不利于社会文化的进步,"不道德的时尚"恰恰就是一种促使原有道德创新的推动力。如果当前道德经过创新,能够适应新的社会环境,道德不时尚的局面也就会得到改观。我国正处于社会转型期,原先许多道德观念和规范都不能适应当前的社会发展,如道德的泛化(把道德评价贯彻到生活的各个领域)和道德的拔高(用崇高的道德作为普泛标准要求他人)。在道德的创新和发展过程中,我们要引导时尚和道德良性互动,建立适应我国社会发展的道德体系。

—吴佳芮①

新时代增强社会主义意识形态凝聚力和引领力建设浅析

(上海师范大学　上海　2002340

【摘　要】建设具有强大凝聚力和引领力的社会主义意识形态，是习近平总书记在新时代对社会主义意识形态工作提出的新要求，也是进一步巩固马克思主义在意识形态领域的地位的首要前提，是加强社会主义意识形态建设的必然要求，是建设中国特色社会主义文化的现实需求，是增强社会主义意识形态在国际社会的引领力的应然之选。经过长期不断的努力，虽然我国的社会主义意识形态建设工作已经取得了很大的进步，但随着我国进入新时代，伴随着国际国内形势的不断变化，我国的社会主义意识形态建设依然面临着严峻的挑战。应该坚持用习近平新时代中国特色社会主义思想凝心聚力，应该积极推动新时代中国特色社会主义意识形态的话语体系建设，应该提升主流意识形态的话语权和引领力，应该建构信息生态，净化社会主义意识形态网络传播生态。

【关键词】新时代；社会主义意识形态；凝聚力和引领力

习近平总书记在党的十九大报告中对意识形态工作作出了深刻

① 作者简介：吴佳芮，女，硕士，上海师范大学马克思主义学院，主要研究方向为马克思主义发展史、马克思主义中国化。上海师范大学徐汇区桂林路100号200234。

的阐释,指出:"必须推进马克思主义中国化时代化大众化,建设具有强大凝聚力和引领力的社会主义意识形态,使全体人民在理想信念、价值理念、道德观念上紧紧团结在一起。"①这不仅体现了在新时代建设具有强大凝聚力和引领力的社会主义意识形态的重要性,同时也表明了以习近平总书记为核心的党中央对加强社会主义意识形态建设的高度重视。把握新时代历史定位,深化新时代社会主义意识形态研究,不断为新时代中国特色社会主义提供精神力量。

(一)新时代增强社会主义意识形态凝聚力和引领力建设的必然性

1. 是巩固马克思主义在意识形态领域指导地位的首要前提

马克思主义是中国特色社会主义的理论基础,是指导全党全国各族人民团结奋斗的思想基础和行动指南,也是党领导人民进行治国理政的根本指导思想。坚持和巩固马克思主义在意识形态领域中的指导地位,牢牢掌握意识形态工作的话语权和领导权,是中国共产党带领全国各族人民将我国建设成为社会主义现代化强国的制胜法宝,更是新时代中国共产党对我国意识形态建设的深刻认识和科学判断。2016年7月1日,习近平总书记在庆祝中国共产党成立95周年大会上的讲话中明确指出:"马克思主义是我们立党立国的根本指导思想。背离或放弃马克思主义,我们党就会失去灵魂,迷失方向。在坚持马克思主义指导思想地位之一根本问题上,我们必须坚定不移,任何时候任何情况下都不能有丝毫动摇。"②

人民只要有信仰,国家就有力量,民族就有希望.新时代只有增强社会主义意识形态凝聚力和引领力建设,进一步固本培元、凝心聚力,才能不断巩固马克思主义在意识形领域的指导地位。马克思主义信仰、共产主义远大理想和中国特色社会主义共同理想是建设社

---

① 习近平.《决胜全面建成小康社会 夺取新时代中国特色社会主义伟大胜利——在中国共产党第十九次全国代表大会上的报告》[M].北京:人民出版社2017年版,第41页。

② 习近平.《习近平谈治国理政》第2卷[M].北京:外文出版社2017年版,第85页。

会主义意识形态的支柱。新时代要做好意识形态工作,就必须要不断推进马克思主义中国化、时代化和大众化,教育和引导人民能够更加自觉地运用马克思主义的立场、观点和方法来分析和解决问题,为实现中国梦提供强有力的精神支撑。

2. 是维护国家意识形态安全,掌握意识形态话语权的必然要求

意识形态安全是国家安全体系中不可分割的一部分,对于稳定国家政治、保障经济和社会健康发展都具有极其重要的作用。虽然我国意识形态工作已经取得了显著的成效,但不可避免的我国社会主义意识形态依然面临着严峻的挑战。在国际上,一些西方发达资本主义国家一直持续对我国进行资本主义意识形态的文化渗透,在很大程度上削弱了广大人民群众对社会主义意识形态的政治认同。在国内,随着改革开放的不断深入,各种矛盾和问题也交织出现,更因为互联网的普及和虚拟社会监管难度的不断增大,人们的思想,尤其是青少年的思想明显变得更具有独立性、多样性和差异性,在思想道德领域也出现了一些不可忽视的负面现象。只有不断增强社会主义意识形态凝聚力和引领力的建设,才能更加有效地应对现实社会和互联网上出现的各类挑战,增强主流意识形态对多样化社会思潮的整合和统领能力,牢牢掌握意识形态的话语权;才能在国际范围的思想文化交流和交锋中,能够更加有力地应对阻碍中国走向世界舞台中央的各种遏制和渗透以及在价值观和社会制度层面所面临的各种挑战,切实维护国家安全。

3. 是建设中国特色社会主义文化的现实需求

文化是意识形态的基础和前提,意识形态作为占统治地位的阶级和政党的一种精神文化体系,对整个社会的文化建设具有支配作用。因此,意识形态作为人类文化行为的特殊表现形式,它构成了文化的核心和灵魂,决定文化的前进方向和发展道路,对文化建设具有制约和规范的作用,对文化建设的正确走向具有决定作用。做好新时代意识形态工作,这直接关系到马克思主义在文化领域的指导地位,关系到文化是否能够正确地为人民服务、为社会主义建设服务,关系到我国是否能够更好地发展面向现代化、面向世界、面向未来的民族的科学的大众的社会主义文化,关系到我国进行文化体制改革、

进一步发展文化事业和产业的价值取向和社会导向,关系到我国是否能够在提升国家文化软实力和文化竞争力中取得实际成效。进入新时代,建设具有中国特色社会主义的文化由于受到多种因素的影响,依然面临着很大的问题和挑战,呈现出许多新的特点。为此,进一步增强社会主义意识形态凝聚力和引领力建设,遵循文化建设的规律,正确解决在文化建设中遇到的新问题和新挑战,是建设中国特色社会主义文化,夯实中国特色社会主义道路自信、理论自信、制度自信和文化自信的现实需求。

4. 是增强社会主义意识形态在国际社会引领力的应然之选

我国综合国力和国际影响力的不断提升为我国的意识形态建设工作提供了重要的战略机遇。随着我国经济的稳步发展、国家形象的日益渐好,在促进我国综合国力和国际影响力不断提升的同时,也引发了世界各国对中国方案、中国经验的高度关注和学习,使我国在新时代对意识形态的建设工作迈入了大有可为的战略机遇期。首先,经济的崛起为我国进一步增强社会主义意识形态凝聚力和引领力建设奠定了坚实的物质基础。党的十八大以来,我国国民经济呈现出良好的发展态势,经济稳步增长,人民生活水平不断得到改善,人民获得感和幸福感显著增强。其次,全方位的外交布局为我国进一步增强社会主义意识形态凝聚力和引领力建设提供了良好的外部条件。随着我国"一带一路"倡议的实施、亚洲基础设施投资银行的创办以及一系列国际论坛的举办等,都在很大程度上展现了我国的智慧和大国风范。在我国外交能力愈加成熟的同时,中国的发展理念也得到了国际的高度认同。为此,中国共产党必须要抓住机遇,不断增强社会主义意识形态在国际社会的引领力。

(二)新时代增强社会主义意识形态凝聚力和引领力建设面临的挑战

1. 多样化思潮挑战马克思主义在意识形态领域的指导地位

首先,马克思主义作为我们立党立国的根本指导思想的地位不断得到巩固,马克思主义中国化的最新成果也正逐步深入人心。其次,各种社会思潮对马克思主义的指导地位的冲击和影响日益凸显。例如,长期存在新自由主义、历史虚无主义等等社会思潮,在总体上看其影响程度正在逐渐下降,但这并不意味着这些社会思潮对马克思主义指导地位的影响就会愈来愈小直至消失,实际上,它们仍在寻找各种机会发声。进入新时代,随着我国经济的崛起和人民生活水平的不断提高,各种社会思潮也通过不同的途径以不同的程度影响着我国的广大人民群众,彼此呼应,形成噪音杂音,冲击着主流意识形态的地位和作用。意识形态终结论、去意识形态化、非意识形态化等论调仍然会在一些地方出现,马克思主义在一些领域被边缘化、标签化的现象还在不同程度地存在着。

2. 西方敌对势力遏制和渗透的渠道和方法更加隐蔽化和多样化

随着中国日益走进世界舞台中央,中国的国际影响力、号召力、引领力和塑造力的不断提升,中国的发展理念、经验和方法得到了广泛认同,中国智慧、中国方案、中国贡献也得到了世界各国高度的赞誉。但一些西方敌对势力却将中国的崛起视为对其价值观和社会制度的挑战,对国际秩序的挑战,为此大肆宣扬"中国威胁论""中国称霸论"等。实际上,西方敌对势力从未停止过对我国实施"西化"和"分化"的图谋。自中华人民共和国成立之初一直到改革开放 40 年,一些西方敌对势力对中国的遏制和渗透的方法和渠道更加隐蔽化和多样化,其越来越趋向通过经济干预和制裁来遏制中国的发展。不仅如此,一些西方发达资本主义国家还企图利用文化渗透来掌握意识形态话语权,不断对中国输出其资本主义的价值观,宣扬各种意识形态终结论、意识形态淡化论等论调。尤其是隐蔽地利用先进的科学技术,将自己的价值观、生活模式和方式通过各种文化产品对中国进行影响和渗透。这一系列意识形态的冲击,都是在新时代增强社会主义意识形态建设过程中所面临的挑战。

3. 多元化价值观念冲击社会主义核心价值观的引领和整合作用

随着我国社会变革的逐步深入,人们的思想观念、价值观念以及价值取向的多样性、独立性、选择性和差异性也日渐增强,因此,用社会主义核心价值观念来引领和整合这些多元价值观念的难度也在加大。例如,社会主义市场经济在体现其制度优越性的同时,也带来了物质主义、功利主义、拜金主义、享乐主义、极端个人主义等消极观念的蔓延,冲击和影响着团结互助精神、集体主义精神和奉献精神,导致很多人信仰迷失和道德滑坡。不同地区、行业和成员之间也因为经济利益的原因,使得隐藏在"根本利益"背后的利益矛盾逐渐凸显,人们思想观念上的差异性和对抗性有所增强,从而影响社会共识的达成。这些消极错误的价值观念增强了我国社会思想价值观念的复杂性,对培育和弘扬社会主义核心价值观以及新时代社会主义意识形态凝聚力和引领力建设带来了不利影响。

4. 大数据的运用影响社会主义意识形态凝聚力和引领力建设

现今大数据被运用到了人们社会生活中的各个领域,社会主义意识形态领域也不例外。大数据具有传播速度快、覆盖范围广等一系列的优势,因此,有关社会主义意识形态建设的舆论宣传也由此变得快捷和有效,进一步提高了社会主义意识形态的辐射力和影响力。大量的数据资源、快捷的数据传播和处理速度、广泛的覆盖范围使得意识形态建设能够捕捉和驾驭更多信息,进一步拓展了意识形态的传播空间,扩大了社会主义意识形态的影响力。但任何事物都具有两面性,在看到大数据给社会主义意识形态建设带来机遇的同时,也应看到其带来的挑战:首先,大量的大数据为多元化的社会意识增添了更多的话语,在一定程度上能够削弱了社会主义意识形态的导向作用。其次,快捷的信息流动很容易削弱社会主义意识形态的话语方式。例如有关个人主义、自由主义、拜金主义等的论调可以利用快速的信息传播迅速到达中国,以挑战社会主义意识形态的话语权。因此,在这个经济、文化和技术快速发展的大数据时代,如何构建和维护社会主义意识形态体系、话语权以及话语方式,如何使社会主义意识形态能够在多元化思潮的时代下更多地发声,这无疑是关系到我国前途命运的关键问题。

(三)新时代增强社会主义意识形态凝聚力和引领力建设的着力点

1. 坚持用习近平新时代中国特色社会主义思想凝心聚力

一个国家的兴衰成败重在人心向背,只有统一思想才能凝心聚力。习近平新时代中国特色社会主义思想系统和全面地回答了在新时代应该坚持和发展什么样的中国特色社会主义、怎样坚持和发展中国特色社会主义这一时代课题,是马克思主义中国化的最新成果,是全党全国必须长期坚持的指导思想和行动指南。

第一,推动马克思主义中国化最新成果深入人心。要高举马克思主义、中国特色社会主义的旗帜,坚持用习近平新时代中国特色社会主义思想来武装全党、教育人民和开展工作,在学懂弄通做实的基础上下功夫。中国特色社会主义进入新时代,前进的道路不会是一帆风顺的,在这个关键时期,全党全国人民都更需要巩固马克思主义在意识形态领域的指导地位以及全国人民团结奋斗的共同思想基础,要切实增强干部群众的政治认同、理论认同、思想认同和情感认同,增强"四个意识",夯实"四个自信"。

第二,培养和践行社会主义核心价值观,构建人类命运共同体。社会主义核心价值观是社会主义意识形态的高度凝练和总结。要坚持把培养和践行社会主义核心价值观作为凝心聚力和强基固本的基础工作,把社会主义核心价值观融入到国民教育的全过程,以引领社会思潮,形成社会共识。新时代社会主义意识形态的工作要更加面向世界、面向未来。人类命运共同体是社会主义核心价值观的延伸和升华,对于当今世界的发展治理有着引领和指导作用,要积极倡导构建人类命运共同体,为新型国际关系提供中国方案和中国智慧。

2. 积极推动中国特色社会主义意识形态的话语体系建设

新时代要增强社会主义意识形态凝聚力和引领力建设,最重要的就是要使广大人民群众在内心真正地接受和认同。接受和认同的前提就是要进行广泛的宣传工作。因此,要积极推动中国特色社会主义意识形态的话语体系建设,就必须要接地气,能让广大群众看得懂、听得懂,能真懂和真信。随着我国经济的崛起和改革开放的进一步深入,广大人民群众生活水平在不断得到提高和改善的同时,外来的多元化的社会思潮不断涌入,使得我国利益群体不断分化,人们的思想观念、价值观念和舆论表达也呈现出了多变性、多元性和多样性的复杂局面。为缓解这一复杂局面所带来的负面影响,首先,必须坚持马克思主义在意识形态领域的指导地位绝不动摇,用习近平新时代中国特色社会主义思想凝聚共识,在回答和解决一系列人民群众普遍关心的重大理论和实践问题面前能够做到铿锵有力、掷地有声，能够敢作敢当，敢抓敢管。其次，必须不断推动和创新新时代中国特色社会主义意识形态话语体系建设。构建这一话语体系要在凸显马克思主义的指导作用的基础上把中国特色社会主义意识形态丰富的理论与广大人民群众的实际生活相结合，用人民群众最喜闻乐见和通俗易懂的方式、方法进行宣传，使他们能够更加自觉地接受理论，并进一步将其内化于心，外化于行。

3. 提升主流意识形态的话语权和引领力

在利益多元化的时代，社会上充斥着各式各样的混杂的舆论声音，急需主流思想引领舆论导向，唱响主旋律和弘扬正能量。社会主义意识形态的凝聚力和引领力不仅要取决于富有感染力和说服力的内容，还要取决于广泛的宣传。

第一，要正确把握舆论的导向，提升主流意识形态的传播能力。要确保党在宣传工作中的指导地位，要在宣传思想战线高举党的旗帜，切实提升主流意识形态的影响力；要注重隐性渗透和显性灌输的相结合，根据不同的受众群体采取更加精准的政策实施，全面提升主流意识形态的吸引力和感染力；要进一步创新传播手段，拓展工作渠道，顺应网络新媒体的发展趋势以及传播方式、方法，做好网络的意识形态工作；要加大融媒体中心的建设，使得媒体能够更好地为人民群众服务，引导人民群众，让党的创新理论能够更快融入到百姓家中；要正确处理国际话语与国内话语、学术话语与政治话语等各种话语之间的关系，确保意识形态工作的针对性和实效性。

第二，积极主动推进话语权的建设，讲好中国故事。改革开放40年以来，中国在各个领域都取得了举世瞩目的成就，创造了许多令世界惊叹的"中国奇迹"，连续多年对世界经济的增长做出了巨大贡献，成为世界经济增长的助推器。但是，我国的发展优势并没有转换成为话语上的优势，在很大的程度上我国依旧处在一种"有理说不出"的境地。进入新时代，要以发展壮大主流意识形态为主要目标，拓展我国意识形态传播的渠道，大力创新主流意识形态话语的表达方式，以形成具有中国特色、中国风格、中国气派的话语体系，提升主流意识形态的话语权和引领力，继续发挥负责任大国的作用，推动国际新秩序的建立,实现国际话语权的多样化。

4. 建构信息生态,净化社会主义意识形态网络传播生态

信息生态是指由信息的生产性、交互性、变革性、重组性等形成的一个良性的运行系统,在这个系统内,有关意识形态的信息可以根据一定的规则进行建构和重组,以创造出具有时代性的意识形态内容,引领时代的潮流。① 建构信息生态,首先,必须要紧抓信息源这个意识形态产生的总开关。在网络上,信息源是复杂的、多变的,因此也就决定了信息产生的多元性、随机性和无规则性。要使信息生态具有良好的信息源,就必须要不断对信息源进行优化,在信息最初产生中对社会造成的不利影响进行有效的防范。其次,必须要对信息流动进行有效治理。在信息时代,信息流动具有无序性、不可控性,信息流动是意识形态传播的根本途径,同时也是进行意识形态重构的重要环节。一种意识形态是否能够具有凝聚力,最关键的就在于意识形态在信息流动中将如何被展现、诠释、重构。因此,为防止意识形态走向极端化和片面化,就必须要对信息流动进行有效治理。最后,必须要构建网络信息安全,网络信息不安全,就没有国家安全,也就没有意识形态安全。网络信息安全直接影响到意识形态的安全,一旦信息安全瓦解,必将导致意识形态的瓦解。为此,就必须要形成全球网络治理的体系,共同维护网络的安全,维护国家信息安全和意识形态安全。

现今,我国网络社会主义意识形态建设已经取得了显著的成效,但网络阵地中依然存在着一些"薄弱地带",需要进一步加强和完善网络建设,净化社会主义意识形态网络传播生态。首先,必须要充分尊重人民群众在网络中的主体地位,在保护人民群众的主动性和创造性的基础上,积极借鉴和吸收其中合理的思想,以形成对现实社会主义意识形态工作强有力的支撑;其次,要加强网络从业人员的行业自律以及网络媒体工作人员的职业道德建设,培养他们的社会责任

---

① 邱仁富.《论新时代社会主义意识形态的凝聚力和引领力》[J]. 理论前沿,2018 年第 8 期。

感,有效维护网络社会主义意识形态的安全,从源头上净化网络社会主义意识形态的传播生态;最后,必须要确立法治思维和底线思维,建立网络综合治理体系,用实际行动对网络进行有力的监管,以净化社会主义意识形态网络传播生态,维护网络意识形态的安全。

进入新时代,党和国家的事业发展正处于新的历史方位,这为增强我国社会主义意识形态凝聚力和引领力建设提供了有利的机遇和广阔的空间。为此,新时代社会主义意识形态建设工作要把握新时代的总体要求,要立足于中国特色社会主义、立足于为人类进步事业,不忘初心,牢记使命,建设具有强大凝聚力和引领力的社会主义意识形态。不仅要在基础性、战略性工作上下功夫,还要在关键处、要害处下功夫。要不断统一思想、凝心聚力,不断创新传播的手段和方式方法,进一步巩固增强社会主流思想舆论,以激发全社会团结奋进的强大力量来增强社会主义意识形态凝聚力和引领力的建设。

马晶钰 吕 利①

社会主义核心价值观入法对大学生价值观培育的意义

（上海师范大学 上海 200234）

【摘 要】对大学生进行社会主义核心价值观的培育，是培养合格的中国特色社会主义事业建设者和接班人的必然要求。新时期的大学生面临社会变革和学习生活环境的改变，正是价值观形成的关键时期。习近平总书记寄语青年，要扣好人生的第一粒扣子。2018年5月，中共中央印发《社会主义核心价值观融入法治建设立法修法规划》，规划强调，要"力争经过5到10年的时间，推动社会主义核心价值观全面融入中国特色社会主义法律体系"。入法入规是以法治方式践行社会主义核心价值观的重要手段，对于大学生价值观培育起到积极促进作用。

【关键词】社会主义核心价值观；新媒体；培育

大学生是建设中国特色社会主义事业、推动社会发展、推进现代化建设的中坚力量。习近平总书记寄语："青年的价值取向决定了未

---

① 作者简介：马晶钰，女，硕士，上海师范大学马克思主义学院，讲师，主要研究方向为经济法。上海市徐汇区桂林路 100 号 200234。

吕利，女，博士，上海师范大学马克思主义学院，副教授，主要研究方向为法律史。上海市徐汇区桂林路 100 号 200234。

来整个社会的价值取向，而青年又处在价值观形成和确立的时期，抓好这一时期对价值观养成十分重要。这就像穿衣服扣扣子一样，如果第一粒扣子扣错了，剩余的扣子都会扣错。人生的扣子从一开始就要扣好。"①由此可知，对大学生进行价值观教育，对于建设富强、民主、文明的社会主义现代化国家，实现伟大复兴中国梦有重大的意义。核心价值观教育应增强实效性，不仅要入耳，而且要入脑、入心。2018年5月，中共中央印发了《社会主义核心价值观融入法治建设立法修法规划》，规划中提出要将社会主义核心价值观全面融入中国特色社会主义法律体系，这一举措为大学生价值观的培育提供了新途径、新思路。

（一）符合大学生的认知特点及成长需求

1. 生活与学习环境的改变需要价值观引导

从中学进入大学，大学生远离父母独立生活，需要独自处理学习、生活方面的种种问题；大学生因为青春期生理心理的发展特点，非常容易受到外界环境和自我情感因素的影响，面对各种问题和困难时，容易产生不满情绪和出现心理困惑。这些困惑有相当一部分来自于对个体与社会、个人与国家、理想与现实的思索。党的十九大报告中指出："中国特色社会主义进入了新时代，这是我国发展新的历史方位。"新的历史方位，需要解决新的主要矛盾，解答新的时代课题，这些问题对大学生价值观的形成有巨大的能动作用，对于处在人生道路"十字路口"的大学生，需要从价值观层面加以引导。

面对生活环境的变化和社会的变革，当代大学生的思想观念呈现出如下特点：一方面，大学生权利保障与权力制约意识凸显。面对人格尊严权、生命健康权、受教育权、隐私权、消费权、获得公正评价等权利被侵犯时，他们的主体意识和维权意识有所增强，维权活动日益频繁；而另一方面，"大学生的责任意识，特别是以爱国、敬业、诚信、友善为代表的核心价值观淡薄或缺失，个别大学生侵害国家利益

---

① 中共中央文献研究室.《十八大以来重要文献选编》(中)[M].北京：中央文献出版社2016年版，第6页。

和社会公共利益的现象屡有发生"①。我国《高等教育法》第53条规定：高等学校学生的合法权益，受法律的保护。因此法律是我们维护自身合法权益的重要工具，而通过法律的方法应对大学生法权意识的变化，解决实际问题而非单纯依靠说服教育，使大学生能够在解决自身问题的同时感受到核心价值观的实际意义。社会主义核心价值观从生活中来，又指导和服务于生活，所以对价值观的培育也需要依托生活实际。在大学生核心价值观培育过程中，只有充分贴近实际、贴近生活、贴近学生，才能通过感知、认同、内化三个阶段，引导他们自觉接受社会主义核心价值体系，树立正确的价值观。

2. 契合新媒体环境的特点

大学生是成长与生活在新媒体环境中的群体，新媒体已然成为大学生获取信息的主要渠道。网络与新媒体对价值观培育，正反两方面的作用都是非常明显的。一方面，新媒体开阔了大学生的认知视野，借助跨时空、跨地域、跨文化的便捷交流，能够激发大学生的创新意识和探索求知念头，有助于大学生自身价值观的成熟；而另一方面，"新媒体'去中心化'的特点会在一定程度上消解大学生对社会主义核心价值观的认同"②。使用手机等电子设备随时随地上网，这样的交流方式虽然加强了信息的自由传播和流动，最大限度地满足现代人对信息的需求，但同时也导致在信息和意识形态领域，国家的主导权被削弱。大学生看待问题和分析问题的角度会随着接触的媒体不同而不同。他们在了解外界信息的同时，也在通过这些信息解决自己生活、思想中遇到的各种问题，并在这一过程中作出相应的价值选择，形成相应的价值观念。在面对鱼龙混杂、良莠不齐的各种观念、思潮时，大学生往往无法作出正确的价值判断和选择；再加上网络的隐匿性特点，不少人会放松对自身的约束，这些情况都对社会主

① 冉富强.《大学生社会主义核心价值观培育机制的法治化》[J]. 公民与法，2014年第7期。

② 唐平秋、卢尚月.《新媒体环境下大学生社会主义核心价值观培育的思考》[J].思想理论教育导刊，2015年第4期。

导价值规范造成了冲击。

实践证明,社会主义核心价值观是科学的、先进的价值观体系,但若要使其为大学生真心接受,内化成大学生的自觉意识和行为准则,就必须准确把握对大学生进行价值观教育的接受需求、内在机制与思维习惯。在这一背景下,积极推动社会主义核心价值观入法,并结合新媒体的特点进行价值观的教育和引导。根据微博、微信等新媒体的传播特点,熟练运用其多样便利的信息传播手段,以纪录片、微视频、自媒体推文等大学生常用的方式,加强舆论引导,报道典型案例,弘扬法治精神,树立社会正气,鞭挞丑恶行为,引导大学生建立以合宪性、合法性为评价标准的理性认识,增强虚拟世界与现实问题的关联。另外,新媒体时代下的信息传播的方式是交互性的传播模式,即在信息传播的过程中,不仅传播者是信息的发布者,同时接受者将自己的观点加以反馈,同样成为信息传播主体中的一员,他们根据需要有选择地接收信息,同时也在主动发布信息。思想政治理论课堂教学是对大学生价值观教育的主要渠道,课堂教学应结合新媒体对学生生活学习的影响,引导学生对接受的信息加以甄别,并成为社会主义核心价值观的积极弘扬者,不仅从道德,而且从法律的角度关注社会发展,使大学生真正感知社会主义核心价值观是以问题为导向,对个人成长与社会的发展具有实践意义,从而引导其在认识的基础上自觉地践行社会主义核心价值观。

（二）以法治方式践行社会主义价值观是对大学生进行价值观培育的重要手段

培育和践行社会主义核心价值观,有两条途径:一是通过道德教育与宣传的途径,培养人们对社会主义核心价值观的认识、认同、内化与践行;二是通过把社会主义核心价值观融入法治建设的途径,即完善立法、执法、司法各个环节,运用法律手段保障社会主义核心价值观得到良好的践行。2016 年 12 月中共中央印发的《关于进一步把社会主义核心价值观融入法治建设的指导意见》就是实现第二条途径,将价值观培育从"软性要求"向"硬性要求"的转变。《社会主义核心价值观融入法治建设立法修法规划》则将这一转变进一步落实,把社会主义核心价值观的培育融入我国的法治建设当中,这标志着我国社会主义核心价值观的培育和建设进入了一个全新阶段。入法入规对大学生核心价值观的培育必然起到积极促进的作用。

1. 用法律的理念解读核心价值观的内涵

对大学生进行价值观培育离不开对社会主义核心价值观的解读。法律是具有明显价值取向的社会意识范畴。我国在价值观建设过程中遇到的困境不断凸显，如主流价值观受到冲击，社会成员个人的价值选择陷入混乱，不仅社会群众间信任缺失，公众对公共权力亦出现"信任危机"。种种困境表明，传统的价值观教育模式已经不足以应对这些问题，核心价值观入法，意味着要将核心价值观的一些内容转化为法律原则、法律规则，在宪法以及各类法律法规中体现出来，用法律的理念解读社会主义核心价值观之内涵。

党的十八大报告指出："倡导富强、民主、文明、和谐，倡导自由、平等、公正、法治，倡导爱国、敬业、诚信、友善，积极培育和践行社会主义核心价值观。""富强，民主，文明，和谐"明确了中国要走什么样的路，有什么样的奋斗目标。它明确了作为社会成员，其行为不得危害国家安全，不得损害公共利益，不能对他人权益造成侵犯。在立法的层面，对公民权利加强保护创造条件。"自由，平等，公正，法治"指明我们要建立一个什么样的社会，这样的社会应当坚持什么样的理念。它要求推进社会主义核心价值观的制度化、规范化、程序化，以及法制化，强调对社会主义核心价值观的法治境界的内涵。"爱国，敬业，诚信，友善"强调了要培养什么样的公民，这样的公民应当具有什么样的素质，而这些素质可以通过相关立法规范保障实现。[①] 这是从法治的角度对社会主义核心价值观的内涵进行发掘，用法律的方法从各个层面重新理解和阐释社会主义核心价值观。

在当代，立法的目的性呈日渐增强的趋势，价值因素也越来越凸显。核心价值观代表的是中国特色社会主义的主流价值观，将其融入立法，既是我国完善法治的价值追求，也必然对价值观建设产生积

[①] 丁若沙、黄振翔.《文化自信视域下大学生社会主义核心价值观的培育与践行》[J].延安大学学报，2017年第6期。

极的推动作用。宪法序言中提到："把我国建设成为富强、民主、文明的社会主义国家"，民法总则第 1 条规定："弘扬社会主义核心价值观"，明确将法律法规作为社会主义核心价值观的制度载体。随着我国近年来经济与科技的快速发展，分配制度、交往方式、利益关系等不断变革，各种价值观念相互交织影响，导致达成社会共识与实现政治引导的难度不断加大。在这一背景下，用良善之立法去引领社会风俗；用司法公正去引领社会公正，将人们的日常生活置于法治精神与法治文化之中，才能使社会主义核心价值观内化于心，外化于行。

2. 法律的强制性可将社会主义核心价值观的培育从宣传引导向积极调控、主动干预转变

社会主义核心价值观基本内容的十二个词，容易流于理论层面和教育宣传，常常无法直接与我们的日常生活对接而缺乏实效。在教育中，对于学生的困惑与疑问，必须作出有说服力的回应。价值观是在后天的实践与探索中慢慢获得和构建的，对大学生而言，真实案例对价值观形成的影响更甚于理论灌输和宣传教育。相比于道德规范，法律具有更强的权威性与约束性，能够直接有效地调整人的行为。核心价值观转化为法律规则，才能成为人们必须遵循的行为准则，成为法院作出裁判的依据。① 知行合一，让大学生在具体事例、具体案件中感受到核心价值观所倡导的法治、公平、诚信等理念，"对社会主义核心价值观的认同和践行从法治境界逐步提升到伦理境界和信仰境界"②。

以对见义勇为行为的立法为例。当下，见义不为已成为现有道德机制无法解决的一大难题。这一困境表明，道德机制在一定的社会条件下有着不可避免的局限性。媒体频频爆出见义勇为事件中，受助者事后矢口否认甚至讹诈救助者的事件，社会群众既感叹道德

① 刘风景.《社会主义核心价值观入法的理据与方式》[J]. 当代世界与社会主义，2017 年第 4 期。

② 李其瑞、王金霞.《社会主义核心价值观融入法治文化建设研究的现状、意义及前景》[J].陕西师范大学学报(哲学社会科学版)，2014 年第 7 期。

水平的下滑，也对今后再遇到类似情况时是否还要热心救助产生了疑虑。为了匡正社会风气，弘扬正义行为，2017 年生效的民法总则为此积极做出回应，其第 183 条规定："因保护他人民事权益使自己受到损害的，由侵权人承担民事责任，受益人可以给予适当补偿。没有侵权人、侵权人逃逸或者无力承担民事责任，受害人请求补偿的，受益人应当给予补偿。"同时，为防止救助者可能因救助方法不当而遭受损失，第 184 条规定："因自愿实施紧急救助行为造成受助人损害的，救助人不承担民事责任。"这两个条款从法律上给予善行有力支持，避免出现"英雄流血又流泪"的尴尬，一定程度上为见义勇为者解除了后顾之忧和可能遇到的尴尬处境，是对道德行为和正义行为的法律保障，体现了鼓励见义勇为的立法精神，有助于匡正社会风气。然而，以上规定仅仅是针对可以明确确定为见义勇为性质的案例中，给见义勇为者以保护与补偿。对于那些接受帮助后却不顾诚信讹诈救助者的人，他们的欺诈行为几乎没有任何成本，如果讹诈成功了，可以赚得一大笔外快；如果讹诈不成，却无需承担任何责任。然而，社会已然为他们的行为付出了代价。由于这类案件层出不穷，社会成员之间的信任日渐稀薄，见危不救的情况时有发生。近日，浙江金华的滕先生一篇名为"越觉得幸运，越感到生气"的网帖在网上引发关注。他在帖中讲述了自己出于好心扶起一名骑车摔倒的老人，被路人指责，被对方报警称其为肇事者，由此陷入一起双方交通事故调查。最终，交警找到事发地点附近的民用监控拍下的事发经过，才终于确认这是一起单方交通事故，老人的摔倒与滕先生无关。事实上，针对见义不为现象，不仅要加强对见义勇为、助人为乐者的保护，还要对不顾诚信进行欺诈的人加以制裁，让其承担相关的法律责任。加强社会诚信、社会公平等方面的立法，并据以解决类似问题，才能使欺诈者有所顾忌，弘扬正义的理念。

3. 通过法律实施的过程培育社会主义核心价值观

《关于进一步把社会主义核心价值观融入法治建设的指导意见》提出："深入分析社会主义核心价值观建设的立法需求，把法律的规范性和引领性结合起来，坚持立改废释并举，积极推进相关领域立法"①。《社会主义核心价值观融入法治建设立法修法规划》从六个方面明确了社会主义核心价值观法制化的主要任务,尤其强调要加强道德领域突出问题专项立法,把一些基本的道德要求,及时上升为法律规范。同时,不仅要将社会主义核心价值观融入我国的立法工作,还要将其融入到执法、司法、守法环节里。近日,最高人民法院发布《关于在司法解释中全面贯彻社会主义核心价值观的工作规划(2018—2023)》,落实了中央关于社会主义核心价值观融入法治建设的要求,提出及时修订完善司法解释,统一裁判标准和裁判尺度,努力让人民群众在每一个司法案件中感受到公平正义。

社会主义核心价值观的培育和践行拥有不同的层面和境界,法治境界是最为基础和最为重要的境界,只有在法治境界的基础上,才能逐步提升到伦理境界和信仰境界。② 目前,社会主义核心价值观的内容有些在我国的宪法和法律中已有相应规定;有些还需要通过各种立法手段进一步明确,以增强导向性、针对性和可操作性。同时,在司法实践中通过具体的案例,使其具体化、形象化、生活化,充分展示核心价值观的力量。将法律法规作为社会主义核心价值观的制度载体并有效实施,发挥立法、执法、司法的能动作用,为社会主义核心价值观的培育提供了新的路径。

① 《关于进一步把社会主义核心价值观融入法治建设的指导意见》[N]. 人民日报,2016 年 12 月 26 日 01 版。

② 李其瑞、王金霞.《社会主义核心价值观融入法治文化建设研究的现状、意义及前景》[J].陕西师范大学学报(哲学社会科学版),2014 年第 7 期。

雷　禹　刘　捷①

医学生社会主义核心价值观的引育与践行现状研究

（上海交通大学　上海　200025）

【摘　要】医学生作为我国医疗卫生事业的接班人，除了需要具备合格的专业能力外，还必须具备正确的价值观和优秀的人文素养，社会主义核心价值观的引育与践行则是实现这一培养目标的重要环节。本文通过对上海市高等医学院校进行问卷调研和教师访谈，了解、分析医学生对社会主义核心价值观认同与践行的现状，并结合医学专业，探析医学生社会主义核心价值观引育与践行的多种现实途径。

【关键字】医学生；社会主义核心价值观；引育与践行

（一）研究背景与意义

1. 研究背景

（1）政治背景

2016 年，习近平总书记要求高校思想政治工作须把立德树人作

① 作者简介：雷禹，女，瑶族，博士，上海师范大学新闻传播学，讲师，上海交通大学医学院文明办副主任，主要研究方向为思想政治教育、新媒体传播、健康传播上海市黄浦区重庆南路 227 号科教楼 911 室 200025。
刘捷，女，硕士，上海交通大学人文学院。上海市闵行区东川路 800 号 200240。

为中心环节,把思想政治工作贯穿教育教学全过程,实现全程育人、全方位育人。① 2017 年,中央发布《关于加强和改进新形势下高校思想政治工作的意见》文件,强调"要培育和践行社会主义核心价值观,引导师生树立正确的世界观、人生观、价值观"。这表明,建设社会主义核心价值体系的工作,是我国社会主义意识形态、价值体系的基石,更是高校大学生培养工作中的重要环节。

（2）社会背景

社会经济的发展、医学的进步以及医学知识的逐渐普及,打破了传统医患之间信息与知识不对等、不平衡现象。同时,传播学与医学的融合不断减弱医患之间教育、知识上的差距。当代医患关系由医生主导、诊治疾病为主的模式,转向患者需求主导、疾病治疗与健康保障并重的模式。此外,随着新媒介兴起,医疗事件被无限放大,引起社会高度关注,医患矛盾成为民生热点问题,较大程度直接或间接影响着医学生的心理发展、职业规划选择、医患沟通行为、世界观和价值观,继而影响医学生们的学医志愿、从医信念、执医态度以及之后的职业选择。

（3）文化背景

当前,随着多样文化交流、融合与冲突,我国逐渐形成以社会主义先进文化为主导的传统文化、外来文化与社会主义文化相互交流与影响的文化格局。这不可避免地影响高校这一重要文化阵地。一方面,多元文化拓展了医学生的视野,提升了独立性与自主性,从而推动医学生社会主义核心价值观践行的创新与发展;另一方面,医学生面临多样的价值选择,也给社会主义核心价值观践行带来挑战,即如何以一元主导思想引领多样的价值观念,从而有效避免可能产生的价值相对主义倾向和行为。② 由此,强调用共同理想和价值观凝

---

① 新华社.《习近平：把思想政治工作贯穿教育教学全过程》[EB/OL].http://www.xinhuanet.com//politics/2016-12/08/c_1120082577.htm.2016 - 12 - 08/2018 - 10 - 10。

② 钱广福、翁任达.《90 后大学生理想信念现状分析及对策研究——以华南理工大学广州学院为例》[J].科教导刊(电子版),2014 年第 25 期,第 12—15 页。

聚社会共识,是当前医学生价值观践行的重要文化背景。

(4) 专业背景

医学类高校承担着培育未来医学人才的重任,医学生作为我国医药卫生战线的重要力量,核心价值观的践行是把社会主义核心价值观融入医学生心灵的关键环节,有助于社会稳定和健康事业的发展。① 医学类高校作为社会主义文化建设的重要领域,承担着引导、梳理国内丰富多样的社会思想意识形态的重要责任,不仅要教授医学知识以治病救人,而且要开展品德教育,培养医学生对国家、民族、人民的责任心与人文情怀。

2. 研究意义

(1) 社会主义核心价值观的引育是塑造医学生价值观的有效途径

党的十七届六中全会明确要求,"社会主义核心价值体系是兴国之魂",要"切实把社会主义核心价值体系转化为人民的自觉追求"。在当今社会多元价值观的影响下,青年医学生比较普遍存在思想意识形态模糊、价值观不固定、责任心不够等问题,而进行社会主义核心价值观的引育,可促进医学生正确价值观的塑造,促进医学生以核心价值观作为自身理想、行为实践的准则,从而成为有理想、有本领、有担当的现代医学人才。

(2) 社会主义核心价值观的引育是医学院校人才培养的重要任务

教育的根本问题是培养什么人、如何培养人,思想政治教育是人才培养中的重要环节,关系到如何正确引导和帮助大学生树立信念、塑造品德以及培养稳定的世界观、人生观和价值观。医学类高校是培育医疗卫生事业接班人的重要场地,肩负着教育医学生、传授医学知识以及创新医学文化等使命,医学生除了需要具备专业知识和临床经验,还需要具备较高的人文素养。而社会主义核心价值观,是医

---

① 何学华.《医学院校社会实践活动对大学生思想政治教育的重要作用》[J].黔南民族医专学报,2010年第23卷第3期,第229—231页。

学生砥砺品格、励志成才、"内化于心、外化于行"的方向。因此,社会主义核心价值观引育,是医学院校人才培养的重要任务,是提高医疗卫生事业团队质量的重要环节。

（3）医学生践行社会主义核心价值观是卫生事业稳定发展的保障

党的十九大报告深刻指出,"健康是广大人民群众的共同追求"。推进健康中国建设的重点任务是解决医疗卫生领域的诸多问题,其中最突出的问题是医患矛盾,而这些多由于医患关系恶化引发。随着媒介融合的升级,医患矛盾被无限放大,给社会大众造成了严重的负面影响,较大程度直接或间接影响着医学生的心理发展、职业规划选择、医患沟通行为、世界观和价值观,继而影响医生群体的从医志向和执医态度,最后直接影响医患关系,以及医疗卫生事业的发展。因此,在医学生群体中践行社会主义核心价值观,促进医学生坚定从医志愿,引导医学生提升执医态度、规范执医行为,是具体践行"健康中国"战略的有效举措,更是医疗行业稳定发展的有力保障。

（二）医学生社会主义核心价值观引育与践行的研究路径

1. 研究流程

本研究以实地调研为主,通过医学类高校的数据分析,考察目前高校医学生认同与践行社会主义核心价值观的现状,分析探究影响医学生这个特殊的群体践行社会主义核心价值观的主客原因以及实践途径。

现状调查。通过在上海市的医学院校高校进行网络问卷与座谈调研,了解社会主义核心价值观认同与践行的情况,为医学生认同与践行核心价值观路径选择提供数据支持。

原因探析。基于调查现状,从社会价值观念多元化影响、思政教育导引方式、医学生身心等方面,分析影响医学生对核心价值观认同与践行现状的因素。

践行的外化途径。结合医学专业,通过思政课创新、志愿者活动、仪式教育等活动探究践行社会主义核心价值观的途径。

2. 研究方法

（1）问卷调查法

采用问卷调查法,通过"学医目的""目标生活""对核心价值观的了解程度"等题项,在医学生中进行现状的调查与梳理分析。

（2）访谈法

采用访谈法,根据调研提纲,通过电话、网络等方式,访谈医学院校相关思政教育工作人员,更深入、全面地了解相关情况。

（3）矛盾分析法

采用矛盾分析法,全面分析并把握重点以认识社会主义核心价值观的践行。医患冲突和多元文化在给核心价值观践行带来挑战和冲击的同时,也拓展了其引育和践行的领域。因而,应全面看待文化多元化和医患矛盾带来的影响。此外,须关注当代医学生的思想特征的消极和积极两方面,不断提升医学生社会主义核心价值观引育和践行的实效。

3. 研究创新点

（1）理论创新

在对医学生调研现状分析和找准医学生认同核心价值观的理论根据的基础上,科学规划医学生践行核心价值观的引育路径,让社会主义核心价值观与医学教育实际融合,丰富医学生核心价值观的引育与践行这一内涵。

（2）实践创新

社会主义核心价值观的引育,涉及社会环境、教育方式、主体差异等方方面面,其从内在认同感转化为实践行为的过程也较难得出有可显实效、有可取经验的现实方法。① 综上,本课题立足近年来医患关系恶化、医疗改革的大背景,聚焦社会热点问题,主要研究对象为我国未来的医疗卫生事业接班人——医学类高校青年学生,对于青年医学生的专业培养、意识形态培育以及价值观塑造,甚至对于我国医疗卫生事业的兴衰成败,都具有重要意义。

（三）医学生社会主义核心价值观引育与践行研究相关综述

1. 医学生的社会主义核心价值观

党的十七大明确提出"积极探索用社会主义核心价值体系引领

---

① 程静静.《社会主义核心价值观的培育实践与路径选择——以安徽省的宿州逸夫师范学校为例》[J]. 传承,2016 年第 1 期,第 64—65 页。

社会思潮的有效途径,增强社会主义意识形态的吸引力和凝聚力"的要求后,学术界开始进行广泛探讨和深入研究,相关著作与论文不胜枚举,但关于医学生核心价值观引育的研究尚少,且多止步于泛研究,未有深入探究,鲜有专著。

国内对医学生核心价值观的内涵并无界定,学者们更注重研究市场经济下医学生价值观的转变,以及对社会主义核心价值观在实践意义上的研究。

朱红英提到,目前中国的医学生正在体验价值观的自觉性,探析医学生核心价值是建设和谐社会以及医疗行业稳定进步、健康发展的现实需求。① 任进群等强调从事医学教育人员在培育医学生价值观的重要作用,主张他们应致力于引导医学生正视、重视且理性分析医学界各类问题,积极参与中国医学教育体制改革。② 孙宝元等人调研了4所医学院校的医学生后主张,引导医学生应着重关注爱国主义、集体主义等价值取向,以及创造更利于实践的社会环境。③ 甄红菊提出了将社会主义核心价值观融入医学人文素质教育的主张,并分析了我国医学教育的现状,提出其中较为关键的因素是个体的多样性。④

国外研究中关于医生或医学生的核心价值观的讨论很少,主要体现在医学生誓词和医师职业素养两方面。医学生誓词是以仪式性来规范、约束医学生的内心承诺,主要有希波克拉底誓言、世界医学协会的誓词等,虽版本有所不同,不同时期的内容也有所改变,但"守密、行善和不伤害"这共同的核心思想是一致的。关于医学生的职业素养评估方面,研究主要集中探索医学生职业素养的评估方法和评

---

① 朱红英.《探讨医学生"核心价值观"的现实价值》[J].中国医学伦理学,2008年第21卷第3期,第68—69页。

② 任进群、邱金蕙、王倩.《市场经济下医学生关注的热点初探》[J].中国卫生事业管理,1995年第5期,第276—277页。

③ 孙宝元、邵春晓.《医学生人生价值取向及其引导》[J].中国高等医学教育,1999年第3卷,第32—33页。

④ 甄红菊.《医学人文品格教育中贯彻社会主义核心价值体系的探讨》[J].卫生软科学,2008年第22卷第3期,第250—251页。

价标准等方面。

2. 医学生对社会主义核心价值观的认同与践行

关于医学生对社会主义核心价值观认同与践行的研究，国内学术界研究成果较少，期刊论文仅十几篇。学者李斌雄与张俊华主张，尊重价值认同规律，重视理论与实践结合、灌输教育与自我教育结合，是提升医学生对社会主义核心价值观的认同的重要环节。[①] 学者冯霞认为，在社会价值多元化的背景下，医学生对社会主义核心价值观的认同具有重要意义，大学生思政教育须创新载体，优化教育环境，拓宽实践渠道。[②] 陆树程和李瑾主张，医学生社会主义核心价值观的认同与践行，应充分关注医学生心理特征，掌握其心理认同机制。[③]

国外关于价值观的研究建立在西方文化基础上，其特点是倡导自由民主、追求实现个人价值，缺乏对青年人，尤其是医学生的核心价值观问题的相关研究。仅能从国外相关的社会认同理论、组织认同理论中，为医学生认同与践行社会主义核心价值观研究寻到部分参考文献。[④]

（四）医学生社会主义核心价值观引育和践行的现状分析

1. 现状分析

（1）问卷调查基本情况

本研究在上海交通大学医学院、复旦大学医学院、同济大学医学院等医学生中进行网络问卷发放，共收到问卷 225 份，根据问卷中的"是否为医学类高校"进行判别，除去非医学类大学生对象，获得以医学生为研究对象的有效问卷 198 份。

---

① 李斌雄、张俊华.《坚持以社会主义核心价值体系引领高校校园社会思潮》[J].学校党建与思想教育，2007 年第 3 期，第 9—13 页。

② 冯霞.《加强社会主义核心价值体系认同感的思考——以大学生群体为研究对象》[J].贵州社会科学，2009 年第 236 卷第 8 期，第 103—105 页。

③ 陆树程、李瑾.《论当代大学生社会主义核心价值体系心理认同机制》[J].思想理论教育导刊，2009 年第 1 期，第 92—95 页。

④ 张莹瑞、佐斌.《社会认同理论及其发展》[J].心理科学进展，2006 年第 14 卷第 3 期，第 475—480 页。

本次调查的医学生中,男生比例为 33.33％,女生为 66.67％,本科低年级(1—2 年级,含长学制 1—2 年级)为 22.73％,本科高年级(3—5 年级,含长学制 3—5 年级)为 25.25％,硕士(含长学制 6—7 年级)为 29.8％,博士(含长学制 8 年级)为 22.22％。

（2）医学生对核心价值观的了解程度与途径

问卷调查结果显示,对"社会主义核心价值观"的内容非常了解的医学生有 30.3％,比较了解的有 52.53％,而完全不了解的仅占 1.52％。这说明,在医学生群体中对于"社会主义核心价值观"内容的宣传教育收到一定效果。医学生了解"社会主义核心价值观"的主要途径是思政课、学校的活动宣传、媒介传播等,其中微信、微博等新媒体 54.04％,学校的宣传、活动 59.09％,报纸、电视等媒体 55.56％,同学之间的交流讨论 21.21％,在课堂上或辅导员的宣传教育 64.14％。

总体而言,医学生对"社会主义核心价值观"的内容了解程度较为理想,传播途径以媒介、宣传活动和思政课程为主。

（3）医学生对社会主义核心价值观的认知与认同

医学生对社会主义核心价值观的认知方面,大多数医学生认为核心价值观是与所有公民紧密相关的,应加强引育践行,比例达 74.75％;22.73％的医学生认为这是青年一代的责任;仅 0.53％的医学生认为核心价值观仅面向少部分人,无需关注。

从医学生选择学医的目的看,为服务社会、同时实现自身价值为 51.01％,为了好找工作、获得高社会地位和高收入的为 17.68％,为了更好地为家人和朋友服务的为 10.61％,为了父母的要求与安排或其他而学医的为 20.71％。从医学生个人重要的目标看,16.16％的医学生认为个人富有、功成名就是个人重要的目标;41.92％的医学生认为是家庭幸福、夫妇和顺;18.18％的医学生认为是救死扶伤,帮助病患;23.74％的医学生认为是为祖国、社会做贡献。从医学生"希望自己以后成为一个什么样的人"的题项看,61.11％的医学生希望能成为有用之才,23.74％的医学生希望生活富足就行,6.06％的医学生希望成为遵纪守法的公民即可,9.09％的医学生较为随性、没有自我要求。

从以上数据显示,大多数医学生对于医学生社会主义核心价值观均有较好的认知与认同。

(4)医学生对社会主义核心价值观的引育与践行现状

本研究根据调研提纲,在上海交通大学医学院、同济大学医学院、上海健康医学院等医学类高校中对相关管理人员和教师进行访谈,结果显示,老师群体普遍认为医学生社会主义核心价值观的引育与践行实属十分必要与重要,这将与医学生的从医志愿、执医态度直接相关,继而影响医患关系的发展方向。目前在医学生中通过各类途径开展核心价值观的宣传与引育已取得一定成效,大多数医学生在社会主义核心价值观践行过程中逐步将其内化成个人的世界观和价值观,但相关工作仍受到社会价值多元化、思政教育方式等客观原因的影响。

此外,医学生对社会主义核心价值观的引育与践行需要从理论传输、载体丰富、基地建设、仪式教育等方面采取一系列针对性强、覆盖面广的外化途径。

2. 影响医学生对社会主义核心价值观的引育与践行的原因探究

(1)社会价值观念多元化干扰医学生的价值取向

随着改革开放的深入,我国逐步形成社会多元化利益格局,利益冲突和矛盾相应出现。该冲突在思想领域上的表现是社会价值观念日趋多元。当代医学生相对其他群体知识水平较高,思想更加开放,在多种传统价值观念如爱国主义、大局主张等思想与西方思潮民主平等、功利主义等思想的影响下,思想上容易出现混乱,观点、态度、情绪及行为易不稳定,导致其理想信念动摇甚至扭曲。因此,社会价值观念的多元化干扰了当代医学生的价值取向,在一定程度上影响了医学生对核心价值观的认同。①

(2)思想政治教育方式影响医学生认同度

医学生对社会主义核心价值观的认同,与思政教育工作方式紧

---

① 刘银.《用社会主义核心价值观引领校园文化建设研究》[D].长沙:中南大学,2013。

密相关。医学生接受思政教育的直接方式是思想政治理论课,该课程主要是用知识讲解与氛围营造的方式增强医学生认同感。近年来,我国思想政治理论课已取得明显实效,但运用理论课教育提升医学生社会主义核心价值观的认同的方式还有待改进。经济全球化后,医学生的生活方式、思维观念发生明显变化,医学生自主性与探索性加强,对课程内容的选择性更大,而当前的理论课多采用大班灌输式教学,讲授内容过多关注抽象概念,导致了部分医学生学习自主性与积极性降低,学习效果不佳。

此外,校园文化建设及社会实践活动也是医学生思想政治教育的重要载体。但当前文化建设工作更为注重物质文化的建设,精神文化建设略显不足,社会实践重视不够,经费投入不足,形式相对单一,缺乏时效性,与社会主义核心价值观内容结合不够,不能吸引医学生自主参与。

(3)医学生自身心理发展不成熟制约认同效果

医学生对社会主义核心价值观的认同过程,是医学生个体价值观的选择过程,是一种复杂的心理活动,受到外界、个体内在心理等因素的制约。

首先,医学生受到认知思维能力发展水平的制约。个体根据自身需要认知外界事物,当个体认知思维能力发展到一定的水平高度,逐渐塑造、修正并形成稳定的价值观。然而,医学生认知思维发展水平普遍难以达到理想高度,因此制约了其社会主义核心价值观认同效果。

其次,医学生受到自我意识成熟程度的制约。价值观形成以自我需要为基础,医学生在明确自我需要、能力和个性特点等基础上,了解自己生活方式及现实需要后,根据自我特点及条件逐步形成价值观。社会主义核心价值观作为一种价值义化,满足医学生文化需要的价值,然而由于部分医学生自我意识发展不成熟,自我需要及对社会需要未能达到正确认识,造成医学生对客体的不正确选择,制约其对社会主义核心价值体观的认同。

此外,医学生还受到心理等各种非理性因素的制约。由于医学生认知水平有限,认知结构的扩展及自我评价能力相对较弱,难以辨别外界事物,易受欲望和情绪情感等非理性因素影响,这导致医学生直接肯定符合自己需要、认可的信念和观念,迅速否定和排斥违背自己的信念和观念。因此,种种非理性因素均可能制约其对社会主义核心价值观的认同感。

(五) 医学生社会主义核心价值观引育和践行的目标

1. 结合医学生特色树立社会主义核心价值观的引育和践行的目标

医学生社会主义核心价值观的引育和践行,其目标主要是:加强医学生社会主义核心价值观的内化影响,运用思政教育工作引导医学生正确选择;以实践活动加强核心价值观的实际效用,增强其在医学生心中的说服力与示范性;聚焦解决实际问题,让社会主义核心价值观更接地气、更贴近生活,为医学生学好、用好核心价值观奠定基础。①

医学生社会主义核心价值观的具体践行,是医学生追求真理、严谨求实,追求理想和人生抱负、提倡理论联系实际,崇尚道德、无私奉献、大度包容的行为实践,更是强烈体现人文关怀、与时俱进、仁爱和谐的过程。

2. 关注医学生的身心发展特点以实现价值认同的导向

提升医学生社会主义核心价值观的认同,必须关注医学生群体身心的发展特点。当代医学生思维活跃,喜欢独立思考和新鲜事物,认识能力有待提升,面对的信息又良莠不齐,因此,教学活动的内容须联系现实生活,引导医学生充分发挥主观能动性。而充分发挥医学生主体的主观能动性的前提,就要关注其自身需要。就医学生而言,对文化的精神需求较为强烈。因此,在价值认同导向中,需充分重视医学生主观能动性的发挥,重视其文化需要,以社会主义核心价值观理论为基础,通过自我认知、自我思考等促进自我教育。

---

① 赵建华.《社会主义核心价值体系教育在高校思政工作的重要性解析》[J].青年与社会,2014 年第 3 期,第 240—241 页。

3. 完善医学生的思想政治教育机制以增强认同的保障

医学生认同社会主义核心价值观的引育过程，是一个复杂、系统的过程，需要全方位的协调与合作。其一，科学有效的领导机制是确保该过程顺利开展的前提。社会主义核心价值观的引育工作，不仅要完善各司其职的领导工作体制，建立健全齐抓共管的管理体系，更要培养高校辅导员队伍的力量。其二，要把社会主义核心价值观思想融入教育实践的各环节，即渗透机制。医学类高校明确思想政治教育的目标后，依据医学生特征，在各类教学活动中融入社会主义核心价值观，有效地逐渐克服医学生对政治理论的抵触心理。其三，要充分发挥引导机制及激励机制的合力。我国一元主导与多元并存的意识形态环境下，须采取有效的动员、启蒙、教育和监督机制，同时采取充分调动医学生积极性与主动性的激励机制，有效保障对医学生社会主义核心价值观的引育。

（六）医学生社会主义核心价值观引育和践行途径探析

增强医学生对社会主义核心价值观的认同，须充分尊重价值认同的一般规律，通过加强人文教育、创新文化育人载体等各种现实路径，将社会主义核心价值观融入医学教育的全过程，促进其内容深入医学生的内心，内化为其意志品质，外化为其行为实践。

1. 加强人文教育，与时俱进提升医学生社会主义核心价值观的认知与认同

加强思政课教育。思政理论课是向医学生传输社会主义核心价值观的主渠道，也是提升医学生社会主义核心价值观认同的主阵地。要加强教学改革，与时俱进地补充核心价值观的内容进思政课，帮助医学生用马克思主义理论解决面临的困惑，进一步认同社会主义核心价值观。上海交大医学院对接"健康中国"战略目标，开讲思政课"健康中国"，并将"健康中国"纳入必修课。该课程的教学团队汇集了顶尖医学大家、临床专家等，采用"理论课＋案例教学＋实践"的授课模式，激励学子将医学理想与国家理想联系在一起，用实际行动践行社会主义核心价值观。

增加医学人文课程。医学院校在制定教学计划时，可加重人文学科比例，完善医学伦理课程，以帮助医学生提高医德伦理知识、坚

定医德信念,培养医学生形成良好的人文素养。相关课程应整合社会主义核心价值观课程,重视医学和人文学科相结合的设置,如医学心理学、病史、医学社会学等,以提高学生的医学认知、判断、评价和实践能力,共同塑造医学生的高尚医德情操。

2. 创新文化育人载体,循序渐进增强医学生对社会主义核心价值观的情感认同

校园文化是社会主义核心价值观的重要载体,可提升医学生对社会主义核心价值观的情感,使医学生真正从内心里认同社会主义核心价值观。因此,创新文化育人载体,以优秀文化引领社会主义主流的价值观,可增强医学生对社会主义核心价值观的情感认同。

开展校史教育。上海交通大学医学院建立了"口说医源"社团,社团讲述前辈医学名家的故事,以教育、激励医学生,跟随前辈足迹、树立崇高理想、实践医学誓言,力求"博极医源、精勤不倦"的学院精神得以传承。收集材料、整理素材和准备演讲的过程是医学生自我教育的过程,同时,让医学生讲述名医故事的朋辈教育更贴近医学生的角度,形式更贴心,更生动,促使医学生更坚定自己学医信仰和志向。

打造大师剧。以生动感人的话剧形式对医学生进行理想信念教育,是将社会主义核心价值观内化于心的有效方式。上海交通大学医学院打造了一部以王振义院士为原型的话剧《清贫的牡丹》,重演名医大家七十年从医动人故事。该剧每年上演,成为新生入学教育的重要一环、思政教育的生动一课,成为数年来传承医学院"博极医源,精勤不倦"精神的重要形式。此外,还为该剧成立了牡丹剧社,从医学院和附属医院招募包括医护教工、师生在内的演职队伍。师生医护克服种种困难,赋予了《清贫的牡丹》新的光彩,用实际行动去传承和传播大师精神,让大师剧切实成为社会主义核心观生活化、艺术化的载体。

开展校园感恩教育。感恩意识可促进医学生建立社会与病患的责任感,打造良好的人际关系,增进医患关系。上海交通大学医学院每年清明节均会举办两场"无言礼赞"——感恩老师和实验动物主题活动,医学生们在动物慰灵碑前默致哀思,并敬献鲜花,缅怀和感谢

这群生命以血肉之躯讲述医学知识、挑起师长重担,以及在医学生成长、医学事业发展的道路上作出的巨大贡献。无言礼赞活动,是发自医学生内心的感激与尊重,是真挚情感化成的情怀与行动,鼓励医学生将感恩情绪化为实际行动,为医学事业作出贡献。

3. 建设特色实践基地,潜移默化增强医学生对社会主义核心价值观认同

医学实践基地既可提升医学生的社会认知,磨练医学生的意志品质,促进医学生学以致用,在实践中发展与完善自己,又可身体力行地践行社会主义核心价值观的内容,提升医学生对社会主义核心价值观的认识并内化为其自身行动。

建立志愿活动基地。建立医疗志愿服务基地,积极引导医学生发挥智力优势,深入基层社区,开展医疗知识普及、政策介绍等一系列以志愿服务为主题的科学、文化、医疗实践活动。上海健康医学院根据其办学定位和培养目标,实行了"医＋X"志愿服务培育模块。其中"医"指针对其本科生,通过医院的志愿服务,尽早培育医学生的职业认同感,强化职业理想;通过医院志愿服务的早期体验、反复体验,培养医学生恪守职业道德,塑造医学生仁爱之心,为认同专业、热爱专业打下坚实基础;"X"指为除医院之外的其他类型的社会场所服务,培养学生的实践能力和奉献精神。该模块的推行发挥了医学生志愿服务热情,为医学生社会主义核心价值观的引育与践行提供实践路径。

建设医学博物馆。作为校园文化的重要体现之一,医学院校博物馆可使社会主义核心价值观的构建从优秀传统文化中得到启迪、涵养、支撑,它具有特色文化育人、引领社会风尚、践行核心价值等优势,让医学生身临其境,在润物无声中感受医学熏陶,感受中华传统文化的魅力。如上海中医药大学建立的中医药博物馆,推广中医药和中医文化,普及中医药科学知识,宣传中华民族医疗卫生事业的历史与成就,全面展示中医文化,打造专业教育和文化育人的有效基地。

4. 开展医学仪式教育,润物无声培养医学生医风医德

要培养具有高尚医学文化意识和品德的优秀医学人才,医学院

校应开展具有医学特色的、融入社会主义核心价值观内涵的仪式教育和活动。

举行白袍仪式。以医学生誓词为切入点,构建医学院校社会主义核心价值观的精神内涵。医学誓词是指导医务人员思考和行动的价值以及职业信念,具有激励、鼓舞、自勉、制约、衡量的作用。上海交通大学医学院每年在开学典礼上举行白袍仪式,新生跟随领誓者诵读"希波克拉底誓言"和医学生誓词。仪式教育通过特定场域实现德育功能,坚定医学生信仰,润物无声地培养有敬业奉献精神、具备良好医风医德的医学应用型人才。

开展纪念日教育。根据医学专业特点,推进医学院校的校园精神文化建设。结合艾滋病日、护士节、爱牙日等纪念日开展医学生深入医疗机构的活动;通过纪念建党日、建军节、国庆节等节日,弘扬井冈山精神、延安精神,培养医学生的文化自信心,增强医学生为祖国社会贡献力量的决心。

—— 王元义　朱红艳　于伟伟①

基于传统文化教育的外语外贸院校深化大学生社会主义核心价值观认同研究

——以上海S大学为例

（上海对外经贸大学　上海　201620）

【摘　要】中华优秀传统文化教育对深化大学生社会主义核心价值观认同具有重要理论与现实意义，既符合新时代高校发展的新要求，也调适外语外贸院校人才培养与市场需求不匹配的现状。本文以上海S大学开展优秀传统文化教育为例，分析其现状与挑战，阐述政策和实践层面核心价值观认同研究的可行性，进而从传统文化教育"三进"，深化认知认同；打造"第二课堂"，深化情感认同；构建"同心圆"，深化理性认同和推进"双创"，深化行为认同四大对策以回应大学生社会主义核心价值观四个认同阶段。

【关键词】传统文化教育；外语外贸院校；大学生社会主义核心价值观认同

① 作者简介：王元义，男，硕士，上海对外经贸大学会展与旅游学院辅导员、团委书记、讲师。

朱红艳，女，硕士，上海对外经贸大学会计学院辅导员、团委书记、讲师。

于伟伟，男，硕士，上海对外经贸大学工商管理学院辅导员、团委书记、助教。

上海市松江区文翔路1900号上海对外经贸大学 201620。

本文获得全国外语外贸院校学生工作协会第22届年会学生工作主题征文大赛二等奖。

党的十八大以来,社会主义核心价值观成为全国人民共同的价值追求,是当前我国社会价值观的"最大公约数"。党的十九大报告强调"要以培养担当民族复兴大任的时代新人为着眼点,强化教育引导、实践养成、制度保障,发挥社会主义核心价值观对国民教育、精神文明创建、精神文化产品创作生产传播的引领作用,把社会主义核心价值观融入社会发展各方面,转化为人们的情感认同和行为习惯"。2014 年教育部发布《完善中华优秀传统文化教育指导纲要》,文件强调中华优秀传统文化教育是深化中国特色社会主义教育的重要组成部分,对于引导青少年学生增强民族文化自信和价值观自信、自觉践行社会主义核心价值观具有重要作用。近年来,高校积极自觉培育和践行社会主义核心价值观并取得了丰富的成果,但其认同度有待提升。有研究指出大学生对社会主义核心价值观的认知程度总体较高,但认知正确率偏低,知行脱节的现象比较普遍,离"内化于心,外化于行"①的目标还较远,亟需深化大学生社会主义核心价值观认同。

外语外贸院校是我国高校系统中重要组成部分,其学科设置、人才培养、科研服务、校园文化特色鲜明。因其培养方案偏应用性、实践性,与强调思想引领和文化育人的社会主义核心价值观、传统文化教育表面上看显得格格不入。那么,如何深化外语外贸大学生社会主义核心价值观认同具有重要理论与现实意义。

(一)开展传统文化教育对深化大学生社会主义核心价值观认同的必要性

1. 符合新时代高校发展的新要求

中国改革开放 40 年,其广度和深度愈来愈深入,与国际社会的关系愈加紧密。目前,中国社会文化呈多元、复杂的特点,对我国传统文化价值观和社会主义核心价值观形成了巨大挑战,引发社会价值观混乱。处在价值观塑造期的大学生易受西方外来文化、社会不

---

① 海滢滢.《大学生对社会主义核心价值观认同度及提升策略研究》[J].宁波工程学院学报,2018 年第 3 期。

良文化、网络文化等影响。新时代我国社会主要矛盾的转变深刻反映人们精神需求的拓展,优秀传统文化教育蕴涵知识传授与精神养成的双重特性,可以有效满足大学生精神需求,对于培养有理想、有本领、有担当的时代新人具有重要作用。

习总书记在全国高校思政工作会议上说:"好的思想政治工作应该像盐,但不能光吃盐,最好的方式是将盐溶解到各种食物中自然而然吸收。"中国传统文化是在中华民族五千年的历史发展过程中形成和发展起来的,是涵盖理想信念、价值取向、道德情操、礼仪制度等多方面内容的有机整体,①是大学生生活必备的、成长成才必需的"食物"。在当今以自媒体、多元思潮、创新创业为标志的时代,更注重将社会主义核心价值观无形融入到传统文化教育中,将社会主义价值观这股"盐"溶进高校教育教学全过程、大学生生活的方方面面。

2. 调适外语外贸院校人才培养与市场需求不匹配的现状

随着改革开放进一步深化以及开放型经济的继续发展,我国国际贸易领域、层次、规模持续扩大,国际贸易摩擦日益增多。因此,对高素质外语外贸类人才需求愈来愈迫切。但从目前我国外语外贸高校人才培养现状来看,既熟悉国际贸易规则,又了解国内外市场运作的综合型、应用型高素质人才比较匮乏。②

外语外贸院校人才培养效果存在一定的弊端,如学生功利意识强,人文氛围淡薄,学生发展后劲不足,工作缺乏动力和创意。而中华优秀传统文化内生于每个中国人个体,外语外贸院校通过大力开展传统文化教育可以完善人才培养体系,促进学生全面发展。

(二)上海 S 大学开展优秀传统文化教育的现状与挑战

上海 S 大学是由商务部于 20 世纪 60 年代创建,是一所以经济

---

① 朱萌、张立成.《大学生中国优秀传统文化教育探析》[J]. 思想教育研究,2011 年第 11 期。

② 周晖.《高校外贸人才创新创业能力培养——基于国际经济法的视角》[J]. 中国高校科技,2017 年第 9 期。

学、管理学、文学、法学为主干学科,具有鲜明特色的涉外商科类重点大学。目前在校生一万余名,学校当前发展态势良好,正朝着高水平、国际化、特色鲜明的应用研究型大学迈进。近年来,学校大力培育和践行社会主义核心价值观,开展社会主义核心价值观校园剧大赛、国学与社会主义核心价值观系列讲座等。同时,该校在传统体育、经典阅读推广、诗词大会、传统文化社团方面做了许多有益探索。

本文以上海 S 大学在校生和校友为样本调查,以《上海 S 大学开展优秀传统文化教育现状的问卷调研》为研究工具,通过微信群、QQ群、朋友圈以及邮件等方式进行线上问卷发放和收集,回收 342 份有效问卷。样本基本情况如下:

从性别比看,女生占比 78.57%,男生占比 21.43%;从调研对象就读情况看,在校本科生占比 60.82%,在校研究生占 7.31%,已毕业校友(毕业 1—6 年)占比 31.87%;从调研对象专业来看,占比较高的前三位分别是管理学(60%)、法学(23.57%)和经济学(15%)。

1. 大学生对传统文化教育非常感兴趣,活动形式逐渐增多,但整体活动数量仍旧偏少

调研结果显示,有 81.29% 的受访对象对传统文化非常感兴趣,在校期间也有 51.89% 的受访对象明确表示参加过传统文化教育活动,他们主要通过选修相关课程(64.33%)和聆听相关讲座(40.64%)的被动形式参与传统文化教育活动(如图 1 所示)。但从不同调研对象参加传统文化教育活动的形式细分看,相比在校研究生和毕业校友,在读本科生除了通过选修相关课程的途径来接受传统文化教育外,更喜欢通过参加如诗词大会等传统文化类比赛(81.82%)和参加传统文化类社团(70.09%)的途径来接受传统文化教育(如表1所示),这也说明该校开展传统文化教育的形式在逐渐丰富,同时也说明不同年级的学生对于接受传统文化教育的形式也有差异。总体看,受访对象普遍(85.38%)觉得目前学校开展传统文化教育的活动数量偏少,形式和载体有待继续丰富和扩充。

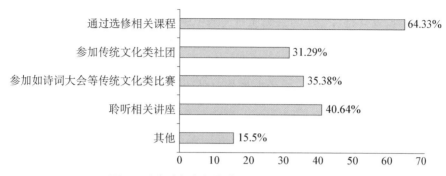

图1 受访对象参与传统文化教育的主要途径

表1 不同受访对象参与传统文化教育的途径差异表

参与途径 \ 受访对象	在校本科生	在校研究生	毕业校友	合计
通过选修相关课程	63.64%	4.55%	31.82%	100%
参加传统文化类社团	70.09%	2.80%	27.10%	100%
参加如诗词大会等传统文化类比赛	81.82%	4.96%	13.22%	100%
聆听相关讲座	63.31%	5.76%	30.94%	100%
其他	39.62%	15.09%	45.28%	100%

2. 参与传统文化教育与外语外贸专业的学习可以优势互补,但目前校园人文氛围较为淡薄,传统文化教育活动质量偏低

根据调研结果显示,有78.65%的受访对象认为将传统文化与外语外贸专业的学习结合有利于培养自身综合素质。相反,忽视对传统文化的学习则会对未来发展的长久性和动力性产生桎梏,缺乏创造性(68.71%),思维和视野也会受限,处事方式单一(56.14%),而同事之间也将少了一个交流的话题(33.33%)。因此,受访对象普遍(88.6%)认为参与传统文化教育活动是非常必要的。

从目前外语外贸类学校开展传统文化教育所面临的挑战来看(如图2所示),受访对象认为主要的挑战是校园人文氛围淡薄(84.8%),学生缺乏参与活动的兴趣(62.87%),传统文化教育活动质量低、学生参加收获小(55.85%)等。面对这些挑战,受访对象建议学校设立符合学生需要高质量的通识课和必修课(69.01%)、重点打造传统文化类知名社团(67.54%)、运用新媒体技术重新演绎传统文化(62.28%)、深耕传统文化品牌活动(59.36%)和加强优秀传统文化宣传(58.19%)等途径来加强对外语外贸类学生的传统文化教育(如图3所示)。

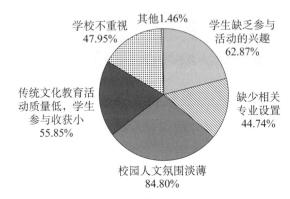

图2　外语外贸类学校开展传统文化教育所面临的挑战

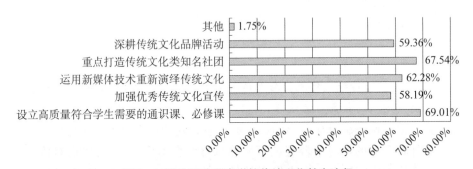

图3　加强外语外贸类学校传统文化教育途径

(三)基于传统文化教育的外语外贸院校深化大学生社会主义核心价值观认同的可行性

从政策上看,党和国家大力促进中国优秀传统文化教育与社会主义核心价值观教育有机融合。党的十九大报告指出,"培育和践行社会主义核心价值观,不断增强意识形态领域主导权和话语权,推动中华优秀传统文化创造性转化,创新性发展"。2016年12月,习近平在全国高校思政工作会议上提出，"要坚持不懈培育和弘扬社会主义核心价值观，引导广大师生做社会主义核心价值观的坚定信仰者、积极传播者、模范践行者"，"做好高校思想政治工作，要更加注重以文化人以文育人。"加强中国优秀传统文化教育是政策需要、时代需要，是满足大学生日益增长的美好生活需要，是培育大学生文化自信的需要。

从实践上看，开展中华优秀传统文化教育即为培育和践行社会主义核心价值观。中国优秀传统文化蕴含着天然的思政教育教学资源，对大学生进行爱国主义教育、理想信念教育，世界观、人生观、价值观教育，学习精神教育等均有丰富的历史人物、事件、名言可以直接采用。社会主义核心价值观所倡导的爱国、敬业、诚信、友善、和谐等观念是中华优秀传统文化的核心概念，两者具有内在的一致性，对深化外语外贸院校大学生社会主义核心价值观认同具有独特作用。

（四）基于传统文化教育的外语外贸院校深化大学生社会主义核心价值观认同对策

2014年5月4日，习近平在北京大学考察中指出："价值观养成十分重要，这就像穿衣服扣扣子一样，如果第一粒扣子扣错了，剩余的扣子都会扣错。人生的扣子从一开始就要扣好。"社会主义核心价值观的养成需要一个过程，其每个环节均十分重要。一般而言，大学生社会主义核心价值观认同涵盖认知、情感、理性和行为四个认同阶段，呈环环相扣、逐层递进的关系。①

1. 重视传统文化教育的"三进"，深化大学生社会主义核心价值观的认知认同

传统文化教育的"三进"意为把传统文化教育作为选修课或必修课进课堂、进教材、进头脑。调研中有69.01%的学生支持在外语外贸院校设立传统文化课程，切实反映了学生的实际需要。以课程教学为主的第一课堂是高校思政和社会主义核心价值观主渠道，习总

① 陶韶菁、张婷婷.《新时代大学生社会主义核心价值观认同路径探析》[J]. 华南理工大学学报（社会科学版），2018年第3期。

书记说要把思政工作贯彻到教育教学全过程,社会主义核心价值观的时代背景、深刻内涵、重要意义与具体内容要在课堂上大胆地讲,讲通讲透。

当前社会主义核心价值观课程教学内容陈旧、形式单调,很难激发95后、00后大学生的兴趣。授课教师应积极创新第一课堂教学形式、运用新媒体新技术优化教学内容,把社会主义核心价值观融进传统文化教育中。具体包括三个方面:第一,以传统文化中学生熟知的时间、人物或事件等为媒介,阐述核心价值观的内容来源;第二,把传统文化核心概念(如仁义礼智信、三纲领八条目)与核心价值观内容进行类比,凸显两者一致性;第三,采用小组合作、主题辩论等方式活跃课堂气氛。总之,加强传统文化教育和社会主义核心价值观的"三进"融合,以中华优秀的传统文化为载体,深化大学生对核心价值观的理解。

2. 打造传统文化教育的"第二课堂",深化大学生社会主义核心价值观情感认同

第二课堂是第一课堂的重要补充,包括社会实践、社团活动、校园文化、志愿服务、主题比赛等。上海S大学近年成立射箭协会、风筝协会、龙舟协会等传统文化社团,大力开展校园诗词大会、古典音乐会、经典诵读大赛等传统文化活动,受到师生广泛欢迎。社会核心价值观的深刻内涵内嵌在社团活动、射艺、德艺、礼仪比赛之中,在一定程度上满足了大学生精神文化需要。

第二课堂的质量直接影响育人效果。高校打造传统文化教育的"第二课堂",树立品牌,深耕运作,针对不同年级的学生提供相应传统文化活动,使之成为大学生情感的寄托。调研发现在校本科生与研究生接受传统文化教育途径不同,因此传统文化教育应兼具差异性。勾连优秀传统文化与社会主义核心价值观两者结合点以打造"第二课堂",让学生在实践中体验核心价值观的魅力,收获厚实的情感。

3. 构建传统文化教育的"同心圆",深化大学生社会主义核心价值观理性认同

社会主义核心价值观的理性认同即在分析比较、审慎思考、判断

推理的基础上对社会主义核心价值观作出的理智选择,审慎地选择正确的价值观是当代大学生时常面对的问题。笔者建议构建传统文化教育的"同心圆",整合高校内外各种资源形成合力助推传统文化创造性转化,促使社会主义核心价值观成为大学生思维习惯和行为方式。

在"忽视传统文化学习的外语外贸学生对毕业求职有什么影响"调研中有 56.14% 的学生选择"思维视野受限,处事方式单一",映射学生思维能力、判断能力还须进一步塑造和提升。因此,对于传统文化不仅需要情感上的共鸣,更应理智对待,取其精华,剔其糟粕,社会主义核心价值观即为中华优秀传统文化取其精华的成果。学校、家庭和社会是大学生成长的主要场域,三方形成合力构建"同心圆",共同致力于推动中华优秀的传统文化教育,不断提升学生传统文化认知与理解水平。

4. 推动传统文化的"双创",深化大学生社会主义核心价值观行为认同

行为认同是践行社会主义核心价值观的最终阶段,是检验社会主义核心价值观教育成效的标准。在随机调研中笔者发现外语外贸学生虽然熟知社会主义核心价值观内容,但实践中很少意识或体验到核心价值观效用,内化行为认同感偏低。实现民族的伟大复兴是当代大学生的使命和责任,需要大学生积极践行社会主义核心价值观,并使之成为自身的行为准则。广泛发动大学生进行中华优秀传统文化创新创业实践,在实践中检验核心价值观的可行性。

党的十九大报告指出要坚持中国特色社会主义文化发展道路,激发全民族文化创新创造活力,建设社会主义文化强国。大学生当以饱满的激情投入文创中,以自己的聪明才智践行民族复兴的伟大实践。高校孵化空间、校企合作平台等重点支持和指导文创创业项目,让那些热爱传统文化并愿意推广传统文化的大学生能够有机会去施展自己的抱负。上海 S 大学 2016 年整合校内外资源创建了高质量创业孵化基地,已有多家文创项目入驻,成为推动传统文化的"双创"、深化大学生核心价值观认同。

夏江雯①

新媒体环境下大学生思想政治教育研究

（华东理工大学 上海 200237）

【摘 要】以网络、手机等主流媒体和微博、微信等通信工具为主要标志的新媒体技术，不仅给大学生思想政治教育带来了深刻的影响，也使得思想政治教育的环境变得更加复杂。本文从多个层面分析新媒体环境下大学生思想政治教育的现状，客观、理性地认识新媒体环境下大学生思想政治教育的优势和不足，在此基础上，探索构建思想政治教育的新思路和新方法。

【关键词】新媒体；大学生；思想政治教育

（一）新媒体环境对大学生成长成才的影响

在新媒体平台上，大学生既可以接受各种前沿信息，又可以便捷地享受各种文化成果。然而，虚拟环境与现实生活的冲突，常常使得大学生处于相互矛盾、相互冲突的道德困境之中，即新媒体环境也可能给大学生带来一些负面影响。

1. 影响大学生网络道德建设

虽然大学生网络道德的主流是积极健康的，但是虚拟与现实的矛盾、放纵与约束的冲突常常使大学生处于相互矛盾、相互冲突的道

---

① 作者简介：夏江雯，女，硕士，华东理工大学党委宣传部部长，副教授。上海市梅陇路 130 号 200237。

德选择之中。大学生正处于个体社会化的关键阶段,道德成熟度不高,面对网络与现实的差距,难以辨别是非真伪,对很多信息持怀疑和否定的态度,将在没有角色规则的网络世界中养成的叛逆、迷失自我等特性带进真实生活里,因而变得敏感、多疑、偏执甚至出现变态心理,导致行为怪异、人际关系紧张等特征,影响大学生的成长。

2. 影响大学生心理健康教育

新媒体时代的到来对大学生的心理机制、人格品质、道德修养等方面起到积极的作用的同时,也给大学生的心理健康带来一系列"冲击"。其虚拟性、隐匿性、灵活性等特点,使大学生得到了精神上的满足和释放,但同时也为匿名发布、传播、接受有害言行提供了便利和可能。也正是由于其虚拟性、隐匿性,致使管理难度加大、监管不力,容易使淫秽、反动、暴力等负面信息充斥其间,导致大学生在心理判断、心理认知上出现偏差。

3. 影响大学生文化素质教育

大学生文化素质的培育是一个漫长的过程,环境的参与特别重要。大学生通过新媒体接触到各种游戏、影视作品、书籍、艺术作品等信息资源的同时,也会有很多社会"毒瘤"寄生在媒体资源中,具有强烈的"潜伏性""传染性"和"隐蔽性",很多价值观念、生活方式和社会思潮,如一些炫富现象、拜金主义、仇富心理、官本位、特权主义等现象对大学生的价值取向造成强烈的冲击。

4. 影响大学生的性健康意识

在新媒体时代,大学生可以便利地通过新媒体了解所好奇的"性知识",正确使用新媒体可以帮助填补传统教育的"灰色区域",然而不少新媒体工具对具有暴力、色情等内容过分渲染和过度报道,使大学生对道德价值判断产生了偏差。据调查,超过一半的青少年在使用网络、手机等新媒体工具时收到过不良信息,如色情广告、暗示性的视频、黄色信息等,这带给青少年一种错误的性的意识,导致部分青少年人生追求目标严重偏离正确方向。

(二)新媒体环境下思想政治教育呈现的特点

掌握新媒体平台在思想政治教育中的显著特点,是创新思想政治教育的基础。与传统思想政治教育相比,新媒体平台在技术手段和设计理念上有着较大的创新①：

1. 新媒体的信息传递及时便捷

利用新媒体可以在第一时间发布信息、接收信息，两者之间几乎没有时差。信息传递过程层级少、渠道快，不需要过多的人力物力就实现了"一对一""一对多""多对一"的瞬时传播。特别是相对于传统信息传递媒介而言，新媒体实现了及时、快捷地传递信息。这样，在新媒体平台上，老师、家长、学生等主体实现了便捷、实时、有效的沟通，大大提高了思想政治教育的时效性，能更好帮助学生健康成长、全面发展。

2. 新媒体的活动空间高度虚拟

新媒体平台的活动空间可能是利用信息技术建立起来的某个网站、论坛，或者是某个软件、程序，这些活动空间的现实存在最终不过是 0 和 1 两个数字符号。因此，这个特点决定了新媒体的活动空间不受现实资源的制约。在新媒体平台上，思想政治教育的主客体可以运用虚拟的教室、社区、课堂，开展丰富多彩、形式多样的思想政治教育实践活动，避免了传统思想政治教育中人手不足、场地不足等矛盾，极大地扩展了活动范围和活动规模，增强了思政教育活动的有效性。

3. 新媒体的信息交流跨越时空

新媒体平台的运用可以使思想政治教育主客体双方之间的信息交流突破时间和地域的限制。主客体双方可以在不同的时间地点就某个问题进行交流，并且发布的信息可以在新媒体平台上得到保留，起到档案保存的作用。同时，交流时间可以不局限于上班时间或固定时间，在任何时间，思政工作者都可以运用新媒体平台与学生交流或者处理相关信息。交流空间可以不受地域限制。处于不同的地方也可以实现即时交流，特别是可以利用网络视频技术实现即时的面对面交流，这种方式犹如真正的"面对面"，方便快捷，还能降低交流

---

① 王彦丽.《运用网络平台创新大学生思想政治教育工作》[J]. 2014 年第 7 期。

成本。

4. 新媒体平台双方充分互动

运用新媒体开展思想政治教育,双方都能够成为信息的发布方和接收方,同时还可以实现围绕某一信息实现即时充分互动,真正成为双向主动的关系。通常,大学生对说教式的思想政治教育有一种本能的抵触,不喜欢在现实生活中与老师面对面地交谈,对思想政治教育活动不够积极主动,而运用新媒体平台恰好解决了现实生活中的这一矛盾,师生之间可以平等地与对方交流谈心,能够打消学生心中的顾虑,学生较容易敞开心扉,并且可以随时向老师请教或求助,这样能更好地达到解决实际问题,进行思想政治教育的目的。

(三)新媒体环境下创新思想政治教育的原则

目前,新媒体发展迅猛,已经成为高校思想政治工作的主战场。针对新媒体的新特点,高校思想政治教育需遵循以下原则①:

1. 坚持引导与促进的原则

思想政治教育工作结合新媒体的环境具有前所未有的开放性和兼容性,在开阔师生信息视野的同时,也会给他们带来心理的冲击和价值取向的模糊,这就需要思想政治教育工作者准确有效地利用新媒体,引导和把握思想政治教育的发展和方向。在对大学生的思想政治教育中,要充分发扬新媒体环境积极因素的影响,抑制消极因素的影响,营造一个良好的社会氛围,引导学生思想政治品德向上向善发展。新媒体的强大信息娱乐性及新颖性在青年人中深受欢迎,因此,具有非常高的普及率和使用率。因此,思想政治教育要充分利用新媒体这种"无孔不入"的特性,植入、渗入并深入到每一位学生的思想"血液"当中去,更好地贯彻社会主义的教育方针,灌输社会主义的核心价值观,引导当代大学生在多元化时代发展的环境里健康成长。

2. 坚持宏观与微观的原则

宏观环境主要是指社会环境内各种因素构成的总和,包括和谐

---

① 甄义、耿曙光.《基于新媒体环境下的大学文化建设》[J].石家庄铁路职业技术学院学报,2016年第1期。

的社会环境、经济环境、政治环境、文化环境等因素。而微观环境主要是指对大学生发展起作用的文化氛围、校园舆论等方面。宏观的社会环境对学生的思想政治品德影响很久远、很全面,而微观环境对大学生的思想品德影响更具体、更入微。新媒体环境首先是受国家政治、经济、文化的影响和制约,同时也受每一个受众所影响和制约。大学生每天生活的校园环境中,校园文化、校园舆论也是通过新媒体来影响和引导的,通过这种宏观与微观环境的影响,培养学生自尊、自爱、自立、自主、自强的意识,发扬中华民族的传统美德。

3. 坚持约束与规范的原则

约束与规范是新媒体环境下高校思想政治教育工作顺利开展的重要保证。新媒体环境对高校思想政治教育具有直接和间接两方面的影响。直接影响是一种强制性规范,即由高校师生共同制定、认可并自觉遵守的规则制度和行为准则,这种条例、准则就起着直接规范和约束人们思想与行为的作用;间接影响是潜在的,它往往通过暗示、模仿、从众等群体心理的影响来约束和规范学生的思想行为,是一种群体道德规范和价值认同的文化氛围。通过新媒体环境对高校思想政治教育的直接影响和间接影响的共同作用,软硬结合、刚柔并济,很好地约束和规范了大学生的思想政治品德的形成和发展,对大学生的思想和行为也是一种很好的养成教育。

4. 坚持教育与娱乐的原则

新媒体以一种无法抗拒的力量渗透到我们生活、社会、经济的各个方面。在高校中,新媒体满足了大学生随时随地地互动性表达、娱乐与信息获取的需要,迎合了学生们休闲娱乐的需求,也满足了课间休息时、排队等候时、乘坐交通工具时等碎片化时间获取信息的需求。高校思想政治教育可以充分利用新媒体的优势,结合教育功能与娱乐功能,将道德文明、品德教育、文化价值渗入到所传递的信息中去,寓教于乐,培养大学生的思想道德素质、科学文化素质和心理素质,最终完善他们的人格,提高他们的社会适应能力。

5. 坚持创新与发展的原则

新媒体以其迅速的传播方式,以声、形、图、文并茂的表现形式以及海量丰富的信息内容对大学生思想政治教育产生了巨大的冲击,使得传统的教育模式显现出严重的滞后性。因此,必须主动加快新媒体与思想政治教育的融合,不断开拓创新和发展,实现高校思想政治教育工作新的跨越。要发挥新媒体优势,充分利用网络媒体、手机等新载体功能,以建设性的教育创新意识与新媒体发展相结合,以互动式、体验式、引导式和渗透式的方式开展思想政治教育工作。

(四)新媒体环境下创新思想政治教育的实践

新媒体环境下,我们必须充分利用新媒体的各种优势,努力发展和完善思想政治教育的方法、内容和手段,将解决新时代大学生思想问题和实际问题结合起来,提高思想政治教育的针对性和有效性。

1. 重构新媒体环境下思想政治教育新体系

构建新媒体环境下高校思想政治教育体系,要从宏观上统筹规划和科学指导,要有组织、分步骤地对现有媒体资源进行联接和整合,积极开发和共享信息资源。一是建立一批网络媒体,尽快建设一批为大学生所喜爱的、具有高校特色的思想政治教育主题网站。建立主题鲜明的思政教育手机媒体、网站、论坛、微博等媒体平台,坚持对大学生进行正面教育和引导;建立大学生关注的热点、焦点问题讨论和互动平台,针对一些问题开展讨论和辩论,并有针对性地引导一些热点、难点问题。二是扩大传播效果,利用新媒体的优势,将信息内容精心设计,采取生动活泼、形式新颖的媒体形式,通过微博、微信、QQ空间、贴吧等传递给学生,达到春风化雨、润物无声的效果。三是建立一支思政队伍,培养一支具有政治理论水平、熟悉学生德育工作,又能较好掌握新技术、熟悉新媒体文化特点的德育工作队伍,形成人才梯队建设。

2. 拓宽新媒体环境下思想政治教育新路径

主要是在以下领域开展思想政治教育,结合学生的特点,将思政教育的内容,以有意思的形式融合其中,帮助学生形成正确的人生观和价值观。一是手机媒体。大学生群体中经常出现的是"边上课边上网"。手机媒体具有细分受众、精准传播、方便快捷、沟通便利等特性,手机应用软件非常丰富,如手机购物、手机支付、手机地图工具等,促使越来越多的用户使用手机上网。二是自媒体。目前自媒体发展非常迅猛,它有别于由专业媒体机构主导的信息传播,而是由普通的个体来主导的信息传播活动,改变了传统的"点到面"的传播模式,更加精准化为"点到点"的一种对等的传播概念。目前,除微信、微博外,知乎、抖音等新兴的视频网站成为受到学生喜爱的新的表达渠道。三是交通媒体和楼宇媒体。所谓交通媒体,是指装载在各种交通工具上、能够在移动状态下接收或者播放电视或广播节目的新型媒体。学校可以通过交通媒体向社会不断发布各类信息,提供信息服务。楼宇媒体目前主要是指楼宇电视、LED 屏幕、玻璃幕墙广告等。目前,各高校也都配备了这些电子设备,主要用于播放新闻、校内新闻、公益广告、活动信息、文体娱乐等内容。

3. 建立新媒体环境下突发事件的应对机制

目前新媒体已经成为大学生获取信息的重要来源,甚至是第一来源。作为思想政治教育的前沿阵地,高校应该完善并实践、创新应急机制,积极应对重大事件,最大限度地减少事件所造成的损失,引导学生客观地看待事件的本质。高校可以通过新媒体将事情的真相进行传播和解析,赢得传播的主动权,积极引导、严格控制,有效地构建校园舆论新格局,同时发挥新媒体价值,构成与传统媒体的相互配合。

4. 推动新媒体环境下大学生道德自律建设

在新媒体环境,同一事物,由于舆论的角度、观点和思维方式的不同,大学生的认识也会不同,就会产生各自不同的情感。加强网络道德建设,培育健康自律的文化氛围和文化环境,让身处其中的大学生自觉形成一种自我约束与自我控制的能力。同时,大学生要在各种新媒体活动中,不断进行自我约束、自我保护和自我完善,这也是新媒体环境下高校思想政治教育的新要求。由于新媒体信息庞大,良莠不齐、真假难辨,大学生要培养较强的信息识别能力和免疫能力,只有通过不断地自我约束、自我完善,才能锻炼坚强的道德意志,才能培养出良好的新媒体习惯。当新媒体环境下的网络道德不断成为大学生的自觉自愿、持之以恒的行为出现时,道德自律就能够实现了。

5. 利用新媒体平台服务大学生的心理需求

大学生心理敏感、自尊心强,新媒体环境的隐匿性和互动性迎合了大学生的心理特点，也克服了面对面心理疏导的尴尬性和心理障碍，使得心理咨询效果得到提升。如，利用新媒体环境建立大学生心理健康机构，采取心理论坛、在线辅导、电话访谈、微信推送等形式，让大学生的心理问题得到疏导和帮助，从而降低心理担忧与焦虑程度。再如，通过微博、论坛等媒体形式进行团体辅导，通过相互感染的群体氛围和群体压力等方式，将大学生之间潜在存在的情绪等，通过"朋友圈"的分享得到舒缓和释放，促进了健康心理的获得与巩固。同时，通过大学生之间心理特征的交互作用，营造大学生自我教育、自我调适的和谐氛围，将思想政治教育的资源更好的融入到大学生的心灵中去，最终形成契合新媒体发展的心理健康教育体系，帮助和引导大学生减轻心理负担，满足心理需求。

6. 开展新媒体环境下特色思想政治教育活动

首先，通过新媒体开展思想政治特色教育活动，要做到内容新颖、新鲜、有新思路和新举措。要通过新媒体形式，把理想信念教育变得更为直接、直观、具体和生动，把枯燥的理论灌输为生动的文化熏陶；还可以针对当前社会问题、国内外形势和高校发展建设面临的任务、信息进行一对一、一对多、多对一的传播方式，通过新媒体扩大宣传力度，提高教育效果。其次，通过新媒体开展思想政治特色教育，在方法上更具有灵活性、互动性、趣味性和艺术性，突出针对性，注重实效。可以邀请专家、学者，定期通过微博、论坛等媒体渠道与大学生进行沟通和交流，答疑解惑。同时，可以通过新媒体建立虚拟的"社区"，开展民主评议、交流谈心和心理咨询等活动，充分利用新媒体资源优势，形成上下联动的新局面。

吴跃东　　陈莹莹①

上海高校学生理论宣讲社团发展研究

（上海师范大学　上海　200234）

【摘　要】高校是学习、研究、宣传马克思主义的重要阵地,承载着重大使命与责任,大学生理论宣讲社团在传播马克思主义科学理论中起着非常重要的作用。本研究通过调研上海10所不同层次高校的学生理论宣讲社团发展状况,探索其运行机制,分析其存在的不足,提出从做好理论阐述、实践联动、资源保障等方面的工作来优化高校学生理论宣讲社团的发展路径。

【关键词】高校学生理论宣讲社团;新时代;马克思主义理论

习近平总书记在全国高校思想政治工作会议上强调,要坚持不懈传播马克思主义科学理论,抓好马克思主义理论教育,为学生一生成长奠定科学的思想基础。② 高校肩负着人才培养、科学研究、社会服务、文化传承创新、国际交流合作的重要使命,肩负着学习研究宣

① 作者简介:吴跃东,男,博士,上海师范大学马克思主义学院副教授,主要研究方向为马克思主义中国化和思想政治教育。上海市徐汇区桂林路 100 号 200234。

陈莹莹,女,硕士,上海师范大学马克思主义学院,主要研究方向为思想政治教育。上海市徐汇区桂林路 100 号 200234。

本文系上海学校德育实践研究项目"上海高校学生理论社团发展策略研究"(2018-D-092)的阶段性成果。

②《习近平谈治国理政》第 2 卷[M].北京:外文出版社 2017 年版,第 377 页。

传马克思主义、培养中国特色社会主义事业合格建设者和可靠接班人的重大任务，是巩固马克思主义指导地位、发展社会主义意识形态的重要阵地。我们必须始终坚持以马克思主义为指导，全面贯彻党的教育方针，坚持不懈地传播马克思主义科学理论，切实抓好马克思主义理论学习教育工作，要把马克思主义作为必修课，让高校成为马克思主义学习、研究、宣传的重要阵地。① 作为意识形态工作的前沿阵地，高校在学习研究宣传马克思主义过程中承载着重大使命与责任，而大学生理论宣讲社团则在传播马克思主义科学理论中起着重要作用。高校学生理论宣讲社团作为学习研究宣传马克思列宁主义、毛泽东思想和中国特色社会主义理论体系的组织，具有坚定的政治方向性、鲜明的时代性、强大的生命力和科学的实践性几个特征，是高校推进马克思主义大众化的有效载体。

上海处于教育改革的前沿，高校数量众多、层次区分度高、社会影响力大，了解上海高校学生理论宣讲社团的发展状况，探索其运行机制，对全国高校学生理论宣讲社团发展研究具有重要的借鉴意义。本研究所使用的数据来自研究团队于 2018 年 10 月至 12 月对上海交通大学、同济大学、华东理工大学、上海大学、东华大学、上海海事大学、上海对外经贸大学、上海理工大学、上海师范大学、上海旅游高等专科学校 10 所上海高校开展的"上海高校学生理论宣讲社团发展状况调查"。本次调研涉及的高校涵盖了双一流高校、双一流专业高校，普通本科院校以及专科院校，同时包括了综合类、理工类和师范类等院校，抽样具有较好的代表性。调查发放问卷 1000 份，回收 974 份，问卷回收为 97.4%。974 个调查对象中，双一流高校学生 374 人（占 38.4%），普通本科院校学生 492 人（占 50.5%），高职高专院校学生 108 人（占 11.1%）。性别比例中，男性 286 人（占 29.4%），女性 688 人（70.6%）；教育状况中，研究生 367 人（占 37.7%），本科生 499 人（占 51.2%），专科生 108 人（占 11.1%）；学科类别中，文科类学生 654 人（占 67.2%），理工科类学生 299 人（占 30.6%），艺术

---

① 《习近平谈治国理政》[M].北京：外文出版社 2014 年版，第 154 页。

及其他类学生 21 人(占 2.2%);政治面貌方面,中共党员(含预备党员)415 人(占 42.6%),共青团员 536 人(占 55.0%),群众及其他 23 人(占 2.4%)。调查对象的分布基本符合当前上海高校分布情况,样本具有一定的代表性。

为了解问卷的信度和效度,本研究使用 SPSS 19.0 对上海高校学生理论宣讲社团发展状况调查进行信度分析和效度分析,得到 Cronbach's 的 α 系数和 KMO 值。Cronbach's α 系数为 0.793,大于 0.7,说明因子信度较高,KMO 值为 0.832,大于 0.7,说明因子效度较高,信效度较高说明适合进行下一步的相关性分析。

(一)高校学生理论宣讲社团发展现状调查

本研究主要从大学生对高校学生理论宣讲社团的认知情况、高校学生理论宣讲社团的运行情况、高校学生理论宣讲社团的宣讲效果和高校学生理论宣讲社团存在的不足这四个方面对数据进行了归纳梳理。

首先,大学生对高校学生理论宣讲社团了解不够,社团影响力和吸引力有待提升。大学生对高校学生理论宣讲社团的了解程度总体不高,只有 54.5% 的学生知道学校有学生理论宣讲社团,41.3% 的大学生并不是很了解,认为可能有。从大学生对高校学生理论宣讲社团的关心情况来看,很关心和比较关心的人数只占到 58.6% 左右,偶尔关心和不关心的占了 41.4%。这说明高校学生理论宣讲社团的影响力和吸引力还不够,大学生的了解程度有待进一步提升。此外,超过 70.0% 的大学生认为高校有必要建立学生理论宣讲社团,只有大约 4.5% 的学生认为没有必要建立,这表明大学生对高校学生理论宣讲社团存在的认可度总体较高。从当前高校学生理论宣讲社团成立的时间来看,超过 86.2% 的宣讲社团成立的时间不超过 6 年,其中 72.1% 的宣讲社团成立的时间在 3 年及以下,这表明高校学生理论宣讲社团在近两三年里发展非常迅速。当前高校学生理论宣讲社团的队伍建立情况总体良好,队伍成型和基本成型占比超过 93.3%,未成体系占比仅为 6.7%。宣讲队伍的规模在 50 人及以下的占比超过 77.9%,百人以上的占 8.32%,说明目前高校学生理论宣讲社团的总体规模都不大,属于小规模社团。

其次,高校学生理论宣讲社团总体运行情况良好,宣讲活动正常开展。高校学生理论宣讲社团的宣讲频率每学期在1—3次的占比59.3%,4—6次的占比29.6%,7次以上的占比11.1%,这表明高校学生理论宣讲社团都能正常开展宣讲活动,但是活动的总体频率不高,说明有必要扩大影响力,让宣讲团成员开展更多的宣讲活动。从宣讲的对象来看,主要集中在高校大学生、中小学生、周边社区居民和企事业单位人员,其中高校大学生人数占比最高,超过92.4%,说明宣讲社团的主阵地还是在高校内部,同时兼顾覆盖周边居民和中小学生等。从宣讲的内容以及受欢迎程度来看,习近平新时代中国特色社会主义思想和当前形势与政策研究是宣讲的重点,也是最受听众欢迎的。其中习近平新时代中国特色社会主义思想受欢迎程度非常重要的占比超过了半数,占比50.4%,重要的也占比25.9%,说明高校对习近平新时代中国特色社会主义思想的学习研究宣传工作非常重视。从宣讲的形式来看,讲座方式受欢迎程度排在首位,占比84.8%,线上互动网络直播占比偏低,为42.4%,说明面对面的宣讲方式接受程度最高,宣讲效果最好。此外,新的宣讲方式,比如微课堂以及实践场馆宣讲也越来越受到欢迎。

再次,高校学生理论宣讲社团宣讲内容有待优化,宣讲效果仍需提升。大学生认为高校学生理论宣讲社团的作用有利于传播马克思主义理论思想、新时代理论成果的占比85.8%,有利于提升大学生马克思主义理论水平占比81.6%,有利于培养新时代社会主义建设者和接班人占比81.2%,以及有利于推进新时代高校和谐校园文化建设占比74.6%。此外,从高校学生理论宣讲社团会为大学生带来提升的情况看,宣讲的内容让大学生明白了新的时政理论并会在以后的生活中努力践行的占比68.0%,明白宣讲内容但认为作用不大的占比23.4%,不愿去听或者不喜欢的占比8.6%,说明宣讲的内容调整还有一定的提升空间。从高校学生理论宣讲社团的发展带来的社会效应来看,大学生认为宣讲的内容符合社会主义核心价值观思想,是正能量的传播,有积极影响的占比71.6%,认为宣讲的内容偏重理论,科普性质大于影响教育意义的占比19.8%,认为宣讲内容无效果甚至起到反作用的占比8.7%。这一结果分布与前一结果分布相类似,说明宣讲社团对提升大学生个人和产生社会效应的结果基本上是同步的。总体而言,大学生对高校学生理论宣讲社团的满意度较好,但仍有较大的提升空间,非常满意占比 32.1%,满意占比51.5%,基本满意和不满意占比 16.4%。

最后,高校学生理论宣讲社团运行方式还需调整,宣讲过程仍需优化。高校学生理论宣讲社团运行方式存在的问题主要集中在以下四个方面:大学生认为宣讲内容不成体系,对听众而言不具有针对性占比49.9%,认为改变授课形式对个人宣讲者而言有一定的困难和环境限制占比48.9%,认为宣讲团成员组成结构不严谨,个体水平差异较大占比40.8%,认为听众层次不够丰富,往往只集中于与马学科专业相关的人群占比39.8%。在宣讲过程中可能遇到的主要问题也有四个方面:大学生认为宣讲内容与听众生活不贴近,难以引起共鸣占比62.0%,认为宣讲形式单一导致听众难以集中精力听讲占比61.6%,认为宣讲结束后达不到预期效果或没效果占比35.9%,认为宣讲者自身水平有限与观众互动产生卡壳占比34.1%。

（二）高校学生理论宣讲社团发展现状分析

进入新时代以来,高校对马克思主义及其中国化理论,特别是习近平新时代中国特色社会主义思想的学习研究宣传非常重视,起到了很好的理论宣传效果。高校对学生理论宣讲社团的支持力度较大,近三年理论宣讲社团数量大大提升,大学生参与的规模逐年增大,宣讲团成员专业的覆盖面更趋多元化。宣讲团成员通过该平台进行理论宣讲,不但提升了自身的理论水平,也为其他大学生带来理论的提升以及形成良好的社会效应。与此同时,高校学生理论宣讲社团在发展过程中也碰到一些瓶颈问题,有待进一步解决。

首先,高校对学生理论宣讲社团的重视程度与党和国家对高校的要求差距较大。当前国际国内形势复杂多变,不同思想文化交流交融交锋,社会思潮千变万化,高校思想政治工作面临许多新情况、新任务、新课题。面对新形势新挑战,高校对思想政治工作重视程度还不够,实施大学生马克思主义自主学习行动,更好发挥理论学习骨干引领作用和学生理论宣讲社团的带动作用,加强青年马克思主义者培养的力度还远远不够。调查显示,有将近一半左右的大学生不知道自己学校是否有理论宣讲社团,将近 30％左右的学生认为高校不一定或者没必要建立理论宣讲社团。这充分说明高校将更多的精力放在理论的学习和传达上,在成立自己的宣讲团队,构建专家宣讲团——中青年骨干宣讲团——学生理论宣讲团三级宣讲体系方面投入不足,发挥学生理论宣传骨干和学生理论宣传社团引领作用的力度不够。从高校学生理论宣讲社团成立的时间和规模来看,都是近几年的事情,而且规模不是很大。这些充分说明高校在学生理论宣讲社团构建方面关注力度不够,投入也不足,这与党和国家对高校提出加强学生马克思主义理论宣传的要求有一定的差距。

其次,高校学生理论宣讲的创新思路不多,形式不够灵活,新媒体使用不足导致宣讲效果不佳。习近平总书记在全国宣传思想工作会议上强调,要加强传播手段和话语方式创新,让党的创新理论"飞入寻常百姓家"①。面对新形势新要求,高校学生理论宣讲社团的宣讲内容不太符合受众喜好、宣讲的方式不够灵活多变、宣讲效果总体不够理想。从数据分析的结果看,形势与政策研究以及马克思主义中国化内容在双一流高校中更加受欢迎,马恩经典原著解读和马克思主义中国化在研究生中更加受欢迎,这就需要宣讲团成员在面对不同宣讲对象时应调整相应内容,以期符合受众的需求。从宣讲的方式看,新思路新方法新媒体使用还不足,传统的讲座宣讲方式目前依然占据主流地位,而利用新媒体宣传无论是覆盖面还是覆盖度都要远远逊于传统媒体,可见高校学生理论宣讲社团的宣传方式有待改进。在宣讲过程中,如何让宣讲的内容有新意,有创意,如何让宣讲的方式不过于老套,如何使用新手段新方法进行宣讲,如何面对不同宣讲对象,因势而变,因时而变,这些都是高校学生理论宣讲社团提升宣讲效果的关键所在。

再次,高校学生理论宣传队伍规模偏小,队伍建设不完善导致社团作用发挥不够。习近平总书记指出,宣传思想干部要不断掌握新

---

① 习近平.《举旗帜聚民心育新人兴文化展形象 更好完成新形势下宣传思想工作使命任务》[N].人民日报,2018 年 8 月 23 日。

知识、熟悉新领域、开拓新视野，增强本领能力，加强调查研究，不断增强脚力、眼力、脑力、笔力，努力打造一支政治过硬、本领高强、求实创新、能打胜仗的宣传思想工作队伍。① 高校学生理论宣讲社团要在大学生群体当中充分发挥马克思主义理论宣传功能，起到应有的作用，达到应有的效果，配齐建强队伍、加强队伍建设至关重要。调查显示，高校学生理论宣讲社团规模在 20 人以内的占比为 33.1%，队伍完善，有固定成员并开展定期培训的占比为 33.9%，宣讲频率每学期在 1—3 次的占比为 59.3%。社团规模小，发挥作用不明显，影响力自然也不会很大。队伍不健全，培训制度不完善，就形成不了体系，也就不能形成良性循环。每学期的宣讲频率不高，说明宣讲的准备工作不充分，没有形成完善的备课体系。这些充分显示当前高校学生理论宣讲社团队伍建设还不完善，未形成良好的管理体系和培训体系，学生马克思主义理论宣传骨干作用发挥不明显，示范作用未得到很好的体现。

（三）优化高校学生理论宣讲社团发展路径的思考

高校学生理论宣讲社团受重视程度不高，队伍建设不完善，在理论宣讲上投入不足、平台不多，导致理论阐释传播的覆盖面和影响力不大。新形势下，高校学生理论宣讲社团理应成为勇立潮头、先学先知、阐释传播先进思想的先锋堡垒。高校学生理论宣讲社团要注重理论阐释工作，坚持正确方向，凝聚人心，鼓舞士气，传播中国声音。要注重开拓平台，让理论宣讲进课堂、入社区、上网络，打造出系列校园微讲堂、社区小讲座、网上微宣讲，既通过多平台宣讲增进理论社团成员对理论的学习和理解，又充分借助宣讲把理论阐释传播至更广泛的受众。高校党委和相关职能部门要高度重视学生理论宣讲社团的发展，给予充分的支持和保障。

首先，做好理论阐释工作是提升理论宣讲效果的关键力量。高校学生理论宣讲社团要以习近平新时代中国特色社会主义思想和党

---

① 习近平.《举旗帜聚民心育新人兴文化展形象更好完成新形势下宣传思想工作使命任务》[N].人民日报,2018 年 8 月 23 日。

的十九大精神为指导,增强"四个意识",坚定"四个自信",做好两个维护,切实"做好做强马克思主义宣传教育工作,特别是在学通弄懂坐实新时代中国特色社会主义思想上下功夫"①。做好理论宣讲工作,提升理论宣讲效果的关键在于做好理论阐释工作。理论阐释要高举马克思主义和中国特色社会主义伟大旗帜,坚持不懈用习近平新时代中国特色社会主义思想武装青年大学生,推动马克思主义中国化、时代化和大众化。理论阐释要牢牢把握正确舆论导向,唱响主旋律,壮大正能量,做大做强主流思想宣传,把青年大学生士气鼓舞起来、精神振奋起来,引导他们拥护党的领导和社会主义制度、立志为社会主义事业奋斗终生。理论阐释要讲好中国故事,传播中国声音,让青年大学生了解真实、立体、全面的中国,树立文化自信,为中国的进步和发展感到骄傲与自豪。

其次,做好实践联动工作是加强理论宣讲效果的重点内容。要加强对高校学生理论宣讲社团的管理、引导、服务和联系工作,支持和鼓励宣讲社团开展主题鲜明、健康有益、丰富多彩的课外宣讲活动,强化实践育人效果。做好理论宣讲工作,提升理论宣讲效果的重点在于做好实践联动工作。实践联动要注重校际之间交流,把相互交流学习,提升双方的理论认识和宣讲水平作为重点,实行跨校宣讲,不断提升宣讲团成员的责任感和荣誉感。实践联动要注重校内外之间交流,把宣讲的平台放大,向机关企事业单位、中小学校、社区街道、爱国主义教育基地等实践场馆提供智力支持,发挥青年大学生的光和热。实践联动要注重线上线下互动,针对青年大学生的特点,充分利用网络和新媒体,加强网络互动,传播正能量,营造风清气正的网络环境。实践联动要注重宣讲内容和宣讲形式的调整,在牢牢树立正确舆论导向、传播中国好声音的前提下,提高理论宣讲的传播力、引导力、影响力和公信力。

再次,做好资源保障工作是推动理论宣讲社团发展的重要保证。

---

① 习近平.《举旗帜聚民心育新人兴文化展形象 更好完成新形势下宣传思想工作使命任务》[N].人民日报,2018 年 8 月 23 日。

高校"必须自觉承担起举旗帜、聚民心、育新人、兴文化、展形象的使命任务"①,为学生理论宣讲社团发展提供足够的资源保障。高校党委和相关职能部门要高度重视,切实把学生理论宣讲社团发展放在重要位置,加强组织领导和工作指导。要为高校学生理论宣讲社团配备马克思主义理论研究专家和优秀管理指导教师,经常性开展理论和管理培训工作,不断提升宣讲团成员的理论水平和宣讲能力。要扩大学生理论宣讲社团的规模,搭建校内外宣讲平台,让宣讲团成员有更多的学习宣讲机会,从而不断提升高校学生理论宣讲社团的影响力。要加大经费投入,为高校学生理论宣讲社团提供场地、书籍、办公设备等硬件支持。要加强对学生理论宣讲骨干的培养,组织他们进行理论研究、参加交流学习,开展丰富多彩的活动等,并在评奖评优等方面给予相应的支持。

中国特色社会主义进入新时代,高校学生理论宣讲社团要把统一思想、凝聚力量作为工作的中心环节。在高校党委的坚强领导下,发挥学生理论宣讲社团应有的功效,引导青年大学生树立共产主义远大理想和中国特色社会主义共同理想,增强他们的中国特色社会主义道路自信、理论自信、制度自信和文化自信,立志肩负起民族复兴的时代重任。

---

① 习近平.《举旗帜聚民心育新人兴文化展形象　更好完成新形势下宣传思想工作使命任务》[N].人民日报,2018 年 8 月 23 日。

胡　兵①

青年学生历史教育的挑战与出路

（华东理工大学　上海　200237）

【摘　要】党和国家历来都非常重视历史教育，但历史教育的效果却不甚理想，青年学生历史知识匮乏，在部分高校，历史教育得不到应有的重视。当前，历史教育面临着历史虚无主义、历史娱乐化、历史政治化、历史淡漠化思潮的挑战，严重影响了青年学生的历史教育。为此，要加强青年学生的历史教育，帮助其从历史中找寻信仰、寻找认同、学会担当，增强其历史意识，从而建立起正确的历史认知，有助于形成正确的世界观、人生观和价值观。

【关键词】青年；学生；历史教育

　　古往今来，一切民族和国家都会重视自己的历史，都会善待自己的历史遗产。我国清末思想家龚自珍说："欲知大道，必先为史。"意思是要掌握治国安邦的大道，必须先研究蕴含着大道的历史。他还说"灭人之国，必先去其史"，意思是要想消灭这个国家，先毁掉或诋毁它的历史。可以说，一个国家的历史深刻影响着这个国家的现在和未来。可见历史的重要性，反映在历史教育中，必须要重视对青年学生的历史教育，让青年学生掌握历史，了解历史。

① 作者简介：胡兵，男，博士，华东理工大学党委宣传部副部长，副教授，主要研究方向为思想政治教育、意识形态研究、青年工作等。上海市梅陇路130号 200237。

（一）青年学生历史知识的缺失

目前,大学公共课里面没有历史科目,仅开设了一门《中国近现代史纲要》。但显然,对历史知识的教育不能仅仅依赖这一门课,在《形势与政策》上,也可以进行历史教育,因为对当前很多国际形势的分析都离不开近现代的背景分析。笔者在《形势与政策》课堂上震惊地发现:部分学生对中国历史知识极度匮乏,甚至连外国留学生都比较熟悉的钓鱼岛、南海事件都不清楚。笔者随机在课堂上开展了简单的调查,对"中国十大历史事件":鸦片战争、太平天国、洋务运动、甲午战争、戊戌变法、辛亥革命、五四运动、中国共产党成立、抗战胜利、中华人民共和国成立等的了解程度。结果发现:122人的课堂上,听说过大概知道怎么回事的,仅仅占11.5%;82.0%的学生不知道戊戌变法;61.5%的学生不了解洋务运动,42.6%的学生不知道甲午战争发生在哪两个国家之间。显然这个结果无法让人满意。第二次课,笔者再次随机性选择一些历史事件进行调查,结果更糟糕:没有一个人知道"崖山事件";76.2%的学生不知道第一次世界大战是由哪个国家引起的;45.9%的学生不知道成吉思汗是哪个朝代的。还有些数据就不一一列举了,基本上在每一个历史事件的了解程度上都达不到想象中的水平。

这些数据反映了高校学生的历史知识存在着一定程度的匮乏,这种匮乏尽管从短期看,不影响其正常学习生活,尤其是专业学习;但从长远看,严重影响了青年学生的历史认知,进而影响其人生观和价值观的形成,对大学生的长远发展极为不利,应引起社会的高度重视。

（二）历史教育面临严峻的挑战

然而在当前,青年学生的历史教育却面临着严峻的挑战,笼罩在实用主义哲学下的教育主体忽视对青年的历史教育,理由是历史教育不能给学生带来直接的、迅速的利益;作为教育对象的青年学生对历史也不重视,尤其是理工科学生,由于对历史知识接触较少,对历史教育根本不感兴趣。在这种"合谋"下,高校历史教育彻底边缘化,仅仅保留着《中国近现代史纲要》这门科目,部分高校甚至全年没有开设关于历史的讲座。可以说,这种局面来源于对历史认识的"无知"。从功利主义角度来看,忽视历史教育,短期内固然不会对学生的就业产生影响,但从长远来看,对学生的知识结构和全面发展非常不利。当前大学生所面临的几种现象就是由于对历史的价值认识不清所引起的。

1. 历史虚无主义

这股思潮在当前青年学生中有着一定的基础,它与 20 世纪西方国家加紧颠覆社会主义国家密切相关,以"反思历史"为名,带有不可告人的政治诉求,但却具有极大的隐蔽性。"历史虚无主义并不是对历史完全虚无,而是有所虚无,有所不虚无"[1],虚虚实实,引诱青年学生进入它的"圈套"之中,并且它往往虚无的是历史上的英雄人物,尤其是中国革命所取得的成绩,而对于一些争议人物或者反动人物一点也不虚无,甚至还美化,把青年学生的认识引入到它设定好的假设中,从而影响学生的思辨能力。它往往还以"学术研究"的面目出现,以所谓"范式转换"的名义,在"重写历史"的幌子下,歪曲历史、否定历史、丑化历史,从而贬损和否定革命,否定社会主义国家所取得的一切成就。这种隐蔽性还表现在,他们往往片面引用史料,在不可告人的目的掩盖下任意"打扮"历史,通过"历史假设"或者"张冠李戴",对重大事件、重要人物和重要问题作出哗众取宠式的解释,美其名曰为"创新"。其结果往往受到青年学生的关注,对于辨识度不高的青年学生来说,满足了猎奇心理,毒害极深。

2. 历史娱乐化

娱乐历史、消费历史成为当前部分青年学生对待历史的主要态度。当前,互联网、电影、电视等媒体平台成为青年学生接触历史的主要来源,然而这些历史题材的电影、电视或者话题都奉行"娱乐至上",缺乏历史本身的严肃,"戏说历史""恶搞历史"成为娱乐的卖点。他们表面上以历史人物或者历史故事为名,实际上毫无真实性可言,以网络小说、科幻虚构来编剧,不仅造成许多穿越,更给青年学生的历史知识带来混乱,甚至一些"历史"渲染的暴力故事、人性黑暗面、

---

① 龚书铎.《历史虚无主义二题》[J].高校理论战线,2005 年第 5 期。

丛林法则等,对青年的价值观更是严重的破坏。诚然,电影电视通过通俗的故事,还原年代久远的历史人物和事件,有助于历史知识的传播,但这类故事对历史进行加工是需要尊重历史史实的,而不是根据娱乐效果胡编乱造,更不能以野史为蓝本进行演绎。忽视历史的真实性,带来的结果必然是对历史的误解,影响青年一代对历史的认知。可以说,历史娱乐化是当前社会大众对历史的普遍态度,严肃的"正史"被忽视,娱乐幽默的历史故事被口口相传。长此以往,我们所知道的历史已经不再是祖先创造的历史,而是一个个虚假的故事,我们被我们所知道的"历史"所蒙蔽。

3. 历史政治化

把历史当作政治看待是部分学生对历史不感兴趣的原因。当前中国的历史带有某种政治使命,《中国近现代史纲要》归于思想政治教育类课程,其目的是从近现代历史的变迁来论证中国共产党执政的合法性,显然这对于大学生的政治教育非常重要,但也不能因此侧重政治教育而忽视历史教育。[1] 如果从历史教育的角度,可以总结中国近代以来社会发展的成败得失,许多志士仁人救国的经验教训,以此服务于今天的现代化建设,这才是学习历史的应有之义。不仅如此,就连哲学、文学等学科都带着政治和意识形态的色彩,使得学生带着"偏见"对待这类历史书籍。在大学,历史类讲座本身就少,部分同学还是为了应付学校的规定不得不去凑数的,比较"认真"的同学则是带着猎奇或者"窥密"的心理去的,想了解一些平时接触不到的"野史"或者解密的史料,真正去学习历史学的研究范式,坚持论从史出,从历史规律中启示现代社会的同学少之又少。可以说,历史政治化是当前高校历史教育的一个普遍现象,稀释了历史教育本应起到的作用,使得有限的历史教育的效果大打折扣。

4. 历史淡漠化

部分学生对历史毫无兴趣、漠不关心,毫不在乎历史知识的匮乏。在实用主义哲学笼罩下的教育机构,几乎没有历史的位置,他

---

[1] 王志明.《也论"青年历史教育苍白"》[J].探索与争鸣,2012年第9期。

们重视的是如何把历史故事变为逐利的畅销书，而不是真实地传播历史。尽管党和政府非常重视历史教育，但执行的效果非常差。就拿高校来说，一是高校领导对历史缺乏重视，对历史教育的投入较少，媒体报道中不乏有高校本身在缺失历史知识上闹笑话的例子；二是部分学生对历史讲座也不欢迎，不管讲座的学者多么有名，学生就是不去听。对历史教育接受市场经济洗礼的青年一代，更变得极为"实际"，他们看重专业课和外语成绩，即使历史成绩比较低也无所谓，因为用人单位也不看重，不影响他们的就业。如此一来，就发现在与青年学生的交流中，他们不会在乎历史经历了什么，不会从历史教训中总结经验。于是经常在与人交流中闹出笑话，严重些的可能为了眼前利益而忘记了身上曾经有的"伤疤"，诸如为了金钱泄露国家秘密甚至做"间谍"等等。我们知道，历史影响现在和未来，中华五千年历史文明给后人留下了数不清的人生智慧，青年学生应该重视历史、尊重历史、学习历史，从历史中吸取养分，来导航自己的人生。

（三）重视对历史的学习与教育

加强历史教育，是增强高校学生历史意识的最有效途径。高校、家庭、社会等不同主体都需要对青年进行历史教育。然而，影响历史教育效果的关键因素还是青年本身，要唤醒青年学生对历史的兴趣，就需要让青年学生清楚从历史中学习什么？从而能够激发自身主动学的动力，从而不断提升历史意识。

1. 从历史中找寻信仰

有人说信仰是当代青年最缺乏的东西。一个国家没有共同的信仰，就缺乏将国民紧密联系起来的纽带。近代欧美大国的崛起，无不强调坚强的国民信念。马克斯·韦伯主张宗教的影响是造成东西方文化发展差距的主要原因，并且强调新教伦理在资本主义国家兴起过程中所扮演的重要角色[①]；斯考契波比较了法国、中国、俄国、印

---

① 马克斯·韦伯.《新教伦理与资本主义精神》[M].北京：生活·读书·新知三联书店 1987 年版。

度,认为为何印度没有出现革命,其原因也在于印度国民的信仰。①
从中国的历史来看,中华民族伟大复兴的"中国梦"就是将中国的发
展目标定位为历史上最辉煌的时刻,泱泱大国,国富民强,四方朝
拜,就是中国人民内心深处渴望的"梦想"。然而,自 1840 年以来,
在西方国家崛起的背景下,中国落后了,中国的近现代史成为一部
完完全全的血泪史。梁柱先生直言道:"一个人如果读了中国近现
代史而无动于衷,就不是一个有血性的中国人。"②只有牢记这些屈
辱的国耻,才更能激发我们内心深处的情愫,中华民族伟大复兴的
中国梦就是我们这一代青年人的信仰,我们既要牢记落后就要挨
打的教训,更要铭记我们一批又一批的先辈抛头颅洒热血才换来
历经劫难但依然能重新崛起的中国。激发那一代仁人志士斗志的
是为了一个崭新的中国,而今天激发我们这一代人斗志的毫无疑
问就是中华民族的伟大复兴,这就是我们的中国梦,就是我们的
信仰。

2. 从历史中寻找认同

1990 年春,当西方反华势力蛮横干涉中国内政,采取所谓制裁
中国措施的时候,邓小平对此讲了一段意味深长的话:"我是一个
中国人,懂得外国侵略中国的历史。当我听到西方七国首脑会议
决定要制裁中国,马上就联想到 1900 年八国联军侵略中国的历
史。七国中除加拿大外,其他六国再加上沙俄和奥地利就是当年
组织联军的八个国家。要懂得些中国历史,这是中国发展的一个
精神动力。"③邓小平所说的外国侵略中国的历史就是中国人民共同
的记忆,了解这段历史的中国人,显然就很清楚在这个时刻自己如何
行动。

随着社会的发展,人与人之间联系的纽带越来越少,共同记忆在

---

① 斯考契波.《国家与社会革命》[M].上海:上海人民出版社 2007 年版。
② 梁柱.《近现代史教育——思想政治教育不容忽视的领域》[J].求是,2009
年第 6 期。
③ 邓小平.《邓小平文选》第 3 卷[M].北京:人民出版社 1990 年版,第
357—358 页。

逐渐减少或消失,如何建立人们之间的如涂尔干所认为的"有机团结"?① 民间组织是一条有效的渠道,共同记忆也是不容忽视的一个重要渠道。汶川地震后,笔者曾有幸到四川参与志愿服务活动,火车上一位邻座的老人,他获知缘由后向我们鞠躬致敬,他说他祖籍是四川,他对四川的记忆是他一辈子也割舍不掉的。中国人的"老乡"情结也来源于此。我想在国外生活的中国人相逢,也一定会因为他们在国内的共同记忆而感到亲切。如果我们青年学生都能接受良好的历史教育,了解我们祖先生活的历史,我相信人与人之间一定能够更加团结,在国家主权等问题上一定能够更加同仇敌忾。

3. 从历史中学会担当

有人说,现在人们变得越来越冷漠,都带着强烈的个人主义、功利主义色彩,甚至"传染"给了大学生,以至于北京大学钱理群教授对此尖锐地批评说:"我们的大学,包括北京大学,正在培养一大批'精致的利己主义者'。他们高智商,世俗,老到,善于表演,懂得配合,更善于利用体制达到自己的目的。这种人一旦掌握权力,比一般的贪官污吏危害更大。我们的教育体制,正在培养大批这样的'有毒的罂粟花'。"钱教授批评的是典型的传统"臣民"行为的表现,刻画的是科举制度下培养的依赖独裁体制的官吏。其表现与鲁迅先生笔下围观"血馒头"的麻木的国民相比是两个极端,都缺乏"现代"公民应有的担当。

从近现代史看,100多年来,多少仁人志士在矢志追求国强民富,尽管当时国家积贫积弱,仍不妨碍他们伟大的抱负。从林则徐虎门销烟的壮举,到邓世昌黄海血战的惨烈;从三元里乡民抵抗侵略者的顽强战斗,到义和团健儿与八国联军的殊死拼搏;从不畏强敌、奋起抗击外国洋枪队、常胜军的太平天国运动,到争取民族独立、建立共和的辛亥;②从俄国十月革命最早的马克思主义者到建立中华人

---

① 涂尔干.《社会分工论》[M].北京:世界知识出版社2000年版。

② 梁柱.《思想政治教育中要重视历史教育》[J].思想理论教育导刊,2009年第1期。

民共和国的中国共产党人，100多年的历史，探索了许多条不同的救国道路，这是那一代人的担当。今天，我们青年学生有幸参与到民族复兴的伟业。习近平总书记说，我们比历史上任何时期都更接近中华民族伟大复兴的目标，比历史上任何时期都更有信心、有能力实现这个目标。这是何等的荣耀，因此需要我们大学生切实担负起更大的责任，为实现民族复兴作出更大的贡献。

　　总之，当前历史教育的严峻形势是由许多因素造成的，不是一天两天形成的，也很难靠单一措施来解决，而是需要社会各界的共同努力。历史学者要加强研究，用严肃的历史作品将历史虚无主义赶出意识形态领域；高校教育者要改革课堂教学，设计教育形式，将青年学生的历史政治化倾向扭转过来；社会各界要肃清青年学生成长的社会环境，坚持正确的舆论导向，拒绝违背历史的影视作品等，彻底解决历史娱乐化问题。我相信，借着当前庆祝新中国成立70周年的浓郁氛围，在全社会的共同努力下，一定会改变青年学生冷漠历史的现象，帮助青年学生树立正确的历史观，为青年学生的全面成长成才打牢基础。

■ 陈斯斯①

基于怀特海教育哲学思想浅谈高校政治理论学习实效性

（上海师范大学　上海　200234）

【摘　要】高校是意识形态工作的前沿，学习研究宣传马克思主义是高校的职责所在，提升高校政治理论学习实效性不仅是历史逻辑使然，更是现实实践所需。怀特海教育哲学思想丰富精深，其中关于教育的目的、教育的节奏以及教育的戒律等方面所提出的诸多独创性的理论和主张历久弥新，对于当代高校政治理论学习的推进仍然有着不可忽视的指导意义。本文着重从怀特海的教育哲学思想概述、怀特海教育哲学思想对于提升理论学习质量的借鉴意义以及政治理论学习优化途径三个方面进行阐述与分析。

【关键词】政治理论学习；怀特海；教育哲学思想；呆滞的思想

（一）怀特海教育哲学思想概述

怀特海教育哲学是怀特海哲学思想中很重要的一个体系，与他的过程哲学观一脉相承，即把教育看作是一个自然的、享受和创造的过程。"教育只有一个目的，那就是五彩缤纷的生活。"②在怀特海看

---

① 作者简介：陈斯斯，女，硕士，上海师范大学党委宣传部，讲师，主要研究方向为思想政治教育。上海市徐汇区桂林路 100 号 200234。

② ［英］怀特海著，徐汝舟译.《教育的目的》[M]. 北京：生活・读书・新知三联书店 2002 年版，第 12 页。

来,教育是一种有机生态,只有一个主题也只有一个目的,那就是五彩缤纷的生活,生活和时间是教育的唯一源泉,如果生活和时间是开放的、动态的和创造的,那么教育也理应如此。正是基于这一逻辑前提,怀特海提出了以下几个教育哲学思想:

1. 重视"呆滞的思想"

在怀特海看来,呆滞的思想是指仅为大脑所接受而不加以利用,或不进行检验,或没有与其他新颖的思想有机地融为一体的思想。①这里的利用思想,是指将思想与一连串复杂的精神活动联系在一起,从而构成我们的生活,而这里的检验,也就是证明其价值性。由此可见,呆滞的思想也就是那些从外界灌输进来并且搁置在一旁不加思考的思想,这种思想没有进入个人的思维系统与生活经验,只是一堆外在于生命的信息,没有生气灵动,更谈不上有所创新。在教育的过程中,要特别注重"呆滞的思想"存在的可能性以及所带来的不良影响,有意识地避免或者控制"呆滞的思想"的泛滥。

2. "知识人"并非"智慧人"

怀特海特别提出"知识人"并非"智慧人",他主张将学生培养成智慧人,而不是"学术机器"或者"工具人"。知识的灌输固然重要,但是如果不加以利用,不联系生活,那么这些知识是死的,是没有活力的。如何唤起智慧,怀特海指出,"人类的悲剧在于,那些富有想象力的人缺少经验,而那些有经验的人则想象力贫乏。愚人没有知识仅凭想象办事;书呆子缺乏想象力单凭知识行事。"②由此可见,怀特海所认为的是要把重点放在将经验与想象力有机地结合在一起,一方面要联系实际生活,另一方面也要抱有坚持不懈的浪漫主义冒险精神。怀特海强调,想象力和创新至关重要,一个人思想的活力甚至整个生命的意义,都在于创新,一个社会发展的进

---

① [英]怀特海著,徐汝舟译.《教育的目的》[M].北京:生活·读书·新知三联书店2002年版,第2页。

② [英]怀特海著,徐汝舟译.《教育的目的》[M].北京:生活·读书·新知三联书店2002年版,第138页。

程甚至整个社会的价值,也都在于创新。创新也就是对过去的大胆挑战,怀特海旗帜鲜明地指出:"我们需要的理解是一种对现在的理解,过去的知识惟其有价值,就在于它武装我们的头脑,使我们面对现在。"仅是把过去的洞见传授给学生是不够的,更要挑战过去的各种假定、理论和观念,并创造各种新的,更有条理和全面的洞见。

3. 坚持教育上的两条戒律

怀特海旗帜鲜明地指出:大学的教育目的之一正在于让人摆脱"细节",掌握原理。他提出教育上的两条戒律是,其一,不可教太多的科目,其次,所教科目须透彻。① 他认为,我们教授的内容需要是连贯的,而不是在众多的科目中选择其中一小部分进行教授,同时,讲授的主要思想概念必须是少而精,用这些思想概念能够组合成各种,然后再输出运用到生活中。太多的科目容易让被教育者无法体验学习的乐趣,也无法系统地架构知识体系,更无法尝试用一般的概念理解生活中的种种事件,即与生活缺乏连接。因此,在教育的过程中,坚持少而精的科目教授至关重要。

(二)用怀特海哲学视角看高校政治理论学习

高校是意识形态工作的前沿,肩负着学习研究宣传马克思主义、培养中国特色社会主义事业建设者和接班人的重大任务,是巩固马克思主义指导地位、发展社会主义意识形态的重要阵地,做好政治理论学习极端重要。习近平总书记在全国宣传思想工作会议上指出:要坚持不懈用新时代中国特色社会主义思想武装全党、教育人民、推动工作,在学懂弄通做实上下功夫,推动当代中国马克思主义、21世纪马克思主义深入人心、落地生根。当前,国际国内形势深刻变化,思想文化和社会思潮交融交锋,纷繁复杂,尤其是互联网、自媒体的时代背景下,高校政治学习工作面临许多新情况新任务新课题,亟需在政治理论学习的实效性上下功夫。

① [英]怀特海著,徐汝舟译.《教育的目的》[M].北京:生活·读书·新知三联书店2002年版,第3页。

1. 政治理论学习应当被视为一个系统

政治理论学习的开展不应该只局限于一个时间段或者一个范围，处于一种孤立的、封闭的状态。我们所遇到的每种境况都要求我们从当下的时空角度来拓展当前的政治理论学习研究的视域。从时间向度来看，任何教育环境的存在都是过去、现在、未来三个时间向度的综合。正如保罗·戴维斯所说的："将时间切割成过去、现在和将来必然地为我们的生活工作方式提供一个背景。"①单纯地适应现实就预示着即将落后，换言之，只有立足于当下现实，结合当前的时代背景与受教育者的群体特征的分析，整合过去与未来，才能全方位掌握当前所面临的政治理论学习的变化发展。从空间的向度来看，当下理论教育出现了学校教育单一化的状态，造成了家庭教育、社会教育、学校教育、网络教育的相互脱节。马克思指出："不同要素之间存在着相互作用。每一个有机整体都是这样。"②教育环境是一个多层次、多种类纵横交织的系统，各部分之间存在着必然的有机的联系。这就要求各环节具有针对性、有侧重点地发挥作用，从而形成一个"资源共享"的多界面，发挥理论教育的整体效益。

2. 政治理论学习的目的应是激发和引导自我发展

"人的大脑从来不是消极被动的，它处于一种永恒的活动中，精确敏锐，接受外界的刺激，对刺激作出反应。"③政治理论学习的内容，特别是马克思主义基本原理从来就不是书斋里的学问，而是人民群众实践经验的科学总结，是人们认识世界、改造世界的强大思想武器。"批判的武器当然不能代替武器的批判，物质力量只能用物质力量来摧毁。"④因此，所学内容只有被受众真正地掌握和理解，并进行

---

① ［英］保罗·戴维斯著，崔存明译.《关于时间》[M].长春：吉林人民出版社 2002 年版，第 1 页。

② 《马克思恩格斯选集》第 2 卷[M].北京：人民出版社 1995 年版，第 17 页。

③ ［英］怀特海著，徐汝舟译.《教育的目的.[M].北京：生活·读书·新知三联书店 2002 年版，第 11 页。

④ ［英］怀特海著，徐汝舟译.《教育的目的》[M].北京：生活·读书·新知三联书店 2002 年版，第 11 页。

消化吸收,才能运用成为强大的物质力量。教育是一种艺术,"要使知识充满活力,不能使知识僵化,而这是一切教育的核心问题"。①令人遗憾的是,高校政治理论学习过多以显性教育方式进行,而忽略了基于师生拥有的强大的判断力和分析力的隐性教育方式,比如采用"填鸭式"的单向度教育模式,过多的灌输和传导,趣味的丧失加重了被教育者的精神负担与情感上的不愉快,从而使所学成为"无用的知识"和"呆滞的思想",没有真正激发被教育者的内心需求和发展。

3. 政治理论学习的过程是遵循载体与"美"的规律

在政治理论学习的过程中如何遵循载体和美的规律,主要有以下几点:第一:所学内容为大脑所加工利用并进行检验。利用,在怀特海看来,是指"将一连串复杂的感性知觉,情感,希望,欲望以及精神活动联系在一起,作用于生活,而检验则是证明其价值"②。怀特海很少强调外在的驱动和刺激,而是将学习看做是自然的渴望、节奏性的渴望和内在的生命的呼唤。我们在政治理论学习过程中,要做智慧人,而不是机器人,亦或是工具人。首先要将外界的知识经过大脑的消化,理解,而不是机械地接受,放置在大脑的角落里任其消失,是要将其原理与自己的经验和生活情感联系在一起,然后在生活实践中将其合理利用,解决问题,实现其价值。第二,使政治理论学习所学内容与其他思想相联系,这个体现在学科上,就是要将不同学科从分离的状态中重新加以整合。分离的学科将导致分离的生活,那些被说成无关紧要的东西实际上在现实中发挥着重大的作用,将政治理论学习单独出来,是对理论学习本身的亵渎。因此,在教育的过程中要注意带有节奏,带有浪漫,融合生活与经验,融合学科与思想,打通学科界限发挥整体效应,使各个科目联系于生活,共同服务于生活的丰富多彩。

---

① [英]怀特海著,徐汝舟译.《教育的目的》[M].北京:生活·读书·新知三联书店 2002 年版,第 8 页。

② [英]怀特海著,徐汝舟译.《教育的目的》[M].北京:生活·读书·新知三联书店 2002 年版,第 6 页。

4. 教育的基础是兼顾个性差异与群体特征

语言固定，毫无生气，缺乏对受传者态度与兴趣的关注，以自我为中心开展说教，一方面造成理论教育和宣传的无用性，另一方面也让理论教育往往面临被边缘化甚至被虚无的窘境。以马克思主义理论宣讲为例，无论是在宣讲的内容选择上还是宣讲者自身的理论修养，都对理论学习的效果产生影响。马克思主义理论有着很强的抽象性与严密的逻辑结构，不论是原著还是导读都只适合专业人员，由于受教育程度与经验的不同，更多的受众无法真正理解和把握，无法加以运用也成为了不争的事实。由此之故，有针对性地进行靶向讲解，实现立体化和互动式教学，是理论宣讲中必须要考虑到的问题。从理念上，克服机械思维，弱化被预设的标准模式、既认为的权威，固定的知识，和整齐划一的技巧。在实践中，创造有机的、活跃的、弥漫着文化气息的课堂，有意识地保留每个学生独特的差异、情感和个性，实现从同质性走向多样性的转变。

5. 政治理论学习的主题指向五彩缤纷的生活

无论哪种教育，都应当是生活的复归。毋庸置疑，真正有用的东西应当是深深印在头脑中的，"直到你摆脱了教科书，烧掉了你的听课笔记，忘记了你为考试而背熟的细节，这时你学到的知识才有价值"①。以马克思主义原理为例，马克思主义原理本身是生活的产物，来源于生活，应当是生活的复归。因此，在对马克思主义的教育中，没有从根本上把人们从课堂解放出来，人们就无法发觉他的光辉，无法察觉理论对于实践的指导作用，于是，理论无用性便凸显了出来，成为了人们无法真正关切马列主义的毒瘤，陷入无法逆转的思维定势和循环。另一方面，我们应当认识到，教育不仅仅意味简单的回归生活，而更是有破有立的不断发展的过程。怀特海的教育不仅是把过去的洞见传授给学生，而且要挑战过去的各种假定、理论和观念，并创造各种新的、更有条理和全面的洞见。在政治学习的课堂

---

① [英]怀特海著，徐汝舟译.《教育的目的》[M].北京：生活·读书·新知三联书店 2002 年版，第 48 页。

上,应当给予学生更多的思考时间,更多的讨论的机会,激发思考,交流见解,不断扩展新视野。

(三)高校政治理论学习的优化路径

针对目前高校政治理论学习存在的缺乏持久的系统性和整体关联性等特点,在实际开展过程中,要联系实际,紧密结合各地区各部门各单位的工作实际,更加自觉地运用怀特海教育思想来加强政治学习的针对性和实效性。

1. 在内容的选定上,由教育者视角向被教育者视角转变

第一,坚持选用权威教材和经典文本,加强学习的层次、结构和系统上的联系。经典文本本身具备理论脉络和思想内核,权威的教材具有全面准确、及时重要、深入浅出等显著特点。把读原著学原文同使用权威教材辅助读物有机结合起来,联系地而不是孤立地、系统地而不是零散地、全面地而不是局部地去学习领会,真正理解掌握理论精髓。第二,教育内容要立足所需,强调理论学习的大众化和通俗化。邓小平指出:学马列要精,要管用的,长篇的东西是少数搞专业的人读的,群众怎么读? 要求都读大本子,那是形式主义的,办不到……因此,在教育内容的选择上,需要加大调研、座谈,自上而下和自下而上相结合,既不远离群众生活,又不脱离理论核心,既立足于当下现实,又关注受教育者的群体特征,适时对内容进行加工、改造和补充,实现语境再造和话语转换。

2. 从效果层面上,由单向路径转变为主体间性路径

当我们着眼于优化与建设环境过程中时,不能离开对受教育者的主体意识的培养。诚然,在政治理论学习过程中需要教育者的积极引导与时刻关注,但更重要的是唤醒受教育者的能动性,进行积极的自我教育。积极创设环境给足学生充分多的思考空间,实现个体有意识的自我学习与自我提升是迫切且必要的。唯有这样,政治理论教育才能深入人心,真正焕发出应有的魅力。首先,善用启发式教育,尊重学生个体。启发式教育指教育者在教学过程中根据教学任务和学习的客观规律,从受教育者的实际出发,采用多种方式,以启发其思维为核心,调动其学习主动性和积极性,促使他们生动活泼地学习的一种教学指导思想。① 教育对象是活生生的极具思想的个体,其教育内容更多的不是知识传授,而是为了塑造人性。学生作为教育过程中"活"的资源,对学生的开发、利用和管理在相当程度上决定了政治理论学习的成败。其次,创设情感环境,建立双向互动的教学模式。教育不是被动的"刺激—反应"关系,也不是简单的"输出—接受"关系,而是一种双向互动关系,这种关系突出表现在"人创造环境,同样环境也创造人"。因此,在政治理论教育环境的创设中往往比其他教育环境更需要情感的投入,需要强化授课内容"供给侧",建立一种双向互动关系,将情感与教育相互渗透,从而在心情舒畅、思想开放的环境中达到教育目的。

3. 从保障层面上,由碎片化管理模式转变为机制化管理模式

长期以来,我们较为重视政治理论学习工作的开展,学习结束就停止了后续工作,缺乏应有的总结反馈机制。应当注意的是,理论学习是一个不断巩固、深化、发展、反复的过程。因此,需要将政治理论工作看做是一个永不停息的工程,将信息反馈和及时总结作为理论学习的有机化的重要环节,通过反馈与反思,促使内容、程序、标准、方法不断得以调整。碎片化、无序化的管理模式不仅无法保证育人效果,更是人力资源、教育资源和社会资源的严重浪费。长效机制的建立健全是提升政治理论学习实效性的关键,是理论学习得以持久的根本保证。目前,不少高校已经开始探索政治理论学习的保障机制,开始步入整体系统的规划,结合学校的实际情况,精心策划、周密安排,研究制定相关政策和制度,构建科学有效的考核评价机制和过程管理机制,把考勤、学习反馈、补课等纳入政治学习系统,真正实现理论学习工作机制化。

4. 从理念层面上,由从属地位向重要途径转变

对政治理论学习地位的认识和解读,直接影响学习的最终效果。

---

① 百度百科.《启发式教学》[EB/OL]. https://baike. baidu. com/item/%E5％90％AF％E5％8F％91％E5％BC％8F％E6％95％99％E5％AD％A6/1945536? fr=aladdin。

长期以来,在政治理论学习的认识上存在以下偏差:第一,政治理论学习是高校师生教学与学习的补充和延伸,处于从属地位。对专业的过度崇拜多导致人文关怀的缺位,同时,过度的专业条块分割也会导致应对急迫的重大现实问题的无力。第二,对立政治理论学习与专业学习,视其为此消彼长的关系。认为政治理论学习过多会直接影响到专业课的学习,从而在时间和精力成本上回避和消减政治学习。第三,政治理论学习的内涵和外延一元化,或者单一地将其作为理论学习的内容之一,或者将其简单看做是提高党性修养的工具。毋庸置疑,凡是孤立地谈论和固化地考查政治理论学习的作用,都只能弱化了其实效性和本真价值。因此,在理念上,需要将政治理论学习与教学学习看成相辅相成的共生共向关系,突出政治理论学习在人才培养、自我发展中的重要地位和深远影响力。

刘星安　郑宇钧①

高校校史文化思想政治育人功能及实现路径探析

（上海海洋大学　上海　201306）

【摘　要】校史是一所学校创建、变迁、发展整体历史的反映，而校史文化是基于校史基础的文化积淀与凝练，是中华优秀传统文化在大学发展中的体现。大学肩负着价值塑造、精神培育的重要使命，担当着引领思想文化方向的重要职责。作为大学精神的文化载体、文化资源，校史文化是高校思想政治育人的重要资源，新形势下要加强校史研究、拓宽育人平台、推进校史进课堂与校园文化建设，提升文化自信，提高校史育人实效。

【关键词】校史；文化育人；路径

校史是一所学校创建、变迁、发展整体历史的反映，一所学校就是一部历史，积淀着各个时期的校园文化生活，记载和延续着学校的学术传统和文化精神；从某种意义上说，学校的发展可视为这种历史

① 作者简介：刘星安，男，硕士，上海海洋大学工程学院团委书记，助教，主要研究方向为思想政治教育。上海市浦东新区沪城环路 999 号 201306。

郑宇钧，男，硕士，上海海洋大学工程学院党委副书记，讲师，主要研究方向为思想政治教育。上海市浦东新区沪城环路 999 号 201306。

基金项目：本文系上海 2018 年度上海市优青课题：《课程思政要求下高校校史文化进课堂的探索与实践——以上海海洋大学为例》阶段性研究成果。

文化的传承和开拓。① 校史文化是大学文化的重要组成部分,从深层次上讲也是同时期国家历史文化发展的重要缩影和体现,通常是指学校在办学的历史实践中创造的物质财富和精神财富的总和②,反映了学校的治学理念和人文精神。校史文化融入大学的血脉,成为大学人思辨的依据、做事的准则、判断的价值、创新的源泉,是一所大学最为宝贵的精神财富。③

校史文化具有时代性、独特性、引领性,鲜活地展现出社会主义核心价值观的基本要义,校史文化是高校文化育人、提升文化认同和文化自信,开展社会主义核心价值观教育的重要资源。

(一)校史文化育人的时代性要求

习近平总书记强调,高校思想政治工作关系高校培养什么样的人、如何培养人以及为谁培养人这个根本问题。高校要坚持把立德树人作为中心环节,把思想政治工作贯穿教育教学全过程,实现全程育人、全方位育人,努力开创我国高等教育事业发展新局面。教育是国之大计、党之大计,自党的十八大以来,党中央和国家领导人高度重视教育事业,全国高校思想政治工作会议指出高校要坚持不懈培育和弘扬社会主义核心价值观,引导广大师生做社会主义核心价值观的坚定信仰者、积极传播者、模范践行者。高校思想政治工作会议指出要深入推进文化育人,大力繁荣校园文化,创新校园文化品牌,挖掘校史校风校训校歌的教育作用,推进"一校一品"校园文化建设,引导高校建设特色校园文化。④ 大学文化具有培育人才、引领社会、

① 李延保.《校园文化与现代大学精神》[J]. 中国高等教育,2002 年第 13—14 期,第 16—17 页。

② 高福廷,《加强校史研究是增强大学文化软实力的重要措施》[J]. 北京教育(高教),2010 年 6 月,第 41 页。

③ 龚延申.《以上海交大为例试论大学文化的育人功能》.见中国老教授协会主编:《大学的文化传承创新与文化育人》专家论坛论文集,2012 年 10 月,第 274 页。

④ 中共教育部党组.《高校思想政治工作质量提升工程实施纲要》[EB/OL]. 中华人民共和国教育部: http://www. moe. gov. cn/jyb_xwfb/xw_fbh/moe_2069/xwfbh_2017n/xwfb_20171206/sfcl/201712/t20171206_320713. html,更新日期:2017 年 12 月 6 日。

科技创造、文化创新等多重功能,无疑,其中的育人功能是最为核心的功能。①

高校作为思想政治教育的主阵地,应充分利用校史文化资源,丰富校园文化活动载体,切实提升思政育人实效。校史文化中所蕴含的中华优秀传统文化、时代精神和价值理念是思想政治育人的重要资源。新形势下,要坚持文化育人理念,加强大学校史文化建设,发挥校史文化育人功能是高校大学文化建设的价值导向,也是培育和践行社会主义核心价值观的必然要求。

(二)校史文化的思想政治育人功能

大学在发展进程中所形成的各具特色的文化品格,凝聚在校史中,体现在校训里,并深深地打上了人格化的烙印。② 校史文化资源主要指与学校历史相关的各种图、文、声、像、物等资料以及其他精神文化资源。从中国教育现代化来看,中国高等教育的发展与国家建设关系密切,一所学校的发展如同创业一般艰辛,而在学校建设发展中所经历的事件、人物的奋斗事迹等都沉淀在了校史的长河之中。我们知道,学校承担着继承文化、传播文化、创造文化的职能,校史文化在大学历史中形成,也在大学历史中延伸。在学校发展历程中,校史文化将对师生价值观念产生深远影响,尤其是有着百年校史的高校,校史也是中国近代史的缩影与见证。历史是用例子教育人的哲学,一部校史就是一部全面而真实反映学校发展过程中产生的历史人物、历史事件、重要成果、校园文化等内容丰富的生动教科书。③

清华大学第一任校长梅贻琦先生曾有名言:"所谓大学者,非谓大楼之谓也,有大师之谓也。"大学与大师的灵魂均在于有精神、有文

---

① 龚诞申.《以上海交大为例试论大学文化的育人功能》,见中国老教授协会主编:《大学的文化传承创新与文化育人》专家论坛论文集,2012 年 10 月,第 274 页。

② 姜晓云.《大学的文化品格与力量——基于南京师范大学校园文化节建设方面的调查与分析》[J].高校教育管理,2011 年第 3 期,第 23 页。

③ 高福廷.《加强校史研究是增强大学文化软实力的重要措施》[J].北京教育(高教),2010 年 6 月,第 41 页。

化。大学文化的根本特性在于其先进性和引领性,大学不仅是传承与创造优秀文化的主要阵地,更是整个民族文化自觉和文化自信的重要引领者。[①] 通过对现有文献的整理归类,同时结合实际分析,将校史文化育人功能归为以下几方面:

1. 增进校史校情的认知,提升爱校荣校爱国情怀

大学是科学的摇篮,是文化的策源地,优秀的大学文化是学校的灵魂,是学校赖以生存和健康发展的"命脉"。[②] 校史文化本身是学校发展过程中精神文化的积淀,包括校训精神、校史知识以及校史人物故事,通过校史馆、校训精神讲解以及校园景观的参观学习,能够增进学生对校史校情的了解,增强学生对学校的认同感和荣誉感,尤其是通过对学校发展历程中的突出成就以及明贤大师的治学精神、求知经历、科研探索精神的故事性讲解能够更加形象地让学生感受学校办学历程和成绩,可使历史教育更贴近学生,增强感染力和吸引力,进而提升学生的情感认同,让学生有归属感。此外,我国大学的兴起与发展实则也是中国近代史的见证者,从清末新政国家危亡之际设立大学堂到如今教育现代化推进"双一流"高校建设,是中华儿女为民族独立、富强奋斗的历程,也是中国共产党为中国人民谋幸福、为中华民族谋复兴的历程。校史的理解不仅仅局限于学校发展,背后是民族发展,对校史文化的了解与感悟需从个人、学校层面上升到社会、民族层面,要增强学生对民族以及社会主义制度与道路的认同感,提升"四个自信"。

2. 理想信念导向

一所学校的发展往往与时代、国家发展密切相关,高校要坚持社会主义办学理念,扎根中国大地办教育。然而,在当前的时代背景与环境下,随着物质文化的繁荣以及中西文化的碰撞,在思想观念和价

① 张志娟、秦东方.《大学生文化自觉与文化自信培育途径研究》[J]. 思想政治教育,2013 年第 6 期,第 126 页。

② 谭红、刘黎黎.《三位一体,相得益彰——四川大学校史展览、历史文化长廊与校史文化选修课评述》[J]. 教育与教学研究,2010 年第 7 期,第 79 页。

值领域出现了多元化,尤其是西方"快餐式"文化的影响,高校大学生存在价值理念混乱、理想信念不坚定、道德行为失范的情形。如何更好地发挥校史文化育人功能既是坚守中华优秀传统文化,让学生正确认识中国特色与国际比较的重要途径,也是坚持和弘扬社会主义核心价值体系的内在要求。校史文化是中华优秀传统文化在学校发展中的凝练与沉淀,与社会主义核心价值观是一致的,通过对学校历史的了解,能够认识到学校与国家发展进步之间的联系,增进学生的家国情怀。例如北京大学从成立到发展都与国家命运紧紧相连。清末新政,京师大学堂成立,辛亥革命后,京师大学堂改名为国立北京大学,后来成为了新文化运动的中心和五四运动策源地,也成为了中国共产党最早的活动基地。在革命时期、社会主义建设时期,北京大学都传承了家国情怀,而北大校史也深深地感染和激励了广大师生,树立崇高理想,立志自强报国。校史文化不仅可以增强学生对学校的认同,更进一步提升学生的文化认同,民族认同。为此,我们要充分汲取校史文化丰富的精神养料,坚定学生理想信念,引导学生要有胸怀天下、立志报国的大情怀。

3. 精神意志激励

大学校史不仅是一所大学发展轨迹的历史记录,也是一代又一代大学人筚路蓝缕奋斗办学的历史记录,更是一代又一代莘莘学子潜心求学、砥砺品行的历史记录。[①] 学校发展史和学校人物故事本身对学生成长成才有激励作用。习近平总书记5月2日北大讲话对青年提出"爱国、励志、求真、力行"四点希望,在座谈会结束后,北大师生高喊"团结起来,振兴中华"的口号,而该口号是源于1981年3月20日,中国男排与韩国男排在香港争夺世界排球赛的入场券,是在中国队处于不利局面逆转比赛后,北大学生呼喊出的一个时代口号——"团结起来,振兴中华"。而这一口号却成为了北大师生团结奋进,为国家效忠的精神激励。同样,由于受战争影响,由北京大学、

---

① 于凤菊、崔锋、王娟.《大学校史文化的建设与发展》[J].中国青年社会科学,2016年第3期,第98页。

清华大学和南开大学南迁昆明,组建了西南联合大学,西南联大师生在艰苦和恶劣的物质生活环境下不断拼搏奋进,生活上的艰难"压不住"精神上的愉悦。[①] 著名的物理学家、诺贝尔物理学奖获得者杨振宇、李政道,就是从西南联大这块沃土中成长起来的世界级科学家,而西南联大这段校史也为后人提供了精神激励。

4. 提升师生道德品格修养,健全人格,规范行为

中华传统美德是中华文化的精髓,蕴含着丰富的思想道德资源。中国传统文化蕴含着丰富的道德营养和道德力量,校史文化便是中华优秀传统文化在大学发展历程中的沉淀与凝练,其中大学的校训是一个学校的灵魂,校训基本源于中华优秀传统文化,是一所学校教风、校风、学风的集中体现,是大学文化精神的核心内容。例如复旦大学"博学而笃志 切问而近思"的校训源自《论语》;清华大学的校训"自强不息,厚德载物"选自《周易》中的"天行健,君子以自强不息;地势坤,君子以厚德载物"。而中国人民大学的校训"实事求是"则来自于《汉书·河间献王刘》。校训体现了一所学校的办学传统,代表着校园文化和教育理念,是人文精神的高度凝练,是学校历史和文化的积淀。好的校训能内化为一种德能标尺,能激励和劝勉在校师生注重道德修养,并施以积极而深远的影响。

文化育人的最终目的是对行为的塑造,校史文化育人最终体现为对师生言行的规范与引导,在当今时代,便是要引导学生积极弘扬和践行社会主义核心价值观。

(三)当前高校校史文化建设和育人过程存在的问题

校史文化建设必须基于校史研究,而校史不单是一所学校的历史,优秀的校史应有历史学、教育学、社会学等诸多学科的支撑,而校史文化建设更注重校史与文化的结合。在校史研究中不仅仅是对办学经历、治校管理、学科发展等的梳理,更多地是再现历史的人物、历史的事件、历史的感悟、历史的规律,要研究校史内在规律性,注重挖

---

① 陆平原.《六位师长和一所大学——我所知道的西南联大》[N].21 世纪经济报道,2017 年 11 月 12 日。

掘、提炼历史积淀下来的精神传统和文化内涵。校史文化的研究更应从学校与国家、与社会发展间的联系,校史人物的治学严谨、为人做事方面进行研究,进一步地聚焦,能够将这些研究形成典型,对人才培养进行精神涵养。根据现有文献研究总结归纳,目前校史文化育人面临的困难主要集中于以下几方面:

1. 校史文化研究薄弱

目前校史文化研究未受到重视,相关校史编撰一般服务于大事记的梳理,并未从思想政治育人视角体现,这其中包括研究人员匮乏、资金投入不足、研究机制不完善等因素。学校之间校史研究差异性较大,综合性高校在校史研究方面能够进行学科的交叉性,在校史研究方面也比较丰富,比如上海交通大学,建有校史网页,对校史人物、历史文化、学校大事件等方面都进行了细致认真的搜集与整理,出版了多部校史书籍,例如《交大老教授》《老房子新建筑:上海交大110年校园》《钱学森文集》《思源北美》等,丰富了校史的研究,从而为推进校史文化育人打下了坚实的基础。

2. 校史文化育人平台需完善

校史文化展示和宣传的重要平台就是校史馆,校史馆是集校史文物收集、展陈和讲解的场所,目前一般校史文化资源仅仅停留在校史馆资源,在展示平台方面途径、方式单一,滞后于当下新媒体发展,在宣传方面要借助于网络新媒体优势。校史文化本身是中华优秀传统文化在学校发展中的体现,我们要继承和弘扬中华优秀传统文化、革命文化、社会主义先进文化,在学校育人过程中,要通过话剧、舞蹈、歌曲等形式还原校史中的事件与人物故事,将历史文化与现代新媒体相结合,以更贴近当下青年的方式彰显出新时代所需的价值追求。

3. 校史文化育人力度挖掘不足

校史教育在方法上,把历史、哲学、思想、道德、理想、品格、方法、观念等许多范畴的内容都融会贯通地穿插在一起传递给学生,这样可以潜移默化、润物无声,渗透到学生的感情之中,无形中影响青年学生的价值取向和思维方式,使他们形成正确的世界观和人生观。高校应充分重视和发挥与学校历史相关的各种图、文、声、像、物等资料以及学校事迹、著名校友事迹、人文资源，整理汇编成册，以学生的话语体系讲述新时代的故事，把握校史文化的时代性、独特性和引领性。当下各高校在校史文化育人方面尚需进一步挖掘，一般仅仅停留在校史的收集和展示。校史文化育人要搜集和丰富史料，同时根据时代需求提炼和总结典型，用学生喜闻乐见的方式讲好校史故事，扩宽校史育人辐射面。

4. 校史文化课堂体系相对滞后

校史文化一方面作为校园文化建设的价值导向，相比于其他课堂，校史文化课更注重学生的人文素养，通过校史校情的普及，通过讲好校园故事，感染和触动学生，让学生在听讲中思考，在思考中感悟，在感悟中践行。当然校史文化课的课堂体系需要有完整的课程大纲，这也需要对讲解史料进行筛选与提炼，更加具有针对性，讲解内容要有先进性和引领性，能够符合新时代对学生的培养要求，对学生的成长成才起到教化作用。同时要发挥第一课堂和第二课堂建设相结合，探索校史文化进课堂体系建设，扩大校史文化思政育人覆盖面以及文化育人实效。

（四）高校校史文化思想政治育人路径探析

在加强和改进高校思想政治教育中，我们应充分重视校史文化这一育人资源，通过创新工作方式，提升校史文化育人实效。大学校史文化育人机制的根本使命在于使更多的人从校史文化的影响中获取成长发展的正能量，这一机制包括两条根本路径：一方面使校史文化能够吸引、影响更多的人；另一方面使更多的人能够融入到校史文化之中。[①] 针对校史文化建设及育人过程中存在的不足，在今后的思政工作中，应从以下四方面加强校史文化建设，提升育人实效，积极引导和培育社会主义核心价值观，提升校史文化育人实效。

1. 加强校史文化研究

校史文化的研究实际上需要对校史进行研究，校史研究对于大

---

① 于凤菊、崔锋、王娟.《大学校史文化的建设与发展》[J]. 中国青年社会科学，2016 年第 3 期，第 103 页。

学文化建设非常重要,校史研究的实质就是在真实记载学校史实的基础上,挖掘学校在长期教育和办学实践中积淀与创造的具有鲜明个性的深厚的文化底蕴,进行科学的价值判断,探索教育和大学发展、变革的基本脉络与客观规律,以史为鉴,面向未来,不断开创教育和大学发展、变革的新局面。① 所以我们应重视校史研究,重视校史资料的征集与整理工作,借助档案、日记、书信、散文、诗词、著作等不同史料进行辨析与梳理,唯有充分扎实的校史研究基础,才能构建内容丰富鲜明的大学文化,彰显大学精神。为此,高校应建立一支校史研究团队,不仅需要在校研究人员,同时也要吸纳退休教师以及校友,丰富校史研究团队。只有进行深入的研究,才能开展有针对性的建设,充分发挥校史研究与展示功效,提高校史研究意识,加深对校史文化资源的整理,丰富校史研究,编写大学正史,围绕校史上的重要人物、重要事件、重要成果、重要时期设立校史研究专项课题,努力形成一系列具有思想性、学术性、可读性的校史研究精品成果。在课程思政背景下,进一步融入思政元素是校史研究团队深入思考的话题,这需要将史料与育人元素以及新时代对高等教育的相关要求有机融合。

发挥校史思想政治育人功能,在研究过程中要结合思政育人视角,融入教育学、历史学、思想政治教育的理念,集中展示学校的文化氛围、办学传统、学术业绩、教师风采、校友事迹。有研究指出校史研究要注重挖掘大学的历史使命、校训的深刻内涵以及大学代表人物②,也有研究指出,校史研究协作要"有故事、有理念、有文采"——用历史的方法收集材料,用哲学的方法分析材料,用文学的方法运用材料。③ 同时对历史事件、人物事迹结合时代需求进行凝练与提升,

① 朱之平、张淑锦.《大学文化的传承与展示:一个校史研究的视角》[J].浙江大学学报(人文社会科学版),2011年第4期,第196页。

② 高福廷.《加强校史研究是增强大学文化软实力的重要措施》[J].北京教育,2010年6月,第41页。

③ 杨海文.《另一种校史:文化校史》[J].大学教育科学,2007年第4期,第83页。

形成可读性、感染力强的读本,便于教师授课使用以及大学生自我学习,不断增强校史研究在提升校园文化品质、扩大大学文化影响方面的显示度和贡献度。优秀的校史读本将会使得校史的人文传播在系统性、感召性方面取得不可估量的效果。①

2. 加强校史文化载体建设,完善传播方式

从以往来看,校史文化一般是通过校史馆、校史著作进行宣传。校史馆是展现高校历史传承、文化积淀的载体,是学校各方面工作成就浓缩的精华,是历代学人孜孜求索的最好见证,是向师生和校外朋友展示学校发展历程的主要途径。②

高校应利用新媒体将校史馆资源以及校史文化素材实现多渠道、多形式的宣传,提升受众学生的兴趣,进而实现贴近生活、贴近学生、贴近实际,传递校史文化价值理念。

同时加强校史文化在校园文化建设中的导向功能,发挥校史文化的时代性,繁荣校园文化建设。校史馆是校史文化宣传的重要载体,同样,校史文化建设载体还应该包括校史书籍、校园景观或雕塑、校史专题片或纪录片以及校史选修课。在当下互联网高度发达以及移动设备日益普及的生活中,尤其是面对学生新思想新变化新特点,我们在校史文化建设中要开拓校史宣传的新领域,例如可以将校史介绍制作成电子图书、音像、图片等可触可感的新形式,创作音乐、美术、舞台、影视等文化产品,推进"一校一品"建设,力求题材选取精准、结构新颖独特、表现形式生动,通过新的表现手段引起青年学生的共鸣。③

3. 推进校史文化课程建设

校史教育应是高校新生入学的必修课,要推进校史文化进课堂

① 杨海文.《另一种校史:文化校史》[J].大学教育科学,2007 年第 4 期,第 82 页。

② 程珂.《高校校史文化与大学生思想政治教育》[J].世纪桥,2011 年第 13 期,第 51 页。

③ 上海交通大学关工委课题组.《校史是高等学校文化育人的生动教材》[EB/OL].新浪博客:http://blog. sina. com. cn/s/blog_6e164bdb0102wksv.html.更新日期:2016 年 7 月 13 日。

建设,高校可以开设校史文化选修课,推进课程思政建设,加深校史文化育人的普及面和辐射面。普通的文史类选修课所注重的更多是知识点的夯实和学生文史认知水平的提升,而校史选修课的授课目的则是通过增强学生们对于校史的了解来培养学生人文素养。当然,校史课程建设需要丰富的校史史料,形成完整的课程大纲,在校史课程讲解中应更注重对学生人文素养、道德情操的引导与培养。因此,校史选修课的教师不但要通晓校史,还要是一名合格的"讲故事的人",需要兼及"历史、传说与精神"①,通过讲解故事的形式感染学生,进而触动学生。除第一课堂建设外,校史文化应对第二课堂建设,尤其是校园文化活动起到导向作用,通过特色校园文化活动加强校史文化育人功能。

4. 丰富校史文化活动建设

校史文化活动建设主要是围绕校史开展的校园文化活动。校史文化资源是校园文化传承的重要载体,校史文化可以提升校园文化建设的内涵高度。以笔者所在学校为例,上海海洋大学作为一所百年老校,五易校址十一次更名,上海海洋大学校史是一部生动的艰苦创业史、改革创新史和文化发展史。2016年《"百年潮·海大梦"上海海洋大学品读海大园活动》项目成功入选上海大学生社会主义核心价值观和中华优秀传统文化教育优秀项目。两年来上海海洋大学不断深度挖掘"勤朴忠实"百年校训的精神内涵,发挥校史文化价值引领导向,在每年的迎新季开展"品读海大"活动,以学校发展变迁的历史景观大道作为讲解场所,依托校史讲解社团,师生共同参与,将学校校史变迁与历史景观相结合,通过讲故事的形式让学生直观而又形象地了解了校史校情。此外,学校还开展校歌比赛、校史朗诵、校史征文以及校史知识竞赛等丰富多样的活动,在校园文化建设中融入了人文底蕴和学校特色,提升了学生的爱校荣校情怀以及朴实勤奋的道德素养。在校园文化建设中,也要利用重大节日、纪念日宣

① 陆平原.《抗战烽火中的中国大学》[M].北京:北京大学出版社2015年7月第1版,第15页。

传学校的历史和成果,不断提升校史文化育人实效。

十九大报告中指出,"中华民族伟大复兴的中国梦终将在一代代青年的接力奋斗中变为现实。"①在新时代背景下,高校要走好中国特色社会主义教育发展道路,注重校史文化育人研究,拓宽校史育人平台,坚持和弘扬社会主义核心价值体系,提升校史育人实效,培养合格的社会主义建设者和可靠接班人。

① 习近平.《决胜全面建成小康社会夺取新时代中国特色社会主义伟大胜利——在中国共产党第十九次全国代表大会上的报告》[EB/OL].新华网:http://www.xinhuanet.com//2017-10/27/c_1121867529.htm,更新日期:2017年10月27日。

万 瑾 马燕婷①

基于学生视角的高校"课程思政"绩效评价研究

（上海师范大学 上海 200234）

【摘 要】上海高校"课程思政"处在改革探索阶段,尚未形成评价体系,本研究结合专业课程的学科特点,充分挖掘专业课程中蕴含的思想政治教育资源,并把评价过程扩展到课程开发、教材建设、教学设计、教学过程和教学效果等课程思政制度设计中的五个重点环节,切实发挥评价体系建设、激励导向和质量监控的作用,坚持知识传授、能力培养、思想引领相统一,深入挖掘和探索课程教学中知识、能力和价值观三维目标。本研究尝试建立矩阵评价体系,共设立18个一级指标,回归课堂本源,构建"三位一体"的评价体系。

【关键词】大学生;课程思政;绩效评价

（一）问题缘起

习近平总书记在全国高校思想政治工作会议上强调,"要用好课堂教学这个主渠道,思想政治理论课要坚持在改进中加强,提升思想政治教育亲和力和针对性,满足学生成长发展需求和期待,其他各门课都要守好一段渠、种好责任田,使各类课程与思想政治理论课同向

---

① 作者简介:万瑾,女,博士,上海师范大学外国语学院,讲师,主要研究方向为高等教育学。上海市徐汇区桂林路100号200234。该研究是2018年上海学校德育课题项目《基于学生视角的高校"课程思政"绩效评价研究》的成果。

同行,形成协同效应"。这要求我们在加强高校思想政治教育工作中,要抓住课程改革核心环节,充分发挥课堂教学在育人中的主渠道、主阵地地位,着力将思想政治教育贯穿于学校教育教学的全过程,着力将教书育人内涵落实于课堂教学的主渠道之中。

上海作为高校思想政治教育课程改革探索的排头兵,2013 年起率先尝试"课程思政"理念提升育人效果,其实质是将高校思想政治教育融入课程教学和改革的各环节、各方面,实现立德树人润物无声。由于"课程思政"目前还处在探索阶段,未形成完整的制度设计体系,尤其是未形成考核评价和激励机制。大学生作为教育客体,他们既是"课程思政"的目标作用对象,也是"课程思政"实施的重要评价方,不能排除在"课程思政"的设计范畴之外,必须参与到课程开发与教材建设、教学设计与教学过程、教学效果与教育评价这三个关键点中去,提出学生主观感受、发挥学生主观能动性,建设学生评价体系,这是奠定学生终生发展的基础,也是"课程思政"理念的最终落脚点。

(二)"课程思政"推进现状

从 2016 年起上海开始探索构建全员、全课程的大思政教育体系,思想政治理论课、综合素养课、专业教育课三位一体的教育体系中,所有课程都承担着思政育人的作用。本研究选取了首批入选高校课程思政教育教学改革试点项目中 4 所"整体试点校"开展调研,进一步了解课程思政推进现状。本研究发放问卷 400 份,共计回收问卷 358 份,有效问卷为 206 份,其中男生 98 人,占 47.6%。学生所在年级以大二、大三年级为主,占 57.3%。基于各个高校的重视和宣传,课程思政开展情况得到认可,认为所在学校课程思政开展情况"非常好"和"比较好"占 62.6%,有 53.9%的学生认为思政教育元素正在融入专业课。但同时"课程思政"工作的现状面临以下状况:

1. 思政元素与课堂映射不同步

专业课融入思政元素是讲台的出发点与归宿。精准挖掘每一门课程知识点与思政教育目标之间的映射是关键,每门课程都有育人价值。在协同视野下,形成课程支撑专业、专业支撑学科、各学科之间立体、交叉、全面的协同德育框架,达到"凡有所学、皆有所养"的目标。充分挖掘思想政治理论课、综合素养课及专业教育课堂中的思政元素,难度在于这些元素应是思政教育目标与专业课程知识点的映射、是教育手段与载体的映射、是真实社会生活的映射,如果教师生搬硬套、用简单功利的形式应付完成,则无法实现"课程思政"的功能,甚至会走入"形式主义"的套路。调查发现38%的学生认为"教师实际授课过程中关注思政教育与课堂教学的内在联系",仅32%的学生认为教师"授课时注重学生个体差异,强调教学过程中德育建设的差异性",如何把专业知识与思政教育有效粘连依然任重道远。

2. 第一课堂与第二课堂不同步

要充分发挥第一课堂的主渠道作用,不断加强第二课堂的文化育人、实践育人作用。但不能把第一课堂用第二课堂的形式来替代。由于第二课堂它生动活泼、丰富多彩,学习空间范围广大、载体灵活,不能把第二课堂的形式简单的搬入第一课堂,否则出现一二课堂边界不分、教育着力点不准的困境,第一课堂娱乐化、形式化的新问题。在教学过程纳入有效的实践环节,教师实际授课过程中关注思政教育与课堂教学的内在联系,学生具备把理论知识转化为实践的能力,才是真正发挥第一课堂文化育人、实践育人的作用。

3. 教师育人意识与育人能力不同步

过去我们认为教师的"教书育人"主要体现"学高为师、身正为范",用"潜移默化"隐性地教化学生。《关于加强和改进新形势下高校思想政治工作的意见》提出了明确要求,那就是教师不仅是德行操守的引领者,更应是价值引领的传递者,教师要主动在"课堂与讲台"主阵地上传播社会主义主流意识形态。这些对教师的育人意识和育人能力提出了更高要求。调查发现,学生对于已经融入思政元素的专业课程不感兴趣的三大原因分别是:课程主要依靠理论灌输法(32.2%);授课教师在课程中教学模式单一,不注意方式方法(15.7%);教师上课的话语体系多为脱离实际的"空话""大话"(14.4%)。限于教师自身专业背景的差别,如何以润物无声的形式将正确的价值追求和理想信念有效传导给学生,教师不仅需要了解思政话语体系,还需要精心制定课程价值观标准、具体课程教学方案,教师讲不好、不会讲必会降低"课程思政"的绩效。教师在育人过程中发挥着主导性作用,因此必须帮助专业教师明确社会主义办大学的方向,树立育人为本德育为先的正确理念,提高教师育德意识和能力。

（三）常用学生评价体系利弊比较

"课程思政"学生评价体系有别于思政课程的评价体系，也不同于专业课程的评价体系。从知到行的转化是"课程思政"的基本问题也是最困难的问题，因此"课程思政"的育人目标是促进实现"三个转变"：即从专业目标向德育目标的转变、从关注教学结果向重视教学过程的转变、从以教师为中心到学生为中心的转变。纵观各高校的课程评价体系，主要采用"形成性评价"与"总结性评价"。当评价确实被用来调整教学、满足教学要求时就称为"形成性评价"。形成性评价能使教师及时向学生反馈信息，使他们能更好地学习或进行自我反思。总结性评价与此不同，它是在教育活动发生后，比如特定课程结束后，关于教育效果或者教师教学成效的判断。这一判断往往用于教师的任职、提职、选拔优秀教师，或者是使教学单位做出个别课程变化、课程设置、教师任务的决策。目前根据工作实际，各高校均以总结性评价为主，形成性评价为辅，即突出结果导向而非过程导向，不符合"课程思政"以学生为主体、为学生终生发展为理念的特征。因此建立"课程思政"评价体系，尤其是基于大学生的视角势在必行。

（四）构建三大理论支撑的"课程思政"学生评价体系

"课程思政"学生评价体系评价标准的原始出发点就是以学生为中心。因此本研究的理论基础从马克思的人本思想、陶行知的生活教育理论和威廉姆·多尔的课程评价标准为基础，强调评价中的学生视角，突出"以生为本、知行合一、全面发展"的评价原则。

在理念层面上，马克思在人的实践活动中强调人的价值追求。人的实践既是合规律的活动，也是合目的的活动。以人为本的评价导向，就是要以人为中心，突出人的发展。人是教育的中心，也是教育的目的；人是教育的出发点，也是教育的归宿，一切教育必须以人为本，这是"课程思政"的基本价值观。

在实践层面上，陶行知提出的"生活即教育""社会即学校""教学做合一"的生活教育理论，教导学生知行合一，强调"行是知之始，知是行之成"，让学生从源头上去追求真理。放在评价体系中，就是要处理好知识教授与价值引领、能力培养与价值引领之间的关系，要让践行价值观成为知识与能力培养的最深刻的内化表现。

在操作层面上，基于威廉姆·多尔（William E. Doll，Jr）在其著作《后现代主义课程观》中提出"4R"评价标准为基础，即丰富性（rich）、回归性（recursive）、关联性（relational）和严密性（rigorous）。"4R"评价标准的原始出发点就是以学生为中心，对应在"课程思政"中则提出具体要求：丰富性标准关注课程内容、层次和理解的多样性，主张课程设计的前提是尊重学生个体差异；回归性标准要求通过反思回归教育本来目的，即关注教育与课程的内在联系与价值，注重大学生德育建设；关联性标准强调课程意义和课程观点的关联，即通过多种多样的思政元素在课堂中的关联，强调师生对话、探究育人价值；严密性标准则是对课程的丰富性与关联性做出适当规范，申明教师在教学过程中的重要作用，指出教师角色应该由指导者向引导者转变。

基于上述的讨论，本评价体系融合马克思的人本思想、陶行知的生活教育理论和威廉姆·多尔的课程评价标准，建立矩阵评价模型的"课程思政"学生评价体系的一级指标，突出"以生为本、知行合一、全面发展"的评价原则，力求评价角度多元，结合专业课程的学科特点，充分挖掘专业课程中蕴含的思想政治教育资源，并把评价过程扩展到课程开发、教材建设、教学设计、教学过程和教学效果等课程思政制度设计中的五个重点环节，切实发挥评价体系建设、激励导向和质量监控的作用，坚持知识传授、能力培养、思想引领相统一，深入挖掘和探索课程教学中知识、能力和价值观三维目标。矩阵评价体系共设立18个一级指标，要说明的是将"思政元素映射"单列，因为这是与思政课程或专业课程评级标准的核心区分点，具体如下：

	课程开发	教材建设	教学设计	教学过程	教学效果	思政元素映射
知识传授	设有专业学习目标	符合专业学习要求	课程内容、层次和理解具有多样性设计	关注教育与课程的内在联系	掌握对应的专业知识	思政教育目标与专业课程知识点的映射对称性

	课程 开发	教材 建设	教学 设计	教学 过程	教学 效果	思政 元素 映射
能力培养	设有能力培养目标	符合能力培养要求	能力培养在授课时、考核中的体现	教学过程须含有实践环节	具备把理论知识转化为实践的能力	一、二课堂融入式教育设计
价值引领	设有德育目标	符合价值引领要求	课程设计与思政元素的关联自然、恰当	注重学生内在,强调教学过程中德育建设的差异性	把践行价值观作为日常自觉行为	教师的育德意识与育德能力

（五）经验与思考

1. 回归课堂本源,构建"三位一体"的评价体系

评价指标的设定基于精准把握课堂、一二课堂融入式设计、教师道德素养三者之间的关系。课堂是专业课实现育人效果的基础。评价体系要能够评估出育人的价值,关键是专业知识点映射思政教育目标要精准。一、二课堂融入式教育设计是专业课实现育人效果的扩展,这能不断巩固和扩大一课堂的育人作用。教师的道德素养是专业课实现育人效果的关键。教师的道德水平、人格情感等要素直接关系到育人效果的提升。以上三者是互为联系的统一体,相互融入才能更好地推进课程思政教学向纵深发展。

2. 稳步推进,厘清"专业课程融入思政元素"本质要求

在努力挖掘每门课程背后的思政元素时,不能"贴标签、一刀切",不能要求整齐划一"齐步走"。专业课不是思想政治理论课,要保持专业课原有的属性,避免出现专业课程的泛思政化倾向。对于一些意识形态属性较强的专业课程,在未来的研究中要更加精心的设计评价指标。要注重学生的感受和接受度,从学生的视角出发,从学生的实际成长出发,使大学生在实践中将知识学以致用,应遵循客观的认识发展规律,大学生在实践中所学深化了认识;帮助大学生开展对自我、对他人、对外部世界以及相互价值关系的探索,最终旨归是实现人的自由全面发展,这既是高校人才培养的目标指向,亦是评估课程思政试点效果的最佳标尺。

张镇镇①

论慈善伦理现代转型的人格基础

(上海师范大学 上海 200234)

【摘 要】中国慈善事业发展中面临的诸多伦理挑战,是中国传统慈善伦理向现代慈善伦理转型过程中的阵痛,反映了中国社会现代转型的艰巨性和复杂性。传统慈善伦理要转型为现代慈善伦理,从根本上需要以现代人格素质为基础。公民意识能够塑造具有独立人格的慈善参与者、能够为现代慈善提供心理动力、并有利于公民慈善意识的形成,是构建现代慈善伦理的人格基础,应多管齐下予以培育。

【关键词】慈善伦理;现代转型;公民意识;人格基础

改革开放以来,中国的慈善事业获得了很大的发展,呈现出蓬勃的态势,但是随着慈善事业的发展,也暴露出很多问题,如法律法规不健全、慈善机构管理不完善、慈善伦理观念混乱等等。随着《中华人民共和国慈善法》于 2016 年 9 月 1 日正式实施,困扰中国慈善事业的法律制度问题将会逐步得到解决,但是,慈善事业发展中遇到的诸多伦理挑战,仅靠法律制度是无法解决的,还需要从思想和观念上厘清理顺,形成适应现代慈善事业的慈善伦理观念。

(一)中国慈善事业发展中的伦理挑战

在中国慈善事业发展的过程中,出现了很多有争议的现象,引发

论慈善伦理现代转型的人格基础

---

① 作者简介:张镇镇,女,博士,上海师范大学马克思主义学院,讲师,主要研究方向为马克思主义理论。上海市徐汇区桂林路 100 号 200234。

了国民的关注和热议,并形成了不同的社会评价甚至是截然相反的观点,这些现象反映了人们对慈善的不同认识,也折射着人们不同的慈善理念。为便于讨论,从捐助者、受助者和慈善机构三个角度展开。

1. 捐助者角度

从捐助者角度看,人们的分歧集中在捐助者的动机上。

以中国慈善界最有争议的捐助者、著名的企业家陈光标先生为例,其高调慈善的做法一直是人们热议的话题,人们议论的焦点集中在其动机方面。质疑的观点有两种,一种认为陈光标从事慈善活动的动机不高尚,认为他是要博善人的名声;另一种观点认为陈光标作为一个企业家,频繁高调地从事慈善活动是一种特殊的营销方式,带有功利性的考量。当然,也有很多人肯定他积极从事慈善的做法,认为他掏出了真金白银帮助了需要帮助的人,无论出于怎样的动机都值得尊重和肯定。

显然,人们的分歧主要在于:第一,捐助者的动机中能否包含功利性因素?第二,行善可以为人知晓还是不应为人知晓?

第一个问题反映的是人们对慈善的不同认识,准确地说是对"为何做慈善"的认识不同。慈善的动机问题,是困扰现代慈善事业的重要难题之一,也是现代慈善伦理必须回答的首要问题,因为传统慈善伦理并不关注这一问题。传统慈善伦理以儒家仁爱精神为核心,遵循爱有差等的理念,以"熟人"间的救助为主,因此动机问题根本无需关注。但在现代社会,慈善活动指向的是陌生人,所以人们需要追问,捐助与自己没有任何关系的陌生人的动机是什么?

第二个问题也反映了传统慈善伦理与现代慈善伦理的不同。传统慈善活动以熟人间的救助为主,因此不存在行善要不要"为人知"的问题,而且在传统慈善伦理中,行善是一种道德行为,"为人知"意味着德性的认可,是传统道德鼓励和提倡的。但是在现代社会,由于慈善活动指向陌生人,所以有"为人知"还是"不为人知"的分歧,这不仅关涉着捐助者的动机,还关系着受助者的人格尊严和心理感受。

通过以上分析可以发现,观点分歧是因为人们持有不同的慈善伦理观念,反映的是传统慈善伦理与现代慈善伦理之间的差异,可以说,这些现象实际上是传统慈善伦理向现代慈善伦理转型中遇到的阵痛。解决的办法只能是,推进慈善伦理的现代转型,弘扬适应现代慈善的思想理念,尽快形成现代慈善伦理观,引导和规范人们的慈善观念与慈善行为。

2. 受助者角度

从受助者角度度看,人们的分歧集中在受助者是否应该感恩上。

2014年10月16日《成都商报》刊发独家新闻《一场资助背后的冷暖人心》,讲述了三轮车师傅老冯资助14岁女孩玲玲(化名)的故事。

冯师傅在江苏无锡靠蹬三轮车谋生,4年前他在网上看到玲玲需要资助的信息后,主动联系并开始资助玲玲。坚持资助4年后,老冯与玲玲首次见面,因为种种的误会,老冯感到很寒心,文章用了三个词来形容老冯的感受"不热情、不亲近、不诚实",老冯萌生了不想再继续资助下去的想法。最后,在《成都商报》记者的沟通之下,老冯体谅了玲玲的处境和心情,愿意继续资助下去,并与孩子立了一个君子协定:"等玲玲长大有经济能力了,也要资助一个需要帮助的贫困生"。①

报道一刊出就引发了人们的关注和热议。为此,《公益时报》联合新浪公益、问卷网、凤凰公益推出一期专门调查——如果你是资助人,当你的受助者对你不是那么热情和感激时,你还会继续资助他吗?

在5天的时间里共有12795名网友参与了调查。调查结果显示,选择继续捐助和不继续捐助的网友各占约四成,另外近两成选择"看情况"。在回答"如果你是捐助人,希望受助人如何回应你的善心"这一问题时,有61.66%的网友选择"受助人以后有能力了也去帮助别人",只有8.87%的网友希望受助者表达对其个人的感恩之心。在"选择怎样的方式与受助人沟通"问题上,有37.16%的网友选择不会主动联系受助人,22.56%的网友选择完全交给公益机构等第三方

① 《一场资助背后的冷暖人心》[EB/OL].《成都商报》电子版. http://e.chengdu.cn/html/2014-10/16/content_493130.htm。

执行,选择写信、邮件、电话等不见面方式的占 21.34％,选择家访、去看望等面对面方式的占 18.94％。①

以上种种反映了人们在感恩问题上的纠结,这种纠结折射的是慈善观念和思想的差异。在传统慈善之中,感恩根本不是问题。在儒家纲常思想影响下,受助者对施助者感恩几乎是天经地义的,知恩图报是基本的道德要求,如果受助者不对施助者感恩,会被认为是忘恩负义,这在传统"熟人社会"中是很难生存的。但是现代社会倡导人人平等,现代慈善伦理主张捐助者与受助者人格平等,对受助者的人格尊重是现代慈善的现代性和进步性的确证和彰显,那么在人格平等的基础上,捐助者就不能"要求"受助者感恩,否则就违背了现代慈善的精神,感恩就成为了受助者的"私事",感恩与否取决于受助者自己的态度。

现代心理学研究表明,受助者在接受捐助时的心理非常复杂,如果面对的是居高临下式的捐助,很多受助者会产生失败者心理,感到自卑、难堪、心理压抑乃至不愿意接受帮助;有的受助者则会产生对抗性心理,比如将他需要接受救助的原因归咎于社会,认为这个社会亏欠了他,他理应得到补偿。还有的受助者会产生逆反心理,比如有人觉得我又没有要求你来帮助我,是你自愿要帮助我的,既然是自愿的,为什么又要摆高姿态。

可以看到,在慈善活动中受助者的心理是非常敏感而脆弱的,这也反映了我们在很多慈善活动中并没有真正做到平等和尊重。感恩问题实质上反映的是传统慈善伦理向现代慈善伦理过渡中遇到了困难,人们意识到传统慈善伦理已经不能适应现代慈善事业,但是以平等和尊重为特征的现代慈善伦理还没有建立起来,要发展中国慈善事业,亟需实现传统慈善伦理向现代慈善伦理的转型,塑造适应现代慈善的伦理关系。

---

① 王会贤.《调查:不到一成网友希望受助者表达对其个人的感恩之心》〔EB/OL〕. http://gongyi. people. com. cn/n/2014/1029/c152509-25931993. html。

3. 慈善机构角度

最典型的案例是发生在 2011 年的"郭美美事件",这使中国红十字会陷入空前的信任危机。随后又相继曝出中华慈善总会"尚德诈捐门"、青基会"中非希望工程"等事件,一时间慈善信任风暴愈演愈烈。这些事件引发公众强烈的不满和愤怒,人们纷纷质疑这些慈善机构的性质,质疑慈善机构的内部管理机制,指责慈善机构伤害了人们的爱心、践踏了社会的道德。

据民政部统计数据显示,从 2011 年 6 月红十字会"郭美美事件"等一系列事件发生后,社会组织和个人的捐赠数额均大幅减少,6—8 月间慈善机构接收到的捐赠数额降幅达 86.6%。著名咨询机构麦肯锡公司这样评价中国公益事业:"中国社会并不缺少善心,缺少的是对公益组织的信心。"①

从伦理角度看,中国慈善机构所出现的这些问题反映了其定位不清的问题。在现代慈善事业中,慈善机构怎么定位自己,不仅关系到它以怎样的姿态对待捐款物给它的爱心人士,更关系到它以怎样的姿态去捐助受助者,而这一点也将直接影响受助者的心理感受乃至整个慈善活动的效果。

专业化是现代慈善事业的基本特征之一,现代慈善主要通过慈善机构、组织、基金会等开展活动,慈善机构作为慈善活动的主要组织者,是一种中间机构,它代表的不是政府,而是"社会"。慈善机构就是抽象的社会的一个具体象征,捐助者和受助者通过它彼此保持匿名和陌生,从而实现陌生人之间的慈善。从某种程度上来说,慈善机构承载着整个社会的文明与道德。

但在现实中,慈善机构的自我定位却并不清晰,不难发现,有些慈善机构将自己定位为"官"。这样的定位显然是有问题的,因为,慈善机构开展活动的善款既不是慈善机构自己的钱,也不是政府的拨款,而是社会爱心人士的捐赠,慈善机构的作用是将爱心捐款配置到

---

① 李松涛.《慈善中国:不缺爱心但缺信任》[N].中国青年报,2007 年 1 月 22 日第 2 版。

需要帮助的人手中。

因此,慈善机构的公信力问题、管理问题不仅仅反映法规制度的缺失,也反映了慈善伦理的缺位。解决之道应该是法律与道德双管齐下,一方面完善法律法规和制度框架,使其有法可依,《中华人民共和国慈善法》的出台实施将是很好的开始;另一方面应该尽快构建现代慈善伦理,在思想上厘清、理顺关系,统一认识。

(二)公民意识是现代慈善伦理的人格基础

中国慈善事业面临的各种伦理挑战都表达了同样的诉求,传统慈善伦理需要转型为现代慈善伦理。然而,问题的困难却在于,慈善伦理作为社会意识形式,"受一定的物质生活方式的制约和规定,同时又是在一定的民族的文化传统基础上形成和发展起来的"①。这也就意味着现代慈善伦理无法在慈善事业内部自发形成和发展起来,而需要诉诸更为根本性的要素,如社会物质生活方式、社会文化等。

现阶段的中国,社会主义市场经济蓬勃发展,人们在生活方式上已经基本适应了现代社会,即社会的物质生活方式已经具备构建现代慈善伦理的基本条件。但是,社会文化氛围却未能跟上经济社会发展的步伐,比如我们的传统道德已经解体而现代道德还没建立起来,人们的思想观念和价值观是多元的,甚至是混乱的,这意味着属于现代社会的价值共识尚未形成。最重要的是,人们的人格素质还达不到现代社会的要求,相应于中国社会的巨大转型,中国国民的人格素质也处于由传统臣民向现代公民的转型中。

构建现代慈善伦理,从根本上说应该以"人"为突破口,以"人"自身的发展促进慈善伦理观念的进步。人自身的发展,也就是人格素质的进步,就是尽快实现由传统臣民向现代公民的转变,其标志就是公民意识取代臣民意识。因此,构建现代慈善伦理,应该与培育公民意识结合起来,以公民意识作为人格基础助推慈善伦理的现代转型。

---

① 周中之.《当代中国慈善伦理的理想与现实》[J]. 河北大学学报,2011 年第 3 期。

首先,公民意识能够塑造出具有独立人格的现代公民,为慈善事业源源不断地输送优秀的从业者和参与者,从而筑牢现代慈善伦理的根基。

公民意识是个体对其公民身份所蕴含的价值内涵的理性自觉,公民意识具有极为丰富的内容,其中最核心的、具有决定意义的内涵,是主体性意识和共同体意识。主体性意识就是真正将自我视为一个主体的意识,就是以一个主体的姿态去思考、去决定、去行动、去承担等等。主体性意识就意味着独立人格和自我意志,其慈善行为是真正出于自我意志的道德行为。

中国青年报社会调查中心与腾讯新闻中心、新浪新闻中心曾联合做了一项调查,这项调查有 4966 人参与,调查结果显示,中国公民参与最多的慈善方式是"单位组织的捐款捐物",比例高达 70.8%。①据悉很多单位采取的是直接在工资中扣除的方式,网上也曾有网友晒出工资单,就上面的"一日捐"项目提出质疑,质疑这种强制性扣除的合法性及"被捐款"的道德性。现代慈善伦理倡导人们自觉自愿地参与慈善活动,正是这种自觉自愿的属性彰显着慈善的道德性,任何被强迫、被要求的慈善行为都难免亵渎了这种高尚性。

不仅如此,现代慈善伦理倡导捐助者和受助者人格平等,而平等意识正是公民意识的基本内涵之一。具有公民意识的公民,能够将自我与他人都视为独立平等的个体,真正做到尊重他人的人格。因此,培育公民意识,培养独立人格,能够为慈善事业塑造出独立自主的慈善行动者。

其次,公民意识所蕴含的共同体意识为现代"陌生人"之间的慈善提供了强有力的内在动力,构成了现代慈善伦理的心理基础。

共同体意识就是将自我视为共同体一部分的认知状态,内含着自觉维护共同体利益的行为要求。共同体意识表达的是公民对集体的认同感、归属感及由此产生的责任感。在陌生人社会,共同体意识

论慈善伦理现代转型的人格基础

---

① 李松涛.《慈善中国:不缺爱心但缺信任》[N].中国青年报,2007 年 1 月 22 日第 2 版。

构成了人们从事慈善活动的内部驱动力。做慈善需要爱心,但仅仅有爱心并不必然产生行动,尤其是现代慈善事业是指向陌生人的,是超出正常义务范围之外的道德活动,因而在爱心和行动之间还需要一种动力——从心理层面上说,人们需要告诉自己"我为什么要这么做"。

在我国当前的慈善活动中,有不少捐助者在选择帮助对象时,在地缘上更倾向于自己的家乡。相比陌生人,人们似乎更愿意去帮助认识的人;相比其他的陌生人,人们似乎更愿意去帮助自己家乡的陌生人。这种选择除了信息真实性的考量和衣锦还乡等传统思想的影响外,恐怕还反映了一个不容回避的问题——人们对给予陌生人帮助尚缺乏足够的心理动力。

共同体意识能够破解这一难题。共同体意识引导人们意识到,现代社会尽管是陌生人社会,但是这些陌生人并不是与己无关的人,他们是我们的同胞,我们的兄弟姐妹,尽管互不相识,但是我们同属一个共同体,每个个体都与共同体息息相关,每个个体的利益都构成了共同体的整体利益,所以,我们有义务、有责任去帮助那些看起来陌生的人。正如有学者所说,"只有在公民伦理和公民意识下,人们才会形成强烈的社会共同体意识,而共同体意识又是慈善伦理最基础的理据。"①

再次,公民意识能够促进现代慈善意识的养成,为慈善伦理的构建创造直接条件。

"慈善意识是人在实践中形成的对慈善的认识、判断、了解和感知能力以及由此带来的参与积极性。"②慈善意识是人们从事慈善活动的直接动因。现有研究表明,英美等国慈善事业的发达得益于其公民慈善意识的广泛普及。相对而言,我国慈善事业发展的薄弱环节之一,就是国民慈善意识相对淡薄。

---

① 张亚月.《慈善伦理与公民意识培育》[J].思想理论教育,2012 年第 1 期上。
② 杨方方.《发展现代慈善事业应该认识的几个基础性问题》[J].社会科学,2004 年第 3 期。

在今天的中国,慈善意识必须与公民意识相结合才能真正得以普及和弘扬。我国有源远流长的慈善历史,在此基础上形成了传统的慈善伦理思想,塑造了人们朴素的慈善意识,虽然这些伦理思想的很多方面已不适应现代社会要求,但其蕴含的慈善理念早已深入人心,还形成了中国人乐于助人的传统美德,这些恰恰成为构建现代慈善意识的基础——中国并不缺乏乐于助人的慈善"意识",缺乏的是以独立人格为担当的现代慈善意识,因此需要公民意识的融入,实现慈善意识由"传统"转型为"现代"。

(三)培育公民意识,构建现代慈善伦理

以公民意识推动慈善伦理的现代转型,不是先培育公民意识再构建慈善伦理,而是两者结合同步进行,不是两个过程,而是一个过程,即将慈善的意识和理念融入公民意识中,作为现代人格素质的重要内容进行培育和塑造。

培育和塑造现代人格素质,经济和法律是根本。西方慈善发达国家的经验表明,发达的市场经济和强大的中产阶层是促进慈善事业发展的基础性要素。因此,大力发展市场经济、不断完善法治体系,是根本性、基础性条件。此外,还需要在社会文化、舆论环境、教育等方面多管齐下共同推动。

1. 塑造相应的社会文化氛围和舆论环境

社会文化环境是涵养人文素质和道德品质的中坚力量,有一种关于"文化"的解释很好地诠释了文化对人的影响力——"文火慢煮,潜移默化"——比如,在一个友善关爱的社会中,会形成人人向善的社会氛围,人们自然而然地乐于帮助他人,而在一个自私自利的社会中,情况则会大不一样。因此,培育公民意识、构建现代慈善伦理,必须重视文化环境的塑造。

首先,要加强价值观引领,积极倡导践行社会主义核心价值观,用"爱国、敬业、诚信、友善"的价值准则型塑公民道德品质。

其次,要弘扬优秀的传统慈善文化,唤醒人们心灵中互助友爱、助人为乐的民族记忆。中国传统慈善文化资源十分丰富,有些内容已不再适合现代社会,有些内容仍具有较大的感召力和影响力,甚至还有很多内容是直接适应现代社会要求的,比如"恻隐之心人皆有

之"的悲悯情怀、"已所不欲勿施于人"的尊重理念、"行善不为人知"的奉献精神、"滴水之恩当涌泉相报"的感恩思想等等,如果能够加以整合利用,对于培育国民的慈善意识善莫大焉。

再次,充分利用舆论的导向作用,在更大的程度、深度和广度上进行慈善价值、慈善事迹、慈善人物的宣传,塑造积极的社会舆论氛围。虽然理想的慈善是不求任何回报的道德行为,但是鉴于我国慈善事业发展的现状,应该对那些充满人性光辉的慈善活动和慈善人物给予应有的宣传报道,肯定和鼓励慈善参与者的热情,激发更多人的慈善意愿。但是舆论宣传必须注意方式方法,以充分尊重受助者为前提,在肯定和鼓励捐助者的同时,倡导以平等尊重为基础的现代慈善理念和慈善方式。

2. 抓住教育的牛鼻子,创造内生力供给

教育在培育人方面具有不可替代的作用,培育公民意识和慈善意识应该根据受教育者的不同年龄阶段开展不同程度和深度的教育内容,教育应该从三个维度展开。

第一,家庭教育。父母是孩子最好的老师,父母的言传身教对孩子影响最大。父母应该以身作则,引导孩子平等地对待他人、尊重他人、乐于帮助他人,并鼓励他们从小事做起践行并深化这些认识。

第二,学校教育。学校教育是整个教育过程的主阵地,应该充分利用学校教育的优势和特点,将公民教育和慈善教育渗透进学校教育及教育实践中,努力塑造青少年的独立人格。

第三,社会教育。社会作为大环境是相对抽象的,但是青少年生活的社区、参加的各种培训班兴趣班等都是具体的,完全可以通过组织各种活动参与到素质教育过程中。比如社区组织青少年在休息时间看望孤寡老人、为社会做志愿者,培训班组织不同形式的同学间互助活动等,都将对青少年的人格养成起到促进作用。通过不同形式的教育活动共同作用,将青少年塑造成具有公民意识和慈善意识的合格公民,成为慈善事业的积极参与者。

3. 鼓励和倡导各种形式的慈善实践,以实践带动观念的转变

慈善终究要落实为行动才能产生现实的社会效果,也只有在现实的实践活动中,才能体现公民的人格素质。因此在宣传教育的同

时,更要鼓励和倡导人们积极从事各类慈善实践活动,用真实生动的实践活动带动人们慈善观念的转变。

在今天的中国,有太多的人有爱心、有善意、希望从事慈善活动,有大批的志愿者活跃在各种抗震救灾、扶贫济困、募捐支教第一线,在那些大型体育赛事场馆、博物馆、展览馆、养老机构、福利院、特殊学校以及人们生活的社区中,都有爱心人士的身影,他们来自各行各业,有青年学生、有企业家、有公益人士、有医生护士等等,他们通过各种力所能及的形式从事着慈善活动。我们应该鼓励更多的人参与进来,要创造出更多的慈善活动、慈善方式、慈善内容以适应不同层次人群参与。

实践证明,参与过慈善活动的人会更热衷参加慈善活动,也更乐于宣传和带动身边的人参与慈善活动。慈善实践能够带给参与者最深刻、最真切的体会,这些感受会比讲道理更实在,也更能够深入人们的内心,引发人们观念的变化。高尚的人格素质具有辐射作用,能够影响周围的人群,越来越多的人参与到慈善实践中,传播慈善价值,弘扬慈善理念,就能塑造良善的社会环境,慈善之路就会越走越宽。

论慈善伦理现代转型的人格基础

唐　洁①

高校辅导员网络思想政治教育能力提升路径研究

（上海师范大学　上海　200234）

【摘　要】网络时代的到来，为高校辅导员思想政治教育工作带来了机遇和挑战。新形势下，高校辅导员必须顺应时代发展的潮流，提升网络思政教育能力。在分析高校辅导员网络思想政治教育能力提升重要性的基础上，研究辅导员在网络思政政治教育中遇到的现实挑战，提出辅导员提升网络思政教育能力的路径。

【关键词】高校辅导员；网络思想政治教育；能力提升

第 42 次《中国互联网发展状况统计报告》数据显示：截至 2018 年 6 月 30 日，我国网民规模达 8.02 亿，普及率为 57.7%。② 习近平在全国高校思想政治工作会议上指出："要运用新媒体新技术使工作活起来，推动思想政治工作传统优势同信息技术高度融合，增强时代

---

① 作者简介：唐洁，女，硕士，上海师范大学商学院，讲师，主要研究方向为大学生思想政治教育。上海市徐汇区桂林路 100 号 200234。

本文系上海 2018 年度上海学校德育实践研究课题"高校辅导员网络思政教育能力提升研究"（2018 - D - 240）的阶段性成果。

② 习近平.《把思想政治工作贯穿教育教学全过程　开创我国高等教育事业发展新局面》[EB/OL]. 人民网：http://dangjian. people. com. cn/n1/2016/1209/c117092-28936962. html. 更新日期：2016 年 12 月 9 日。

感和吸引力。"①教育部43号令就特别强调网络思想政治教育是辅导员的主要工作职责之一。在这样的时代背景下,辅导员如何依托互联网开展网络思想政治教育的新探索、新实践,如何通过互联网引导大学生成长成才,是一项具有现实意义的重大课题。

(一)高校辅导员网络思想政治教育能力提升的重要性

网络思想政治教育是网络环境下思想政治教育的新形态,是思想政治教育在新的实践环境下的创新与发展。② 在移动互联网的影响下,近年来高校网络思想政治教育呈现出一些新的特点。一是教育主体多元化。传统教育模式中只有教师才能传播信息的局面已经改变,在互联网世界中,师生随时随地都可以成为信息的发布者,而不仅仅是接收者。二是教育的时效性增强。信息传播消除了时空障碍,随时随地可以发布。三是教育内容更加丰富。符号、图片、视频成为受众的新宠,方便在最短的时间内快速浏览大量浅层信息。

网络思想政治教育将人类实践活动从现实领域延伸至虚拟领域,但是从根本上看,它的本质属性没有任何改变,网络思想政治教育主体与客体的客观存在同样是必然的。作为高校思政教育的骨干力量,高校辅导员在高校网络思想政治教育中具有重要的作用。辅导员是有效开展高校思想政治教育的实施者,因此,在网络思想政治教育中理应承担起推进者、传播者、引导者的重要作用。

教育部的第43号令就提出:辅导员要"运用新媒体新技术,推动思想政治工作传统优势与信息技术高度融合。构建网络思想政治教育重要阵地,积极传播先进文化。加强学生网络素养教育,积极培养校园好网民,引导学生创作网络文化作品,弘扬主旋律,传播正能量。创新工作路径,加强与学生的网上互动交流,运用网络新媒体对

① 我国网民规模达8.02亿,互联网普及率为57.7%[EB/OL]. 中研网:http://www. chinairn. com/news/20180821/090118510. shtml. 更新日期:2018年8月21日。

② 张再兴等.《网络思想政治教育研究》[M]. 北京:经济科学出版社2009年第1版,第198页。

学生开展思想引领、学习指导、生活辅导、心理咨询等"，这些都是给辅导员网络思想政治教育能力提升提出了具体明确的要求。

（二）高校辅导员网络思想政治教育能力提升的现实挑战

1. 事务繁杂，网络思政教育引导力有待提升

高校辅导员是大学生日常思想政治教育和管理工作的组织者、实施者、指导者，同时又是大学生的人生导师和知心朋友。这种角色定位既体现了辅导员的重要性，也暗示了辅导员工作的繁杂。在现实的高校工作中，辅导员除了日常大学生思想政治教育工作外，还承担着大量的沟通协调工作，这些都占据了辅导员的大量工作时间。目前高校中大多数辅导员都是 85 后和 90 后，他们深知网络思政教育的重要性，但受到专业限制和日常事务性工作的牵制，网络思政教育引导力略显不足。其中既包括利用网络媒体开展思政教育的技术不够，也包括网络思政教育的主动引导能力不足。繁杂的事务使得辅导员没有时间研究网络思政教育新问题，或者只是利用网络通知传达消息，错失主动引导的时机，造成网络思政教育的滞后。

在目前的高校中，虚拟的网络已经将校园无缝地衔接于整个社会洪流中，大学生可以通过互联网随时随地获取、接收来自世界各地的信息。因此，仅仅利用 QQ、微信、微博进行通知、联络已经远远不能满足高校网络思想政治教育价值引领的需要。作为思想政治教育工作者的辅导员，如何引导世界观、价值观尚未成熟的大学生理性看待网络上良莠不齐的信息，如何以内容丰富、吸引力强的网络内容引导学生的价值观，才是网络思政教育的真正内容，也确实是摆在辅导员面前的一道难题。

2. 力不从心，网络思政教育创新力有待提升

在日新月异、不断变化的网络环境中，辅导员常常由于无暇面对新媒体技术而显得本领恐慌、力不从心。目前高校中，微信公众号使用频率非常高，几乎所有高校都在运营官方微信公众号，包括各院系、部门以及各类学生组织，公众号已经成为媒体的最新转型方向。大学校园中的各类组织、个体都可以成为校园网络传播的一分子，成为新媒体平台的活跃分子。而承担着高校网络思想政治教育职责的辅导员，在新媒体技术掌握和使用上反而可能存在劣势，运营的微信

号原创内容更新速度慢、高质量内容生产不足都是考验辅导员网络思政教育创新能力的现实困境。

在目前的高校中,移动互联网时代盛行浅表化阅读和碎片化阅读,校园网络文化产品常常以泛娱乐化的表现方式呈现。高校网络思想政治教育在浮华、炫目的表面下往往潜藏着思想内容的贫乏或精神的缺失。各类微信新媒体平台为吸引大学生关注,形式雷同、内涵不足,内容出现同质化趋势。作为思想政治教育工作者的辅导员,如何创作出既有丰富教育内涵,同时又符合大学生特点的网络文化产品,也是摆在辅导员面前的一道难题。

3. 后劲不足,网络思政教育影响力有待提升

随着移动互联网时代的带来,传统教育模式受到冲击,辅导员网络思政教育话语权逐渐弱化。在网络世界中,学生由传统教育模式的被动信息接收者转化成信息发布者,网络思政教育话语环境由闭塞走向开放。在传统的教育模式中,思想政治教育的话语权牢牢掌握在教育者手中,这是一种典型的权威模式。进入互联网时代后,绝对的权威开始被打破,学生逐渐获得与教育者不同的,甚至在其看来更有价值的信息。传统的思想政治教育话语系统已不再具有权威地位,"学生对传统教育资源和组织动员方式也表现出越来越明显的疏离。"[1]

在目前高校中,网络思政教育平台建设需要一体化设计和系统性推进,通过持续发布凸现育人效果。而当前辅导员在推进网络思政教育时,随性而发的情况时有发生,缺乏谋划和设计。作为思政教育者的辅导员,面对复杂多变的网络环境,如果还尝试用传统思政教育的手段、方式解决面临的挑战,其网络思政教育的主动权、影响力很可能随之消失。

（三）高校辅导员网络思政能力提升的路径

面对上述挑战,辅导员和学校的学工部门要转变观念,网络思想政治教育所面临的挑战,除了技术层面,更多地来自于思想精神层

---

[1] 陆优优.《移动互联网时代高校网络文化建设的挑战与应对》[J]. 思想理论教育,2016 年第 4 期。

面。网络思政教育需要辅导员以更加开放、平等、即时的态度回应学生在网络世界的精神需求和解决学生的实际问题。为此,高校辅导员可以从以下四方面着手,提升辅导员网络思想政治教育能力:

1. 加强自身建设,提升教育能力

辅导员要加强理论学习,提升道德修养。要做好马克思主义宣传教育工作,当然要先在学懂弄通做实新时代中国特色社会主义思想上下功夫。要把培养担当民族复兴大任的时代新人作为重要职责,重中之重要以坚定的理性信念筑牢精神之基,抓住大学生价值观形成和确定的关键时期,引导大学生扣好人生第一粒扣子。同时,面对新形势、新挑战,高校思想政治教育工作者应利用新媒体加强学习,不断提高自己做好大学生思想政治教育工作的能力。既要注意在不断提高政治素质和思想道德素质的同时,确保大学生思想政治教育工作的正确方向;同时又要注意通过网络等新媒体,随时随地关注和吸收全球最前沿的知识研究,增加自身的知识储备,完善自身的知识体系,更好地胜任新媒体时代的思想政治教育工作,完成在新媒体环境中的角色定位。

2. 加强内容建设,提升引导能力

在互联网时代,网络为我们提供了思想政治教育的载体,内容建设是网络思想政治教育的重中之重。从网页、BBS 社区、易班、微播、QQ 到如今的微信公众号、直播平台等,为网络思想政治教育提供了极大的想象空间和无限可能性。如何做好"互联网+"之后的内容建设,是决定网络思想政治教育能否正确把握价值引领,提高思想政治教育引导力、影响力的决定性因素。网络思政教育的内容,要围绕党团建设、班级管理、学风引领、安全稳定等工作,结合 95 后、00 后大学生的特点,精心设计并组织开展一系列内容健康、形式多样、线上线下有序互动的特色活动。作为辅导员而言,要深入分析学生的语言习惯和表达方式,在网络世界中化有形的教育为无形的浸润感染,更多地让学生从认知参与到情感介入,增强学生的参与感、体验感、获得感。辅导员要注重网络思政教育内容设计,创作一批有态度、有温度、有力度、有厚度的作品,落细落小落实社会主义核心价值,用中华优秀传统文化、革命文化和社会主义先进文化来浸润大学生的心灵,丰富大学生的精神世界,从而提升网络思想政治教育的引导力。

3. 关注网络舆情,提升化解能力

在移动互联网时代,辅导员要主动学习新媒体相关知识,主动树立网络思维,培养敏锐的观察力和舆情化解能力。习近平曾指出:"各级党政机关和领导干部要学会通过网络走群众路线,经常上网看看,潜潜水、聊聊天、发发声,了解群众所思所愿,收集好想法好建议,积极回应网民关切,解疑释惑。"①辅导员通过网络了解学生思想动态,及时回应学生需求,在解决学生实际问题中解决学生思想问题,增强思想政治教育的实效性。同时,网络具有开放性、多元化的特点,各种虚假消息容易混淆视听,影响大学生正确的价值判断和选择,这就需要辅导员提升更加精准、快速地应对网络舆情危机的化解能力。辅导员不仅要能及时研判网络舆情,而且要能围绕学生关注的重点、难点、热点问题,主动发布信息,掌握网络舆论的话语权和主导权。此外,辅导员还应注重对大学生进行媒介素养教育,提升他们辨别网络舆情是非的能力,从而提升网络舆情的化解能力。

4. 注重团队建设,提升整合能力。

在网络时代,辅导员善于在收集、整理、分析、研判各类网络信息的基础上,整合运用各类网络资源,从而增强网络思政教育的实效。同时,要做好网络思政教育,辅导员也必须整合各类学生组织、学生家长、社会公众的资源。在当下高校中,越来越多"95后""00后"学生在网络新媒体方面展现出来的才华和创意,一些学生的微信公众号在校园中有着不容忽视的影响力。辅导员要善于引导更多的学生加入网络文化产品生产队伍,引导他们用学生喜欢的方式传播主流价值观。此外,高校要在制度上支持辅导员走网络思想政治教育专业化发展道路,将辅导员按照研究特长和兴趣,打破学院、年限、

---

① 习近平.《在网络安全和信息化工作座谈会上的讲话》[N]. 人民日报,2016年4月26日。

专业等限制,建立网络思政教育专项研究团队,帮助辅导员在"一专"上不断精进。在浩瀚的网络世界中,辅导员绝不能是"独狼式"的斗争,通过召开专题培训、研讨、座谈、互访等方式,与更多有志之士进行切磋交流,取长补短、组团前行,才能真正发挥网络思政教育的持续影响力。

■ 董 雪①

构建高校第二课堂纵向联合育人体系对策研究

（上海对外经贸大学 上海 201600）

【摘 要】 习近平总书记在全国教育大会中指出，培养什么人，是教育的首要问题。新时代高校肩负着为社会输送全面人才，为经济建设服务的重大责任。第二课堂作为培养学生社会实践能力，提升综合素质的重要平台，在引导和培养学生方面发挥着极为重要的作用。而培养德才兼备的大学生，必须了解当代青年大学生的特点以及需求，分层分类设计符合青年特点的第二课堂活动，实现对学生的精准化教育。

本文通过定量研究和质性研究相结合的方式，选取上海4所不同高校的2000名学生对第二课堂参与情况进行统计和分析，并进行深入访谈，总结第二课堂的参与情况、分析学生成长成才规律。从本质需求出发，提出分层分类、纵向联合的方式设计第二课堂活动体系。

【关键词】 第二课堂；纵向联合体系；育人

（一）高校构建第二课堂体系的重要性

习近平总书记在全国教育大会上指出，我们要培养社会主义建设者和接班人，要在六个方面下工夫；在全国高校思政工作的会议

---

① 作者简介：董雪，女，硕士，上海对外经贸大学国际经贸学院、讲师。上海市松江区文翔路1900号 201600。

上提出把立德树人作为中心环节,把思想政治工作贯穿教育教学全过程,实现全程育人、全方位育人。第二课堂在引领青年思想、提升综合素质等方面发挥着极为重要的作用,因此将工作回归到"人"和"学生"的原点是需要思考的问题。

《高校共青团改革实施方案》指出,"回归教育本质,把握青年需求,提升引领水平"。《国家中长期教育改革和发展规划纲要(2010—2020年)》第二条也指出尊重教育规律和学生身心发展规律。将第二课堂与第一课堂有机衔接,加强与学校相关部门的合作,推动工作的规范化、制度化。探索多种培养方式,是对高校人才培养工作的有效支撑和推进。

(二)高校第二课堂现阶段存在的问题及原因分析

对上海市多所高校第二课堂发展情况进行了问卷调查和研究分析,有针对性地找出第二课堂存在的问题及发展缓慢的原因。调研的4所高校涉及工、法、文、管、理等专业,采用调查问卷的方法收集第一手资料,共回收有效问卷1112份,主要针对高校青年学生对第二课堂的认识与认同及其个人在第二课堂中的发展情况进行调研,问卷结果反映了以下几个方面的现状。

1. 学生对高校第二课堂的认知不足

学生对高校是否设置第二课堂社会实践内容的情况存在认知不

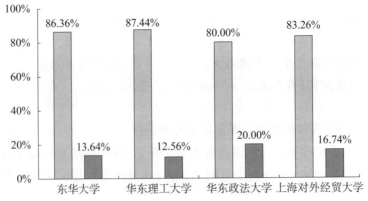

图1　不同高校学生对学校开设第二课堂的认知情况

足的问题。问卷结果表明,15.76%的学生认为所在学校没有设置第二课堂的相关内容,8.79%的学生认为第二课堂与第一课堂的教学并无区别。出现此类现象的原因是,部分学生堕落懒散、沉迷网络游戏,自身对学校设置的第二课堂有关活动"漠不关心"。

图1中,理工科类综合大学的学生对于学校开设第二课堂情况的了解度明显好于文科管理类高校。在与不同高校学生的访谈中了解到,出现这一现象的原因主要是,学校在针对不同学科类型的学生开设第二课堂活动时,可供选择的形式差距较大。活动形式的单一性也降低了学生对第二课堂的辨识度。

2. 高校第二课堂制度体系设置不清晰

当前,高校第二课堂并未形成一套清晰有效的机制和体系。学生社团由社团负责人管理,长期缺少专业教师指导,发展脚步停滞不前;科技创新竞赛同样处于"冷凝"状态,鲜有问津。

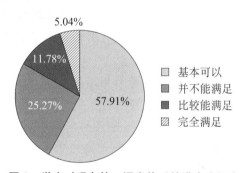

图2　学生对现存第二课堂体系的满意度调查

有关"目前学校第二课堂的体系和活动内容能否满足学生需求"的调研显示,仅有5.04%的学生表示能够完全满足,即近95%的学生认为当前高校的第二课堂设置存在缺陷,不能满足学生发展需求(图2)。

3. 高校第二课堂活动内容设计不精准

"所谓有效参与",一方面是指学生有充分时间参与第二课堂活动,另一方面指学生参与第二课堂后的收获与成长效果显著。根据调查问卷得知,65%以上的学生参与第二课堂活动的类型为文体活动类和学术讲座类,此类活动一般是个体参加,不需要他人引导和帮

扶即可参与。在涉及需要团队配合,尤其是需要学长引导或教师指导的项目时,参与度直线下滑(图3)

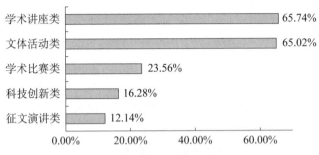

学术讲座类　65.74%
文体活动类　65.02%
学术比赛类　23.56%
科技创新类　16.28%
征文演讲类　12.14%

图3　学生参加第二课堂活动类型分布

上述现象的主要原因是,当前高校在开展第二课堂活动的形式上"墨守陈规";其次是,活动本身质量不高,吸引力不足;最后,现有结构缺少一套有效的"传帮带"体系,对于科技创新、学术竞赛类活动,学生并非因才疏学浅而意兴阑珊,多数是举足无措,又得不到师长的指点和引导。

4. 高校第二课堂中朋辈引导作用不强

学生通过第二课堂提升自身综合素质,归根结底为人与人之间的相互交流和学习,这其中最重要的便是向学生组织或社团负责人与指导教师的学习过程。但是,在当前高校学生成长成才的过程中,学长和教师的作用未能得到充分体现。这一点可从"学生通过哪些途径了解并参与第二课堂"的调查中给出解释,45.77%的学生通过同学和室友获知,而通过教师或学长得知第二课堂活动并积极参与的占比最低(表1)。也充分说明了教师和学长未能真正走进学生生活,且该现象会循环往复影响每一届学生。

表1　学生了解并参加第二课堂活动的主要途径

选　项	小　计	比　例
学长	476	42.81%
老师	487	43.79%

选　项	小　计	比　例
同学	509	45.77%
学生组织	781	70.23%
宣传信息	851	76.53%

（三）高校第二课堂纵向联合体系构建的实现路径

大学的学习和成长多数体现在学生自我管理和自我服务上。从我们的调研分析中也不难看出高年级对低年级学生的引导作用。纵向联合是指学生在校成长的两条主线，一是教师，专业教师在第二课堂中是对于第一课堂教学的深入，拓宽学生知识的广度和深度，特别是在第二课堂如学术报告、专业赛事等项目中的指导。而管理教师在设计第二课堂内容上发挥重要作用，需根据学生成长成才的规律进行设计，打通和联动教育教学部门协同育人，这对于学生专业素养以及综合能力的提升都是非常重要的。二是学生，体现在上下年级间的、同年级间不同兴趣爱好学生的交流和分享。通过此体系的构建，不仅使优秀的学生更加优秀，也使那些沉浸于游戏或茫然不知所措的学生能发掘自己的爱好，找到志同道合的朋友，不断提升自我。最大化发挥第二课堂的育人职能，合理优化资源配置，使育人工作更精准化。

1. 创新思维，树立精准育人理念

学生成长的规律并不是无规律可循，根据不同年级目标不同，在活动的设计过程中就须依据不同类型学生成长成才的规律通过全方位、多层次，分层分类地设计和开展活动，实现精准育人。例如针对一些学术性要求比较高的学生，设立"精品讲坛""论文年会"等。在一些学术赛事及科技竞赛的过程中，将专业教师的意见和指导纳入其中，鼓励以研究生带本科生，高年级带低年级的方式参与比赛。

2. 加强制度建设，推进第二课堂纵向育人的效度

（1）加强对学生组织的制度建设

学生组织在第二课堂的推进中发挥着非常重要的作用，同时也是学生锻炼自我、提升能力的重要途径。中心任务是不仅成为连接

323

构建高校第二课堂纵向联合育人体系对策研究

学校、学院和学生之间的纽带，更要成为连接各专业、各年级的纽带，建立一个师生联动、跨级交流的体制。通过调研和访谈也会发现，学生在学生组织内部的成长作用显著。以上海对外经贸大学国际经贸学院为例，学生组织中的"例会制度""360考评机制""清退机制""团校"等是通过管理教师对学生干部的管理和引领实现第二课堂育人效果，而"导生制度""学长制度"是通过选拔高年级中优秀的学生作为新生的指引者，在学业、就业、生活等各方面给低年级学生一些建议和帮助，真正发挥"传帮带"的作用，使之在管理、提升自我的同时，更好地服务低年级学生，实现上下年级间的联合。

强化第二课堂成绩单的统一化和制度化。学生干部需依照第二课堂管理条例上报和统计活动，留存活动、参与学生的全过程记录，并由指导教师在审核后，给予学生相应的奖励或者学分，形成第二课堂成绩单。

（2）全员参与，构建第二课堂管理梯队

第二课堂是对第一课堂的延伸，要想充分发挥第二课堂的育人功能，需通力合作，全员参与。校、院建立统一的第二课堂活动管理部门和管理体系。明确职能分工，学校在安排第一课堂教学计划的同时，安排好第二课堂的方案。学院形成专业类活动指导小组，负责专业赛事以及学术活动管理中心。学生会设计和策划符合学生兴趣爱好的活动形式，各基层团支部负责参与落实和推广。由社团组织有兴趣和特长的同学自发形成品牌特色以及个性化活动，建立校、院、学生会、社团联系统管理梯队。以上海对外经贸大学为例，将第二课堂分为思想成长类、社会实践类、志愿公益类、团学社团类、学术文体类、技能特长类进行分类管理，实行"一类一品"的品牌管理模式，社团以联盟化管理。学院可通过学术赛事申请"一类一品"品牌活动，提升第二课堂活动的科学性。

（3）建立追踪制度，推进精准育人

第二课堂整体效果可通过数据和信息反馈，总结其开展的效果。信息化是推进第二课堂追踪制度的有效途径，建立统一完整的中央数据库，开发并完善信息发布和数据统计。建立第二课堂成绩单，通过追踪记录学生参与第二课堂的频率、选择内容等，分析第二课堂活动内容及开展的有效度,根据反馈不断提升活动的水平和层次,为更好地服务青年成长成才打下坚实的基础。

3. 分类引导,纵向联合全方位设计第二课堂内容

第二课堂的设计原则应来源于广大青年学生的成长成才的需求,坚持以提高大学生综合素质为核心,提升创新实践能力为目的,形成全方位、多层次的活动体系,而在这个体系中若能将专业教师、管理教师以及高低年级这样的体系融入设计中,将最大化发挥第二课堂育人的效果。基于对学生的分析以及数据调研,我们推出 5 类活动服务平台。

(1)通过实践志愿服务平台,培养青年社会责任感

"一种价值观要真正发挥作用,必须融入社会生活,让人们在实践中感悟它。"实践和活动要与学生日常生活紧密联系起来。积极构建丰富的实践平台,构建学生联系社会、实践社会的桥梁。拓宽拓广各类志愿服务项目,形成特色志愿者服务队。以组织大学生参与社会实践为例,由高年级优秀队伍分享优秀案例,指导老师根据研究特长和方向指导学生实践内容,管理教师跟进过程,在实践中不断探索、鼓励创新,提升青年社会责任感。

(2)依托学术平台,联动教育与教学过程

促进专业、思政教师及学生间的有效联动。针对不同专业设计学术赛事,以赛促建。专业教师从专业角度指导赛事,管理教师组织赛事,学生组织执行并参与其中。以上海对外经贸大学国际经贸学院论文大赛为例,专业教师指导选题,并开设专题讲座,管理教师管理学生参与的进度以及赛事环节的设计,同时从研究生学术水平较高的学生中选拔一支助教团队对接参赛学生进行具体方法的指导,保证学生能从中收获学术知识。学术报告应根据学生需求不断完善,强调"知""行"结合,形成品牌。也可使学术人师与业界精英同台就某一热点问题进行学理解释,提升学生学术思辨能力,为青年成长成才提供更广阔的舞台。

(3)夯实骨干平台,培养新时代"六有"团干部

要注重提升团干部的工作能力,增强责任和担当意识。以培养六有青年为重点,理论与实践并重,对团干部开展包括"团校""策划

进行时""触电新媒体""里约大冒险"等丰富的主题培训,助力团干部成长成才。嘉奖在工作和学习以及各方面表现优异的青年骨干,引导学生们相互吸收借鉴,共同进步,并以榜样的优秀力量影响更多的青年、团员。

(4) 创新文体平台,发挥学生兴趣特长

充分发挥学生社团的作用,为有特长和兴趣的学生提供展示自己的舞台。学生社团的学生往往因为兴趣集中在一起。在第二课堂中,学生社团依据个人兴趣爱好进行的活动,对于育人是一种事半功倍的效果。例如合唱团、舞蹈团、吉他社等专场演出,"艺术沙龙""趣味运动会"等,许多学生在这个平台从"围观者"转变为"参与者"。

(5) 打造网络对话平台,倾听青年声音

对于高校思想政治工作而言,网络文化建设是非常直接的抓手。网络是高校师生学习生活的"第一环境",推动高校思想政治工作创新发展,需要加强网络文化建设,发挥网络文化育人功能。

对话平台是学生与外界联系的桥梁以及成为引导学生理性发声的平台。以上海对外经贸大学国际经贸学院特色品牌活动"经贸青年说""传媒纪"等特色项目为例,选择在学术、社会实践、志愿服务、文体等各方面有典型代表的青年学生通过网络平台传递榜样力量,潜移默化地影响青年。可引导团员青年明确使命、走出迷茫,为广大青年学生建立旗帜引领。

(四) 结论

新时代高校肩负着为社会输送全面人才,为经济建设服务的重大责任。在培养德才兼备的新时代大学生的过程中,必须了解当代青年大学生的特点以及成长成才规律,并从青年成长的需求出发,设计符合青年特点的第二课堂活动。构建并实施第二课堂活动课程总体方案,形成结构优化、运行合理、灵活高效的第二课堂活动课程体系,将不断促进第二课堂活动的开展,促进学校人才培养质量显著提高。通过对纵向联合体系的构建更是发挥全员育人和全过程育人的理念,贯彻分层分类引导青年学生的原则,将育人理念不断贯彻落实到第二课堂中。

王　丹　董轩志①

"三全育人"视角下高校师生共同体建设现状调查与对策研究

——以上海L大学为例

（上海理工大学　上海　2000930）

　　【摘　要】全国高校思想政治工作会议以来，构建全员、全过程、全方位的"三全育人"格局既是时代要求也是现实需要。专业教师在全员育人、全方位育人和全过程育人当中都是不可或缺的重要力量，而师生共同体又是专业教师育人的重要载体。当前师生共同体还存在着形式化、空心化、碎片化等问题。新形势下，要从建设多元立体导师队伍、聚焦专业课程育人重点内容、提高学生学习主动性积极性、提升专业教师育德能力、加强顶层设计和健全评价考核等方面着手，进一步提升专业教师的思政育人水平。

　　【关键词】师生共同体；导师；思政育人

　　习近平总书记在全国高校思想政治工作会议上强调，要坚持把

　　① 作者简介：王丹，男，硕士，上海理工大学党委宣传部，主要研究方向为高校思想政治教育。上海市军工路516号200093。

　　基金项目：2017年上海理工大学党建德育思政高教专项项目（沪江哲社基金专项重点项目：17HJ-DSDG-SD-005）；2018年度上海学校德育实践研究课题（2018＊D-049）。

立德树人作为中心环节,把思想政治工作贯穿教育教学全过程,实现全程育人、全方位育人。作为与学生接触最多、跟学生保持密切交往的高校教师,对大学生的思想言行和成长影响也最大。教育部印发的《高校思想政治工作质量提升工程实施纲要》指出,要发挥专业教师课程育人的主体作用,健全课程育人管理、运行体制,使课程育人作为教师思想政治工作的重要环节。为了研究方便,在本文当中,教师的内涵主要是指除了辅导员、思想政治理论课教师、通识课教师、行政管理后勤工作人员之外的,专门从事专业课程教学的教师。研究发现,教师参与思政工作,不仅要开展课程思政工作,注重在专业课堂上德智结合,同时也要注重课内外协同,要增强与学生的互动,通过情感和思想上的交流,实现教学相长和互促共进,即通过师生共同体实现思政育人。德国哲学家卡尔·雅斯贝尔斯曾说过:"大学是一个由学者与学生组成的、致力于寻求真理之事业的共同体。"在大学这个共同体当中,教师和学生的关系又是最为普通和最为重要的关系。教师是学生成长的引路人,也是师生共同体建设的核心。当前,众多德育研究指出,社会分工的不断细化导致教师出现教书和育人"两张皮"的现象,集中体现就是教师育德意识薄弱。另外一方面,信息化时代也在推动着高等教育不断变革,教师育德能力不足问题也日益突出。在"三全育人"的视角下,师生共同体建设不仅是提升思政工作质量的有效载体,也是建设新型师生关系推动高等教育内涵式发展的重要抓手。本文旨在通过案例研究,为教师通过师生共同体建设提升思政育人水平寻找对策。

（一）相关概念界定

"三全育人"是指把高校育人工作贯穿于学校各项工作当中,形成"全员育人、全过程育人、全方位育人"的良好格局。从广义上说,"全员育人"中的"全员"不仅包括学校的全体教职员工,还应该包括社会、家庭,甚至学生本人对自我的教育与提升。[①]"全员"当中最主

---

① 张明菊、范天森.《新形势下高校"全员育人"的理念与实践探析》[J].学校党建与思想教育,2009年第31期,第68—70页。

要的力量就是教师。"全程育人"是指思想政治教育要贯穿到立德树人全过程,全过程首先是指学生从入学到毕业的整个过程,这是全过程的主体。"全方位育人"是指思想政治教育要覆盖立德树人的各个方面。首先是指能够对思想政治教育发力的、以思想政治理论课为主体的,包括各学科在内的课堂教学主渠道,以日常思想政治教育为主体的主阵地,同时要推动形成教书育人、管理育人、服务育人的合力;其次是指育人环境的整体营造,要充分发挥思想政治教育的隐性功能,打造出像空气一样无所不在、无时不有的生活情境和社会氛围。①

"共同体"一词是一个社会学概念,可追溯到 1887 年斐迪南·滕尼斯出版的《共同体与社会》,其基本含义是共同体是由本质意志所决定的,以血缘、感情和伦理团结为联结纽带而自然形成的社会有机体;血缘、地缘和精神共同体是共同体变迁的三种类型,共同体的本质特征在于共同的精神意识、共同理解、归属感和默认一致。随着城市化、工业化进程的不断推进,以机械聚合、利益合理和契约关系等形式缔结形成的"社会"联合体将逐步替代以自然情感和传统习惯为基础的"共同体"。② 后继学者扩展了共同体理论从而衍生出文化共同体、经济共同体、国家共同体、学习共同体、学术共同体、师生共同体等多种概念。研究指出,共同目标、自主认同(价值)和归属感(情感)是共同体的基本特征。③ 另外还有研究指出,师生共同体是以教师和学生为主体自发结成有意义的平等关联,从而促进彼此学习和发展的一个有机生态系统,它主张平等地位、有意义关联、共同发展三个方面。④ 基于此,在本研究中,我们将师生共同体定义为:一个

① 王占仁.《高校思想政治教育如何实践全程、全方位育人》[J]. 教育研究,2017 年第 8 期,第 25—31 页。

② 朱政、袁剑.《"共同体"精神视域下的高校管理队伍建设》[J]. 武汉理工大学学报(社会科学版),2015 年第 4 期,第 799—803 页。

③ 张志旻等.《共同体的界定、内涵及其生成——共同体研究综述》[J]. 科学学与科学技术管理,2010 年第 10 期,第 14—20 页。

④ 任欢欢.《主体间性:师生共同体发展的内在逻辑》[J]. 中国教育学刊,2016 年第 12 期,第 10—13 页。

基于共同目标和自主认同，按照一定规则和方式，由教师和学生为主体组成的，在互动交流中让师生体验到归属感的群体。

（二）研究方法及现状分析

此次调研以上海市属重点高校上海 L 大学在校本科生及其导师为主要研究对象。在问卷发放过程中，主要针对大一、大二、大三、大四本科生和教师发放问卷 300 份，回收有效问卷 300 份。同时随机访谈了 5 所学院相关负责人。

L 大学发布的《上海 L 大学师生共同体建设指导意见（试行）》从内容和形式、指导教师的遴选、指导教师职责和工作要求、考核与奖励、组织管理等方面对师生共同体建设进行了明细化、规范化和制度化。其将师生共同体定位为师生通过互动而共同成长的教学组织形式，目标是建设新型师生关系、实施因材施教、促进学生全面发展和进步，主要方式是学士导师制度、教师坐班答疑、自习辅导、指导学生创新创业等。可以看出，本科生导师制在师生共同体的制度文本当中占据了大量篇幅，是师生共同体建设的关键环节和重要内容。本研究主要从宗旨目标、制度构建、实施途径、效果评价等四个方面对L 大学师生共同体建设的现状进行考察。

1. 宗旨目标分析

共同体是拥有共同目标的利益共同体。成就感来源于达成目标，在问卷中，教师表示自己的成就感来源于优异专业学术成就（78.85％）、更多的学生获得成长（71.15％）、取得优异教学成绩（65.38％）。学生表示自己的成就感来自于与老师同学关系融洽（72.5％）、学习成绩优秀（60％）、获得老师认可（44％）。78.5％的教师表示自己作为导师和学生有"共同目标"，学生想"学"和教师乐"教"都表明依托于师生共同体建设而构建的新型师生关系符合师生双方共同的需要。

2. 制度构建分析

在被问到学校或者学院是否制定了本科生导师制的相关实施细则时，教师当中，63.46％表示"有"，25％表示"不清楚"，11.54％表示"没有"。学生当中接近一半的表示不清楚相关制度（49.5％），另外36.5％表示"有"，14％表示"没有"。这表明并非所有师生都知晓师生共同体的相关制度,但是教师对相关制度的了解情况要好于学生。在制度的实施效果上,50％的教师和52.5％的学生认为"本科生导师制的考核评价体系不健全导致制度流于形式",25％的教师认为"导师制的理念认同度不高,缺乏校园文化土壤",47％的学生认为"在导师职责界定方面,以宽泛描述为主,缺少量化要求和具体做法指导"。另外一方面,62.5％的学生指出"教师需要创新指导方法",不过38.46％的教师表示近3年"多次参加教师教学发展活动或项目",接近一半的教师(48.08％)表示"偶尔参加",13.46％的教师表示"从未参加",学校针对于提升教师教学方式方法的培训制度有待加强。

3.实施途径分析

三年多时间里,L大学各学院密切结合学生需求,开展了多元化的师生共同体建设。经过多年的实践探索,师生对师生共同体如何能够更好地发挥作用都有了自己的切身体会,教师认为,导师首先要做好专业辅导(80.77％),其次才是学术咨询(75％)、科研指导(63.46％)、关心学生身心健康(63.46％)、毕业设计(61.54％)、创新创业辅导(59.62％)、利用个人资源为学生拓展学习或就业渠道(57.69％)、指导学生课外实践(53.85％)、利用各种方式主动与学生加强沟通增进师生感情(51.92％)。在学生看来,自己最需要的导师,排在前三位的是专业辅导导师(74％)、就业指导导师(64％)、科研导师(60.5％),其余依次为职业生涯规划导师(58％)、创新创业导师(53.5％)、论文导师(46％)、思政教育导师(40％)、新生导师(37.5％)、社团导师(17％)。

在多种实施途径中,课程思政是专业教师开展思政育人的主渠道。在被问及对课程思政的知晓程度时,32.69％的教师表示"听说过,但是具体内涵了解不深"、同样有32.69％的教师认为"这项工作很重要,很有意义",另外有25％的教师表示"认同其内涵,正在积极实践中",有5.77％的教师表示"不认同其内涵",3.85％的教师表示"不清楚,也不关心"。另外75％的教师认为向学生开展思政教育与专业教师有关,88.46％的教师认为向学生传授专业知识的同时教会学生做人道理并不矛盾。

最后看师生的沟通方式、人数和频率,超过四分之一的学生是"1

位导师指导多于 5 人",半数以上的学生是"一个月或以上时间才能与导师沟通一次"。接近一半的教师(46.15%)指导的学生人数在"5—10 人",其他指导"小于 5 人"(32.69%)、"大于 10 人"(21.15%)。师生的沟通方式上,在学生看来,排名前三位的分别是微信等社交工具(76.55%)、一对一面谈(63.5%)、课堂上交流(28%)。另外,在分配导师的方式上,只有 55.5%的人是经过双向选择的,其余是随机分配或者单项选择的。

4. 效果评价分析

效果评价最直接的两个指标就是自主认同和归属感。自主认同方面,师生共同体只是师生在校期间各种人际关系当中的一种。关于师生关系现状,46.15%的教师认为"比较融洽",61.5%的学生认为"比较融洽",其中"比较融洽"均排在第一位,这表明师生关系还有较大的提升空间。另外一方面,尽管学生深受学业压力困扰,但是学生学习的自主性和积极性并不高,53%的学生表示"自己处于被动接受状态,缺乏主动意识",69.23%教师也这么认为。值得注意的是,当学生遇到困扰时,首先想到的是同学(75.5%)和家人(64%)的帮助,选择老师帮助的只有 43.5%(其中将"老师"细分,辅导员占85%、专业教师占 65.5%、行政管理等占 14.5%、校外导师占 8.5%、其他占 1.5%),只有 66%的学生认为师生共同体对自己成长成才有帮助(其中 26%认为"非常有帮助"、40%认为"比较有帮助"),这说明对学生而言,在高校不同的社群当中师生共同体的自主认同度并非最高。对于教师而言,46.15%的教师表示"认同这种师生关系",46.15%表示"自己能认同,但是不清楚学生是否认同"。这些都表明师生共同体的自主认同还有待提高。

归属感是个体对群体的认同、满意和依恋程度的情感体验。在被问及对教师职业的总体感受时,一半的教师表示"满意"(50%),表示"一般"(21.15%)、"很满意"(13.46%)、"非常满意"(11.54%)、"不满意"(3.85%)。总体看来,教师群体大多数对自己的职业满意度高,但是也有超过五分之一的教师并不十分满意。教师的职业获得感主要受到了科研压力的影响。从工作压力来源来看,教师表示,排名前三的是科研任务和要求(78.85%)、教学任务和要求(46.15%)、职称评定条件和量化考核与评比并列第三位(42.31％)。高达94.23％的教师感到自己越来越忙,与学生相处的时间越来越少,40.38％的教师每周5—7次利用晚上和周末时间工作,38.46％的教师在学院担任领导职务或在职能部门"双肩挑"或有兼职或参与校外创业。

(三)研究结果讨论

教育要回归本源,教师要回归初心。如何让教师实现"教书"与"育人"相统一,师生共同体既是问题又是答案。全国思政工作会议以来,从上至下对专业教师传授知识同时启迪智慧的制度设计越来越多,当前,师生共同体建设过程中集中体现出形式化、空心化、孤岛化等问题。

1. 形式化:导师制移植过程中缺少校园文化土壤

本科生导师制是师生共同体建设的核心。本科生导师制起源于牛津大学导师制,由于其提升大学内涵式发展的独特魅力得到了国内越来越多大学的认同。但是在本科生导师制移植与嫁接到国内高校的过程中,也出现"水土不服"现象。国内高校的本科生导师制在运行过程中存在着较为严重的形式主义倾向,表现为或者"只用导师制之名,不管导师制之实",或者"只做宣传之噱头,不问实施之效果",甚至有高校在师资、经费、场所没有落实的情况下也匆匆开始实施导师制。[①] 从 L 大学师生共同体的案例来看,整个建设过程是自上而下的,师生共同体并没有从代表权力意志的"制度规章"转变为被师生广泛认可的行为准则。换言之,新制度在移植过程中没有进行深层次的意义和价值建构,没有厚植的校园文化土壤,也就没有获得全校师生的深入了解和广泛支持,从而失去了合法性基础。本科生导师制的真正有效实施并非只是颁布一些官方文件、制度法规就能获得人们的认可,而是需要在制度相关利益群体之间形成普遍的价值观共享、思想共识和文化认同。[②] 再者随着市场经济的发展,大

---

① 闫瑞祥.《我国本科生导师制存在的问题及其改革》[J]. 教育发展研究,2013 年第 21 期,第 73—76 页。

② 刘济良、王洪席.《本科生导师制:症结与超越》[J]. 教育研究,2013 年第 11 期,第 53—56 页。

学校园也被功利文化所影响,教师和学生都会思考建设师生共同体过程中投入与产出的关系,进而影响他们的参与程度。一方面学生学习动机的多样化、功利化日益明显,这与教师注重学生扎实学习和开展学术研究的期望逐渐背离,另外一方面目前高校教师"重科研、轻教学"的现象依旧存在,究其原因就是论文才是决定教师职称、收入、社会影响力等个人发展的重要因素。尽管在教师的意识中培养人才也是重要任务,但是重视程度不及科研。而且随着高校竞争日益激烈,教师的压力也与日俱增,但是无论是时间分配还是精力分配都显示人才培养的地位正在逐渐下滑。另外一方面,坐班答疑活动当中,要求教师在固定时间、固定地点为学生做辅导,但是存在学生参与率不高的问题,学生的学习主动性、积极性严重不足。种种现象表明,国内高校在建设师生共同体,推行本科生导师制的过程中并没有充分考虑我国高等教育所处的发展阶段,另外学校的综合改革与导师制改革并未同步,繁重的课程压力以及课程设计并未考虑到发挥学生学习主动性等原因都值得我们反思。

2. 空心化:教师的育人内容泛化,职业角色冲突

在全员、全过程、全方位育人的背景下,专业教师育人遭受的最大质疑就是"只教书、不育人",言外之意就是专业教师只管专业课堂教学,其余的育人工作统统交给了思政课教师和辅导员等。近年来,随着课程思政、专业思政的改革推进,思政育人对专业教师提出的更大的期待,例如希望导师除了专业育人之外,也能够解决诸如学生日常管理服务,例如参与心理辅导、理想教育、就业指导、生涯规划指导等等。面面俱到的"导",反而产生了导师更困惑"导"什么,学生困惑"问"什么。[①] 由于导师定位的不明确,导致导师在工作中与传统意义上高校设置的班主任、辅导员、班导生、创新团队导师、论文导师、实践指导教师等等有明确工作职责的岗位教师的职责出现重叠,一方面这会导致导师对自身职业角色的模糊和混乱,同时也会让导师

---

① 吴立爽.《地方本科院校多元化本科生导师制探析》[J].中国高教研究,2014年第5期,第74—76页。

的育人内容变得空心化,偏离教学的中心工作。这不仅对思政育人的整体效果不利,而且直接影响到人才培养的质量。尽管学生对导师能够发挥的作用有越来越多的期待,但是专业教育一直是重中之重。导师更应该注重学生科研能力水平的提高,更注重学生自学能力、知识转化能力的引导,并对专业前景、择业情况作前瞻性指导,全面培养学生的综合能力素质,提高学生自主、创新能力,丰富学生知识结构体系,拓展学生科研视野。① 所以我们不仅要防止专业教师只需要做好专业教学的错误认识,也要防止专业教师需要全面参与思政育人的错误认识,在专业教师育人内容上看,做好专业教育是规定动作,而参与全面育人应该是自选动作。另外一方面,目前师生共同体建设仍然受制于长期扩招以来专业教师力量不足的问题,由于高校对导师有一定的选拔要求,这些优秀的教师往往是教学科研骨干,部分还"双肩挑"从事行政工作,这更加剧了导师资源的匮乏。

3. 孤岛化:多育人主体之间各自为政,缺乏合力

师生共同体作为大学共同体的重要有机组成部分,从来不是以超然的状态独立于大学其他的共同体之外的。师生共同体必然与大学的学术共同体、学习共同体、教学共同体等等有密切关联,彼此相互影响并共同发展的。师生共同体与其他共同体的关系就是专业教师与其他教职员工育人主体的关系。由于学校工作分为党务工作和行政工作,专业教师很容易将教学、科研、学科建设等工作视为行政工作,将其与作为党务工作的思想政治工作分开。由于专业教师和专门从事思想政治教育工作者现行的岗位职责在明晰双方权责的同时也赋予了其各自相对独立的职能,两者常常容易以各自认定的标准来划分教育管理的界线,彼此相互分离,互不作为,甚至有一些专业教师对于思想政治教育工作产生漠视、不认同、抵制的情绪。这种"互踢皮球",甚至成为对方工作"绊脚石"的情况,给育人系统造成了

① 杨微.《我国本科生导师制的现状、存在问题及发展建议》[D].长春:吉林大学,2012,第17页。

许多不良的影响。① 在师生共同体建设中,往往都是一般年轻教师担任导师的居多,而学术骨干、学科带头人和优秀青年教师寥寥,即便名师担任导师,在实际过程中也因为导师过于繁忙导致师生互动效果不佳。总之,党务工作与行政工作,学生思政工作与教师思政工作,专业课程的隐性德育和思政理论课等课程的显性德育,专业教师的第一课堂与辅导员等主导的日常思政第二课堂等方面都未形成协同合作、优势互补的局面,学校思想政治工作的"孤岛现象"依旧存在,学校还没有形成分工合理、分类指导、协同联动的顶层设计,各方力量、各种资源、各门课程还未充分发挥育人功能,最终也导致师生共同体育人的效果还不明显。

(四)"三全育人"视角下高校师生共同体建设的路径

师生共同体建设必须要兼顾思想政治工作规律、教书育人规律和学生成长规律。应对形式化、空心化和孤岛化等问题,师生共同体建设必须要坚持"三全育人"思想,紧紧围绕教师和学生的双主体,进一步明确定位,发挥专业教师在专业教学当中的思政育人主渠道作用,同时注重顶层设计和制度保障,确保师生共同体育人贯穿大学生从入学到毕业的全方位、全过程。主要对策有:

1. 建设多元立体的导师队伍

导师是师生共同体发挥育人功能的重要保证,针对导师力量不足、专业导师育人单兵作战等问题,主要从两个方面进行改善。一是由点及面建设多元导师队伍。要不断推动导师选聘和指导多元化,建设一支由校内导师为主,校外导师、离退休导师、朋辈导师共同组成的导师队伍。另外将每个以导师为核心的师生共同体比作一个"点",未来要聚"点"成"线",将师生共同体打造成为多学科的教学合作平台,鼓励思政课理论教学与专业课教学之间合作,专业课与专业课之间合作,不同的师生共同体围绕思政育人建立信息沟通渠道、教学交流机制,打造一个专业教师、校外导师、学生导师、离退休导师、

---

① 柳逸青、王鑫、刘晓等.《高校专业课程中融入思想政治教育的难点剖析与路径探索》[J].高教学刊,2018年第6期,第141—143页。

思政专业课教师、辅导员、行政管理教师共同组成的全员育人共同体。二是横向与纵向相结合，打造立体化导师队伍。横向上，通过点、线、面上的导师、班主任、辅导员协同推进大学生教育、管理和服务工作的有机统一。纵向上，形成以导师为中心，导师发挥支撑作用的，高低年级学生和本硕博学生共同组成的立体化师生共同体。

2. 聚焦专业课程育人重点内容

在大学，师生共同体的内在精神和核心价值观就是激发学生求知欲和探索欲，培养学生学会质疑、学会探究、学会学习，这也是新型师生关系的内涵要求。因此一是要首先明确师生共同体下的导师制是一种教学制度，重点内容是专业课程育人，并将其与学科教学、科研工作放置在同等重要的位置。二是建设课外研学平台，注重课内外联动，营造浓厚学术氛围，积极利用做实验、社会实践、科研项目、各种赛事、毕业设计、科研讲座沙龙等等载体，打造"课内外一体化"的专业课程育人体系。

3. 提高学生学习主动性积极性

根据唯物辩证法的观点，事物发展的外因只是条件，内因才是根据，外因必须通过内因才能起作用。因此在德育过程中必须要充分考虑到德育对象学生，要充分发挥学生的主体性。为了充分发挥学生的主体性，一方面要做好学生入学教育，帮助学生树立学习目标，其次要培养学生养成自主学习的习惯。另外一方面，要建设师生共同体线上运行平台，打造分类化的导师信息库，学生可以根据自己的需求选择导师，导师也可以选择学生，另外在平台上实现互动交流管理，促进课堂内外线上线下的高度融合。再者，要注重分类推进，针对不同专业、不同年级、不同专题充分发挥学科、专业特色及优势进行育人，以此不断提高学生参与师生共同体的积极性和学习主动性。

4. 提升专业教师育德能力

专业教育德育能力是影响思政育人效果的重要因素，教师除了需要具备先进的德育理念和德育知识以外，还需要具备一定的德育能力，才能有效地在教学中进行德育。学校首先要加强马克思主义理论学科与其他学科的共建，强化对教师的马克思主义理论教育，提升教师用马克思主义理论的基本立场、观点和方法去开展教学科研的能力。其次要形成集体备课制度,要打破教研室的"一亩三分地",推动不同学科、相近学科的各个专业课程之间展开对话交流和协同合作,充分挖掘各类专业课程的思想政治教育资源。再者就是定期开展教师发展促进活动,打造学习、培训、对话、实践与反思的专业教师发展模式,要推动思想政治工作传统优势同信息技术高度融合,增强时代感和吸引力。

5. 加强顶层设计和健全评价考核

一是探索"课程思政"一体化管理路径,要以马克思主义学院为统领,整合其他哲学社会学科和学校党(校)办、组织部、宣传部、教务处、学工部、团委等职能部门,确保各类专业课程与思政理论课同向同行。二是其次是以班级为单位,召集相关的思政课教师、辅导员、专业课教师、学生代表举行联席会议,及时了解学生最新的思想动态,通过团结协作提升专业课程思政育人的针对性和有效性。在健全评价考核方面,要注重专业教师育人评价方式方法、主体、内容的多元化,要把评价过程与结果并重。主要从两个方面开展评价考核,一方面由学生对教师课程政治方向、价值导向、思想熏陶、教学效果等进行科学评价;另外一方面,加强对学生的评价,由导师从学习态度、能力、综合素质等各方面对学生进行考评,最后由学校或学院对教师和学生两方面的评价进行综合评价并以此来检验师生共同体育人的效果。另外评价考核要从管理向引导转变,要避免机械考核,提升专业教师育人创造性。

来　宁　徐艺菊①

新时期高校校史校情教育路径探析
——以上海海洋大学为例

（上海海洋大学　上海　201306）

【摘　要】高校校史校情资源是一所高校宝贵的精神财富和文化资源，新时期高校校史校情教育具有与时代要求相符、与学生需求贴近、与德育规律一致的独特优势。本文以上海海洋大学校史校情教育为例，提出新时期校史校情教育要继续深挖校史校情资源，拓展育人内涵；整合校内外资源，拓宽教育渠道；丰富文创成果，创新育人形式；践行价值观，实现全员育人、全过程育人、全方位育人，从而积极推进"立德树人"根本任务的实现。

【关键词】校史；校情；大学生思想政治教育

　　大学校史校情文化是高校以文化人、以文育人的有效载体，校史校情文化育人功能的实现有利于高校思想政治工作的顺利开展。党的十八大以来，习近平总书记多次在重大场合提出了坚定文化自信的重要性，"没有高度的文化自信，没有文化的繁荣兴盛，就没有中华民族伟人复兴"。新时期，推进高校校史校情育人工作，回答好对新

① 作者简介：来宁，女，硕士，上海海洋大学学生处，助教，上海市浦东新区沪城环路999号上海海洋大学201306。

徐艺菊，女，硕士，上海海洋大学外国语学院，助教，上海市浦东新区沪城环路999号上海海洋大学201306。

时代立德树人"如何看""怎么办",充分发挥校史校情育人功能,拓宽思政育人新渠道,将社会主义核心价值观落细、落小、落实。

（一）新时期校史校情教育重要性

作为高校宝贵的文化资源和精神财富,校史校情是高校开展大学生思想政治教育的重要素材。[①]　新时期,高校加强校史校情教育,既是落实"立德树人"根本任务的内在要求,又是培育和践行社会主义核心价值观的客观要求,也是提升学校文化软实力的现实需求。

1. 加强校史校情教育是落实"立德树人"根本任务的内在要求

习近平总书记在党的十九大报告中强调,要培养担当民族复兴大任的时代新人。这对高校坚持立德树人根本任务,培养新时代中国特色社会主义建设者和接班人提出了新要求。立德树人作为教育的根本任务,在 2018 年 9 月举行的全国教育大会上,习近平总书记对党的十八大以来我国教育事业发展进行了深刻总结,阐述了"九个坚持"的新理念新思想新观点,其中第二个坚持就是"坚持把立德树人作为根本任务",位列"坚持党对教育事业的全面领导"之后,足见立德树人之于教育事业发展的重要地位。[②] 为进一步推进习近平新时代中国特色社会主义思想的入耳入脑入心,坚持马克思主义在高校意识形态领域的指导地位,要达成"立德树人"根本任务,必须不断创新大学生思想政治教育的方式方法,作为大学思想政治教育的重要资源,校史校情资源的挖掘,已经成为目前很多高校聚焦的重点工作。也是高校落实"立德树人"根本任务的题中应有之义。

2. 加强校史校情教育是培育和践行社会主义核心价值观的客观需求

改革开放 40 年来,我国发生了翻天覆地的变化,不管是经济总量还是人民的生活条件都发生了重大变化,并且中国经历了 40 年的

---

① 张子清.《三维视角下拓展高校探究》[J]. 湖南工程学院学院学报（社会科学版）,2017 年第 3 期。

② 习近平.《在全国教育大会上的讲话》[N]. 光明日报,2018 年 9 月 11 日 A1 版。

努力,逐步成为世界舞台中央的重要一员。在中国共产党成立95周年习近平总书记讲话提到,中国共产党要不忘初心,继续前行,树立"四个自信",其中四个自信是指:理论自信、道路自信、制度自信和文化自信。面对世界多元文化的影响,我们国家的社会主义核心价值观的培育和践行正当其时。2017年4月习近平在上海高校思政工作会议报告中指出:上海海洋大学勤朴忠实的校训,是与社会主义核心价值观相一致。通过深度挖掘百年校训的精神内涵和育人功能,以朝海路700米百年历史文化长廊作为核心路线,通过师生志愿者的积极参与,讲好海大故事,不断增强师生的爱国荣校意识,潜移默化地将社会主义核心价值观和校史校情结合起来,实现落细、落小、落实。

3. 加强校史校情教育是提升学校文化软实力的现实要求

高校文化软实力,归根结底是一所学校精神、制度、校风等诸多元素的综合体现,是一所学校的内涵体现,以及由此而形成的一所高校特有的文化。高校文化软实力是高校综合实力和核心竞争力的重要组成部分。[①] 随着高等教育的不断发展,高校之间的竞争力日趋激烈,尤其是2018年年8月份教育部、财政部、国家发展改革委发布的《关于高等学校加快"双一流"建设的指导意见》指出,加强大学文化建设,培育理念先进、特色鲜明、中国智慧的大学文化,成为大学生命力、竞争力重要源泉。立足办学传统和现实定位,以社会主义核心价值观为引领,推动中华优秀教育文化的创造性转化和创新性发展,构建具有时代精神、风格鲜明的中国特色大学文化[②]。可见,文化的竞争是高校实现内涵式发展的内在要求,也是提升核心竞争力的必然选择。各个高校之间由于所在地区的不同、学校发展历程不同,实际上每一所高校都有自己的一部发展史,承载了学校在不同阶段历

① 韩伏彬.《近年来大学文化软实力研究综述》[J].衡水学院学报,2011年第3期。

② 《关于高等学校加快"双一流"建设的指导意见》[N].中国教育在线,2018年8月27日 A1版。

341

新时期高校校史校情教育路径探析

史文化和人文精神。校史校情正是一所学校发展史的精华所在,加强校史校情教育,让在校生了解校史校情,让校友感受目前校园文化的感染力,让学生家长为学生身在这样一所文化优良的学校而自豪,这无疑是增强一所学校文化影响力的有效手段。

（二）新时期校史校情教育的独特优势

新时期,高等学校校史校情不仅是教育教学资源,同时也可成为大学生思想政治教育的重要载体,校史校情教育在育人过程中具有自身独特的优势,校史校情教育具有内容丰富、时间恰当、符合时代要求的特点,可以更好地实现贴近学生、贴近实际、贴近生活的效果。

1. 校史校情教育具有内容丰富的独特优势

校史校情作为一种校本特色的宝贵资源,包括一所学校在创建、形成的整个过程中所有具体有形的(学校的师生、环境、设施及其变迁、图文记载资料等)和抽象无形的(办学理念、学生的思想、校风、学风、教育教学特色、社会各界评价等方面)总和,是独特的历史文化资源。[①] 在我国一千多所高校中,高校发展多则百年,少则二三十年,在高校的发展过程中,尤其是有着悠久历史的学校,实际上是国家发展、民族富强的一个缩影,是中国发展过程中的一个折射。高校的建设和发展,能够反映出社会主义建设和发展过程中的荣辱兴衰,同时也是高校历代领导艰苦奋斗、不懈努力的见证,记录了一代代师生的创业发展。在这一过程中,校史校情教育蕴含了浓厚的家国情怀,也体现了坚定理想信念的追求,从这个角度来说校史校情蕴含了社会主义核心价值观内容,并且能够以小见大,见微知著。百年沧桑发展历程,既是一部辉煌的"向海图强"发展史,更是一部从创业到不断再创业的奋斗史。在这一基础上发展而来的民族感才会更加持久和稳固。

2. 校史校情教育开展时间恰当,有效提高传播效果

开展校史校情教育集中于新生入学阶段,在这个时间段,新生刚

---

① 薛芳.《校史校情教育在校园文化传承中的优势及建设路径》[J].高校辅导员学刊,2015 年第 10 期。

刚从高中到大学,进入一个陌生的环境,急需对新环境的各个方面进行熟悉。与此同时,新生刚入校,对周围充满好奇和期待,选取这个时候进行入学教育是最能够拉近学校与新生距离的时刻,能够将新生迅速拉近大学生活中。加大对新生的校史校情教育,就是要增加他们对学校的认同感和归属感,引导新生尽快融入校史校情传承和创新的队伍中去。对新生进行校史校情教育,就是让他们在认同校史校情的基础上主动承担建设学校的重任,并将学校的发展与个人的学习和生活主动对接,进而主动对接国家发展,达到爱国荣校的目的。

3. 校史校情教育符合时代要求,紧扣时代主旋律

当前,对大学生进行思想政治教育的主要目的是围绕立德树人根本任务,培养德智体美劳全面发展的社会主义建设者和接班人,在教育过程中坚持以爱国主义教育为重点,弘扬和培育民族精神。校史校情教育实际上是从最基础的德育教育出发,围绕德育教育过程中的动人的事例、感人的业绩等对学生进行晓之以理、动之以情的教育,通过这种方式培养起来的情感是自然而然但刻骨铭心的感情,符合学生的认知规律。同时这种感情随着学生年龄的增长会不断地成熟。在中国特色社会主义进入新时代后,尤其是我们国家的主要矛盾已经转化为人民日益增长的美好生活需要和不平衡不充分的发展之间的矛盾,我国已经成为世界上第二大经济体,逐渐走近世界舞台的中央。在这一过程中,校史校情教育的传承和发展,便不可避免地打上了时代的烙印,是符合时代要求,且紧扣主旋律的教育,有利于引导学生在增强爱校荣校情怀的同时,树立对新时代中国特色社会主义的"四个自信"。

(三)新时期校史校情教育路径探析——以上海海洋大学"品读海大"为例

新时期,高校思想政治教育始终围绕培养什么样的人、为谁培养人以及怎样培养人的问题展开。大学的校史校情教育在发展过程中积累了丰富的育人资源,在新时代充分挖掘校史校情资源,可以拓宽思想政治工作的思路和方法,实现全员、全过程和全方位育人。根据新时期校史校情教育应进一步深挖育人资源,拓展思想政治教育内

涵;应进一步整合校内外资源,拓宽教育渠道;应不断丰富文创成果,创新育人形式;应积极培育和践行社会主义核心价值观,实现全员、全过程育人和全方位育人。根据上海海洋大学 106 年发展史,开展以"品读海大"为主体,以课堂教学、讲座沙龙、艺术教育、文创产品为补充,引导学生正确认识世界和中国发展大势、中国特色和国际比较、时代责任和历史使命,以及远大抱负和脚踏实地,打造以文化人、以文育人的多元互动、立体化育人平台,助力高水平一流特色大学内涵建设。

1. 深入挖掘校史校情育人资源,拓展思想政治教育内涵

优秀的校史校情研究成果,是做好校史校情育人工作的前提,校史校情从本质上来说应该属于历史学科的范畴,校史的挖掘离不开档案馆或者说历史专家的支持和引导。上海海洋大学的发展过程经历了中华民族从站起来、富起来到强起来的阶段,其发展过程是沉重且有厚度的。上海海洋大学"品读海大"自开展以来,与时俱进地完善校史讲解内容,拓展学院学科、专业发展历史部分,增加特色学科、重要人物、重要事件等介绍。不断丰富先进典型事迹,将上海海洋大学校史与中国近现代史、中国共产党发展史以及改革开放 40 年发展史相融合,按照习近平总书记在全国宣传工作会议中的要求:要推进国际传播能力建设,讲好中国故事、传播好中国声音,向世界展现真实、立体、全面的中国,提高国家文化软实力和中华文化影响力。结合学校发展,更应该在新生入校时开展校史校情教育,讲好中国故事的同时,讲好学校发展的故事,增强学生对校史校情的认知程度,传承百年海大精神,同时提升学校文化软实力。上海海洋大学在开展"品读海大"的基础上编纂《上海海洋大学"品读海大"讲解手册(学校通识版)》《上海海洋大学"品读海大"讲解手册(学院特色版)》,为 3000 师生、校友、来宾做好"品读海大"讲解服务。这些手册的编撰,对内传达学校的精神追求和向海图强的创业发展史,增强师生的凝聚力和向心力;对外传达学校的价值追求,提升社会影响力。

另外,除了基本校史校情资料的编撰,更要加强对校史校情的理论研究。梅贻琦说:"所谓大学者,非谓有大楼之谓也,有大师之谓也。"在国内、国外很多知名高校,都有关于自己学校的校史简史、校友回忆录、人物集、研究论著等出版,这些校史理论的成果是学校发

展过程的见证,也是学校增强影响力的方式。

2. 整合校内外资源,拓宽教育渠道

新时期校史校情教育不能靠"单打独斗",应该充分运用学校发展过程中的平台和资源,比如校史馆、校博物馆、校档案馆等平台,比如与学校合作的实训基地、优秀校友资源等等,并善于整合资源,在进行校史校情教育过程中,往往事半功倍。上海海洋大学"品读海大"在开展过程中,按照活动总体安排和布局,在新生军训期间会沿朝海路领略百年海大的更名及变迁,同时安排新生走进校史馆、三史馆、水生生物馆,帮助学生了解海洋大学的悠久历史和文化底蕴。与此同时,学校根据"请进来,走出去"的思路,整合社会资源、校友资源,邀请知名校友返校做新生入校第一课的介绍,介绍他们在求学和工作过程中的心路历程,激励更多的新生能够明确自己的目标,创造自己的价值,并且主动承担起上海海洋大学"从海洋走向世界、从海洋走向未来"的使命和传统。通过"潮海讲坛""海韵系列讲座""高雅艺术进校园""奋斗青春最美丽"等活动,以文化人,以文育人,不断拓宽育人渠道。

3. 丰富文创成果,创新育人形式

校史校情教育,归根结底还是学生的教育,所以在这一过程中不可避免的一个重要因素就是学生,尤其今年是"00"后成为大学的主力军的情况下,更应该结合他们的新变化新特点新需求,了解学生的现实需求,开发符合学生特点的文创产品,开展格调高雅、积极向上的校史校情教育活动。上海海洋大学主动对接《关于加快本市文化创意产业创新发展的若干意见》,努力在创新文创产品、丰富活动形式方面下功夫,组织开展诸如校史演讲比赛、书画大赛现场写生、校史知识竞赛以及健身跑 APP 来描绘海大等活动,让更多的学生参与到校史校情教育过程中,增强校史校情教育的吸引力。

设计制作寓意丰富、形式新颖的文创产品。在文创产品设计过程中,结合学生需求,上海海洋大学组织设计品读海大手绘地图,将标志性的雕塑、七道门等景观采用手绘的形式绘制成地图;设计制作七道门书签,将海洋大学的更名、搬迁等以更为便捷的方式呈现出来;定制品读海大折扇、帆布包等文化衍生品;同时,面对现在碎片化接受信息的特点,上海海洋大学今年将每个雕塑及七道门的介绍录制成音频,并制作二维码,让海洋大学的学生及更多来海洋大学交流学习的人,能够随时随地了解到海洋大学校史校情,不仅拓展了了解校史校情的空间,同时节省了时间成本。与此同时,今年在过去几年的积累中,拍摄制作上海海洋大学品读海大宣传片,丰富品读系列海大文创产品,打造师生喜闻乐见的文创成果,创新育人形式。

4. 积极培育和践行社会主义核心价值观,实现全员、全过程育人和全方位育人

校史校情教育功能的发挥不能仅仅停留在依托迎新季开展重大活动,而是一项春风化雨、长期系统的工程。学校师生的广泛参与,应该是校史校情教育的有力保障,尤其是教师,作为校史校情教育的重要传播者,他们在校史校情教育过程中,肩负着继承和弘扬校史校情的使命和责任,尤其是学校领导,他们是校史校情教育的重要成员之一,起着其他人所没有的作用。学校应该成立专门针对校史校情教育的领导小组,各二级学院和其他职能部门,都应该在统一领导小组的指挥下,并结合学院特点,落实具体任务。上海海洋大学"品读海大"开展 5 年以来累计招募师生志愿者近千名,包括校领导、学院领导、退休教师以及校友,师生同台唱戏,他们以身作则,引导新生品读海大历史,传承海大"勤朴忠实"精神,潜移默化地将社会主义核心价值观和校训结合起来。先后有 15000 名新生聆听者通过所见所闻,真真切切感受历史文化的熏陶,有所感有所思。

进一步推进校史校情教育进课程,实现第一课堂、第二课堂的有机结合,在校史教育第一课堂建设中,高校要在校史教材的基础上,对校史教育课程进行科学合理的设置,让学生不仅能学到相关校史知识,而且能将校史文化内化于心、外化于行,使学生在学习中了解学校发展历程,思考学校进一步发展的方向,有效参与到学校建设当中。① 开设校史校情教育课程,不仅仅是将校史校情教育融入其他

---

① 滕菲.《大学校史文化育人功能及其实现路径研究》[D].广西:广西师范大学,2018 年博士论文,第 102 页。

学科中,2018年上海海洋大学积极推进品读海大进课程,并已经初步形成教育大纲,在教学大纲形成过程中,开展深入的调研,了解学生需求、了解校史馆专家对校史校情教育的重点和难点的意见等方面,更有针对性地对于之后校史校情教育进课堂打好坚实基础。

学生活动主要依靠学生社团组织和开展,"社团活动是学生在自主选择的对象活动中认识世界的实践方式。"①开展社团活动,可以发展学生的兴趣爱好,增加学生交往对象和质量,有利于加深对社会的认识和进行自我教育。因此,学生社团对学生有一定的感召力,高校要充分发挥学生组织的作用,提高学生参与校史文化建设的积极性。依托学生社团,传承校史校情。引导学生积极主动成立校史校情教育学生社团。上海海洋大学自2017年成立品读海大社以来,越来越多的同学自愿加入到社团中,以实际行动,秉承"勤朴忠实"的校训精神,践行社会主义核心价值观。

（四）结语

校史校情教育在高校中既是学生思想政治教育的一种渠道,同时也是思想政治教育的重要内容。高校校史校情教育,应该在进一步挖掘校史校情资源的同时,将社会主义核心价值观根植于学校发展史的肥沃土壤中,以史为鉴、以史为源,真正在新时期将社会主义核心价值观落细、落小、落实。

新时期高校校史校情教育路径探析

---

① 葛金国.《校园文化:理论意蕴与实务运作》[M].合肥:安徽大学出版社2006年版,第135页。

姜　砚①

供给侧视角下高校思想政治教育供给创新的思考

（上海师范大学　上海　200234）

【摘　要】供给侧改革理论自提出以来，带动了中国经济、社会等各个领域的改革与创新，其深远影响已经延展到教育领域。思想政治教育在高校高等教育之中占据重要的地位，然而如今高校的思想政治教育出现了严重的供需矛盾问题，"供给侧改革思维"为其提供了崭新的问题解决思路，从供给主体、供给方式、供给内容、供给环境多角度出发，对高校思想政治教育进行"供给侧改革"，有利于实现供给侧和需求侧良性循环、平衡协调的共赢局面，促使思想政治教育提供"协同化""系统化""精细化""现代化"，增强思想政治教育的渗透性和对大学生的内在激励性，更好地提高其教育质量和教育效果，最终达到"育人树人"的目的。

【关键词】供给侧改革；高校；思想政治教育

高校是我国高等教育的重要组成部分，思想政治教育在高校教育之中具有重大的影响，大学生在参与思想政治教育的实践活动时可以因为收获新的体验而产生持续、正向、主观的感受，这些感受由

---

①　作者简介：姜砚，女，硕士，上海师范大学哲学与法政学院。上海市徐汇区桂林路 100 号 200234。

心理、思想和行为的获得感构成。① 大学生的这些获得感将塑造学生的世界观、人生观、价值观，其影响会反馈在学生之后的人生的行为和选择中。在国家大力推行双一流高校建设的背景下，思想政治教育处于供需不相匹配的矛盾之中。本文首先分析高校思想政治教育供给的研究现状和研究背景，接着提出在思想政治教育领域进行供给侧改革的目的和意义，并分析供给侧改革这一理论基础，接着分析高校思想政治教育存在的困境，最后从供给侧理论视角提供思想政治教育供给创新的路径。

（一）研究现状和研究背景

供给侧结构性改革，是指"存量调整以增量的改革作为驱动力，投资结构与产业结构在投资的增加中进行优化，既注重开源同时也注重疏导，兼顾经济的高速增长与人民生活水平质量的提高"。② 自从供给侧结构性改革提出以来，它就成为了社会上的一个热点词语。

简单理解，其中心内容是对供给质量的提升与把关，在此基础之上对结构的调整与供给的促进进行改革，需求随发展变化不断变化的适应性、灵活性。总体而言，供给侧结构性改革的宗旨在于满足中国民众的实际需求，在此基础上推动社会经济健康、绿色、持续发展。③ 供给侧结构性改革符合当今时代经济新常态在经济结构对称基础上的经济可持续发展的要求，有利于促进社会公平，有利于国家的社会、经济发展，它是促成经济新常态发展的重要理论。

中国人民大学副校长刘元春评价道："自从供给侧结构性改革以来，市场配置资源效率有所提升，经济循环得到恢复，金融风险得到局部缓解，宏观风险相对稳定，债务率相对稳定，新动能持续发展，新

---

① 黄冬霞、吴满意.《思想政治教育获得感：内涵、构成和形成机理》[J]. 思想教育研究,2017 年第 6 期,第 28—32 页。

② 王离湘.《供给侧结构性改革条件下文化创新理论与探索——深入学习习近平总书记供给侧结构性改革重要论述的体会》[J].大舞台,2016 年第 2 期,第 4—9 页。

③ 肖林《中国特色社会主义政治经济学与供给侧结构性改革理论逻辑》[J].科学发展,2016 年第 3 期,第 5—14 页。

旧动能转换速度有所加快。"①

经济基础决定上层建筑,经济领域也可以决定教育领域未来的发展要求和发展方式,教育发展也可以对经济发展产生反作用,两者具有千丝万缕的关系。经济上的"供给侧改革"取得了如此卓越的成效,也应当在教育领域进行供给侧改革,以促进教育的配套发展。然而,目前的情况是,作为高校教育不可或缺的环节之一的思想政治教育,目前存在的一项严重问题就是供给侧和需求侧的失衡问题。②

而今传统的思想政治教育方式上以理论灌输为主,课堂的教学模式异常陈旧,课堂的教育内容枯燥无聊,十分缺乏趣味性和生动性。课堂教学的体裁过旧,很少与时事政治和实践结合起来,因此,学生面对思想政治教育往往处于被动、不接受的状态。思想政治教育在供给侧上没有达到需求侧的要求,矛盾异常突出,由于传统的思想政治教育忽视需求侧的反作用,压抑了学生的需求,直接弱化了教育的成果。因此,在思想政治教育领域进行供给侧改革迫在眉睫。

(二) 研究目的和意义

供给侧改革理论的提出与应用带动了社会各个领域的改革和创新,其对社会各个领域的深远影响已经逐步呈现。长期以来,思想政治教育"供给侧"和"需求侧"无法相互匹配,时有出现有供无需,学生主体对思想政治教育的内容不关注、不感兴趣、不接受的状态,以及有需无供,对于高校学生的即将走上工作和职业发展道路的焦虑没有相对应的就业心理辅导等现象。供给侧改革为解决这个矛盾提供了崭新的思路。它将对立又统一的供给侧和需求侧联系在一起,在创新供给结构、促进供给结构的调整和升级的同时,也引导需求侧的结构发生变化,使得供给侧和需求侧在相互影响的状态下完成双方模式的转变。

---

① 《深化供给侧改革八字方针指明航向》[EB/OL].中央政府网:http://www.gov.cn/xinwen/2018-12/22/content_5351035.htm。2018 年 12 月 22 日更新。

② 徐玉特.《高等教育供给侧改革背景下的政府、高校、市场协同机制研究》[J].黑龙江高教研究,2018 年第 2 期。

在"供给侧改革思维"研究视角下，可以从"创新"领域寻找处理高校思想政治教育发展中供需矛盾的问题的解决途径。在高校思想政治教育领域，要紧紧抓住思想政治教育促进学生全面健康发展的目的、学生随着社会现实不断变化的需求，建立新的动态平衡的供需结构。①

从供给侧进行思想政治教育的创新，尊重需求侧的要求，重新筛选和选定教育内容，重新设计和改进教学方法，顺应时代发展变化的潮流，这样可以更为明显地达到教育的目的，强化思想政治教育的效果，有利于学生的德、智、体、美、劳全面协调的发展，为祖国培养出更多具有高尚社会主义精神的栋梁之才。

（三）研究的理论基础

1. 供给侧改革的内涵

供给侧最初提出来的时候，它的全称是"供给侧经济结构性改革"，"改革"指的是通过优化资源配置来解决市场中供需错配的严重问题。供给侧结构性改革强调提升供给的质量和效率，实现供给侧和需求侧的最佳配合，最终实现经济的增长。

2. 供给侧改革的目的

它的最终目的是利用改革创新推动供给结构的调整，提高供给的适应性和灵活性，提高有效供给的质量和效率，从而与需求侧的要求相匹配，适应需求侧随着不断变化的社会现实提出的一系列要求。②

3. 供给侧改革的原则

首先，在进行供给侧改革时要坚定不移地坚持和发展马克思主义；其次，在改革过程中需要遵循市场经济的规律，不否认市场在经济运行中起到的作用，同时也要加强宏观调控，使市场调节和宏观

---

① 李忠昶.《供给侧改革视域下"大思政"育人体系的构建——以医学院校为例》[J].山西高等学校社会科学学报,2018年第30卷第6期,第77—79页。
② 李本松.《论供给侧结构性改革的内涵和实践要求》[J].理论月刊,2016年第11期,第129—133页。

调控相结合;再次,要把以人为本作为一项重要的原则,改革的目的是为人民服务,使人民享受更好的发展成果。① 由此我们对于高校的思想政治教育创新,也要坚持以人为本,关注学生的创造性和学生的个体需求,让高校的宏观调控和学生的自我调节相互结合,这样才可以促进高校思想政治教育的多样化、多层次、多维度地发展。②

（四）我国高校思想政治教育供给的劣势

1. 供给主体:人才缺乏

第一,高校思想政治教育的师资队伍的人才缺乏。在供给侧方面,出现高等教育资源配置结构不合理的现象。高校凭借学校排名和社会声誉吸引优秀的教师,一些排名靠后的高校因为知名度不高,无法吸引教师,出现师资力量不足的现象,这些高校因为缺乏相应的人才,在思想政治教育领域远远落后于其他高校。

第二,高校提供的思想政治教育教学质量不优。由于高校师资队伍建设的配套设施不足,缺乏相应的业绩考核制度,导致教师提供的教学质量不优。学生和教师之间缺乏沟通,教师无法找到与学生产生共鸣的关键点,因为缺乏相应的激励机制,教师也不愿改进课堂效果,出现课堂一片死水的状况,教学效果非常不理想。

第三,高校思想政治教育重心倾斜。从事思想政治教育的青年教师总体比较年轻,教学经验和科研能力不足,这一部分教师作为高校思想政治教学的主要参与者和贡献者,他们为了评选职称,把大部分的精力用于项目、课题的申请,论文、著作的发表,这反而会出现"重科研而轻教学"局面的产生,这严重影响了青年教师思想政治教学的质量。高校没有建立合理的评判青年教师教学功绩的体系,没有形成和建立教学和科研并重的局面。

---

① 陈龙.《供给侧结构性改革:宏观背景、理论基础与实施路径》[J].河北经贸大学学报,2016年第37期第5版,第18—21页。

② 董卫军.《浅析高校思想政治教育的发展维度》[J].辽宁教育行政学院学报,2010年第27期,第20—21页。

2. 供给方式落后，供给内容单一

首先，教学方式落后。目前高校思想政治教育资源的供给滞后，部分教师仍然通过传统的教学模式对学生进行知识的讲解，没有使信息技术充分发挥出自身的作用和价值。教师没有意识到利用视频、幻灯片放映讲解更能激发学生的兴趣，或者排斥使用新科技与课堂内容相结合，没有创新教学方式的思想意识和教学准备。

其次，教学内容单一。教育内容的理论性与实践性的结合程度不尽如人意。当前高校所能提供的思想教育产品往往还停留在课堂教学层面，思想政治教育内容结构安排不合理。我国高校的思想政治教育的内容分为"思想道德修养与法律基础""毛泽东思想概论""中国近现代史纲要"这几个部分，没有与时俱进地引进新的共产主义思想。高校以课堂教学为主，理论陈述方面多数采用晦涩难懂的语言，大多采用灌输说教的方式。这使得学生对思想政治教育产品多元、丰富的需求与高校只能提供较为单一的供给之间的矛盾异常突出和激烈。[①] 当学生认为在课堂上无法汲取到对自己有用的知识的时候，他们便更加不会集中注意力听课、甚至逃课，从而形成一个恶性循环的局面。

最后，教学忽视对需求侧的个性化诉求的关注。如今高校的思想政治教育是由教师占据主导地位，学生处于被动接受知识的地位，因此往往出现学生不领情的状况。学生认为这种思想政治课"假大空"，于是他们的学习态度会变得敷衍和随便，上课睡觉、玩手机的情况时有发生，教师和学生之间的隔阂越来越深。这要求教师对课堂内容重新进行反思，课堂气氛过于松散，无法调动起学生的积极性的原因，正是因为教师关注点与学生的需求不契合，当供给侧的教学内容与需求侧的实际要求不相契合时，就不能实现思想政治教育的既定目标，无法达到高校对思想政治教育要教书育人的要求。

---

① 黄锋.《大学生思想政治教育供给侧改革研究》[J].扬州大学学报（高教研究版），第1期。

3. 供给环境：网络时代糟粕渗透，校园文化环境建设不足

（1）网络时代糟粕渗透

如今的新媒体时代，互联网、数字通信技术异常发达，当代大学生能够通过电脑和手机等终端获取许多信息和服务。在新媒体环境下，西方发达国家的不良、腐朽的资本主义文化正在渗透大学生的意识形态，一些具有阴谋论的思想，比如带有强烈政治意图的历史虚无主义，它否定中国的党史、中国共产党的领导，也否定社会主义制度，这是一种极为危险的思想；①比如混淆概念的新自由主义，它认为市场具有决定性作用，极力反对国家对市场的宏观调控，这都是与中国的历史和国情不符合的，很有可能引起思想领域的混乱；比如普世价值观，它是神圣化了的美国资产阶级价值观，西方阴谋家企图用西方的价值观动摇党的执政思想基础，让不明真相的学生接受过度西化的思想观念，从而从年轻一代的思想上分化中国。以上西方社会思潮正通过新手段、新媒介影响着当代大学生的精神世界。崇洋媚外、数典忘祖的心态等等都对大学生的思想观念造成了冲击和污染，加强思想政治的信念教育，清除错误思想对于青少年的影响已经迫在眉睫。

（2）校园文化环境建设不足

高校的思想政治教育往往与社会实践的结合不是那么紧密，这导致学生的理论积累尚可，实际操作经验不足，不能把社会主义核心价值观践行到校园的实践之中。② 部分高校过于急功近利，只想优先发展教学，甚至限制高校校园开展社团文化活动，这些都不利于营造加强思想政治教育供给的校园文化环境。

（五）我国思想政治教育供给创新的对策

1. 招贤纳士，提高教学队伍业务水平

第一，针对高校思想政治教育人才不足的问题，高校应当积极招

---

① 梁柱.《历史虚无主义思潮的泛起、特点及其主要表现》[J]. 马克思主义研究，2013 年第 10 期，第 120—128 页。

② 何娟.《供给侧改革背景下的大学生思想政治教育创新研究》[J]. 西部素质教育，2018 年第 4 期，第 40—41 页。

聘和引进优秀人才。高校应当用优厚的物质待遇吸引行业领军人物,引进骨干教师,并且积极地发现人才、发掘人才,以增加供给主体的教师实力。只有拥有具有丰富行业实践经验和深厚理论基础的骨干力量,高校的思想政治教育才能获得长足的发展。

第二,针对高校思想政治教育质量不优的问题,高校可以提供奖励措施,促使高校教师加强自我学习,帮助唤醒教师的服务意识和责任意识,从以自我为中心的"精致的利己主义"转变为引领学生、以学生为中心,高校要鼓励教师创新教学方法,改良自己的教学状态,对待课堂教学抱着敬业、负责任的精神,为国家培养全面发展的高素质人才。[1]

第三,高校要重视对思想政治教育青年教师的培养,不仅重视他们的业务能力,也要重视他们的思想素质。一方面要给予院系充足的经费,另一方面可以定期选派优秀青年教师到其他高校交流学习,在学习的过程中吸取其他学校的优秀教学成果,内化教学经验。高校要提高申报科研项目的奖励,从而鼓励青年教师用学术和科研成果来支撑其思想政治教育教学,从而避免出现"重业务轻政治"的现象。这样可以支撑起高校思想政治教育的需求的供给,以青年教师的力量反哺高校教学,最终形成一个上升渠道畅通的良性发展局面。

高校要从供给主体上下手,招募思想政治教育的优秀人才,并且从思想意识上塑造教师的价值观念,促使他们提高教学质量,让教师成为提高高校思想政治教育水平的内在动力。

2. 增加供给多样性,提高供给内容的质量

互联网具有平等参与、快速沟通的优点,互联网注重用户的感受,有利于加强学生和教师的沟通,增进彼此的了解,学生可以在网络上匿名对老师提出课堂改进意见,而不必担心被老师责备;教师可以在网络上放下架子,通过阅读学生留言了解到学生的需求。因此,在学校课堂内外的活动中,应当积极引进互联网技术,充分运用互联

① 王帅.《供给侧视域下思想政治教育获得感的缘起、逻辑生成与构筑》[J]. 江苏高教,2018 年第 209 期,第 89—92 页。

网的灵活沟通能力,让学生在教师的帮助下,在自我探索中取得思想政治的进步和发展。

首先,从教学方式上,课堂教学可以利用互联网技术,要改变过去灌输教学和填鸭式教学的方式,要借助现代电子教学手段,采用电视、视频、投影、多媒体设备联动的方式,化抽象的概念为形象的图像、音频,便于学生更好地消化、理解。教师在课堂上的教学方式不再以单一的教师说教为主,而是采用与学生互动的方式,甚至可以展开学生之间就某一论点进行辩论的教学模式,让学生阅读崭新的思想政治书籍,并提出自己的观点的阅读式教学,或者针对某一热点社会现象进行分析、深入剖析其中蕴含的思想政治原理的研究性教学。通过以上教学方式,教师可以很好的增强思想政治教育的感染力,吸引学生展开自主学习,自我探索,并且激发他们的好奇心,培养学生主动探索知识的能力。①

其次,从教学内容上,高校思想政治教育工作者应当一改过去陈旧的教学内容,要在教学内容上把握时代脉搏,寻找当今的时事热点,与时俱进,跟进最新的理论成果、讲话、会谈、新闻等,将其及时地引进课堂,拓展扩充自己的教学内容,从内容上实现思想政治教育教学的转型升级。

最后,从发挥需求侧的自主性上,思想政治教育工作者应当主动与学生沟通,了解学生的需求和焦虑,对于即将走上社会的大学生,应当在形势与政策课堂上要注意分析当今的社会现实,为学生提供力所能及的帮助,缓解他们的就业焦虑,对于学生遇到的心理问题,可以从思想政治教育方面对其进行正面的引导,弘扬社会主义核心价值观,让学生不误入歧途,坚守正确的价值观,做出正确的选择。在平时的课堂中,教师要注意让学生自主参与,在问题解决的过程中确保学生的主体地位,只要教师以学生的需求为出发点,学会调动学生的积极性,促使学生参与到课堂中去,就可以达到更好的教育效果。

---

① 柳礼泉、陈方芳.《研究性学习:"思想政治理论课实践教学的新形式"》[J].思想理论教育导刊,2015 年第 12 期,第 82—86 页。

高校要在供给方式和供给内容上进行创新,教师要做到以人为本,以学生的需求作为出发点,通过言传身教教导学生,使学生受益,培养出具有创新意识和能力,积极投入课堂学习,净化自身思想品德的学生。

3. 净化网络环境,开展校园文化建设

首先,高校要加强自身门户网站建设。高校可以利用校园 BBS 等大学生常用网站的建设,向大学生宣传和倡导社会主义核心价值体系。高校可以利用大数据挖掘技术,做好网络思想政治工作,搭建以学生为中心,重视用户体验的思想政治教育模式;设立网络互动社区、网上名师工作坊,建立学生需要的平等参与的沟通方式;搭建学校的网络平台,形成学校与学生沟通的快速通道。①

其次,高校要拓宽思想政治教育渠道。高校思想政治教育工作者要学会利用学生常用的社交媒体,比如手机短信、微博、QQ 等平台来宣传党的方针路线。比如,最近异常火热的"学习强国"APP,内容包罗万象,比如政治要闻、经济、人物、科技、文化等等,它的形式也新颖多元,从这个 APP 上学生能通过视频学习慕课,足不出户便能学习到社会学、法学、传播学的很多知识,这些内容设计非常精妙,能够很好地吸引学生进行学习观看,在无形中学习到中国特色社会主义理论体系,潜移默化地使得学生坚定马克思主义信仰,坚守内心的社会主义核心价值观。这给予高校思想政治教育工作者新的启示,一定要充分利用好网络平台,针对性地在公众号、微博发表原创文章,力求学生在潜移默化中获得思想政治素质的升华。

再次,从监督机制上。高校要从技术手段上完善校园新媒体信息过滤、信息跟踪监测、安全保护机制,比如通过关键词检测技术,限制危害国家和社会安全稳定、宣扬色情、暴力内容的传播,在信息传播的全过程及时控制不良信息对大学生的影响;高校也应当净化新媒体环境,帮助大学生拓展获取适当的思想政治信息的渠道,从而通

① 石淼.《大数据对大学生社会主义核心价值观培育的影响及对策》[J]. 当代教育实践与教学研究,2015 年第 11 期,第 10 页。

过以上措施建构起属于大学生的健康文明的精神家园。①

最后，从校园网络文化环境的建设上，高校可以举办一些建设校园文化、弘扬社会主义核心价值观的活动，比如，高校可以组织开展"爱心义卖""植树节""向山区贫困儿童捐献旧衣物"等活动，促使高校学生为慈善事业出力，献爱心，为祖国的公益事业奉献一份绵薄之力。高校可以组织红歌歌唱比赛，在传唱中国的经典歌曲之中明白先人为社会主义事业献身的伟大精神。高校可以组织开展校园运动会，弘扬当代大学生自信、阳光的运动精神。在图书馆、宿舍楼、食堂等学生密集的场所悬挂名人名言的横幅，或者在有条件的地方滚动播放社会热点新闻，培养大学生的社会主人翁意识，引导他们关注正能量的社会现实和社会热点。高校应当鼓励"创业杯""挑战杯"等活动的展开，使高校的学生在参与竞赛中形成积极进取的人格、团队协作的精神、竞争意识，从而有利于他们在未来的职业发展道路上取得更大的进步和成就。在学校设立心理辅导中心，帮助有心理问题的学生走出阴影，让他们能够更积极阳光地面对学习和生活中出现的种种问题，保持一个良好的心态和端正的思想观念，不会走上成为社会渣滓的道路。

高校利用新媒体手段全面防止网络时代西方不良思想对学生思想的污染，并且为学生积极建设良好的文化环境，这在供给环境方面是有利于学生在集体的生活中进行自我管理和自我教育的，它能够促进学生多方面、多才能的发展，最终达到对学生无形地进行思想政治教育的目的。

（六）结语

对大学生的思想政治教育需要从教学内容、教学方式等方面进行一系列的改进，思想政治教育的供给侧改革需要高校思想政治教育工作者重视学生的具体需要，并且紧紧抓住"创新"这一核心，从供给侧实现思想政治教育的转型和升级，扩充师资、资金力量，转变教

---

① 汪馨兰、戴钢书.《创新与发展：新媒体环境视域下的高校思想政治教育》[J].思想教育研究，2013 年第 2 期，第 78—80 页。

育观念,从而建立起崭新的供需平衡的结构,实现供给侧和需求侧良性循环、平衡协调的共赢局面。通过提供"协同化""系统化""精细化""现代化"的思想政治教育供给,提高思想政治教育的教学供给的质量,增加教学供给的效率,增强思想政治教育的渗透性,深入影响学生的思想观念和意识形态,使大学生在思想政治教育活动中获得的参与感和自我满足感转化为内在的激励,从而促使其将社会主义核心价值观内化于心、外化于行,这样才能够达到思想政治教育"育人树人"的最终目的。①

① 张东、李杰.《精准供给:大数据时代高校思想政治教育创新》[J]. 重庆邮电大学学报(社会科学版),2019 年第 1 期,第 75—81 页。

图书在版编目(CIP)数据

理论经纬. 第九辑/张文潮、吴跃东主编. —上海:上海三联
书店,2019.8
ISBN 978 - 7 - 5426 - 6736 - 6

Ⅰ.①理… Ⅱ.①张… ②吴… Ⅲ.①中国特色—社会主义
建设模式—理论研究—文集 Ⅳ.①D616 - 53

中国版本图书馆 CIP 数据核字(2019)第 149448 号

理论经纬　第九辑

主　　编 / 张文潮　吴跃东
副 主 编 / 李宇靖　陈斯斯

责任编辑 / 杜　鹃
装帧设计 / 一本好书
监　　制 / 姚　军
责任校对 / 张大伟

出版发行 / 上海三联书店
　　　　　(200030)中国上海市漕溪北路 331 号 A 座 6 楼
邮购电话 / 021 - 22895540
印　　刷 / 上海惠敦印务科技有限公司

版　　次 / 2019 年 8 月第 1 版
印　　次 / 2019 年 8 月第 1 次印刷
开　　本 / 787 × 1092　1/16
字　　数 / 350 千字
印　　张 / 22.75
书　　号 / ISBN 978 - 7 - 5426 - 6736 - 6/D · 425
定　　价 / 79.00 元

敬启读者,如发现本书有印装质量问题,请与印刷厂联系 021 - 63779028